Splendeurs et merveilles des *Monuments* de *France*

Gérard Denizeau

Splendeurs et merveilles des Monuments de France

Sélection du Reader's Digest

LAROUSSE

Direction éditoriale
Dominique Wahiche
Michel Guillemot

Avec le concours de
Françoise Maitre
Didier Pemerle

Conception et réalisation graphique
Vincent Lecocq, soyousee.com

Recherche iconographique
Marie-Annick Réveillon

Carte
Léonie Schlosser

Fabrication
Nicolas Perrier
Anne Raynaud

Photogravure
Payton, Bilbao, Espagne

Distributeur exclusif au Canada :
Messageries ADP, 1751 Richardson, Montréal (Québec)

ISBN 2-03-505565-2

Sommaire

Préhistoire, Antiquité, haut Moyen Âge
(de 3400 av. J.-C. au xe siècle)

L'âge roman
(XIe- XIIe siècles)

La civilisation gothique
(XIIe- XIVe siècles)

Gothique flamboyant et Renaissance française
(XVe- XVIe siècles)

De l'absolutisme aux Lumières
(XVIIe- XVIIIe siècles)

Les temps contemporains
(XIXe- XXe siècles)

Introduction

C'est un voyage qui est ici proposé. Un voyage dans le temps – plus de cinquante siècles – et dans l'espace, au travers de quelques centaines de sites remarquables dressés au hasard des contrées et des régions comme autant de sentinelles pétrifiées d'une mémoire millénaire. Car ce que le monument religieux, civil, militaire, industriel, culturel transmet en premier lieu n'est autre que la mémoire des hommes qui l'ont construit ou vu construire... *laboratores* (travailleurs, manuels et intellectuels), *oratores* (religieux, réguliers et séculiers) ou *bellatores* (soldats, hommes de guerre et de pouvoir).

De nouveaux pèlerins à la quête du beau

Or, ce voyage, ce sont désormais des millions de passionnés qui l'entreprennent avec plus ou moins de régularité, soit qu'ils se déplacent d'un pays différent vers la France, soit qu'ils se transportent d'une région à une autre, soit qu'ils profitent d'un temps de liberté pour découvrir, ailleurs que sur une page ou sur un écran, l'un de ces témoins silencieux du passé dont ils auraient longtemps été les voisins indifférents.
Cet engouement nouveau, les chiffres le disent, qui placent la France en tête de toutes les destinations touristiques du monde, et chacun aura pu l'éprouver à l'occasion d'une excursion culturelle programmée ou au hasard d'une visite imprévue. Encore est-il à relever que ces chiffres, dans leur froide objectivité, ne tiennent pas compte de la ferveur de ces pèlerins modernes, de leur soif de découverte, de leur émerveillement concentré face à ces monuments qu'ils ne connaissaient jusque-là que par l'image imprimée ou diffusée.

Ce phénomène prend actuellement des dimensions surprenantes, insoupçonnables il y a seulement quelques années ; combien d'abbayes cisterciennes obscures, de bâtiments industriels réhabilités, de réalisations personnelles en marge de l'Histoire, de demeures citadines fraîchement et habilement restaurées... qui drainent désormais des colonnes de disciples du beau ou de l'inattendu ? À l'image de ce que prétendent volontiers les guides étrangers, notamment anglo-saxons, la France, sans prétendre disposer d'aucun monopole en fait de patrimoine, possède cette particularité que tout son héritage culturel se fond par osmose dans le cadre d'où il a surgi, comme si, au-delà des traditionnelles qualités d'élégance et de mesure que l'on accorde avec une certaine complaisance au pays de Descartes (ce qui n'aurait pas manqué d'étonner ce dernier !), régnait une harmonie souterraine, indécelable, mais nuançant toutes ses réalisations, particulièrement en matière architecturale.

Mémoire et transmission

Qui dit mémoire dit transmission. Riche et divers, réparti sur une très grande partie du territoire national, l'héritage considérable des monuments de France perpétue par ses pierres le souvenir d'une longue histoire turbulente. Conflits, traités, famines, croisades, révolutions, pèlerinages, monachisme... y ont laissé une trace souvent nuancée de particularismes régionaux, voire locaux – styles, matériaux, pratiques rituelles, situations stratégiques.
Dans tous les cas, l'édifice hérite quelque chose du passé et lègue quelque chose au futur. Les étapes de ce long processus (qui n'a rien de linéaire mais procède, bien au contraire, par ruptures aussi constantes que définitives) sont marquées par autant de chefs-d'œuvre. De chefs-d'œuvre, c'est-à-dire d'ouvrages qui présentent le curieux paradoxe d'exalter le passé tout en annonçant un futur qui les condamne à tomber, à leur tour, dans la désuétude ! Ce n'est pas d'ailleurs la seule singularité du chef-d'œuvre, qu'il est usuel de présenter comme un exemple dans le même temps qu'il

constitue toujours une exception. Les grands édifices ayant ouvert une nouvelle ère dans l'histoire de la construction sont par essence des anomalies au regard de l'Histoire, mais c'est à la postérité qu'il revient de leur donner le statut d'archétype.

C'est en raison directe de cette toute-puissance du temps qui passe et change les hommes, leurs idées et leurs aspirations, que chaque édifice présenté dans cet ouvrage est placé au cœur d'une chronologie historique récapitulant les principaux événements contemporains qui ont pu influer, de façon directe ou oblique, sur son plan et ses formes. À l'intérieur de cette chronologie, le lecteur découvrira toujours la date d'ouverture du chantier, pour autant que l'Histoire nous permette de la connaître ou de la supposer ; il sera ainsi en mesure de vérifier que la trame chronologique, dissimulée par la variété des bâtiments et de leur implantation, reste la règle gouvernant cet ouvrage. Une règle qui tient compte tout à la fois des dates mais aussi de l'espace – celui de la France actuelle – que ces réalisations monumentales ont régulièrement balisé et enrichi depuis les temps obscurs de la Préhistoire.

Le projet ici développé est donc fondé sur la recension de tous les grands édifices qui, en leur temps, constituèrent – en partie ou dans leur totalité – des nouveautés sur le sol français. Quant à la postérité de ces sites élus, elle relève, par nature, de l'aléatoire. Si les quelque soixante-dix grandes cathédrales gothiques que l'on peut découvrir en France descendent peu ou prou de l'illustre exemple initial de Saint-Denis, en revanche le Palais idéal du facteur Cheval reste sans réelle descendance, apparaît comme un astre isolé – mais ineffaçable – au firmament des plus prestigieuses réalisations architecturales du patrimoine français. Et cependant, au-delà de toutes ces disparités, règne une logique supérieure qui unit tous ces édifices, analogue, par exemple, à celle qui unit toutes les pièces sur un échiquier au cours d'une partie, quelles qu'en soient les positions.

Tradition et modernité

Refusant toute prétention à l'exhaustivité, la légende des grands monuments de France ici présentés s'articule en grandes périodes générales (Préhistoire, Antiquité, Moyen Âge, Renaisance française, etc.), à partir d'un certain nombre de sites principaux – dont l'étude est approfondie – et de nombreux autres, plus brièvement commentés, voire simplement signalés dans le texte général. Ces périodes sont elles-mêmes gouvernées par divers thèmes directeurs : pèlerinages de l'ère romane, fortifications de la guerre de Cent Ans, naissance de la civilisation des loisirs au XIXe siècle, etc. La trame reste donc chronologique, en liaison directe avec les événements historiques et les données géographiques, mais une certaine latitude est nécessaire à l'intérieur des grands chapitres, en fonction des thématiques développées... la guerre, la paix, l'habitat, le transport, la ville, la campagne, etc. L'essentiel demeure que les sites choisis restituent explicitement un fragment de la mémoire collective des générations qui se sont succédé sur le territoire actuel de la France.

Si les grandes périodisations de l'Histoire continuent de gouverner la trame de notre récit, le lecteur est invité à vérifier qu'une attention particulière a été portée aux édifices des XIXe et XXe siècles, le patrimoine contemporain souffrant trop souvent, en dépit de son exceptionnelle richesse, d'un discrédit principalement fondé sur sa méconnaissance. La phase terminale du second millénaire a inventé de nouvelles catégories génériques (musées, gares, centres culturels, aéroports...), a usé de nouveaux matériaux (le fer, le béton, le verre), a transformé l'idée même de la ville, s'est penchée sur la réalisation d'espace de loisirs au cœur de la cité, etc. Il n'est pas audacieux d'affirmer que, de toutes les grandes expressions artistiques du XXe siècle, l'architecture est certainement celle qui renvoie le mieux à ses mutations historiques, à ses grands désordres, publics ou privés, comme à ses premières attentes, intimes ou collectives.

Quelques principes immuables

La construction générale du livre repose également sur quelques principes immuables sur lesquels il peut être utile d'attirer l'attention. Le découpage chronologique, dont la force a déjà été affirmée, en reste probablement le pilier, mais il n'offre à l'historien qu'une grille vide, insuffisante à nourrir sa méditation et à lui permettre l'établissement d'une conclusion en forme de synthèse.

L'une des plus heureuses conséquences de cette précellence reconnue à la chronologie n'est autre que la mise en lumière de sites à peu près méconnus aux côtés des grands témoins de notre histoire. Que telle filature roubaisienne puisse, par exemple, prétendre au même rang que Notre-Dame de Paris est particulièrement stimulant pour quiconque s'avise de méditer sur les hiérarchies de la culture.

Et le regard que l'on accorde à tel mémorial de la Première Guerre mondiale ou à tel grand pont jeté sur la Seine au XXe siècle se charge de nouveaux éléments de réflexion lorsque ce même regard a appréhendé, quelques pages plus haut mais unis dans le même corpus, le château de Versailles ou le Mont-Saint-Michel ! Il est même à parier que les seconds y gagnent autant que les premiers. On peut aimer et admirer la Cité de la musique de Christian de Portzamparc sans connaître ce qui l'a précédée, mais cet amour et cette admiration seront considérablement renforcés par la connaissance d'un passé sans lequel elle n'eût pas été exactement ce qu'elle est. De la même façon, un simple mégalithe découvert au hasard d'une errance sur la lande bretonne sollicitera plus vivement l'esprit de celui qui connaît les prouesses architecturales du XXe siècle que de celui qui ne les connaît pas.

Dans le but de faciliter cette approche globale mais aussi son inscription dans le temps, le principe d'une double page a été retenu pour chaque grand monument, double page qui peut devenir quadruple quand l'importance du sujet étudié semble l'imposer et même – bien que façon exceptionnelle – sextuple. À l'intérieur des rubriques ainsi déterminées, tout part toujours d'un édifice principal. Celui-ci – à l'image de Saint-Philibert de Tournus – peut être unique pour des raisons dictées par l'Histoire, mais dans la quasi-totalité des cas, il est accompagné d'exemples annexes qui lui confèrent une perspective enrichie. Ainsi de l'abbaye de Noirlac : autour d'elle, gravitent diverses réalisations (Fontenay, Pontigny, Le Thoronet, Venasque) qui ne lui cèdent en rien quant à la splendeur et permettent de mieux comprendre sa genèse en la plaçant dans un cadre élargi.

Enfin, est-il utile de le préciser ? le principe fondateur du projet ici développé n'a jamais été autre que l'approche visuelle d'un héritage monumental infiniment plus important en soi que toutes les observations et exégèses qui peuvent l'accompagner. D'où l'importance inaccoutumée de l'image dans ce livre, mais aussi la stricte égalité accordée à la longueur du texte général et à celle des commentaires portant sur chacune des illustrations. Dans un premier temps, le simple enchaînement des quelques centaines de planches proposées au gré des pages que l'on tourne permet de saisir intuitivement la force mystérieuse d'une évolution jamais insignifiante, toujours imprévisible et parfois bouleversante. L'art d'ériger, apparemment destiné à satisfaire, par la variété de ses objets inanimés, la seule perception visuelle, se dote ainsi d'une dimension temporelle qui l'humanise, s'embellit d'une « âme qui s'attache à notre âme », s'enrichit d'une précarité qui l'associe à notre humaine condition.

C'est seulement dans un second temps que les données documentaires d'ordre historique, artistique, voire social ou esthétique, enrichissent cette perception purement sensorielle de l'édifice, lui permettent de trouver une place dans l'histoire sur laquelle nous fondons notre présent. Il existe ainsi, pour le lecteur, une liberté de cheminement lui permettant de recréer, à son seul profit – mais au nom de tous – l'objet qui frappe son regard et stimule sa réflexion.

Le passé, le présent, l'histoire

Également à prendre en compte, l'histoire des restaurations et des « retours » est toujours fondée sur la mémoire. Voyez le XIXe siècle et sa redécouverte du Moyen Âge (*Notre-Dame de Paris* de Victor Hugo, bien sûr, mais aussi les chantiers de Carcassonne, de Vézelay...) ou son néoclassicisme (Grand Théâtre de Bordeaux, Arc de triomphe de l'Étoile à Paris) qui exalte l'antique tout en rendant compte des grandes utopies du XVIIIe siècle. De ce récit, se dégage la conclusion que chaque édifice forme le maillon d'une longue tradition dont il n'est qu'un passage. Dans cette optique, la cathédrale de Chartres, par exemple, figure aussi bien dans la lointaine postérité des arènes d'Arles que dans la généalogie ancienne de la Bibliothèque nationale de France. Ainsi se vérifie le mot de Paul Valéry : « Ce qui me frappe le plus dans la mémoire, ce n'est pas qu'elle redit le passé, c'est qu'elle alimente le présent » *(Cahiers*, 1911).

C'est peut-être à ce poids accepté de l'Histoire que les édifices conservés sur le sol français doivent leur universelle renommée : l'abbaye du Mont-Saint-Michel, la forteresse de Château-Gaillard, l'église Notre-Dame de Paris, le château de Versailles ou l'Opéra de Paris demeurent, quant à la notoriété, sans rivaux dans leurs catégories respectives. Pour ne rien dire de la tour Eiffel, emblème universel de la civilisation industrielle, ou du Centre Beaubourg, cathédrale profane de la culture contemporaine.

Patrimoine et monument

Actuellement, un vif et sain débat, anime – surtout en France – les milieux culturels quant à la nature même de l'héritage monumental, à l'idée que s'en fait le public, à la politique que doivent mener à son égard les forces gouvernantes, à l'accès qu'il faut lui réserver, aux protections dont il faut l'entourer. Si le « monument » a récemment fait place au « patrimoine », c'est tout dernièrement que l'idée du monument-culte, tel que le conçoit l'histoire de l'architecture, a fait un retour en force, au risque de ne plus traiter que les monuments inscrits dans une catégorie doctrinaire !

Un second danger surgit alors, plus sournois : la justification de cette sélection par le refus de transformer le pays en musée ! Or, si l'on donne au monument un sens collectif, si l'on admet qu'il est porteur de bien d'autres valeurs que celles que lui fournit l'histoire de l'art, innombrables sont les réalisations sollicitant alors leur inscription à ce patrimoine monumental.

D'ou un troisième péril, celui que cette inscription relève de la seule sélection opérée par des spécialistes. Même compétent, un historien d'art ne sera jamais distributeur de lettres de cachet à l'endroit d'œuvres n'ayant point l'heur de lui plaire. Bien au contraire, il a vocation à refuser la dictature d'une typologie écartant ce qu'elle ne gouverne pas.

L'œuvre demeure, indifférente aux lectures du présent. Un monument est un objet colossal qui a été dressé pour s'inscrire dans la durée. Si le débat est si vif aujourd'hui, si complexe, c'est aussi que la restauration (voire le simple entretien) d'un édifice coûte très cher et exige la contribution des deniers publics et privés – autre pomme de discorde ! Que le lecteur ne trouve donc, dans les pages qui suivent, rien d'autre que le reflet – au gré d'une errance vagabonde – d'un certain nombre d'édifices qui, loin de supprimer les autres, y renvoient par effet rebond, transmettant une mémoire dont les querelles actuelles montrent assez en quoi « elle redit moins le passé qu'elle n'alimente le présent » !

L'édifice de l'érudition

Depuis plusieurs décennies, c'est un nouveau patrimoine qui est train de voir le jour, un patrimoine de papier, formé par les innombrables études portant sur l'héritage de pierre de la France.

Les ouvrages cités dans la sélection bibliographique de ce livre ne forment que la partie la plus visible, la plus immédiatement exploitable de cet énorme ensemble qui témoigne d'une transformation en profondeur de notre regard collectif sur le passé. Le lecteur pourra constater que, dans leur immense majorité, les sources citées sont récentes et presque toujours monographiques. L'historien dispose aujourd'hui d'une masse documentaire considérable sur la quasi-totalité des réalisations monumentales de France. Encore n'est-il pas possible de citer, dans le cadre de cet ouvrage général, l'univers foisonnant des mémoires et thèses non publiés et consacrés à tel ou tel site ; en les passant sous silence, l'auteur de ces lignes ne commettrait pas seulement une grave injustice, il se placerait en marge d'une histoire en train de se construire et qui laisse augurer une avancée considérable en ce domaine dès les prochaines années. La contribution de l'Université est évidemment décisive dans ce processus, soit que des maîtres confirmés proposent un discours de synthèse, soit que de jeunes chercheurs consacrent leur énergie et leur talent à une étude particulière, destinée à s'agréger au corpus universel de la connaissance. Mais d'autres sources ont, bien entendu, été répertoriées et citées, témoignages d'une érudition et d'un amour sans lesquels aucun travail sérieux ne peut voir le jour.

C'est donc à d'autres voyages qu'invite cet édifice du savoir. Le lecteur a tout loisir, une fois qu'il l'a découvert *in situ*, qu'il l'a appréhendé *de visu*, d'aiguiser sa perception d'un lieu construit par la consultation d'études spécialisées. Mais cet approfondissement aura d'autant plus de chances d'être fécond qu'il sera entrepris dans un cadre général rendant compte de l'avant et de l'après du site élu. Là se découvrent le sens et la raison d'être de cet ouvrage, son ambition et, peut-être, son utilité.

Préhistoire, Antiquité,

haut Moyen Âge

Préhistoire, Antiquité,

La plus grande prudence reste de rigueur pour tout ce qui relève de la préhistoire et de la protohistoire, lesquelles, en France, ne prennent officiellement fin qu'avec la conquête romaine. Durant les millénaires qui précèdent l'ère chrétienne, l'homme chasse, cultive, guerroie assurément, prie sans doute. Mais il nous reste à peu près inconnu, faute d'avoir écrit ou transmis une tradition éclairante quant à ses modes de vie.

La France avant la France

Certes, depuis Jacques Boucher de Crèvecœur de Perthes (1788-1868), pionnier de la science préhistorique, le travail des érudits a jeté de puissantes lumières sur ces époques ténébreuses, mais l'essentiel continue — et continuera probablement — de nous échapper. Pourtant, certaines réalisations de l'homme d'avant l'Histoire, d'avant la France, constituent un éclatant témoignage de son esprit d'entreprise et de sa capacité à mener à bien de grandioses projets (tumulus, cairns, allées de pierres levées). Mais le premier caractère de ces réalisations reste l'énigme qu'elles constituent pour nos esprits modernes. C'est même en raison directe de ce mystère que la mémoire transmise par les reliefs de ces très anciens monuments se nuance si fortement d'émotion.
Le legs antique ne pose pas de problèmes du même ordre. Pour l'essentiel, il est romain, à quelques rares exceptions, au nombre desquelles on compte le bassin grec de Marseille dont l'état le plus ancien (du ve au Ier siècle av. J.-C.) nous a été rendu grâce à une scrupuleuse restitution des archéologues.
Quant à l'héritage romain, puis gallo-romain, c'est avant tout un patrimoine citadin, miroir des valeurs de la civilisation. Les ruines qui demeurent rappellent la volonté d'organiser de façon unitaire l'espace d'un empire immense tout en adaptant, par différents modes de construction, les édifices aux particularités locales.
Peut-être le plus intéressant est-il à découvrir dans sa phase tardive, lorsque les derniers souvenirs du crépuscule romain se mêlent aux réalisations monumentales de l'aurore chrétienne.

SAINT-ROMAIN-EN-GAL (RHÔNE)
PAVAGE DE MOSAÏQUE REPRÉSENTANT UN CALENDRIER : « AUTOMNE, LE FOULAGE DU RAISIN » (FRAGMENT 24)
FIN DU IIe-DÉBUT DU IIIe SIÈCLE
Tesselles de pierre et pâte de verre
Saint-Germain-en-Laye, musée des Antiquités nationales

Pays de la culture vinicole, la Gaule fut la terre privilégiée du culte de Bacchus. Sur cette mosaïque découverte en 1890 sur le site urbain de Saint-Romain-en-Gal (face à Vienne, sur l'autre rive du Rhône), la scène des vendanges est remarquablement animée et témoigne d'un souci prémonitoire de l'espace perspectif, avec le retour du mur et de la balustrade dans la partie supérieure droite. Il s'agit de l'une des 27 scènes retrouvées, sur les 40 que comportait le calendrier total, ensemble d'images jalonnant le cycle des quatre saisons.

Le haut Moyen Âge

Le haut Moyen Âge se caractérise tout à la fois par des troubles considérables, héritage de l'ancienne domination militaire de Rome, et par le rôle unificateur grandissant de l'Église chrétienne. À l'intérieur, les conflits sont innombrables, à l'extérieur, les menaces se font mortelles : Huns, musulmans, Normands... De toutes les constructions de ce demi-millénaire, il reste très peu de témoignages religieux mérovingiens ou même carolingiens, et presque rien en matière militaire. Même les souvenirs de la fin du millénaire, juste avant l'âge roman, se signalent par leur rareté.
Le haut Moyen Âge ne connaît pas cette unité stylistique — ou esthétique — qui définit les grandes époques de création. Seul point de ralliement, l'Église est à la source des principaux chantiers de construction, réalisés grâce à la participation massive de la population ou au mécénat royal, et ce dès l'époque mérovingienne (du ve au VIIIe siècle). La dévotion, alors, se soucie fort peu de moralité ; le fondateur du monastère parisien Sainte-Croix-Saint-Vincent (la future abbaye Saint-Germain-des-Prés), par exemple, n'est autre que Childebert Ier, fils de Clovis, impitoyable homme de guerre et assassin notoire.
Les grandes campagnes de reconstruction romane et gothique n'épargneront que quelques édifices du haut Moyen Âge, baptistères ou cryptes, à partir desquels l'historien d'art s'efforce de comprendre les tenants et les aboutissants d'une genèse complexe. Tâche ardue, surtout en ce qui concerne les influences ; si un usage complaisant a longtemps attribué l'essentiel des sources à un Orient mal défini, une attention nouvelle est aujourd'hui portée aux origines gallo-romaines et « barbares » de l'art du haut Moyen Âge. C'est aussi par souci de clarification que l'on opère la division de ce demi-millénaire en ères mérovingienne et carolingienne, par référence aux deux grandes dynasties qui en partagent la durée de façon sensiblement équitable.

L'âge mérovingien (468-751)

Trop turbulente pour que son histoire ait pu en être fidèlement reconstituée, l'ère mérovingienne passe à tort pour la phase la plus sombre de la civilisation française. Très influencée en son début par l'Antiquité tardive, elle évolue suffisamment rapidement pour préparer, dès le VIIe siècle, la « renaissance » carolingienne.
Le développement du christianisme conduit les villes à se doter d'édifices religieux importants.
Dès la fin du ve siècle, sous l'influence des Germains convertis, se dressent les premières cathédrales françaises (Clermont-Ferrand, Lyon) ; leur succèdent, aux VIe et VIIe siècles, Saint-Germain-des-Prés, Jumièges, Saint-Wandrille, etc., édifices nés de l'expansion monastique, mais qui seront remplacés, après l'an mil, par de bien plus vastes constructions.

haut Moyen Âge

Reprenant le plan très simple de la basilique gallo-romaine avec une nef précédée d'un narthex et terminée par une abside polygonale (Saint-Bertrand de Comminges, Cimiez, Metz), l'église mérovingienne est souvent dominée par un clocher, placé en façade ou à la croisée du transept ; on le trouvera, beaucoup plus rarement, à l'écart de l'édifice principal. Les nefs peuvent être au nombre de trois, l'abside est accolée au chœur et la crypte reçoit les reliques. Le plan centré (la Daurade de Toulouse) fait figure d'exception. Les murs de pierre soutiennent généralement une charpente.
La décoration fait appel aux miniaturistes, orfèvres, ornemanistes, peintres, sculpteurs. Ici encore, la détermination des influences est particulièrement délicate : enluminure irlandaise, iconographie copte, bas-relief romain, orfèvrerie « barbare » semblent sollicités. Il ne reste guère de témoignages de la peinture mérovingienne, mais l'art des sculpteurs nous est plus directement connu par quelques chapiteaux, sarcophages et plaques sculptées, comme à Saint-Pierre de Montmartre. À Jouarre, l'admirable tétramorphe du VIIe siècle présente, sereine et équilibrée, la figure du Christ en mandorle, entourée des quatre symboles des Évangélistes sur fond décoratif floral.
Parmi les rares édifices mérovingiens ayant survécu plus ou moins partiellement, on relèvera les baptistères (octogones sous coupole) de Fréjus, Venasque, Aix, Valence, et celui, exceptionnel, de Poitiers, où l'on trouve aussi la chapelle dite hypogée des Dunes ; s'y ajoutent les cryptes de Jouarre, Saint-Laurent de Grenoble, l'oratoire Saint-Victor de Marseille, la partie basse de Saint-Pierre de Vienne...

L'époque carolingienne (751-987)

Écrasée par la puissante personnalité de Charlemagne, l'époque carolingienne est souvent considérée comme la « première renaissance » de l'Occident, alimentée, comme les suivantes, aux sources de l'Antiquité. Née avec le règne de Pépin le Bref (maire du palais en 741, roi des Francs en 751), elle sera pourtant agitée des troubles les plus graves — partage de l'empire, guerres, invasions, morcellement — après la mort de Charlemagne, en 814, et jusqu'au Xe siècle.
Le patrimoine carolingien, lui non plus, ne brille pas par l'abondance. Des centaines d'édifices construits sous Charlemagne, il ne nous reste que la chapelle palatine d'Aix, à plan centré, tribune sous coupole et colonnade circulaire, ainsi qu'une partie de l'abbatiale Saint-Riquier, exemplaire en dépit de son pillage par les Normands au IXe siècle, avec son double chœur uni par une triple nef. On y ajoutera la petite église de Germigny-des-Prés, oratoire du conseiller de l'empereur Théodulf, qui s'inscrit dans une croix grecque dessinée sous la coupole. Sa célèbre mosaïque de l'Arche d'alliance illustre la filiation byzantino-carolingienne. La Basse-Œuvre de Beauvais, plus tardive (IXe siècle), obéit au plan basilical, à trois nefs, avec une abside aujourd'hui disparue.
Au chapitre des créations de l'architecture carolingienne, il faut mentionner le déambulatoire (crypte de Tournus), le retrait de l'abside relativement au chœur, entraînant l'autonomie de la croisée du transept (Saint-Riquier) et la couverture de pierre (Reignac). Dérivée de l'édifice romain, la basilique se caractérise par son plan allongé — en opposition au plan central — et la hauteur de sa nef, inversement au principe de l'église-halle qui apparaîtra au XIIIe siècle. Massif et puissant, particulièrement adapté à la réception des poussées, le pilier cruciforme est également symptomatique de l'âge carolingien. Ainsi, voit-on cette architecture annoncer de plus en plus précisément l'éclosion romane (au point que la frontière chronologique entre le carolingien et le roman est souvent incertaine), jusque dans l'organisation neuve de la façade, comme l'atteste Jumièges.
Quant à la décoration, indépendamment de la mosaïque, elle nous est parvenue sous la forme de deux merveilleux ensembles de peintures murales — fresques de Saint-Germain d'Auxerre (IXe siècle) et de Saint-Pierre-les-Églises, dans la Vienne (Xe siècle). De nombreux exemples des fastes de l'enluminure, de l'orfèvrerie et de la petite statuaire (Charlemagne à cheval, Sainte-Foy de Conques) en témoignent également.

LES MOINES DE L'ABBAYE DE SAINT-MARTIN DE TOURS DONNENT UNE BIBLE À CHARLES LE CHAUVE
VERS 846
Enluminure
Paris, Bibliothèque nationale de France

Sur cette enluminure, la dernière du célèbre manuscrit dû à l'abbaye de Saint-Martin de Tours, on distingue le souverain français Charles le Chauve (823-877) recevant une bible offerte par l'abbé Vivien. La nature divine du pouvoir royal est attestée par la position du trône sur un tapis de nuages, en position d'autant plus dominante que la perspective est plongeante. Au-dessus de la couronne, la main de Dieu bénit la scène, irradiant une lumière qui traverse le velum sacralisant le lieu. Si le compartiment supérieur est occupé, dans ses angles, par d'immatérielles vertus, l'Église et l'armée, piliers de la puissance monarchique, sont symbolisées par la présence massive et rassurante des soldats et des moines.

Préhistoire, Antiquité,

Dates	*Histoire, culture, idées*	*Monuments*
5000-2000 av. J.-C.	Néolithique (pierre polie, céramique, agriculture, élevage, villages à enceintes, premiers mégalithes)	
3000 av. J.-C.		**Date vraisemblable de la mise en place des alignements de Carnac (Morbihan)**
2000 av. J.-C.	Chalcolithique (Âge du cuivre, hiérarchisation des sociétés humaines)	
1500 av. J.-C.	Âge du bronze (premières invasions celtes, orfèvrerie, peinture rupestre)	
1000 av. J.-C.	Âge du fer (Hallstatt, 800-500 av. J.-C. / La Tène, à partir de 500 av. J.-C. Ferronnerie, charronnerie)	
Ier siècle av. J.-C.	Début de la romanisation de la Gaule	
52 av. J.-C.	Défaite de Vercingétorix à Alésia ; fin de la Gaule indépendante	
27 av. J.-C.	Auguste empereur	
20 av. J.-C.		**Date probable de l'érection de l'arc de triomphe d'Orange (Vaucluse)**
13 av. J.-C.	Découpage de la Gaule chevelue en trois provinces : Aquitaine, Lyonnaise et Belgique, Lyon capitale des Trois Gaules	
14 ap. J.-C.	Mort d'Auguste, Tibère empereur (14-37)	
41-54	Claude empereur ; romanisation accélérée de la Gaule	
Vers 50		**Date admise pour l'ouverture du chantier du pont du Gard (Gard)**
54-68	Néron empereur	
Ier siècle	Petite bourgade gauloise, Lutèce devient métropole gallo-romaine	**Grandes constructions gallo-romaines d'Arles (Bouches-du-Rhône)** ↓ ↘
IIe siècle	Apogée de la civilisation gallo-romaine	
313	Par l'édit de Milan, Constantin établit la liberté du culte chrétien	

haut Moyen Âge

Dates	*Histoire, culture, idées*	*Monuments*
IVe siècle		**Ouverture et développement de la nécropole des Alyscamps (Bouches-du-Rhône) ↙**
324-337	Constantin Ier devient le seul maître de l'Empire romain	
380	Édit impérial instituant le christianisme religion d'État	
440-461	Saint Léon le Grand, pape	
476	Romulus Augustule déposé par Odoacre ; fin de l'Empire romain d'Occident	
Ve siècle		**Construction du baptistère de Fréjus (Var) ↓**
481	Avènement de Clovis (dynastie mérovingienne)	
498	Clovis est baptisé par Remi, le jour de Noël	
567	Le royaume franc est divisé en trois entités, Austrasie, Neustrie, Bourgogne	
568-597	Conflit entre la Neustrie et l'Austrasie	
VIIe siècle	Aménagement des cryptes de Jouarre (Seine-et-Marne)	
629-639	Règne de Dagobert Ier, seul roi franc de 632 à 634 ; Paris, capitale du royaume	
673-675	Childéric II à la tête du royaume franc réunifié	
680-700		**Formation probable de l'hypogée des Dunes à Poitiers (Vienne)**
732	Victoire de Charles Martel sur les Sarrasins, à Poitiers	
754	Sacre de Pépin le Bref par le pape Étienne II	
768	Mort de Pépin ; Carloman et Charles (Charlemagne) lui succèdent	
771	Mort de Carloman, début du règne de Charlemagne	
799		**Construction de l'oratoire de Germigny-des-Prés (Loiret) ↓**
800	Charlemagne sacré empereur à Rome, le jour de Noël	
843	Traité de Verdun ; l'empire de Charlemagne est divisé en trois parties	
987	Le 3 juillet, Hugues Capet élu et sacré roi à Noyon (début de la dynastie capétienne)	

Les mégalithes de Carnac

Premiers jalons d'une mémoire collective

Dès le Ve millénaire av. J.-C., en pleine ère néolithique, le mégalithe, signe de puissance et d'inscription dans un ordre cosmique, est pensé en tant que monument par nos lointains ancêtres.

Ces ancêtres qui n'étaient ni des brutes, ni de simples prédateurs, mais des hommes cultivant les céréales, polissaient les pierres les plus dures, élaboraient de la céramique cuite et commençaient même à manier le métal.

Les cairns, vestiges d'une société mal connue

Des réalisations les plus anciennes, le meilleur exemple est peut-être celui du cairn de Barnenez (vers 4500 av. J.-C.), qui domine un vaste paysage côtier du Finistère. Masse de pierres (par opposition au tumulus qui est un tertre de terre) longue de 85 mètres, large de 35, haute de 8, ce cairn se compose de deux séries de dolmens (cinq au nord, six dans la partie plus tardive, située au sud) à longues galeries contiguës, chaque monument étant légèrement différent du voisin. On y trouve neuf chambres en pierres sèches avec voûte en fausse coupole, reposant ou non sur des supports ; les couloirs sont couverts de dalles, dont plusieurs gravées de signes symboliques.

Dans la partie nord, la plus ancienne, la disposition symétrique des cinq tombes autour de la plus grande laisse à penser que cet énorme monument avait d'autres fonctions que celles d'un simple tombeau collectif. Certains spécialistes y ont vu le signe d'une hiérarchie sociale induisant une différenciation fonctionnelle dont les mégalithes seraient restés les seuls jalons.

Sur l'île de Gavrinis (golfe du Morbihan), les gravures fantastiques d'un autre cairn suscitent admiration et perplexité depuis longtemps (dès 1835, Prosper Mérimée parlait à leur sujet de « dessins bizarres »). Grâce au radiocarbone, nous savons que l'ensemble fut fonctionnel dans la première moitié du IVe millénaire, à l'apogée du grand mégalithisme morbihanais.

LOCMARIAQUER (MORBIHAN)
ALLÉE COUVERTE
IVe MILLÉNAIRE AV. J.-C.

L'alliance du vertical et de l'horizontal. La petite commune de Locmariaquer, qui se trouve à l'entrée du golfe du Morbihan, est très riche en monuments mégalithiques. Sur ce document, on découvre la juxtapos tion de la pierre dressée et de l'allée couverte, illustration du double principe vertical et horizontal par quoi les hommes de l'époque néolithique exprimèrent leur spiritualité. Un grand menhir de 21 mètres de haut, aujourd'hui brisé en cinq fragments, aurait été utilisé pour des observations astronomiques.

5000-2000 av. J.-C. Néolithique (pierre polie, céramique, agriculture, élevage, villages à enceintes, premiers mégalithes) 3000 **av. J.-C. Date vraisemblable de la mise en place des alignements de Carnac** 2000 av. J.-C. Chalcolithique (Âge du cuivre, hiérarchisation des sociétés humaines) 1500 av. J.-C. Âge du bronze (premières invasions celtes, orfèvrerie, peinture rupestre) 1000 av. J.-C. Âge du fer (Hallstatt, 800-500 av. J.-C. / La Tène, à partir de 500 av. J.-C. Ferronnerie, charronnerie) Ier siècle av. J.-C. Début de la romanisation de la Gaule.

GAVRINIS (MORBIHAN)
COULOIR AUX DALLES GRAVÉES
VERS 3500 AV. J.-C.

Des motifs simples mais déroutants. Gavrinis se compose simplement d'une tombe dont le couloir d'accès (13,5 mètres) mène à une chambre de faibles dimensions, cernée de 23 dalles sculptées, sous le cairn monumental (8 mètres de haut pour une circonférence de 100 mètres). Les dessins de Gavrinis sont « lus » sans trop de peine par les techniciens : la hache, la crosse, l'idole en écusson, la corne, le zigzag, l'arc et le méandre se retrouvent, en effet, sur de nombreux autres sites. En revanche, les extraordinaires décors spiralés semblent bien être une spécialité du grand cairn bien que des motifs parents aient été découverts à Knowth et à Newgrange (Irlande). Les tracés linéaires occupent presque toute la surface, minutieusement préparée, des dalles dressées. Les motifs en sont d'une grande simplicité et fondés sur la répétition systématique de formes en arceaux enroulés, de façon à créer l'effet de spirales. Les dessins triangulaires renvoient aux lames de hache, plutôt objets d'apparat qu'outils artisanaux ; leur groupement par couples évoque peut-être l'idée d'un partage secrètement symbolique.

Carnac et ses alignements

Aux tumuli et cairns s'ajoutent les pierres dressées. Dans ce registre, aucun ensemble mégalithique de France, voire d'Europe, ne peut égaler en prestige les célèbres alignements de Carnac, qui datent du milieu du IVe millénaire av. J.-C.

L'alignement est, avec l'enceinte (circulaire ou carrée), l'une des deux grandes catégories de groupements mégalithiques complexes ; à Carnac, on en compte trois groupes. Le plus illustre, celui du Ménec, est remarquable par son importance : 1 169 menhirs y sont répartis en 11 rangées groupant 1 099 « pierres debout ». Ces rangées relient deux hémicycles (cromlechs) : celui de l'est, très détérioré, conserve une grosse vingtaine de pierres, celui de l'ouest en possède encore 70. Le tout sur 100 mètres de large pour 1 165 mètres de long. Plusieurs caractères ne manquent pas de surprendre les archéologues, tels les parcours « ondoyants » des alignements ou la baisse de taille des pierres levées vers le milieu des rangées.

Quelles que soient les hypothèses formulées quant à la signification du lieu, il est certain que les hommes capables de produire de tels ensembles devaient se soumettre à une organisation efficace, probablement dirigée par une caste religieuse. Surtout, à mesure que progressent les recherches sur l'art mégalithique, on voit émerger peu à peu une communauté de pensée qui, dépassant le cadre armoricain, s'étend à tout l'univers atlantique de l'Europe occidentale.

CARNAC (MORBIHAN)
ALIGNEMENTS DU MÉNEC
MILIEU DU IVe MILLÉNAIRE AV. J.-C.

Un message énigmatique vieux de cinquante siècles. Pour fruste qu'il puisse apparaître au premier regard, le mégalithe dressé est un monument, c'est-à-dire une réalisation en plein air destinée à défier le temps. Les énormes pierres de Carnac ont été parfois relevées mais, dans leurs alignements mouvants, elles ont traversé plus de cinquante siècles, pour transmettre l'énigmatique message d'hommes dont aucune autre trace n'est conservée dans notre mémoire collective.

À Carnac, plus que partout ailleurs peut-être, se pose en effet la question de la destination de cette acumulation de pierres dressées. Les hypothèses les plus fantaisistes (de la fortification romaine au terrain d'atterrissage pour engins extra-terrestres !), vont de pair avec l'impuissance de la science à proposer une réponse définitive. Que l'on se réfère à l'astronomie, aux rites funéraires — chaque menhir représenterait un ancêtre — ou au fonds des légendes celtiques, il faut le plus souvent se résigner à la spéculation. Il semble tout au moins acquis que la fonction religieuse (dans son acception la plus universelle) demeure le seuil de toute réflexion sur ce sujet. Au chapitre des éléments primordiaux animant cette entreprise, il faut compter aussi, bien sûr, les principes de fécondité, humaine, animale ou végétale.

CARNAC
LES ALIGNEMENTS
DU MÉNEC EN 1903

Pierres dressées et tables de pierre. En dépit de leur origine bretonne, les termes de « menhir » et de « dolmen » (littéralement « longue pierre » et « table de pierre ») ne doivent pas abuser ; on trouve des mégalithes sur toute la surface de notre planète. Cependant, leur concentration dans les régions côtières de l'ouest de l'Europe, particulièrement en Bretagne, est exceptionnelle.

Avant que le site ne soit cerné de grillages pour le préserver des déprédations et dégradations, il est longtemps resté un lieu de vie familier, comme une passerelle lancée entre passé et présent. D'où une familiarité cultivée dès l'enfance par la population locale avec ces vestiges millénaires.

L'arc de triomphe d'Orange

Les symboles de la puissance impériale

Héritier de la porte fortifiée de la cité antique, l'arc de triomphe illustre la grandeur d'un Empire romain soucieux d'essaimer ses emblèmes sur la totalité des territoires conquis.

Le symbole en est si clairement exprimé que les plus ambitieux architectes — d'Alberti pour le temple de Malatesta à Spreckelsen pour l'Arche de la Défense — ont toujours cherché à en dépasser le modèle. En France, cette tendance a été favorisée en partie, à l'époque classique, par la richesse du patrimoine ancien, de l'arc d'Orange à ceux de Saintes, Autun, Saint-Rémy-de-Provence...

La grande sentinelle d'Orange

Pour le voyageur qui arrive par la route du nord, la première vision marquante d'Orange (l'Arausio romaine) est celle de son arc de triomphe, dit de Tibère — empereur qui succéda à Auguste en 14 — bien que le style de l'édifice paraisse antérieur. On suppose qu'il fut érigé à la gloire des vétérans de la IIe légion en 20 av. J.-C., bien avant, donc, d'être dédié à Tibère. C'est là le témoignage d'un monde nouveau, sûr de sa supériorité sur les autres, la grande sentinelle d'un empire tout neuf mais qui puise sa légitimité dans une tradition civique vieille de huit siècles. Non loin d'Orange, la commune de Saint-Rémy-de-Provence conserve, à un kilomètre au sud des limites du bourg, le champ des Antiques de Glanum, précédé par deux monuments remarquablement conservés, l'arc municipal et le mausolée des Julii. Les piédroits de la puissante arcade en plein cintre de l'arc s'ornent de reliefs glorifiant la guerre des Gaules. Situé à quelques mètres de l'arc, le mausolée, lui-même composé, dans sa structure médiane, des formes de l'arc de triomphe, atteint une hauteur de 18 mètres.

Les traces de l'Empire glorieux

Alors que l'Empire romain en est encore à ses débuts, les arcs érigés à l'entrée ou au cœur des cités attestent l'irrésistible élan de sa gloire. À Saintes (Medolianum Santonum), l'arc de Germanicus forme ainsi le symbole du prestigieux passé de la ville. Construit en 18-19 apr. J.-C. par Caius Julius Rufus, un notable de Saintes, à l'entrée du pont et au débouché de la route de Lyon, il est formé de deux hautes arches sous un entablement rectiligne, décoré de reliefs.

C'est à Autun (Augustodunum) que l'on peut le mieux percevoir cette ampleur de la porte fortifiée. En franchissant celle d'Arroux, on répète le geste des passants qui, deux millénaires plus tôt, choisissaient déjà les petites arcades latérales, laissant les deux centrales, plus élevées, aux chariots et aux cavaliers. De fins pilastres et chapiteaux

AUTUN (SAÔNE-ET-LOIRE)
PORTE SAINT-ANDRÉ
(IIe -IVe SIÈCLE)

DESSIN ET LITHOGRAPHIE D'ÉMILE SAGOT (1805-1875)

Paris, Bibliothèque nationale

Une porte fortifiée exemplaire. La porte Saint-André, mieux conservée que la porte d'Arroux, car restaurée au IVe siècle, est haute de 14,60 mètres et large de 19 mètres. Percée de quatre arcades dans sa partie inférieure et couronnée d'une galerie ionique, elle précède de quelques hectomètres le paisible et vaste théâtre romain (148 mètres de diamètre), jadis animé par les clameurs de quinze à vingt mille spectateurs.

52 av. J.-C. Défaite de Vercingétorix à Alésia ; fin de la Gaule indépendante 27 av. J.-C. Auguste sacré empereur **20 av. J.-C. Date probable de l'érection de l'arc de triomphe d'Orange** 13 av. J.-C. Découpage de la Gaule chevelue en trois provinces : Aquitaine, Lyonnaise et Belgique, Lyon capitale des Trois Gaules 14 Mort d'Auguste, Tibère empereur (14-37).

SAINT-RÉMY-DE-PROVENCE
(BOUCHES-DU-RHÔNE)
MAUSOLÉE DES JULII, DÉTAIL

Ier SIÈCLE

Une décoration d'inspiration nettement hellénistique. Les quatre faces du socle carré sont ornées de sculptures allégoriques : amazonomachie, chasse au sanglier, combat d'infanterie, combat de cavalerie. Ce qui est ici exalté, c'est la victoire de la civilisation sur la barbarie et, pour ce faire, les Romains n'ont pas hésité à user de la symbolique grecque. L'exceptionnelle aisance de mouvement dans un espace illusoire est obtenue par le tracé puissamment linéaire des figures.

corinthiens ornent toujours sa galerie supérieure, dont sept arcades ont subsisté. À quelque distance, la porte Saint-André adopte le même dispositif.
De cette tendance à la monumentalité solennelle, parfois pompeuse, nombreux sont les vestiges. Ainsi de la porte d'Orée, à Fréjus, qui donne le témoignage d'une antiquité tardive (IVe siècle). Un arc élégant, soutenu par des piliers carrés appareillés à la façon romaine (alternance de la brique et de la pierre), forme l'unique souvenir — dénué de toute connotation guerrière — d'une salle appartenant peut-être à des thermes disparus.

ORANGE (VAUCLUSE)
ARC DE TRIOMPHE
20 AV. J.-C.

Une formidable manifestation de puissance. Remarquable par son état de conservation autant que par ses dimensions (22 mètres de hauteur, 21 mètres de largeur, 8 mètres de profondeur), l'arc de triomphe d'Orange dégage une impression de puissance immuable en dépit des évidentes dégradations de ses parties sculptées. Une de ses particularités tient à la composition de son double attique (partie supérieure du monument) avec ses reliefs, nettement détachés sur le fond mais privés de tout encadrement en corniche. La grande arcade centrale est surmontée d'un fronton triangulaire et encadrée de colonnes corinthiennes que l'on retrouve sur les angles ; de part et d'autre, deux ouvertures plus basses complètent la partie inférieure de l'édifice, sous un double attique.

Une décoration sculptée d'une extrême richesse. Scènes de combat, trophées, attributs marins, motifs végétaux et floraux se répartissent sur toutes les surfaces de l'arc, témoignant de l'intelligente assimilation par les praticiens romains du génie hellénistique.

SAINT-RÉMY-DE-PROVENCE (BOUCHES-DU-RHÔNE)
ARC MUNICIPAL ET MAUSOLÉE DES JULII
Ier SIÈCLE

Un ensemble triomphal. L'arc municipal de Saint-Rémy-de-Provence (Glanum), qui précède immédiatement l'ère chrétienne, est contemporain des arcs de Cavaillon et de Carpentras. Il présente des proportions d'une heureuse harmonie (8,60 mètres de hauteur, 12,50 mètres de longueur, 5,50 mètres de largeur). Guerriers captifs, enseignes et trophées qui ornent les piédroits semblent inspirés, comme ceux de l'arc d'Orange, par le grand courant hellénistique qui traverse les premières décennies de la Rome impériale.

Un témoignage de piété filiale. Un peu plus loin, le mausolée des Julii, élevé par les fils de la famille des Julii en mémoire de leurs père et grand-père, superpose trois niveaux différents : un socle carré, un double arc de triomphe et une rotonde de colonnes corinthiennes coiffée par une coupole. Le dôme, en forme de pyramidion à étages, était originellement surmonté d'une pomme de pin, seul élément faisant aujourd'hui défaut. C'est sur l'entablement de l'étage que se situe la dédicace ayant permis l'identification du cénotaphe ; on observera la merveilleuse finesse de l'appareillage et le soin apporté à la décoration des frises. La rotonde, elle aussi d'une parfaite virtuosité d'exécution, abrite les statues des deux personnages dont la mémoire est ici conservée.

Le pont du Gard

L'organisation de l'espace romain

L'aqueduc est un signe éclatant de la maîtrise de l'espace naturel par les Romains. De toutes les commodités modernes, l'eau courante est, grâce à eux, la plus ancienne.

En ce domaine, les prouesses des architectes de l'empire confondent l'imagination. Dans la Vienne gallo-romaine par exemple, ce ne sont pas moins de 11 aqueducs — autant qu'à Rome — qui pourvoyaient la cité ! À Fréjus, à Vaison-la-Romaine et dans nombre d'autres cités antiques, les archéologues ont mis au jour des systèmes d'alimentation toujours complexes et ingénieux. Symbole universellement connu de cet aménagement fonctionnel de l'Empire romain, le pont-aqueduc du Gard (à Vers, dans le Gard), franchit l'étroite vallée du Gardon, au débouché de gorges calcaires qui entaillent la haute garrigue de Nîmes. Cette immense construction semble défier les lois de la pesanteur ; ses dimensions exaltent une rare élégance formelle.

Un aqueduc très dégradé. De l'aqueduc de Fréjus, qui menait l'eau jusqu'à la porte de Rome, il reste de grandioses fragments, dont la cuvette de réception, qui épouse le parcours du rempart nord. Ses imposantes piles de soutien s'inscrivent harmonieusement dans le cadre de la campagne provençale. En dépit d'une triste dégradation, l'appareillage romain en lits de briques se distingue encore dans la structure des hautes arches.

AQUEDUC DE FRÉJUS (VAR)
Ier SIÈCLE

À système complexe, réalisation sans égale

Un aqueduc « conduit » l'eau (du latin *aqua*, eau et *ducere*, conduire) d'une source vers un bassin de réception. Pour le pont du Gard, la source est connue ; dite de l'Eure, elle se trouve dans la vallée de l'Alzon, près d'Uzès. Son choix tint à sa régularité, à son altitude (72 mètres) et à sa relative proximité du bassin, le *castellum* de Nîmes, redécouvert en juillet 1844 (altitude 59 mètres). Pour conduire l'eau de la source à la ville au moyen d'un canal à déclivité constante (moins de 15 mètres sur un tracé total de 50 kilomètres !), les ingénieurs romains durent multiplier les performances ; enterrer le canal, lui faire suivre les courbes d'altitude, mais surtout lancer bien d'autres ponts que le grand aqueduc. Ainsi, le flâneur attentif découvrira-t-il, au hasard de ses promenades, quantité d'autres ouvrages souvent ruinés, parfois imposants et toujours émouvants, le pont du Gard n'étant que la réalisation la plus spectaculaire d'un ensemble dont la complexité témoigne du génie constructeur romain.

Naissance et disparition

À qui doit-on cet ensemble colossal ? Les archéologues ont peut-être une réponse grâce à une inscription latine, découverte au XVIIe siècle et d'une interprétation délicate. Gravée sur une pierre du support de l'arche principale du pont, elle se résume à trois mots : MENS TOTUM CORIUM. Si l'on traduit le troisième mot par « épiderme » — soit « façade » ou « élévation » en langage architectural — on obtient la proposition suivante : « L'élévation de l'édifice a été totalement mesurée », griffe alors évidente, quoique anonyme, de celui qui a conçu et peut-être construit l'ouvrage.

On ne connaît pas les dates exactes de la construction du pont. Les archéologues privilégient une hypothèse moyenne, entre 40 et 80 apr. J.-C. Pour le financement, il est probable que, comme souvent à l'époque romaine,

VAISON-LA-ROMAINE (VAUCLUSE)
RUE DES BOUTIQUES
Ier-IIe SIÈCLE

Une voie monumentale. Remarquable par sa largeur (4,20 mètres), cette rue dallée de gros blocs jointoyés est surélevée et bordée de trottoirs. Constituant l'une des voies principales de la ville, elle permettait la circulation simultanée des chariots et des piétons. Vaison-la-Romaine, cité romaine très active, était approvisionnée en eau au moyen de deux aqueducs branchés sur deux sources voisines ; leur débit total donnait environ 500 litres par jour et par habitant, soit une quantité proche de la norme contemporaine.

fonds publics et fonds privés furent équitablement sollicités, peut-être au moyen de mesures fiscales spécialement adoptées. La durée du chantier ne nous est pas plus connue que sa date, mais le plus singulier dans l'histoire de cet énorme ouvrage reste sans doute sa faible durée de fonction. Pour des raisons obscures, l'aqueduc a été abandonné entre le Vᵉ et le VIIᵉ siècle. Destiné à devenir une carrière de pierres, il a été sauvé en tant que voie de passage commode pour la circulation, jusqu'au XVIIIᵉ siècle. Figurant dès 1840 sur la liste des monuments majeurs établie par le ministère des Beaux-Arts, il devient monument historique en 1914, « site pittoresque » en 1973. Enfin, consécration suprême, il a été inscrit sur la Liste du patrimoine mondial par l'UNESCO en 1986.

37-41 Caligula empereur 41-54 Claude empereur ; romanisation accélérée de la Gaule 48 Admission des Gaulois au sénat romain (Tables claudiennes) **Vers 50 Date admise pour l'ouverture du chantier du pont du Gard** 54-68 Néron empereur.

LE PONT DU GARD (GARD)
VERS 50

Un monument colossal. La silhouette du pont du Gard est l'une des plus connues du monde antique. Culminant à presque 50 mètres, c'est le plus élevé des aqueducs antiques. En maçonnerie jointe avec du mortier, la partie supérieure est formée d'un ensemble de 35 petites arcades qui supportent le canal couvert par un dallage. Pour donner une idée de la monumentalité de l'édifice, il suffit de préciser que les petites arches du sommet ont une portée de 4,5 mètres !

Des prouesses techniques. Afin de franchir le Gardon, cette rivière au débit irrégulier (faible au plus fort de l'été, considérable à l'époque des grandes crues de printemps), le concepteur de l'ouvrage a superposé trois étages d'arches : les six arches du premier niveau sont soutenues par des piles appareillées sans mortier, qui supportent à leur tour celles de l'étage intermédiaire. Sur ce dernier, les traces des structures ayant soutenu les cintres en bois des arches subsistent sous forme de bancs de pierre en saillie.

Une œuvre collective. Si des engins de levage — les Romains en avaient conçu de très ingénieux — ont été utilisés ici, le total des personnes travaillant sur le chantier a pu rester inférieur à mille. La virtuosité de réalisation atteste la sollicitation d'ouvriers qualifiés : maçons, terrassiers, charpentiers, forgerons, chaufourniers – et à ces derniers, chargés du travail sur les fours à chaux, il faut ajouter l'intervention probable de bûcherons. Il y eut divers aménagements ou restaurations dès les premières décennies. Si l'archéologie nous en livre les étapes, elle reste impuissante, faute de sources écrites, à restituer précisément l'organisation sociale du chantier ; mais l'importance de la hiérarchie et le regroupement par équipes spécialisées sont avérés.

Arènes, théâtre et thermes d'Arles

La trame de la civilisation gallo-romaine

Avant les fouilles de Pompéi (1748), l'Europe moderne admirait les Anciens mais ignorait presque tout du fonctionnement des cités antiques.

Depuis cette découverte capitale, l'archéologie a opéré de constants progrès dans la restitution de nombre de ces villes, notamment romaines, qui tissèrent, il y a vingt siècles, la trame de la civilisation méditerranéenne.

Arles, au cœur de la Provence romaine

Sur le site d'Arles, les fouilles ont révélé l'existence d'une cité celto-ligure, Théliné, tombée dès le VIe siècle av. J.-C., sous la domination des Phocéens, avant de passer sous contrôle romain. La victoire de César sur Pompée lui offrant le statut de capitale provinciale, Arles reçoit l'autorisation de s'entourer de remparts et organise, dès Ier siècle, sa vie autour du forum. La ville ne cesse de s'étendre, parvenant à son apogée au IVe siècle et connaissant une prospérité économique qui n'a d'égale que son importance politique puisqu'elle devient préfecture des Gaules en 395.

De cette glorieuse époque gallo-romaine, les arènes, le théâtre antique, les thermes et les cryptoportiques forment les éléments les plus spectaculaires. Le théâtre, construit au temps d'Auguste, a souffert du passage des siècles. Ruiné, démantelé, il a été sauvé par la campagne de restauration du XIXe siècle. D'un diamètre de 102 mètres, il pouvait accueillir douze mille spectateurs, sur des gradins encore largement conservés. Du mur de scène, en revanche, il ne reste que quelques fragments, dont deux admirables colonnes corinthiennes. C'est dans la fosse que fut découverte, au XVIIe siècle, la Vénus d'Arles, aujourd'hui exposée au musée du Louvre.

Les thermes se situent tout près du Rhône ; il en reste la succession du *tepidarium* et du *caldarium* (piscine et étuve), vestiges qui suffisent à dresser une évocation éloquente du grand édifice initial. Quant aux cryptoportiques, longue double galerie souterraine, ils courent sous l'ancien forum, séparés par de massifs piliers. Place du Forum, enfin, deux colonnes corinthiennes et un fragment de fronton rappellent la tradition doublement millénaire de la cité.

Théâtre antique : l'exemple d'Orange

À Orange, le théâtre antique, bien mieux conservé que celui d'Arles, s'adosse à la colline Saint-Eutrope. Vu de l'extérieur, le grand mur se divise en cinq compartiments. Au rez-de-chaussée, les baies en plein cintre séparées par des pilastres forment une ceinture rompue seulement par trois ouvertures rectangulaires, la porte royale et les portes des artistes. Puis viennent une division nue, une série d'arcatures et une double rangée de corbeaux destinés à soutenir les mâts du vélum.

ARLES (BOUCHES-DU-RHÔNE) LES ARÈNES, GALERIE D'ACCÈS

Une parfaite organisation de l'espace. Si les cruels jeux de gladiateurs, interdits à partir de l'année 404, sont aujourd'hui remplacés par de très populaires corridas, le système de répartition du public est resté sensiblement le même depuis une vingtaine de siècles. La grande galerie qui ceinture l'amphithéâtre en demeure la pièce maîtresse, principe qui continue de gouverner la distribution de nombreux stades modernes.

Ier siècle Petite bourgade gauloise, Lutèce devient métropole gallo-romaine **Ier siècle Grandes constructions gallo-romaines d'Arles** IIe siècle Apogée de la civilisation gallo-romaine 177 Martyre de sainte Blandine à Lyon 211 Édit de Caracalla qui fait de tous les hommes libres des citoyens romains 313 Par l'édit de Milan, Constantin établit la liberté du culte chrétien.

ACROTÈRE EN FORME DE MASQUE
ENVIRON IIe SIÈCLE
Vaison-la-Romaine, Musée archéologique

Du théâtre aux cultes des morts. Cette sculpture de pierre découverte dans une nécropole de Vaison-la-Romaine, conçue comme un masque de théâtre, participait à la décoration d'un mausolée, ce qui explique le caractère tragique de son expression, nuancée de frayeur et de désespoir.

Arles (Bouches-du-Rhône)
Les arènes, vue aérienne
Ier-IIe siècle

Un terrain pour les jeux de gladiateurs. Restaurées en 1825, les arènes d'Arles, qui sont en réalité un très grand amphithéâtre, tracent un ovale de 13 x 6 x 107 mètres, la capacité de l'édifice étant estimée à quelque vingt mille spectateurs. Le terrain des jeux et des combats (69 x 40 mètres) était séparé des gradins par un mur de protection. De l'extérieur, le grand bâtiment, qui fait appel à l'ordre corinthien, demeure une masse impressionnante en dépit de la disparition de son attique ; les deux étages aux soixante arcades se partagent équitablement la hauteur totale qui atteint quelque 42 mètres.

Dans les environs du théâtre, plusieurs autres monuments, hélas ! à l'état de rares fragments, laissent imaginer la nature grandiose du cœur de l'Orange antique.

La vigueur des cités gallo-romaines

Si l'actuel territoire français est riche de sites antiques, c'est le plus souvent dans sa partie méridionale. À Paris, la ville ancienne n'a laissé d'autres traces monumentales que ses « arènes », fâcheusement remaniées, et une partie de ses thermes, près de l'hôtel de Cluny. Plus intéressant, l'amphithéâtre gallo-romain de Senlis, d'une capacité de onze mille spectateurs, figure, depuis son dégagement au XIXe siècle, parmi les plus beaux reliefs de la vie sociale au temps de Romains. Il présente un plan elliptique dont le grand axe atteint 41,5 mètres. Sa construction remonte à l'aube de l'ère chrétienne, diverses campagnes de restauration ayant retardé son abandon, définitif à partir de l'époque médiévale.
Dans la partie méridionale de l'Hexagone, la situation est inverse, tant la richesse patrimoniale impressionne. Dans ce cadre, la ville de Vienne conserve ainsi un legs qui n'a guère d'équivalent. Simple village gaulois au début du Ier siècle av. J.-C., cette cité militaire, commerçante, portuaire, occupera une aire supérieure à celle d'Augustodunum (Autun), la « Rome gauloise ». Le grand théâtre, dont le dégagement fut mené à bien en 1938, date du siècle d'Auguste. Adossés à la colline, les gradins de pierre créent une perspective confondante ; le diamètre est égal à 130 mètres, et la capacité estimée à treize mille

Un autre exemple d'arènes bien conservées. Très simple de conception, l'amphithéâtre de Nîmes — probablement construit à la fin du Ier siècle et au début du IIe — développe son plan en ellipse au moyen d'une double rangée d'arcades réglées par l'ordre dorique. Comme à Arles, la superposition des piliers et des colonnes crée une animation dynamique sur la totalité de son pourtour.

Nîmes (Gard)
Les arènes
Ier-IIe siècle

spectateurs. À sa gauche, au-delà de la montée Saint-Marcel, subsistent les substructions de l'odéon, destiné à des manifestations plus intimes, littéraires ou musicales. Un peu plus bas, le portique des Thermes et le jardin de Cybèle forment l'ensemble énigmatique d'un temple et d'un petit théâtre destinés à la célébration du culte de la déesse.

Les cités de Vaison, Nîmes ou Périgueux offrent aussi des vestiges de qualité. Soumise à Rome en 120 av. J.-C., Nîmes était organisée autour d'un forum situé à l'intersection de deux voies principales ; c'est sur l'emplacement de ce forum que s'élevait l'ensemble constitué par la Maison carrée, ses portiques et les thermes.

Mais il faut aller à Périgueux pour découvrir l'un des monuments les plus curieux de l'époque, la tour de Vésone (IIe siècle), réalisée en petit appareil coupé de lits de briques. Jadis ceint de marbre, entouré d'un large portique et doté d'une entrée colossale, ce donjon témoigne à lui seul de la vigueur des cités gallo-romaines dont descendent la plupart de nos villes actuelles.

NÎMES (GARD)
LA MAISON CARRÉE
Ve SIÈCLE

Un chef-d'œuvre de l'art classique romain. C'est sous le principat d'Auguste que fut construite la Maison carrée, dédiée aux patriciens Caius et Lucius César. En dépit de ses faibles dimensions, ce pur chef-d'œuvre s'inspire directement des préceptes de Vitruve, grand théoricien de l'architecture romaine. Légèrement en retrait sur la droite, le Carré d'art créé en 1993 par l'architecte britannique Norman Foster se veut hommage de l'architecture contemporaine à sa lointaine aînée.

La maison romaine, un espace codifié. La maison romaine obéit à des contraintes sociales qui ressortissent tout à la fois à l'espace privé (réservé à la famille) et au domaine public (réservé aux amis, aux invités, aux « clients », aux dépendants). Dans cette villa (qui doit son nom à une sculpture qui y fut découverte et conservée au musée archéologique), l'ouverture en plein air de la cour a permis de dresser une superbe colonnade, pièce principale du *decorum*.

VAISON-LA-ROMAINE
(VAUCLUSE)
PÉRISTYLE DE LA MAISON
DU BUSTE EN ARGENT
IIe SIÈCLE

VIENNE (ISÈRE)
TEMPLE D'AUGUSTE ET DE LIVIE
Ier SIÈCLE

Un monument destiné au culte impérial municipal. C'est non loin des rives du Rhône que l'on trouve le temple d'Auguste et de Livie, probablement le plus beau vestige gallo-romain de Vienne. Érigé en deux campagnes, il remonte au règne d'Auguste, la partie la plus ancienne étant située à l'ouest. Ce monument dressé au centre du forum a été restauré de façon satisfaisante au XIXe siècle ; avec son ordre sévère et l'harmonie de ses proportions, il illustre magnifiquement les conceptions architecturales prévalant au début de l'époque impériale. Ainsi, sur le haut stylobate, les puissantes colonnes corinthiennes soutiennent-elles un entablement solennel.

ORANGE (VAUCLUSE)
THÉÂTRE ANTIQUE, LE MUR DE SCÈNE
Ier SIÈCLE

Le théâtre antique le mieux conservé. Le mur de scène dresse d'un jet sa masse colossale (36 mètres de haut), dont l'actuelle nudité accentue le caractère monumental. Autrefois, les marbres, les stucs, les mosaïques et les statues animaient la quasi-totalité de sa surface ; ne survit de cette décoration que la statue d'Auguste *imperator,* remise à sa place en 1951. On retrouve ici l'essentiel de la compartimentation qui apparaît de l'extérieur avec, sous la grande niche abritant la statue colossale (3,55 mètres) d'Auguste, l'ample porte royale au linteau sculpté, surmontée de l'arcature aveugle et de l'attique. Les 37 gradins pouvaient accueillir jusqu'à dix mille spectateurs, répartis de bas en haut, selon l'importance de leur statut social. Pour éviter toute promiscuité entre classes différentes, trois zones avaient été aménagées, séparées par des murs. La scène (61 x 9 mètres) était couverte d'un toit la protégeant du soleil et des intempéries, et offrait un large plancher aux évolutions des acteurs ; c'est probablement un incendie qui est à l'origine de sa disparition. De part et d'autre de cette scène, deux grandes constructions formaient l'ensemble des coulisses et le lieu d'accueil du public. Enfin, la fosse du rideau est encore visible, à l'arrière. Ne manque en fait au théâtre d'Orange — si l'on excepte les éléments mobiles — que le portique couronnant le haut des gradins et le toit.

Les Alyscamps

À l'aube de l'ère chrétienne

Lors de son arrivée en Gaule, Jules César avait dénombré une trentaine de villes. Au cours des premiers siècles de notre ère, ce chiffre augmenta de façon spectaculaire, expansion parallèle à une évolution complexe conduisant de la cité romaine à la métropole gallo-romaine christianisée.

De ce point de vue, l'exemple d'Arles (Bouches-du-Rhône), qui possède tout à la fois un riche patrimoine romain et la célèbre nécropole paléochrétienne des Alyscamps, est d'autant plus démonstratif que les reliefs de cette basse Antiquité sont très rares en France.

Une nécropole légendaire

De l'Antiquité à l'aube de la Renaissance, les Alyscamps formèrent une immense nécropole, l'une des plus célèbres d'Occident. Mais ce n'est qu'avec le christianisme triomphant que le site acquit un prestige considérable. Sur les sarcophages paléochrétiens du IVe siècle, les sculpteurs remplacèrent peu à peu les scènes mythologiques par des images tirées de l'histoire et de la symbolique du christianisme. L'abondance des sépultures arlésiennes, qui a longtemps alimenté l'hypothèse d'un atelier local (en fait, la source est presque toujours l'Italie), trouve son origine dans l'abandon de Trèves par les fonctionnaires romains, inquiets de la pression des barbares. Transférés à Arles, ils y introduisirent un goût du luxe qui nuançait toutes les manifestations de l'existence jusqu'aux rites funéraires.

Un des rares vestiges sculptés. Dans la coquille centrale, le couple des défunts échange un regard discret mais profond. La tenue de la femme est d'une rare élégance, particulièrement sa coiffure, en contraste marqué avec la rusticité de l'homme chauve et assez corpulent. Tout autour, les scènes religieuses sont rythmées par les compartiments superposés en plates-bandes. En bas à gauche, on distingue notamment une Adoration des mages d'inspiration évidemment byzantine.

ARLES (BOUCHES-DU-RHÔNE)
SARCOPHAGE DE LA TRINITÉ (OU DES ÉPOUX)
IVe SIÈCLE
Musée de l'Arles antique

Déclin et nostalgie

Au cœur d'un espace balisé d'arbres et de tombeaux, l'église Saint-Honorat a succédé à un édifice préroman dont on peut encore distinguer quelques éléments devant la nef actuelle. On suppose qu'une basilique primitive, dédiée au martyr saint Genès, avait occupé le site dès les premiers siècles de la chrétienté. Il est certain en tout cas qu'elle exista avant 449 puisque le corps de l'évêque martyr y fut porté. Dans ces conditions, il est compréhensible que de nombreux Arlésiens aient tenu à se faire inhumer près de leur saint patron.

Le déclin du site débuta au XVIe siècle, lorsque nombre de tombeaux furent offerts aux riches invités de passage ou à de puissantes administrations. Pourtant, s'il ne reste qu'une longue allée funèbre de cet immense ensemble, il est impossible de la remonter sans être étreint par une puissante émotion, tant ces sarcophages à couvercle romain (plat) ou à couverture grecque (en double pente et coins relevés) semblent transmettre l'écho silencieux de siècles disparus.

ARLES
ÉGLISE SAINT-HONORAT
XIIe-XIIIe SIÈCLES

Une nécropole utilisée jusqu'à la fin du Moyen Âge. L'église Saint-Honorat (reconstruite par les moines de Saint-Victor de Marseille) est située au bout des Alyscamps ; sa tour-lanterne du XIIIe siècle est percée de huit baies en plein cintre. Hors cette tour, ne subsistent de l'édifice initial que le chœur, quelques chapelles plus tardives et le portail sculpté. À l'intérieur, la croisée est soutenue par quatre grosses piles rondes. Probablement certains des sarcophages que l'on distingue au premier plan remontent-ils à l'époque du premier sanctuaire, ce que semble confirmer la découverte de monnaies des IVe et Ve siècles.

Les enceintes, héritage romain

Les Alyscamps se trouvaient hors l'enceinte dont Arles, colonie des vétérans de la VIe légion, avait eu le privilège de s'entourer. À l'époque du Bas-Empire, nombre de cités assurèrent ainsi leur sécurité en s'inspirant des travaux romains. À Angoulême, par exemple, une première enceinte fut construite, englobant un vaste périmètre et épousant la forme de l'éperon rocheux. À Meaux, les remparts gallo-romains (IIIe et IVe siècles) forment le plus ancien témoignage de ce temps, même si l'ensemble a été remanié au XVe siècle et renforcé de puissantes demi-tours. Il faudra attendre les temps modernes ou contemporains pour que ces très anciens appareils de défense soient presque partout arasés.

ARLES (BOUCHES-DU-RHÔNE) LES ALYSCAMPS
IVe SIÈCLE

Une allée « sacrée » organisée au XVIIIe siècle. Peu de sites, en France, sont chargés d'une aussi longue et émouvante histoire que les Alyscamps qui ont formé, des temps antiques à la fin du Moyen Âge, l'une des plus grandes nécropoles d'Occident. Avant le IVe siècle, les tombeaux gallo-romains s'alignaient le long de la Via Aurelia, qui menait vers Marseille, aux portes de la cité. Aujourd'hui, ceux qui demeurent sont disposés le long d'une seule allée mélancolique. On a quelque peine aujourd'hui à imaginer l'ampleur ancienne de cette cité des morts, mutilée à l'est et au nord par la voie ferrée, privée de plusieurs de ses monuments (au XIIIe siècle, l'enclos funéraire n'enfermait pas moins de dix-neuf églises ou chapelles) et traversée par le canal de Craponne. Il ne faut pas non plus se laisser abuser par la disposition actuelle de l'allée des sarcophages : elle résulte de la mise en scène opérée au XVIIIe siècle par les religieux de l'ordre des Minimes qui, propriétaires de Saint-Honorat, disposèrent les sarcophages le long de l'allée sacrée menant à leur église.

IVe siècle Ouverture et développement de la nécropole des Alyscamps 324-337 Constantin Ier devient le seul maître de l'Empire romain 380 Édit impérial instituant le christianisme religion d'État 404 Ravenne, capitale de l'Empire romain d'Occident 440-461 Saint Léon le Grand, pape 476 Romulus Augustule déposé par Odoacre ; fin de l'Empire romain d'Occident.

Le baptistère de Fréjus

La basilique paléochrétienne, affirmation du christianisme

Cependant que, tout au long du Ve siècle, l'Empire romain finit de se disloquer, le ciment de la religion chrétienne assure une unité nouvelle à l'Europe à mesure que les conversions en masse se multiplient.

Officiel, étatique même, le culte chrétien s'autorise l'ouverture de véritables chantiers, baptistères et églises pour l'essentiel (deux édifices qui resteront séparés en Italie et seront plus tard fondus en France). Des tout premiers monuments alors surgis, il ne reste, hélas, que quelques exemples à la conservation incertaine, mais aux formes puissamment suggestives.

À Fréjus, l'un des plus anciens bâtiments de France

Au centre de la vieille ville de Fréjus (tout près de la place Jules-Formigé), le baptistère, auquel on accède en franchissant une superbe grille du XVIIIe siècle, est l'un des plus vieux bâtiments de France, puisqu'il fut vraisemblablement édifié au Ve siècle. C'est que l'évêché est aussi l'un des plus anciens de notre histoire : il est attesté dès l'année 374, date de la tenue du concile de Valence. Mais ce n'est qu'à partir de 1925 que l'architecte Jules Formigé a commencé à redonner au monument très altéré son apparence initiale, en mettant au jour la piscine octogonale dissimulée sous un dallage et en reconstruisant la coupole. Depuis, diverses campagnes ont mené à terme ce chantier, permettant au visiteur de retrouver l'état antique de l'édifice dont l'authenticité est assurée jusqu'au niveau de la coupole. De l'extérieur, la superposition des plans apparaît avec une très grande clarté : carré à la base pour l'énorme socle aveugle (soubassement romain), octogone au niveau des fenêtres (une baie en plein cintre pour chaque face), cylindre pour la partie supérieure, couverte d'un toit conique de tuiles. Rien de surprenant dans cette disposition très usuelle depuis l'Antiquité (c'était, notamment, celle du phare d'Alexandrie).

De Poitiers à Vienne, baptistères et églises primitifs

Dans le Poitou gallo-romain, c'est vers le milieu du IVe siècle que la vie chrétienne prend un caractère officiel avec l'élection de saint Hilaire à l'épiscopat. De cette époque nous est parvenu, sinon vraiment le baptistère

POITIERS (VIENNE)
BAPTISTÈRE SAINT-JEAN,
LA SALLE BAPTISMALE
IVe SIÈCLE

Une salle baptismale des débuts du culte chrétien. Du bâtiment originel, ne subsistent que la piscine octogonale (2 mètres de diamètre, environ 1,50 mètre de profondeur) et les trois murs de la salle baptismale, au moins jusqu'à la hauteur des fenêtres. De la deuxième campagne de construction (à l'époque mérovingienne ?), on distingue l'élévation supérieure et les colonnes, les peintures monumentales (Christ en majesté, Apôtres…) étant nettement plus tardives (romanes et gothiques).

POITIERS
BAPTISTÈRE SAINT-JEAN
IVe SIÈCLE POUR LES PARTIES BASSES

Un monument singulier. Par son plan tréflé, son élévation et sa forme, le baptistère de Poitiers échappe à toute comparaison. Il se présente comme une haute salle rectangulaire (12,30 mètres × 8,25 mètres) couverte d'un toit à double pan, dotée d'une abside polygonale (au premier plan) et de deux chapelles latérales, aux éléments très tardifs. Le baptistère fait aujourd'hui office de Musée lapidaire et abrite de superbes sarcophages mérovingiens.

Ve siècle **Construction du baptistère de Fréjus** 406-409 Vandales, Alamans, Alains et Burgondes ravagent la Gaule 451 Aetius, Mérovée et Théodoric vainqueurs des Huns aux champs Catalauniques 481 Avènement de Clovis (dynastie mérovingienne) 498 Clovis est baptisé par Remi, le jour de Noël 567 Le royaume franc est divisé en trois entités, Austrasie, Neustrie, Bourgogne 573 Grégoire, évêque de Tours.

Saint-Jean de Poitiers, du moins la partie basse de ses murs et sa piscine octogonale. Encore ne s'agit-il là que d'une hypothèse qu'aucun argument archéologique ne peut fonder avec certitude, l'édifice ayant été remodelé plus tard, sans doute à l'époque mérovingienne. Au Moyen Âge, le baptistère appartenait à l'ensemble épiscopal.

D'autres sites très anciens transmettent quelques fragments de cette mémoire lointaine, la basilique de Cimiez, le baptistère de Venasque, Saint-Victor de Marseille, Saint-Pierre-aux-Nonnains de Metz, etc. Mais c'est à Vienne (Isère) que sont regroupés les monuments les plus remarquables par leur beauté et leur ancienneté. Ainsi de l'église Saint-Pierre de Vienne, basilique du Ve siècle, très remaniée au IXe, puis à l'époque romane. Aujourd'hui, Saint-Pierre abrite de merveilleuses collections lapidaires, témoignage des temps les plus reculés de la cité chrétienne. Également à Vienne, l'église Saint-André-le-Bas remonte au VIe siècle, mais sa construction a été reprise au XIIe siècle. Le plan à nef unique, les colonnes antiques en remploi et la largeur de l'abside attestent l'ancienneté de sa conception ; le clocher carré, haut de 26 mètres, est en soi une longue leçon d'histoire : la partie basse, archaïque, utilise de grands blocs d'origine romaine ; les arcatures des premiers étages remontent au XIIe siècle, et les baies géminées supérieures, au XIIIe siècle ; quant au puissant contrefort de l'extrémité, il a été ajouté au XIXe siècle ! Beau sujet de méditation que cette insistance des hommes à conserver et transmettre un patrimoine dont l'origine se fait toujours plus obscure avec le passage des siècles !

Fréjus (Var)
Baptistère
Ve siècle

L'héritage antique. Il y a quinze siècles, c'est en ce lieu précis que des femmes et des hommes convertis à la nouvelle religion vinrent recevoir — gage d'une re-naissance — le premier des sacrements. Le baptistère est séparé du narthex de la cathédrale par un couloir voûté de 3,60 mètres de large. L'appareillage des murs, assez irrégulier, a été presque complètement refait au hasard des diverses restaurations ; leur épaisseur atteint 0,90 mètre, la stabilité de la coupole sommitale étant assurée par l'usage de larges dalles de grès sur son pourtour. Les niches semi-circulaires (1,25 mètre de rayon) et rectangulaires (0,90 mètre de profondeur) sont compartimentées par huit colonnes monolithiques de granit qui supportent les arcs à claveaux polychromes. Le diamètre de l'octogone intérieur est de 7,70 mètres de diamètre et chacune des niches ouvre sur une largeur de 2,20 mètres pour une hauteur de 5,68 mètres. À l'étage, ce sont seize pilastres qui opèrent la distribution des niches et des baies, sous la voûte en coupole. Au centre de cet espace, soit une dizaine de mètres sous le sommet de la coupole, la cuve baptismale atteignait, rebord compris, plus de 1,30 mètre de profondeur pour 92 cm de large ; c'est dire que l'immersion des nouveaux baptisés y était aisée.

Venasque (Vaucluse)
Baptistère
VIe ou VIIe siècle

Un édifice sans cesse remanié. En dépit des incertitudes quant à sa fonction et à sa datation, l'édifice quadrilobé de Venasque n'en présente pas moins un grand intérêt aux yeux des archéologues. La cuve a certes été reconstituée mais il est certain qu'elle a bel et bien existé dès le début.

Les cryptes de Jouarre et de Poitiers

Les traces de la mémoire mérovingienne

L'apostolat de saint Colomban, moine irlandais à l'origine du monachisme européen, a été d'une fécondité foudroyante au VIIe siècle sur l'ancien territoire de Gaule, surtout dans sa partie nord-est. Dans la vallée de la Marne, l'abbaye de Jouarre a laissé les traces les plus anciennes de ce développement continental du christianisme.

Fondatrice de Jouarre, l'abbesse Théodechilde appartenait à une riche famille d'origine barbare. Sous son impulsion, le lieu connut bientôt une grande fortune, attestée par la construction de plusieurs édifices religieux, dont l'église Saint-Paul.

Les « cryptes » de Jouarre

De Saint-Paul, il reste quelques substructions, retrouvées par les archéologues en 1867, et l'extraordinaire caveau funéraire formé de deux « cryptes » (elles n'ont jamais été souterraines) disposées selon un axe nord-sud. Jusqu'au XVe siècle, ces dernières étaient accolées à une église à trois nefs, qui conservait de nombreux sarcophages.

Si de telles constructions étaient fréquentes à l'époque, celle de Jouarre est la seule qui, bien que remaniée à l'époque romane, ait conservé son caractère originel. Rectangulaire et voûté d'arêtes, l'édifice a conservé son mur occidental réticulé, c'est-à-dire constitué de pierres taillées soit en carré, soit en losange, soit en octogone ; une telle disposition révèle, chez les tailleurs de pierre et les maçons de Jouarre, une habileté exceptionnelle pour l'époque.

Les énigmatiques tombeaux de Jouarre

Trois tombeaux de pierre ont traversé les siècles à l'abri de la crypte nord. Celui de sainte Théodechilde vaut par son extraordinaire décoration de coquilles, de rinceaux et de grappes de raisin. Aucun monument ne témoigne, mieux que ce tombeau, de la réalité insuffisamment reconnue d'une renaissance de la sculpture mérovingienne.

Un second tombeau, dit « d'Agilbert », grand clerc franc du VIIe siècle qui aurait terminé sa vie à Jouarre, est plus haut, plus large aussi, à la tête qu'aux pieds, caractère fréquent à l'époque. Sur une face latérale, on trouve une représentation du Jugement dernier, avec un Christ entouré d'orants aux bras levés, ce qui a conduit certains commentateurs à évoquer une lointaine influence copte. À la tête de ce tombeau est dressé le célèbre Tétramorphe mérovingien qui daterait d'environ 675, précocité rare pour l'Occident. S'il est possible que ce relief vienne d'Italie du Nord, la disposition rayonnante et symétrique des symboles des évangélistes, sur fond floral et autour de la figure frontale et imposante du Christ, suggère à nouveau une lointaine influence copte.

Le troisième tombeau est attribué à une autre abbesse, Aguilberte. Ses deux parties semblent d'origines différentes, mais elles sont toutes deux couvertes de motifs décoratifs géométriques et répétitifs. Là encore, demeure une part de mystère qui ajoute beaucoup à l'étrange agrément de cet ensemble funéraire.

POITIERS (VIENNE)
HYPOGÉE DES DUNES
FIN VIIe SIÈCLE

Une chapelle funéraire. L'hypogée des Dunes (« dune » désigne ici un plateau calcaire), situé en contrebas, est accessible grâce à un escalier d'une dizaine de marches qui conduit, selon un axe légèrement oblique, à la porte aux jambages décorés. La salle proprement dite, divisée en deux parties par une marche, est de petite taille (4,80 mètres de profondeur) ; on distingue encore la maçonnerie qui supportait la table d'autel. Cinq sarcophages avaient été disposés là, attestant la qualité de chapelle funéraire qui fut d'emblée celle de ce très ancien monument éclairé par une baie ouverte dans le mur du fond.

Un décor d'inspiration gauloise. Cette marche est ornée d'un décor en relief représentant une tresse à quatre brins dont chaque extrémité figure une tête de serpent. Ailleurs, sur les marches comme sur les montants du portail, on trouve des motifs décoratifs parents et très stylisés, poissons, rosaces, rinceaux, feuillages... qui renvoient à une imagerie gauloise.

POITIERS
HYPOGÉE DES DUNES, DÉTAIL
DE LA PREMIÈRE MARCHE
FIN VIIe SIÈCLE

JOUARRE (SEINE-ET-MARNE) CRYPTE DE L'ABBAYE, VUE DE L'ANGLE SUD-OUEST

VIIe SIÈCLE

Remplois antiques, ajouts mérovingiens. Dans le caveau qui a été aménagé pour elle, l'abbesse Théodechilde occupe la place d'honneur. Son sarcophage, bloqué entre le mur ajouré de baies et l'un des six piliers (dont le chapiteau est authentique, mais dont le fût a été refait au XIXe siècle) de la crypte attire d'emblée le regard, tant par sa monumentalité que par l'extraordinaire finesse de sa décoration. Si les colonnes de marbre blanc proviennent de monuments antiques et constituent donc des remplois, il n'en va pas de même pour les chapiteaux, qui ont été très probablement sculptés dans le Sud-Ouest et apportés à Jouarre par voie maritime et fluviale.

Le tombeau de l'abbesse Théodechilde. Le tombeau porte une longue épitaphe métrique dont les lettres, tout en présentant encore des caractères mérovingiens, annoncent déjà l'écriture antiquisante de l'époque carolingienne ; le texte célèbre les mérites de la « bienheureuse » défunte, de part et d'autre des rangées de conques que les moindres nuances de lumière font constamment vibrer.

À Poitiers, l'hypogée des Dunes

Au cœur d'une très ancienne nécropole située à l'extérieur de Poitiers (près de la voie romaine conduisant de Bourges à Poitiers), a été retrouvé, le 3 janvier 1879, un édifice à moitié enterré qui a très vite été considéré comme un témoin exceptionnel de la vie religieuse mérovingienne, tant par la beauté de son architecture et de son décor sculpté que par la valeur de son décor peint, de ses inscriptions (qui le dédient à l'abbé Mellebaude) et des sarcophages qu'il contenait. C'est par l'observation de tous ces éléments que l'on a fini par s'accorder sur sa date de construction, vers la fin du VIIe siècle.

PIED DE CROIX, LES DEUX LARRONS

VIIe SIÈCLE

Musée de Poitiers

Une scène naturaliste. Les deux compagnons d'infortune du Christ, crucifiés en même temps que lui, sont ici présentés en position frontale de part et d'autre d'un pilier palmiforme. En dépit de la disproportion des torses relativement aux jambes, le naturalisme de la scène est exceptionnel pour l'époque.

568-597 Conflit entre la Neustrie et l'Austrasie
VIIe siècle Aménagement des cryptes de Jouarre
613 Supplice de la reine Brunehaut, reine d'Austrasie
629-639 Règne de Dagobert Ier, seul roi franc de 632 à 634. Paris, capitale du royaume
654 Philibert fonde l'abbaye de Jumièges
673-675 Childéric II à la tête du royaume franc réunifié.
680-700 Formation probable de l'hypogée des Dunes de Poitiers.

De Germigny-des-Prés à l'an mil

Vestiges des temps carolingiens

Longtemps, l'architecture carolingienne, caractérisée par diverses nouveautés (plan, ordonnance interne, distribution extérieure), est restée à peu près inconnue en raison de l'extrême faiblesse du patrimoine subsistant.

Non seulement les reliefs étaient infimes en nombre, mais encore leur état n'avait-il plus grand-chose à voir avec leur aspect originel. Même le plus célèbre de tous les monuments carolingiens, la chapelle de Charlemagne à Aix-la-Chapelle, n'avait pu être conservé intact. Grâce aux énormes progrès de l'archéologie médiévale, la situation a changé. Des sites ont été retrouvés ou réétudiés, scientifiquement restaurés et ouverts au public. Ce sont alors deux siècles de construction qui, de Germigny-des-Prés à Beauvais, ont surgi d'un ténébreux passé.

Germigny-des-Prés, en marge de la foule des fidèles

La petite église de Germigny-des-Prés, construite à la veille de l'an 800, reste typiquement carolingienne — en dépit des restaurations et remaniements — par son plan, ses supports et son aménagement intérieur. Sa décoration en mosaïque, achevée vers 806, évoquait le Paradis avec ses fleurs, ses arbres et ses anges, aujourd'hui disparus. La somptuosité de cette décoration s'explique par le fait que l'église de Germigny n'a jamais été destinée à la foule des fidèles mais qu'elle était l'oratoire de Théodulf, le plus raffiné des familiers de Charlemagne, poète et amateur de beaux-arts. Autrement dit, ce qui reste de Germigny transmet beaucoup moins le souvenir d'une dévotion collective que celui d'une ferveur singulière, celle d'un homme auquel rien de la culture de son temps n'était étranger et qui se reposait, en ce lieu favorable à la méditation spirituelle, des fatigues et des responsabilités du pouvoir temporel.

Les cryptes d'Auxerre : mise en couleur de la religion

Longtemps datées des années 841-859, par la seule étude des textes, les cryptes de l'abbaye Saint-Germain d'Auxerre le sont désormais grâce aux outils archéologiques les plus récents (campagnes de 1992-1998) et les plus performants. Ainsi le décor peint, lié à la structure architecturale, a-t-il été l'objet d'études poussées qui, mettant au jour sa complexité iconographique et chronologique, ont établi son identité carolingienne. Dans la construction basse de la crypte, aux ouvertures petites et aux puissantes nervures reposant sur des chapiteaux massifs, trois scènes peintes chantent la vie de saint Étienne, sa *Comparution*, son *Extase* et sa *Lapidation*.

BEAUVAIS (OISE)
NOTRE-DAME DE LA BASSE-ŒUVRE
SECONDE MOITIÉ DU Xe SIÈCLE

Un témoignage inestimable de l'ère carolingienne. Située au pied de la grande cathédrale Saint-Pierre, là même où aurait dû se dresser la nef de cette dernière, l'église se présente sous forme d'un édifice aux dimensions réduites (28 mètres de long, 22 de large, 17 de haut). Son plan obéit au principe basilical à trois nefs avec une abside (aujourd'hui disparue). Le petit appareillage cubique de l'église est rehaussé de simples cordons de briques qui en assurent l'animation. La façade, d'une grande austérité, semble renvoyer à la sévérité de l'âge mérovingien. Une fenêtre en plein cintre, surmontée de trois petits personnages, en forme la baie principale, cependant que le décor fait appel à de modestes croix disposées dans des carrés. L'intérieur présente les mêmes caractères de dépouillement, voire de pauvreté. Trois nefs y sont séparées par de forts piliers carrés privés de chapiteaux et toute la partie de l'abside a disparu.

AUXERRE (YONNE)
ABBAYE DE SAINT-GERMAIN, FRESQUES DE LA CRYPTE
IXe SIÈCLE

Une dramatisation plastique. Cet ensemble est tout à la fois un chef-d'œuvre plastique et un grand moment dramatique. Transfiguré, saint Étienne voit la main de Dieu sortir des nuées, cependant que les bras levés des bourreaux disent l'horreur de son supplice. Pour que la scène soit parfaitement comprise, les gestes sont outrés, l'élan mystique du saint martyr contrastant violemment avec les axes obliques des bourreaux lançant leurs pierres. La peinture a été réalisée directement sur l'enduit, des tracés préparatoires rouges ayant mis en place les éléments principaux du dessin.

La Basse-Œuvre de Beauvais, dernière étape avant le roman

Au cœur d'un patrimoine carolingien, le plus souvent réduit à l'état de fragments, la Basse-Œuvre de Beauvais fait exception, même si sa chronologie (949-988 pour sa construction sur le site d'un édifice plus ancien) est encore discutée. Il reste qu'elle a précédé le second millénaire, donc l'épanouissement roman. Apparemment sous-estimée jusqu'au XIXe siècle, la Basse-Œuvre a été restaurée en 1866 et forme aujourd'hui le témoignage inestimable d'un millénaire disparu, le dernier éclat de l'ère carolingienne.

GERMIGNY-DES-PRÉS (LOIRET)
ORATOIRE DE THÉODULF
FIN VIIIe SIÈCLE

Des traits typiquement carolingiens. L'édifice a conservé en grande partie le plan centré caractérisant sa disposition. L'adoption de la croix grecque pour la disposition des espaces, des piliers cruciformes aux saillies peu prononcées pour l'élévation et de la coupole sur trompes pour couronner l'ensemble, constituent autant de traits typiquement carolingiens.

732 Victoire de Charles Martel sur les Sarrasins, à Poitiers 754 Sacre de Pépin le Bref par le pape Étienne II 768 Mort de Pépin ; Carloman et Charles (Charlemagne) lui succèdent 771 Mort de Carloman, début du règne de Charlemagne **799 Construction de l'oratoire de Germigny-des-Prés** 800 Charlemagne sacré empereur à Rome, le jour de Noël 814 Mort de Charlemagne ; son fils Louis lui succède 843 Traité de Verdun ; l'empire de Charlemagne est divisé en trois parties. Seconde moitié du Xe siècle Construction de la Basse-œuvre de Beauvais 987 Le 3 juillet, Hugues Capet élu et sacré roi à Noyon (début de la dynastie capétienne).

GERMIGNY-DES-PRÉS
ORATOIRE DE THÉODULF, DÉTAIL
FIN VIIIe SIÈCLE

Un décor raffiné. En décoration de l'oratoire, surgit l'image du Paradis promis par Dieu, dont seule la main apparaît, issue des nuées, sur le grand fragment conservé. Cette main désigne l'Arche d'alliance gardée par deux anges monumentaux. Cent trente mille cubes de pierre ont été nécessaires pour dessiner cette étonnante image. Une composition si raffinée et si somptueuse ne manque pas d'étonner dans un cadre si modeste.

L'âge roman

L'âge roman

L'ère romane s'étend de l'an mil à 1150 approximativement, car cette chronologie suppose quelques aménagements selon les régions. Le territoire qui correspond à la France actuelle s'en affirme comme l'atelier majeur, mais les particularismes régionaux interdisent toute simplification.
C'est sur le système complexe unissant les structures féodales à l'autarcie de l'économie et au rôle croissant de la religion que reposent les fondements cette époque.

MOZAC (PUY-DE-DÔME)
ÉGLISE SAINT-PIERRE,
CHAPITEAU DE
LA RÉSURRECTION
DU CHRIST

XIIe SIÈCLE

Cette scène, souvent représentée à l'époque romane, se développe en fait sur toute la corbeille du chapiteau. Ainsi, on voit ici les soldats qui gardaient le tombeau plongés dans un profond sommeil cependant que, sur le côté, une femme arrive au sépulcre du Christ ressuscité avec un vase à parfum qu'elle tient à la main. L'impression de vérité est saisissante et l'on possède là l'une des plus belles figurations du sommeil de tout l'âge médiéval. Située à quelque 15 km au nord de Clermont-Ferrand, l'église Saint-Pierre de Mozac est réputée pour ses chapiteaux, presque tous restés en place depuis le XIIe siècle. Sommet de l'art sculptural en Auvergne romane, par la variété des sujets traités et l'homogénéité du traitement, ils semblent être le fruit d'un atelier unique.

Vers une nouvelle unité politique

La dislocation de l'Empire romain (476), la désagrégation de son héritier carolingien lors du traité de Verdun (843), les pressions extérieures des Normands, des Sarrasins, et le couronnement d'Hugues Capet en 987 ont jalonné la période antérieure. La faiblesse de la jeune dynastie capétienne (jusqu'à Louis VI le Gros) facilite le développement du système féodal, donc la précarité de l'équilibre politique, le morcellement régional de l'économie et la promotion de l'Église. C'est véritablement à partir de l'âge roman que la civilisation européenne s'organise autour du dogme chrétien. L'Église est seule en mesure d'assurer une structure de pouvoir cohérente, atténuant la violence armée, réduisant l'arbitraire du système féodal et assurant la protection des plus faibles. Surtout, elle s'apprête à renforcer son monopole sur la vie intellectuelle ; durant les derniers siècles du Moyen Âge, l'essentiel de la création artistique s'exercera dans sa sphère d'influence.
Une part considérable de cette activité est aussi liée au développement du monachisme ; le rayonnement de la grande abbaye de Cluny (fondée en 910) s'appuie équitablement sur la splendeur de son architecture, sur la richesse du vocabulaire mystique qu'elle fait inscrire dans la pierre par ses sculpteurs, sur l'élan qu'elle offre à l'art musical et sur la richesse de sa bibliothèque. La réaction de l'abbaye de Cîteaux, fondée par Robert de Molesme en 1098, ne sera pas moins féconde. Prônant la pauvreté, la rigueur et le travail aux champs, l'ordre rebelle imposera un nouveau langage architectural d'une grande austérité et d'une admirable simplicité.

Une pensée conquérante

D'une façon générale, la pensée romane est jeune et enthousiaste. Si la réalité de la grande peur millénariste n'est pas, loin s'en faut, attestée, on peut en revanche admettre la célèbre formule du moine Glaber, exaltant la vigueur chrétienne qui couvre la terre d'une « blanche robe d'églises », de cette floraison d'édifices religieux qui au XIe siècle embellissent la Bourgogne, l'Auvergne, la Normandie ou la Provence, ainsi que les itinéraires de pèlerinage.
Ayant à construire un monde matériel, l'époque romane reconstitue spirituellement l'ancien. Les temps antiques sont revus à la lumière des Écritures saintes et inscrits dans le dessein universel de Dieu.
La chrétienté s'approprie la doctrine platonicienne : la connaissance supérieure devient intuition de l'Idée dont le principe moteur est le Bien (Dieu). Cependant, l'époque romane n'est pas méditative, ne cessant d'exalter l'action sous toutes ses formes militantes : construction, décoration, pèlerinage, croisade...
La grande affaire reste évidemment la connaissance de Dieu.
Deux voies mènent à cette connaissance : celle du cœur, proposée par Pierre Damien, hostile à la philosophie, celle de l'intelligence, considérée comme une faveur divine. Saint Anselme de Cantorbéry (1033-1109) met l'intelligence au service de la foi (*fides quaerens intellectum*), s'offre à démontrer ontologiquement l'existence de Dieu : « Nous croyons que Dieu est parfait, ce qu'il y a de plus grand ; s'il Lui manquait l'existence, Il n'existerait pas car exister est ce qu'il y a de plus grand. Penser ce qu'il y a de plus grand, c'est penser quelque chose qui existe. Donc, Dieu existe. » Ces préoccupations expliquent les mouvements qui agitent les milieux intellectuels de l'âge roman, la fièvre d'acquisition du savoir dans les écoles épiscopales, la détermination des catégories du savoir : le *quadrivium* regroupe l'arithmétique, l'astronomie, la géométrie et la musique ; le *trivium* réunit la grammaire, la rhétorique et la dialectique.

L'hégémonie de l'architecture

L'architecture, essentielle car elle concerne la construction de la maison de Dieu, bénéficie du développement des communications : le transport des matériaux vers les régions mal pourvues s'en trouve facilité. Simultanément, la condition et la technique des ouvriers bâtisseurs s'améliorent sensiblement et la taille de la pierre connaît un progrès décisif, dont bénéficiera aussi la sculpture monumentale, engagée sur la voie de son autonomie. Pour l'essentiel, on construit des églises et des châteaux, chantiers énormes qui sollicitent les forces vives de la cité, d'autant plus que l'économie reste largement fondée sur l'agriculture. Apparaît un type nouveau, l'église de pèlerinage (Toulouse, Conques), qui atteste, aujourd'hui encore, l'énormité des phénomènes migratoires au cœur des cités comme sur les routes de campagne. Le monachisme médiéval inscrit également dans la pierre des images évoquant le déroulement du temps rituel.
Le plan de l'église répond à une double exigence : célébration du culte et réunion des fidèles. L'autel est situé au centre du chœur, lui-même cerné d'un déambulatoire qui autorise les déplacements tout en préservant l'intimité des célébrants ; les chapelles absidioles multiplient les points de recueillement. Pour pénétrer dans l'édifice, le fidèle franchit le portail, frontière de l'enclos sacré ; il remonte la nef jusqu'à la croisée du transept. La crypte, église inférieure, abrite le plus souvent les reliques sacrées dont l'âge roman exalte le culte.
Les églises s'éloignent du modèle byzantin, s'allongent, adoptent la forme de la croix du Christ. Si le voûtement en pierre est le plus souvent semi-circulaire, les agencements en sont plus ou moins complexes : berceaux en plein cintre, transversaux, file de coupoles, voûte d'arêtes, etc. Les supports se transforment, de la colonne au pilier, déterminant plus clairement les travées. La croisée du transept est généralement dominée par une coupole (sur trompes ou pendentifs) ; plus rare, la tour-lanterne assure un bien meilleur éclairage de l'édifice.
La division ternaire de la façade (en hauteur comme en largeur) s'impose partout, du modèle géométriquement austère à l'appareil décoratif le plus exubérant. La zone des portails forme, pour la majorité des édifices, l'espace privilégié de la sculpture monumentale. L'utilisation du matériau indigène (ardoise auvergnate, brique de Toulouse, pierre de Caen) féconde la diversité régionale. Le chevet, symbole de la « dure montée vers Dieu » illustre clairement cette disposition nouvelle, ses différents éléments s'inscrivant dans la dynamique d'une élévation spirituelle sans précédent. C'est en Auvergne (Saint-Nectaire-le-Haut) que la distribution extérieure des volumes atteint son point de perfection.
L'architecture militaire et civile est moins riche. Le donjon de pierre sur plan carré (Crest, Montrichard) ou cylindrique (Château-sur-Epte) s'érige parfois sur la trame d'un ancien édifice romain. Les châteaux défensifs (Provins, Gisors, Château-Gaillard) se multiplient au XIIe siècle, cependant que les villes commencent à se développer : hospices, halles à grain et maisons de pierre s'intègrent peu à peu au tissu urbain.

L'embellissement du temple

La sculpture monumentale, inféodée à l'architecture, souligne la splendeur de son support. Ce faisant, elle gagne son autonomie d'art symbolique. La Normandie propose d'intéressantes décorations intérieures (Bayeux), les chapiteaux auvergnats alternent humour et fraîcheur naïve. Pour l'essentiel, cependant, l'histoire de la sculpture romane est écrite sur les édifices de Bourgogne. Saint-Lazare d'Autun possède l'ensemble le mieux conservé et le plus unitaire, œuvre de Gislebertus. Le Jugement dernier, thème roman majeur (Autun, Conques, Beaulieu-sur-Dordogne), devant l'Apocalypse (Moissac), la Pentecôte (Vézelay), la Déposition (Oloron-Sainte-Maire) ou l'Ascension (Saint-Sernin de Toulouse), répartit au portail central une foule de personnages sur une surface réduite selon un judicieux système de proportions hiérarchisant les acteurs, Christ, Vierge Marie, archange saint Michel, apôtres, anges, élus, démons, damnés.
L'intérieur de l'église romane brillait des feux de la fresque, de la mosaïque, du tissu, souvent disparus. Décorative ou didactique, la fresque adopte une habile compartimentation destinée à en faciliter la lecture (Saint-Savin-sur-Gartempe), spécule sur la représentation surnaturelle (Vicq, Tavant) ou joue sur le monumental (Christ en majesté de Berzé-la-Ville).

Une mosaïque de régions

L'art roman s'est développé en France avec une richesse et une variété inconnues ailleurs. La Provence participe à son premier âge, en compagnie de la Lombardie et de la Catalogne. L'Auvergne offre ensuite une série de chefs-d'œuvre d'une savoureuse originalité. Dans le même temps, les écoles du Languedoc, du Poitou, de l'Ouest, du Nord-Est se singularisent par des apports stylistiques aux origines souvent mystérieuses. Bourgogne et Normandie dominent le siècle roman, par l'importance de leur legs architectural et décoratif.
Le reste de l'Europe subit partiellement l'influence « française », par le triple vecteur du monachisme en expansion, du pèlerinage et de l'expédition militaire.

ISSOIRE (PUY-DE-DÔME) SAINT-AUSTREMOINE, CHAPITEAU DES SAINTES FEMMES AU TOMBEAU
XIIe SIÈCLE

À Saint-Austremoine d'Issoire, les quatre chapiteaux historiés du chœur retracent le cycle liturgique qui conduit de la Passion à la Résurrection. Celui du nord représente la Cène, celui du Sud retrace les épisodes de la Flagellation et du Port de la Croix, ceux du centre évoquent la visite des Saintes Femmes au tombeau du Christ et les ultérieures apparitions du Christ ressuscité. Rien de plus poignant et de plus hiératique que cette étrange procession de femmes en pleurs, figées dans leur douleur et cependant mues par un dynamisme dramatique d'une incomparable sévérité.

L'âge roman

Dates	*Histoire, culture, idées*	*Monuments*
Début du XIe siècle	Développement de l'école de Chartres, sous l'impulsion de Fulbert	
1007		**Ouverture du chantier de la nouvelle abbatiale Saint-Philibert de Tournus (Saône-et-Loire) →**
1016	Serment des chevaliers bourguignons établissant la « paix de Dieu »	
1023		**Ouverture du chantier de l'église romane de l'abbaye du Mont-Saint-Michel (Manche) ; celui de la Merveille ne démarrera qu'en 1212 ↙**
1029	Robert le Diable, duc de Normandie	
1031	Mort du roi de France Robert Ier ; son fils, Henri Ier, lui succède	
Vers 1040-1050	*Vies de saint Alexis et saint Léger*, premiers textes littéraires en français	
1043	À Ivois, entrevue d'Henri Ier et de l'empereur germanique Henri III	
1045		**L'abbé Odolric entame la construction de Sainte-Foy de Conques (Aveyron) ↓ →**
Avant 1047	Raoul Glaber évoque la « blanche robe d'églises » dans son *Histoire universelle*	
1049	Hugues de Semur, abbé de Cluny ; son magistère durera soixante ans	
1054-1055	Intensité maximale du conflit franco-normand	
1059	Le concile de Latran confie l'élection du pape au clergé romain	
1060	Mort d'Henri Ier. Philippe Ier est déclaré roi	
Vers 1060		**Début de la construction du château de Vitré (Ille-et-Vilaine) ↓**
1066	Victoire de Hastings, Guillaume de Normandie est sacré roi d'Angleterre	
Vers 1070-1080	Broderie de Bayeux, dite « Tapisserie de la reine Mathilde »	
1076	Querelle des Investitures qui oppose le pape à l'empereur germanique	
1077	À Canossa, l'empereur germanique Henri IV se soumet au pape Grégoire VII	
Vers 1080	*Chanson de Roland*	

Dates	Histoire, culture, idées	Monuments
1084	Fondation de la Chartreuse par saint Bruno	
1087	Mort de Guillaume le Conquérant	
1088-1099	Pontificat d'Urbain II	
1088		**Ouverture du chantier de l'abbatiale de Cluny III (Saône-et-Loire)** ↙
1096	Le 21 octobre, écrasement par les Turcs de la « croisade des pauvres » conduite par Pierre l'Ermite	
1099	Le 27 novembre, prise de Jérusalem par les croisés de Godefroy de Bouillon	
1101	Philippe Ier, roi de France, achète Bourges au comte de Bourges	
Vers 1105	Début de l'enseignement d'Abélard à Paris	
Début du XIIe siècle	Apogée de l'école de Chartres, avec Bernard de Chartres	**Réalisation des fresques de Saint-Savin-sur-Gartempe (Vienne)** → 
1108	Mort de Philippe Ier, son fils Louis VI le Gros lui succède	
1115	Saint Bernard, abbé de Clairvaux	
1119	Fondation de l'ordre des Templiers	
1120		**Début probable de la construction de Saint-Lazare d'Autun (Saône-et-Loire)** ↙ ↓
1121	Condamnation d'Abélard au concile de Soissons	
1124	Louis VI le Gros et l'empereur germanique Henri Ier concluent la trêve de Reims	
1126-1128	Expéditions de Louis VI le Gros en Aquitaine et en Flandre	
1127	Mort du premier troubadour, Guillaume IX d'Aquitaine	
1130	Élection de deux papes, Anaclet II et Innocent II, ce dernier soutenu par Louis VI	
1137	Mort de Louis VI ; son fils Louis VII le Jeune lui succède	
Après 1137	Règlement des foires de Champagne, Provins, Lagny, Troyes, Bar-sur-Aube	
1139	Pierre de Bruis est brûlé comme hérétique	
1140	Bernard de Clairvaux fait condamner Abélard au Concile de Sens	

Saint-Philibert de Tournus

Premier chef-d'œuvre de la « blanche robe d'églises »

Le site de Tournus (Saône-et-Loire) se trouve, depuis la fin du Haut Moyen Âge, placé sous le double et prestigieux parrainage de saint Valérien et de saint Philibert. C'est l'immense popularité de leurs reliques qui assura tout à la fois la prospérité de l'abbaye et le développement de la ville.

Sur la rive droite de la Saône, le site de Tournus a très tôt incité les hommes à une installation durable. Occupé de façon sédentaire dès l'âge préhistorique, il s'est trouvé tout naturellement traversé par la via Agrippa, au Ier siècle de l'ère chrétienne. Preuve des troubles du temps, les Romains y installèrent même un *castrum*, poste de défense et de ravitaillement.

Cependant, l'histoire de Tournus reste étroitement liée à celle d'hommes et de femmes qui, souvent au prix de leur existence, choisirent précocement la religion chrétienne. C'est ainsi qu'en 179, un certain Valérien, converti au christianisme, est décapité au nord du *castrum* romain. Quatre siècles plus tard, un monastère est édifié à sa mémoire, sur le lieu de son supplice. Trois siècles encore et, vers 875, la communauté monastique de Saint-Philibert, chassée de Noirmoutier, traverse le pays avec les reliques du saint pour s'installer dans l'abbaye.

Une genèse longue et obscure

Au cœur de la petite cité, l'église dédiée à Philibert est indiscutablement très ancienne, bien que l'établissement de sa chronologie soulève des problèmes complexes. Un

Tournus (Saône-et-Loire)
Église Saint-Philibert,
voûtes de la nef
et des collatéraux
XIe siècle

Un système de voûtement original. La nef centrale est célèbre pour son voûtement, un berceau transversal couvrant chaque travée. Ces berceaux sont soutenus par des arcs en double arceau formés de claveaux alternativement sombres et clairs, ce qui crée un effet dynamique de polychromie. L'élévation intérieure superpose grandes arcades et fenêtres hautes. Dans les collatéraux, en revanche, on retrouve la simple voûte d'arêtes voulue par la tradition. La simplicité des piles rondes est rehaussée par la lumière indirectement venue des collatéraux.

Église Saint-Philibert,
détail de la façade fortifiée
XIe siècle

Sobriété du décor et beauté des matériaux. L'appareillage en pierres cassées crée sur le matériau calcaire des jeux de lumière constamment changeants. Les meurtrières sont d'origine, mais la bretèche et le portail, entre les tours, constituent des restaurations ou des apports du XIXe siècle. La décoration fait appel au seul motif de la bande lombarde, liaison de pilastres à peine saillants par une arcature à triple arcade aveugle.

Entre église et forteresse. L'attrait de cette façade vient de la beauté du calcaire rose auquel elle fait appel. La petitesse des ouvertures s'explique par le rôle de forteresse que l'église joua contre les pillages ; l'ensemble s'apparente ainsi plus à un appareil défensif qu'à l'entrée de la maison de Dieu. C'est à ce prix que les abbayes, véritables cités à échelle réduite, assurèrent leur survie aux Xe et XIe siècles.

premier édifice existait au xe siècle ; il n'en reste, après sa mise à sac par les Hongrois en 937, que deux fragments, l'actuel narthex et la crypte, aux extrémités opposées du bâtiment. Avant l'an mil, l'abbé Étienne entreprend de dresser un nouvel édifice, qui joindra ces deux reliefs ; la première dédicace connue de l'église remonte à 1019. Une seconde, plus tardive (1120), viendra clore la campagne de restauration du chœur et du transept.

Un édifice sans véritable descendance

Les fidèles entrent par le portail placé au milieu de la façade fortifiée ; l'étroitesse de cette seule ouverture dit assez le souci de sécurité qui anime les constructeurs de l'édifice en ces temps troublés. Particulièrement massif, le narthex, réservé aux catéchumènes, est divisé en deux étages. Au rez-de-chaussée, quatre énormes piles compartimentent l'espace en trois nefs ; la principale est voûtée d'arêtes, cependant que le berceau d'un bas-côté reste partiellement décoré d'un damier noir et blanc. Le premier étage, formé par la magnifique chapelle Saint-Michel

1007 **À la suite d'un incendie, ouverture du chantier de la nouvelle abbatiale Saint-Philibert de Tournus**. Développement de l'école de Chartres, sous l'impulsion de Fulbert **1016** Serment des chevaliers bourguignons établissant la « paix de Dieu » **1031** Mort du roi de France Robert Ier ; son fils, Henri Ier, lui succède **1043** À Ivois, entrevue d'Henri Ier et de l'empereur germanique Henri III.

ÉGLISE SAINT-PHILIBERT, CHEVET

XIe SIÈCLE

La symbolique romane. Le chevet est écrasé par la tour qui le domine de ses murs ajourés de baies élégantes et prolongés par le haut toit pyramidal. Au ras du sol, les fenêtres étroites ouvrent sur la crypte, entre les chapelles absidioles à plan rectangulaire. La courbe du toit du déambulatoire est reprise par la couverture de l'abside. Comme pour l'ensemble de l'édifice, l'effort décoratif reste minimal, l'architecture romane privilégiant le symbole : ainsi de l'étagement des niveaux qui illustre la « dure montée vers le Seigneur » ou du plan cruciforme qui image aux yeux des fidèles le corps du Christ.

Les caractères du style bourguignon. Sur les trois niveaux qu'elle superpose, la tour de la croisée présente une base ornée de bandes à arcatures aveugles, un étage à trois ouvertures reposant sur de fines colonnettes, un niveau supérieur enchaînant trois baies décorées. Le tout génère une sensation paradoxale de légèreté monumentale.

voûtée en plein cintre, offre une vue impressionnante sur la grande nef de Saint-Philibert. Nous sommes là au cœur du premier roman : il ne fait encore appel à aucune des séductions clunisiennes et son âpre beauté n'aura pas de vraie descendance.
La crypte, l'une des plus délicates du monde roman, reprend la disposition du chœur supérieur, avec trois nefs déterminées par de minces colonnettes et un déambulatoire à chapelles rayonnantes. Des traces de fresques romanes s'y découvrent, notamment un Christ en majesté, une Vierge à l'Enfant, et c'est dans la chapelle axiale voisine que repose le sarcophage de Valérien.

Les traces discrètes des bâtiments conventuels

L'église Saint-Philibert est la seule construction de l'ancienne abbaye qui nous soit parvenue dans son intégrité. Du cloître voisin, l'unique galerie d'origine qui ait été conservée est celle qui longe l'église sur son côté sud. Le réfectoire et le cellier (XIIe siècle) sont aujourd'hui protégés par des structures architecturales modernes, tandis que la salle capitulaire a été refaite en 1239, à la suite d'un incendie. À quelque distance de là subsistent les imposants reliefs des fortifications dont l'abbaye était cernée : devant la façade de l'église, les deux tours rondes de l'entrée et, au sud, la tour du Portier et la tour Quincampoix. Par sa conception même d'église-forteresse, Saint-Philibert témoigne des malheurs du temps, expéditions militaires ou actes de brigandage, qui n'épargnaient nullement les lieux de dévotion. Par la suite, nous verrons les édifices religieux attacher une importance moins vitale au souci de défense et se tourner de plus en plus vers la société civile à mesure que les cités accroîtront leurs propres dispositifs de protection.

ÉGLISE SAINT-PHILIBERT CHAPELLE SAINT-MICHEL, PERSONNAGE SCULPTÉ

XIe SIÈCLE

Une tête de pierre emblématique. À la tribune de la chapelle Saint-Michel, on trouve sur un support de l'arc dit « de Gerlannus » cette tête anonyme, « premier portrait de l'art français » selon certains, « magot informe » selon les autres. D'une façon générale, la sculpture de Tournus pose problème par son ancienneté et par le mystère de ses origines. Ce visage carré, qui ne dépasse pas le plan du bloc de pierre, relève du principe carolingien du placage. Sur l'autre face du pilier, on distingue l'arbre de vie qui accompagne cette effigie.

ÉGLISE SAINT-PHILIBERT, CRYPTE

XIe SIÈCLE

Une spiritualité véhiculée par l'architecture. La finesse de ses supports et l'élégance de son déambulatoire font de cette crypte l'une des plus séduisantes et des plus émouvantes de tout l'âge roman. La chapelle axiale du fond abrite le sarcophage de Valérien, martyr gaulois du IIe siècle.
La spiritualité du lieu est intense ; l'éclairage indirect et peu abondant dispensé par les étroites baies laisse une pénombre propice à la méditation que favorise la rigueur architecturale de cette aube du roman.

ÉGLISE SAINT-PHILIBERT, COLLATÉRAL NORD >

XIe SIÈCLE

Une austère liberté. Les collatéraux, voûtés d'arêtes, sont percés de baies discrètes créant une multiplication des sources de lumière sur le calcaire rose des murs et des supports. La nécessité de faire pénétrer la lumière ne confère pas encore au monument cette unité que rechercheront les architectes gothiques. L'une des conséquences en est la liberté dans l'agencement des supports. Ici, les piles rondes qui reçoivent les arcs sont bien plus élancées que celles du narthex, mais leur austérité confine à l'ascétisme, de simples bagues préromanes faisant office de chapiteaux.

Sainte-Foy de Conques

Sur les routes du pèlerinage

Le culte des reliques forme le caractère primordial de la dévotion itinérante à l'époque romane. Si l'exemple majeur demeure celui de Compostelle, où toutes les nations de la chrétienté se précipitèrent pour adorer le corps de saint Jacques miraculeusement retrouvé, bien d'autres sites acquirent un grand prestige pour conserver les restes de personnages sacrés.

Fondé sur la foi et l'espérance, le pèlerinage devient très vite l'un des faits sociaux majeurs de l'Europe médiévale. Il provoque l'émergence d'un immense réseau de communications (routes, ponts, lieux d'accueil), favorisant ainsi le développement de contacts et d'échanges par-delà les frontières régionales et nationales.

Une floraison d'églises au hasard des régions

Les réussites architecturales sont si nombreuses qu'il faut se résoudre à n'en évoquer que quelques exemples significatifs. À Saint-Émilion, par exemple, ce sont des bénédictins qui construisirent, à partir du XIe siècle, l'église Monolithe (20 mètres de large, 40 mètres de long, de 12 à 15 mètres de haut). Creusée dans la masse rocheuse, elle se compose de trois nefs voûtées en berceau cintré. Quelques bas-reliefs décorent ses parois : anges tétraptères, signes du zodiaque...

Saint-Étienne de Cahors, consacré en 1119, demeure le plus ancien édifice religieux formé d'une succession de coupoles. À Lons-le-Saunier, la crypte de l'église Saint-Désiré (XIe siècle) est divisée en trois nefs, dont la dernière abrite le sarcophage de saint Désiré, mort en 415. À Saint-Bénigne de Dijon, un plan à déambulatoire est créé pour faire face à l'affluence des pèlerins : il facilite l'accès et la contemplation des reliques. Reste aussi la Madeleine de Vézelay, dont les restaurations, en particulier par Eugène Viollet-le-Duc, provoquent toujours la polémique mais dont le site, haut lieu de croisade et de pèlerinage dès l'origine, n'a rien perdu de son prestige.

Sainte-Foy de Conques, un culte fructueux

Aujourd'hui, l'église de Conques n'est pas de celles que l'on rencontre par hasard. Située au nord de l'Aveyron, entre l'âpre plateau d'Aubrac, les gorges encaissées du Lot et les Causses, elle exige du voyageur un effort particulier tant le monde moderne l'a placée à l'écart de toute grande voie de communication.

Il n'en allait pas de même à l'époque médiévale. Dès la fin du VIIIe siècle, une communauté bénédictine s'était

PÈLERIN SUR LA ROUTE DE SAINT-JACQUES DE COMPOSTELLE
ENLUMINURE
XVe SIÈCLE
Paris, Bibliothèque nationale de France

Le pèlerinage, élément fondateur de la société médiévale. L'enluminure médiévale a souvent illustré le thème du pèlerinage. Au long de plusieurs siècles, des millions d'hommes sillonnèrent ainsi les routes d'Europe, provoquant l'édification de nombreux sanctuaires et autres lieux de dévotion et contribuant d'une façon générale à développer les échanges de toutes natures entre pays et régions.

Conques (Aveyron)
Abbatiale Sainte-Foy
XIe siècle

Un édifice offert à l'afflux des pèlerins. Les étapes de la construction de l'église ne sont pas clairement connues. Il est à peu près attesté que le chantier s'est ouvert vers 1045 sous l'autorité de l'abbé Odolric (1031-1065). Par ailleurs, divers indices laissent penser que le gros œuvre fut achevé par les successeurs d'Odolric à la fin du XIe siècle. Au chapitre des plus graves incidents, on note l'effondrement de la première coupole. La prospérité de l'abbaye décline dès le XIIIe siècle, lorsque les chrétiens se désintéressent des reliques des saints locaux.

L'archétype de l'architecture romane. De l'extérieur, Sainte-Foy, grande église de pèlerinage, est exemplaire des édifices romans jalonnant les routes de la dévotion romane : plan cruciforme, tours de façade et tour de croisée, collatéraux marqués par le décrochement des toits aussi bien pour la nef centrale que pour le transept. L'édifice sacré frappe certes par la grande beauté de ses formes et l'harmonie de son agencement, mais aussi par la rude nudité de ses hauts murs imposants, de ses façades massives et rectilignes.

Sainte-Foy de Conques, nef
XIe siècle

Une nef d'une rare audace. Relativement à sa longueur (26,70 mètres) et surtout à sa largeur (6,80 mètres), la nef de Conques est d'une hauteur exceptionnelle (22,10 mètres). Étageant arcades et tribune, elle baigne dans une douce pénombre propice à la méditation, la lumière ne lui parvenant que de façon indirecte par les fenêtres des collatéraux. Cette élévation osée et l'absence de fenêtres hautes ont permis l'ouverture d'une large tribune offrant un vaste espace aux visiteurs désireux d'assister à l'office religieux. Hors les chapiteaux, aucun élément décoratif ne rompt cet essor des formes vers le ciel. Le plus spectaculaire reste le haut tambour de la coupole, ouvert de baies qui transforment la croisée en un véritable puits de lumière. Au fond, la coupole de la croisée et le chœur sont ouverts par des fenêtres hautes qui créent un foyer radieux, vision métaphorique de l'appel de Dieu.

Des vitraux contemporains. De 1986 à 1994, le peintre Pierre Soulages a réalisé 95 verrières et 9 meurtrières représentant un total de 263 mètres carrés ; il a utilisé un produit verrier opalescent, spécialement mis au point pour Conques, qui diffuse la lumière naturelle dans toutes les variations de sa gamme chromatique. Le caractère abstrait des vitraux laisse le visiteur libre de les interpréter selon sa seule sensibilité. En ce sens, le site ne faillit pas à sa haute vocation spirituelle.

Sainte-Foy de Conques, détail du tympan
Vers 1120

Le cavalier désarçonné. Motif extraordinaire que celui de ce cavalier jeté à bas de sa monture par deux démons appliqués ! Rien désormais, à commencer par sa cotte de mailles, n'est en mesure de lui éviter le châtiment éternel. Probablement trouvons-nous ici l'allégorie de l'orgueil puni ; il est possible, selon la tradition locale, que le chevalier déchu ne soit autre que Rainon d'Aubin, nobliau précipité en enfer pour avoir attaqué les moines de Sainte-Foy.

installée sur le site futur de « Concas ». La première trace officielle du lieu se découvre dans l'acte signé par Louis le Pieux, le 8 avril 819 ; par cette charte de fondation, l'héritier de Charlemagne assure de sa bienveillante générosité l'ermite Dadon, chef de la congrégation locale. C'est le 14 janvier 866 que le moine Aronisde revient en son abbaye de Conques, porteur des reliques de sainte Foy... qu'il a purement et simplement volées à Agen ! C'est qu'il s'agit d'attirer sur place les pèlerins, source de prospérité pour la communauté. Quoi de plus attractif, en l'occurrence, que les restes sacrés de cette chrétienne de douze ans, fouettée, brûlée et décapitée au début du IVe siècle ?

La réputation de la sainte et les miracles opérés en son temple assurent à l'abbaye une prospérité durable. Autour, la petite cité se développe, les présents ne cessent d'enrichir le trésor ecclésiastique. Cette fortune ne fait que croître et embellir au XIe siècle, lorsque le pèlerinage de Compostelle met en marche les peuples d'Europe. Car Conques se trouve sur l'une des quatre voies de France menant au-delà des Pyrénées.

La foule se fait si compacte qu'on construit, vers 1045, un nouvel édifice, Sainte-Foy, pour remplacer l'ancien, Saint-Sauveur. Sainte-Foy adopte le plan des églises de pèlerinage ; la circulation des pèlerins y est favorisée par l'importance du transept, la disposition du chœur et le dessin du déambulatoire. À l'intérieur, le regard est sollicité par l'élancement des murs et piliers vers la haute voûte en plein cintre.

L'élan mystique de Saint-Benoît-sur-Loire

À la suite d'une première abbaye, connue sous le nom de Fleury (milieu du VIIe siècle), l'arrivée des reliques de saint Benoît fait de l'abbaye l'un des grands buts du pèlerinage médiéval. C'est aux environs de 1040 que la communauté entreprend la construction de l'actuelle église, débutant par le clocher-porche aux célèbres chapiteaux floraux et historiés. À l'intérieur, la nef étage grandes arcades et fenêtres hautes. Le chœur, érigé de 1067 à 1108 et voûté d'un berceau en plein cintre, présente une élévation harmonieuse : grandes arcades, triforium aveugle et fenêtres hautes. Tout, dans cet ample vaisseau, a été conçu pour faciliter la circulation des pèlerins.

Sainte-Foy de Conques, détail du tympan
Vers 1120

La grande peur du Jugement dernier. Sur le tympan large de 6,70 mètres et placé à une hauteur de 3,60 mètres, 180 personnages environ illustrent, pour les illettrés, ce que rapportent les inscriptions latines disposées en phylactères : « L'assemblée des saints se tient joyeuse devant le Christ-Juge. Aux élus unis pour la félicité suprême reviennent la gloire, la paix, le repos et la lumière perpétuelle. Aussi les chastes, les pacifiques, les doux et les pieux pleins de joie et de sécurité n'ont-ils rien à craindre. Mais seront plongés dans l'enfer avec les démons et tourmentés par les flammes tous les pervers, les méchants, les voleurs, les menteurs, les trompeurs, les avares et les ravisseurs, pour un châtiment sans fin. »

La pesée des âmes. Sous la figure impassible du Christ-Juge se déroule cette scène capitale. À gauche, saint Michel tient la balance dont il ne reste que les plateaux ; à droite, le démon appuie en vain sur le plateau pour le faire pencher en sa faveur. Tout en bas, les élus se dirigent à gauche vers la Jérusalem céleste, les damnés étant pour leur part précipités en enfer par la gueule de Léviathan.

Majesté de sainte Foy
Trésor de l'église Sainte-Foy de Conques
Dernier quart du IXe siècle

Hommage à la lointaine martyre. La prospérité de l'abbaye est attestée par l'importance de son trésor, miraculeusement préservé par le passage des siècles, et dont le chef-d'œuvre demeure la petite statue de la sainte, qui remonte au IXe siècle. Dans une cavité dorsale, les moines avaient placé la relique doublée d'argent du crâne de leur sainte patronne.

La trace artistique de plusieurs siècles. Haute de 85 centimètres, la statue, taillée dans du bois d'if et recouverte d'or et d'argent, a reçu de nombreux ajouts, en particulier jusqu'à la fin du Xe siècle. Les perles, de gemmes, de pierres gravées et autres camées, cristaux de roche, saphirs et émaux dont elle est incrustée sont pour certains d'origine antique. Le masque viril et sans grâce de la sainte, cependant illuminé par les grands yeux d'émail bleu, serait un remploi d'une tête du Bas-Empire.

Saint-Sernin de Toulouse, les pèlerins au cœur de la cité

Avec Saint-Martial de Limoges, Saint-Martin de Tours (édifices aujourd'hui disparus) et Sainte-Foy de Conques, Saint-Sernin de Toulouse fut un grand site de pèlerinage au XIIe siècle. La construction commença vers 1080. Le chœur et le déambulatoire étaient achevés lors de la consécration du maître-autel par le pape Urbain II en 1096, le transept et la nef ont été terminés vers 1100-1120. Dans le but d'accueillir un grand nombre de pèlerins, les constructeurs ont donné à l'église de vastes dimensions : cinq nefs, trois vaisseaux pour le transept, un vaste déambulatoire à chapelles rayonnantes. Ainsi, au cœur d'une grande cité, les pèlerins faisaient-ils étape sur la route de l'Espagne, contribuant à l'enrichissement du site et à son rayonnement au-delà des frontières régionales et nationales.

Saint-Benoît-sur-Loire (Loiret) Église abbatiale, chapiteau du porche représentant la Fuite en Égypte
Fin du XIe siècle

Sous la protection divine. Conduit par Joseph, qui semble écrasé par la volute du chapiteau, l'âne porte Marie et l'Enfant. La Vierge est assise latéralement ; son visage austère et ingrat paraît privé de toute vie. Cet « effacement » reporte l'attention du spectateur sur l'Enfant. Sur les genoux de sa mère, Jésus tient dans sa main gauche le globe cosmique et répète de sa main droite le geste protecteur de la main de Dieu qui apparaît au-dessus de sa tête appuyée contre le nimbe cruciforme.

Toulouse (Haute-Garonne) Église Saint-Sernin
Fin du XIe siècle

Une élévation exceptionnelle de la tour centrale. Sur une longueur de 115 mètres et une largeur maximale de 64 mètres, l'église Saint-Sernin, étape majeure sur la route de l'Espagne, se signale par l'ampleur de ses dimensions. Le chevet de l'église superpose les toits des absidioles, du déambulatoire, de l'abside et du chœur. Mais il est surtout célèbre par la tour de croisée aux cinq étages d'arcades et baies géminées couronnés par une balustrade d'où jaillit une toiture pyramide particulièrement effilée et svelte.

1045 **L'abbé Odolric entame la construction de Sainte-Foy de Conques.** Avant 1047 Raoul Glaber évoque la « blanche robe d'églises » dans son *Histoire universelle* 1054-1055 Intensité maximale du conflit franco-normand 1059 Le concile de Latran confie l'élection du pape au clergé romain.

Saint-Benoît-sur-Loire (Loiret)
Église abbatiale, chevet

XIe siècle

La rude ascension vers Dieu. Ce chevet, l'un des plus beaux de l'univers roman avec celui de Paray-le-Monial (Saône-et-Loire), étage les toits des absidioles, du déambulatoire, du chœur (contrebuté par deux tours carrées) et de la tour de la croisée, elle-même surmontée par un élégant clocheton pyramidal. Par son monumental élan, le chevet de Saint-Benoît-sur-Loire participe de la mystique particulière de ce lieu sacré.

Vision de paix et de beauté mystiques. L'église de la Madeleine se situe tout au sommet de la colline qui porte le village de Vézelay. Saint Bernard (de Clairvaux) y prêcha la deuxième croisade, le jour de Pâques 1146. Lieu de départ de l'un des quatre « chemins français » menant à Saint-Jacques de Compostelle, elle constitua un lieu mystique pour les pèlerins se pressant à sa rencontre.

Vézelay (Yonne)
Église de la Madeleine

XIIe siècle

Les châteaux de Vitré et de Gisors

Défense et vie de la cité médiévale

Plusieurs siècles avant la naissance de la ville comprise dans son acception moderne, les prémices d'une réelle architecture citadine voient le jour en France romane : châteaux féodaux, pour leur double fonction seigneuriale et militaire, mais aussi maisons particulières, bâtiments publics, ponts…

L'éperon rocheux de Vitré

Le château de Vitré, érigé vers 1060 par ordre du baron Robert Ier, a conservé son plan triangulaire mais, pour l'essentiel, ses treize tours et tourelles ont été édifiées aux XIVe et XVe siècles. Au XIIIe siècle, la baronnie de Vitré renforçant sa puissance, la forteresse fut agrandie ; la tour de droite du châtelet d'entrée en est le plus éclatant vestige. Au XVe siècle, la fortification est complétée par la tour Saint-Laurent, dressée en 1405-1410, et la tour Sainte-Madeleine, achevée en 1420. Malgré le siège du duc de Mercœur (1589), Vitré souffrira peu des guerres de religion.

Gisors et les conflits France-Normandie-Angleterre

C'est en 1097 que Guillaume le Roux, duc de Normandie, décida de fortifier le site séparant sa province du royaume de France, prélude à une rivalité féroce entre Normands, puis Anglais, et Français. Construite sur un éperon, la forteresse domine la cité qui se développe à ses pieds. De l'intérieur, aujourd'hui aménagé en parc public, il ne reste rien. C'est probablement sur ordre de Philippe Auguste que fut construite, à l'angle sud-est, la tour du Gouverneur, dont la salle carrée est voûtée d'ogives.

De cette tour, il est aisé de passer à la tour du Prisonnier qui compte trois étages, la hauteur totale atteignant 29 mètres et l'épaisseur des murs n'étant pas inférieure à 4 mètres. C'est dans la salle souterraine que l'on découvre les messages taillés dans la pierre par Élie de Beaumont, chantant son amour pour l'épouse dont la captivité l'a privé. Plus haut, se trouvent le cellier puis, accessible par un escalier à vis, la salle supérieure, remarquable par sa cheminée et son four à pain.

Citadelles et cités

Parmi les réalisations de l'architecture militaire romane, l'ensemble de Loches évoque éloquemment les troubles du bas Moyen Âge. Autre forteresse majeure, le château de Laval a conservé son donjon circulaire (fin XIIe siècle), dont l'ingénieux couronnement illustre l'art de la charpenterie médiévale ; ses logis, victimes de la guerre de Cent Ans, sont plus tardifs (XVe siècle).

À Cluny, on a trouvé, au 20 rue du Merle, le rez-de-chaussée de la plus ancienne maison bourgeoise de pierre en France (XIe siècle). Nombre d'autres maisons romanes ont été restaurées dans les rues Mercière, Lamartine, d'Avril, de la République à Cluny… mais aussi à Tournus ou à Chartres, avec la maison de la rue Chantault (vers 1150), qui constitue un jalon important dans l'histoire de la construction civile médiévale.

VITRÉ (ILLE-ET-VILAINE) CHÂTEAU

MILIEU DU XIe-XVe SIÈCLE

Une forteresse dissuasive. Avec son châtelet, porte monumentale accostée d'élégantes tourelles, son donjon couronné d'une galerie de défense à mâchicoulis et ses courtines coupées de puissantes tours rondes ou carrées, le château de Vitré demeure l'une des plus belles réalisations de l'architecture militaire du bas Moyen Âge. La ville, qui s'est développée à l'ombre de la forteresse, profitera de l'effet dissuasif de cet énorme ensemble pour maintenir sa prospérité jusqu'à la crise du commerce des toiles, au XVIIe siècle.

1060 Mort d'Henri Ier. Philippe Ier est déclaré roi. **Vers 1060 Début de la construction du château de Vitré** 1066 Victoire de Hastings, Guillaume de Normandie est sacré roi d'Angleterre 1076 Querelle des Investitures qui oppose le pape à l'empereur germanique 1087 Mort de Guillaume le Conquérant.

Une maison romane typique. Cette belle maison du bourg abbatial a été restaurée en 1912. Son plan est usuel : une porte barlongue et une grande arcade au rez-de-chaussée, une claire-voie à l'étage, suite de sept baies séparées par des supports alternativement forts et faibles. À l'intérieur, la distribution était assurée par un bel escalier de pierre et toutes les nécessités du gîte et du couvert se trouvaient à l'étage.

CLUNY (SAÔNE-ET-LOIRE) MAISON DU 25 RUE DE LA RÉPUBLIQUE

XIIe SIÈCLE

GISORS (EURE) > CHÂTEAU

FIN DU XIe-XVe SIÈCLE

Le vestige d'un interminable conflit. Des guerres ayant opposé Normands, Anglais et Français, les traces les plus claires se découvrent à Gisors, et notamment dans sa forteresse, qui a subi le contrecoup de tous ces combats. Le château est protégé par une impressionnante enceinte semi-circulaire du XIIe siècle, jalonnée de douze tours, elles-mêmes de taille respectable. Haut de 20 mètres, le donjon, érigé sur une motte artificielle qui accroît ses capacités défensives, couronne l'ensemble et domine toute la région. Dressé au XIIe siècle, il fut partiellement reconstruit au XIIIe siècle. De forme polygonale, il est efficacement flanqué d'une importante chemise défensive. Quatre étages, déterminés par des planchers aujourd'hui disparus, rythmaient sa hauteur et organisaient sa vie interne. Si le corps principal date des XIIe et XIIIe siècles, la tourelle d'escalier qui le jouxte n'a été dressée qu'au XVe siècle.

Loches (Indre-et-Loire)
Donjon

Début du XIe siècle

Une formidable forteresse. Connu sous le nom de Tour maîtresse, le donjon de Loches a probablement été construit entre 1011 et 1031. Dû aux comtes d'Anjou (Xe et XIe siècles), il n'a cessé d'évoluer, corollairement à l'amélioration des armes offensives : grand donjon au XIe siècle, deuxième enceinte de remparts au XIIe, troisième ceinture au XIIIe, porte royale au XVe. Adoptant la forme d'un très haut corps rectangulaire, il est protégé par une enceinte polygonale et un fossé. À l'intérieur, ses quatre étages assuraient une résidence confortable à ses occupants, tout en leur assurant une sécurité maximale.

L'abbaye de Cluny

Mémorial du monachisme médiéval

La véritable naissance de Cluny (Saône-et-Loire), ancienne villa romaine, se situe au début du IXe siècle, lorsque Louis le Pieux, fils de Charlemagne, et Benoît d'Aniane fixent les règles de la vie monastique qui vaudront pour tout l'Empire carolingien.

Le premier domaine de Cluny, concédé par Louis le Pieux au comte de Mâcon, en 825, possédait « une chapelle, une demeure seigneuriale, des bâtiments, des chemins d'accès et de sortie, des vignes, des vergers, des champs, des prés, des bois, des moulins à grain, des plans et des cours d'eau, des serfs qui y vivent et leurs enfants ». On admirera la dernière place accordée, dans cette énumération, au troupeau servile, position qui en dit long sur les réalités sociales d'une civilisation par ailleurs presque exclusivement rurale. D'autres documents évoquent l'enrichissement du domaine au long du IXe siècle et ses liens étroits avec l'aristocratie carolingienne.
En 910, l'abbé Odon signe la charte de fondation d'un monastère dirigé par l'abbé Bernon. Soumise aux règles établies un siècle plus tôt — ce qui la tourne vers le passé plus que vers l'avenir —, la congrégation ne dépend que du Saint-Siège.

L'essor de Cluny

Le 11 septembre 910 (ou 909), Guillaume III d'Aquitaine fait don de ce domaine à l'abbé Bernon pour y accueillir une petite communauté bénédictine. En 931, le pape Jean XI accorde à Cluny le droit de diriger tout autre monastère désireux de se plier aux nouvelles règles. C'est le début d'un foudroyant essor européen. Très vite, l'église initiale (Cluny I) devient trop étroite pour accueillir le flot des visiteurs. Un nouvel édifice (Cluny II) lui succède ; lors de sa consécration, en 981, des reliques de saint Pierre et saint Paul sont apportées de Rome. La conquête de l'Angleterre (1066) et la première croisade (1095-1099) ne font qu'affermir cette puissance montante. C'est alors que, pour donner à l'ordre un temple digne de sa gloire, l'abbé Hugues lance en 1088 le chantier de Cluny III, la « *maior ecclesia* » de la chrétienté, la plus grande église du monde.
Les premiers abbés de Cluny — Bernon (abbé de 910 à 927), Odon (927-942), Aymard (942-954), Maïeul (954-994), Odilon (994-1049), Hugues (1049-1109), Pons (1109-1122), Pierre (1122-1156) —, issus de l'aristocratie, assuraient tout à la fois la richesse matérielle de l'abbaye et son ancrage dans la société féodale. On observera que les deux seuls règnes d'Odilon et Hugues, de 994 à 1109, s'étendent sur cent quinze ans, à une époque où atteindre l'âge de quarante ans tenait souvent de la gageure !

Bâtiments conventuels et vie monastique

De l'abbatiale originelle ne subsistent que quelques vestiges restituant l'échelle du temple, son raffinement décoratif et son élégance architectonique : des ruines et le clocher de l'Eau bénite. Demeure également un ensemble de pavements (XIe-XIVe siècles) : mosaïque romane, pavages gothiques en terre cuite, dalles incrustées

MINIATURE EXTRAITE D'UN RECUEIL HISTORIQUE ET LITURGIQUE CONCERNANT CLUNY
Vers 1190
Paris, Bibliothèque nationale de France

La consécration du maître-autel de Cluny III, en 1095, par le pape Urbain II. L'équilibre entre faste pontifical et grandeur abbatiale atteste la puissance de la seconde Rome du monde chrétien. Cette miniature constitue la plus ancienne représentation connue de Cluny III.

Nombreux furent les moines clunisiens entrés en religion dès l'enfance, le plus souvent de trois à quatorze ans. Pour encourager les familles à leur confier leur progéniture, les moines utilisaient la représentation symbolique du sacrifice d'Abraham offrant son fils à Dieu. Dans l'abbaye, les précautions prises pour combattre les désordres de la puberté étaient multiples et contraignantes : garde constante des aînés, chandelle permanente la nuit… Si ces enfants manquaient cruellement de tendresse, ils étaient cependant mieux soignés, nourris et chauffés que les adultes. De même, les vieillards étaient-ils vénérés… jusqu'à l'âge de l'incontinence, synonyme de mise à l'écart (à l'infirmerie) dans l'attente de la cérémonie funéraire leur ouvrant les portes du paradis !

CLUNY (SAÔNE-ET-LOIRE)
CLOCHER DE L'EAU BÉNITE ET TOUR DE L'HORLOGE
XIe siècle

Les derniers vestiges de l'abbaye. Le 25 octobre 1791, une dernière messe est célébrée, après sept siècles de culte. Hors quelques dégradations mineures, l'édifice reste intact jusqu'au 21 avril 1798, date de sa mise en vente par lots. Acquise pour 60 000 francs par une association de Mâconnais, l'église sera démembrée pendant plus de vingt-cinq ans ; le 8 mai 1810, la façade s'effondre. L'immense carrière de pierres permet de construire des maisons, un haras… Lorsque la commune cède le domaine à l'État, il ne reste plus debout que le croisillon sud du grand transept. La tour du premier plan, dite clocher de l'Eau bénite et dressée sur ce croisillon sud, domine la tour de l'Horloge, accolée à la dernière travée.

CLUNY (SAÔNE-ET-LOIRE)
RECONSTITUTION
DE L'ABBATIALE DE CLUNY III

DESSIN RÉALISÉ À PARTIR DES TRAVAUX
DE L'ARCHÉOLOGUE AMÉRICAIN
KENNETH JOHN CONANT

Un géant disparu. Ce dessin (sur lequel sont entourés les derniers vestiges) met en lumière le génie unitaire de l'architecture clunisienne, tout de cohérence, de symétrie et d'étagement raisonné des volumes. Les dimensions de l'église furent colossales, sa longueur (187 mètres) dépassant même celle de l'actuelle basilique Saint-Pierre de Rome ; le grand transept atteignait une largeur de 80 mètres, la coupole de la croisée montait à plus de 30 mètres. Le plan lui-même fut exceptionnel : narthex, nef centrale bordée de quatre collatéraux, double transept, chapelles latérales ou absidiales ; vingt-cinq autels permettaient la mise en valeur des reliques dont l'abbaye s'était fait une spécialité. L'édifice s'étirait vers le ciel grâce à ses cinq tours.

de pâte de verre, carreaux rectangulaires ou carrés... Les archéologues ont analysé les restes de l'édifice pour en comprendre l'agencement. Les matériaux utilisés étaient d'origine locale, pierre de taille pour l'ossature et moellons pour les murs. Signe que la nostalgie de l'antique habitait déjà les constructeurs de l'âge roman, le parement extérieur était en « grand appareil ». Autre trait clunisien : la voûte en arc brisé de sa nef principale, probablement la plus précoce de l'âge roman.
Deux plans de 1700 et 1790 permettent de situer les vestiges dans l'ensemble abbatial. Au sud, la tour des Fromages (XIe siècle) domine la place de l'Abbaye, longée par les écuries de Saint-Hugues, relief de la grande hôtellerie construite à la fin du XIe siècle. Érigé au XIVe siècle, le Farinier comprend un cellier, un farinier et un grenier, lequel conserve, sous une magnifique charpente, les chapiteaux rescapés du déambulatoire : tons de la musique, arts libéraux, saisons, vertus, arbres sacrés et fleuves du Paradis.

Paray-le-Monial, miroir de l'idéal clunisien

La destruction de la grande abbatiale a hissé Paray-le-Monial au rang d'archétype de l'art clunisien. L'église, construite en 1090-1109 (et attribuée en 1875 au culte du Sacré-Cœur) reprend, à échelle réduite, la disposition de la grande abbatiale mère. L'élévation tripartite favorise un symbolisme ternaire que les trois baies placées à l'étage supérieur de chacune des trois travées soulignent avec insistance. Tout ici — voûtement en berceau brisé de la nef, coupole sur trompes, voûtes d'arêtes des bas-côtés, colonnes du chœur jalonnant le déambulatoire — participe d'un double élan architectural et chrétien conforme à l'idéal clunisien.

JUMIÈGES (SEINE-MARITIME)
ABBAYE
VERS 1028-1037

Les atteintes du temps. En Normandie, l'élan monastique n'eut rien à envier à celui de la Bourgogne. À Jumièges, en particulier, l'abbaye du XIe siècle se signale par la simplicité de son plan et la beauté de tous ses éléments. Du côté du chœur disparu, on voit se dresser le seul des quatre murs de la tour-lanterne ayant résisté au temps et aux hommes. Ce qui unit Jumièges à Cluny, c'est l'ampleur de ses dimensions, signe de la nouvelle ambition romane : la voûte de la nef s'élevait à 25 mètres, les deux tours de façade à 46 mètres et la tour-lanterne de la croisée fut la plus audacieuse de l'époque.

CAEN (CALVADOS)
ABBAYE-AUX-HOMMES
MILIEU DU XIe SIÈCLE

Autre exemple de l'architecture monastique normande, l'église de l'Abbaye-aux-Hommes (1064), riche du souvenir de Guillaume de Normandie, se présente comme un édifice imposant aux volumes harmonieusement répartis. Quoique de structure très différente, son monumental chevet évoque celui de Cluny par l'ampleur de ses proportions et la perfection de son étagement.

Cluny (Saône-et-Loire)
Chapiteau du Quatrième Ton de la musique

Début du XIIe siècle

Ancien chapiteau du déambulatoire, musée du Farinier

La référence à la composition grégorienne. Les huit tons grégoriens furent imagés par autant de chapiteaux à Cluny. Le quatrième — désigné par l'inscription *Succedit quartus simulans in carmine planctus* (« Vient ensuite le quatrième, dont le chant imite les lamentations ») — est figuré par un jeune homme portant le *tintinnabulum* du glas dont il frappe deux clochettes de la main droite, une troisième étant accrochée à son avant-bras. Le culte des défunts fut toujours à l'honneur à Cluny, de même que la musique liturgique, pour sa capacité à émouvoir et à sanctifier.

1088-1099 Pontificat d'Urbain II **1088 Ouverture du chantier de Cluny III** 1096 Le 21 octobre, écrasement par les Turcs de la « croisade des pauvres » conduite par Pierre l'Ermite 1099 Le 27 novembre, prise de Jérusalem par les croisés de Godefroy de Bouillon 1108 Mort de Philippe Ier, son fils Louis VI le Gros lui succède 1119 Fondation de l'ordre des Templiers.

Paray-le-Monial (Saône-et-Loire)
Église

Fin du XIe-XIIe siècle

Une élévation clunisienne exemplaire. L'élan vertical est assuré par l'étagement des toits du chevet, illustration de la « rude montée vers Dieu ». Le clocher octogonal se termine par la plus belle flèche d'ardoise de l'école bourguignonne. La distribution extérieure des volumes permet une claire visualisation du plan de l'édifice : narthex entouré de deux hautes tours, nef bordée de deux collatéraux, transept aux croisillons agrandis d'une chapelle, chœur, déambulatoire et chapelles rayonnantes. L'antériorité du narthex semble attestée par le décalage de son axe relativement à la nef principale ; peut-être le chantier fut-il suspendu à la mort de saint Hugues (1109), ce qui pourrait expliquer la faible amplitude de cette nef centrale en regard de l'importance du chœur. La couleur dorée de la pierre du bâtiment n'en constitue pas le moindre charme.

Saint-Lazare d'Autun

Message divin et vie quotidienne inscrits dans la pierre

La floraison des images taillées dans la pierre à l'époque romane participe moins du souhait de glorifier le Seigneur que de la volonté d'instruire les fidèles, en ce temps d'illettrisme à peu près général. Dans le cadre de cette immense entreprise didactique, la sculpture des portails et des chapiteaux joue un rôle prééminent. Les traces les plus grandioses s'en découvrent peut-être à Saint-Lazare d'Autun (Saône-et-Loire), chef-d'œuvre narratif et décoratif.

C'est vers 1120, sous l'impulsion de l'évêque Étienne de Bâgé, que s'ouvre le chantier de Saint-Lazare. Bien qu'inachevée, l'église est consacrée dès 1130 ; elle groupe trois nefs poursuivies dans le chœur, l'élévation intérieure reprenant la disposition de Cluny avec arcades, triforium et fenêtres hautes.

En soi, l'édifice invite à un long voyage dans le temps : les arcades du triforium dérivent de la galerie de la porte romaine d'Arroux, la nef est romane, les chapelles des collatéraux et les parties hautes du chœur gothiques, la flèche flamboyante. Mais c'est l'ensemble sculpté, admirablement conservé, qui en demeure l'élément le plus remarquable. Il est l'œuvre de l'atelier de Gislebertus, lequel a laissé sa signature sous les pieds du Christ du portail principal (*Gislebertus hoc fecit*).

L'univers médiéval du Jugement dernier

Le thème du Jugement dernier, choisi pour le tympan central, a pour objectif d'insuffler au fidèle une saine terreur du péché en même temps que l'espoir d'une félicité éternelle. Aucun effort ne peut être épargné en la matière, et les images de pierre doivent être d'autant plus frappantes que l'homme du peuple ne sait pas lire.

Aussi le Christ est-il conçu à une échelle démesurée relativement à tous les autres acteurs du drame. Assis sur un trône, il est cerné par les quatre figures des évangélistes associées aux symboles qui les caractérisent : Mathieu l'homme, Luc le taureau, Marc le lion, Jean l'aigle. De part et d'autre de sa tête, la Lune et le Soleil figurent l'immensité du Cosmos. À sa gauche, le compartiment latéral est dominé par le groupe des apôtres, dont saint Pierre, aisément identifiable aux énormes clés qu'il porte.

En partie supérieure, les élus apparaissent dans les arcades du ciel. Partout, l'imagerie se veut très vivante, presque naturaliste ; quoi de plus démonstratif, en ce sens, que le geste de l'ange hissant une âme vers la cité heureuse ? Dans le compartiment du haut, un ange musicien est placé à côté du siège de la Vierge Marie, consolation ultime et espoir suprême des pauvres pécheurs. À l'extrême gauche, un autre ange sonne de la trompette, comme pour signifier que les frontières du monde coïncident avec celles de la scène sacrée.

Dans la partie droite, saint Michel tient la balance du jugement. Moment crucial ! On le voit ainsi recueillir une petite âme, à la grande déception des démons qui essaient de tricher en pesant sur le bras de la balance. Rien de plus confiant que le geste de cet élu qui s'élève vers le Christ ! En revanche, quelle terreur dans les

AUTUN (SAÔNE-ET-LOIRE)
ÉGLISE SAINT-LAZARE, TYMPAN CENTRAL
XIIe SIÈCLE

Le tympan, entre mystique atemporelle et mémoire médiévale. L'harmonie de l'ensemble n'a d'égale que sa force visionnaire. Le portail de Saint-Lazare d'Autun, magnifique exemple de l'art religieux médiéval, est aussi, notamment dans les scènes ornant ses voussures, un fidèle témoignage des mœurs du temps. À la base de la composition, le linteau présente la résurrection des morts ; on note surtout, en dépit des éléments décoratifs et du refus du macabre, le réalisme des cercueils d'où sortent les cadavres. À droite, les damnés, à gauche, les élus. Ici, des mains géantes se saisissent d'un damné, là des personnages accablés implorent en vain le Seigneur. Pour bien montrer qu'il n'est pas de rachat aux péchés mortels sans confession, le sculpteur, Gislebertus, a placé, exactement sous les pieds du Christ, un ange guerrier qui repousse impitoyablement un pécheur suppliant. Parmi les élus, le sculpteur a privilégié l'image du bonheur quotidien, un homme, sa femme et son enfant se tenant par la main, scène familiale rare dans la sculpture romane. Plus loin, ce sont trois enfants qui entourent joyeusement l'ange bienveillant.

VÉZELAY (YONNE)
ÉGLISE DE LA MADELEINE,
CHAPITEAU DU MOULIN MYSTIQUE
XIIe SIÈCLE

Les signes cachés. De tous les chapiteaux de Vézelay, le plus symbolique reste celui du Moulin mystique, qui montre Moïse versant le grain, symbole de l'ancienne Loi, dans le moulin. Ce dernier, ainsi que l'atteste l'image de la Croix, n'est autre qu'une allégorie sacrée du Fils de Dieu, venu sur terre pour transmettre le message perdu de son Père. Ce qui explique le recueil, par saint Paul, de la farine destinée à nourrir les affamés de vérité. Lumineux, le Verbe nouveau est ainsi distribué aux hommes grâce au sacrifice du Rédempteur.

convulsions de ces petits personnages qui se dissimulent dans les plis de la robe de saint Michel pour échapper à l'horrible serpent à trois têtes. D'autres âmes ont eu moins de chance et le Diable, lui-même enfermé dans la gueule du monstre figurant les Enfers, les empoigne sans pitié par les cheveux. Le salut n'est donc que dans l'église... où se précipite notre pécheur qui ne s'attarde pas pour admirer les trois voussures cernant le tympan. La première est nue, la seconde est ornée de motifs floraux, la troisième figure, entre zodiaque et travaux des mois, le déroulement immuable du temps tel qu'il pouvait être perçu par le paysan ou l'artisan du lieu.
Pour masquer le tympan par une maçonnerie de briques et de plâtre, les clercs éclairés n'hésitèrent pas, en 1766, à abattre la tête saillante du Christ; retrouvée par l'abbé Grivot, elle fut remise en place le 17 novembre 1948. Aujourd'hui, le portail témoigne à nouveau du génie de Gislebertus, auquel on doit aussi les chapiteaux de l'intérieur (*Sommeil des Mages, Fuite en Égypte*) et l'*Ève couchée*.

La sculpture à l'assaut des murs

Dans la France romane, la sculpture déborde des zones qui lui sont traditionnellement dévolues et gagne de vastes espaces. Le portail de Moissac (Tarn-et-Garonne)

L'ÈVE COUCHÉE
VERS 1130-1140
Autun, musée Rolin

Une sensualité énigmatique. Cette saisissante statue d'Ève, vêtue de sa seule chevelure, succombant à la tentation du fruit défendu, forma le linteau d'un portail de l'église Saint-Lazare avant d'être démontée.

est ainsi particulièrement démonstratif : entre les symboles des évangélistes, le Christ de l'Apocalypse siège, terrible, au-dessus des rois témoins et musiciens, chacun jouant de son instrument avec un parfait naturel. Plus décoratif, le linteau présente huit rosaces unies par un rinceau que crachent, aux extrémités, deux animaux monstrueux.

À Poitiers, la façade-écran de Notre-Dame-la-Grande (1120-1130) apparaît comme l'accomplissement d'une sculpture vigoureusement proliférante. En Provence, l'extraordinaire portail de Saint-Trophime d'Arles, dressé en 1190, prend également place parmi les hautes réussites de la statuaire romane, par sa saisissante spiritualité, sa noble fermeté antiquisante et son intelligence décorative.

1120 Début probable de la construction de Saint-Lazare d'Autun. Apogée de l'école de Chartres, avec Bernard de Chartres **1121** Condamnation d'Abélard au concile de Soissons **1124** Louis VI le Gros et l'empereur germanique Henri Ier concluent la trêve de Reims.

Arles (Bouches-du-Rhône)
Église Saint-Trophime, portail central
Fin du XIIe siècle

La pérennité du thème du Jugement dernier. Au tympan, le Christ, cerné par les symboles des évangélistes, domine les apôtres du linteau, ces derniers visiblement inspirés par le portail royal de Chartres. Une double rangée d'anges habite l'unique voussure sculptée. La frise qui se poursuit au-delà du linteau évoque les élus et les patriarches, à gauche, les pécheurs et les réprouvés, à droite. Les statues des piédroits représentent divers saints et apôtres, dont saint Trophime, reconnaissable à sa mitre, et saint Pierre, avec les clefs du royaume des cieux.

Moissac (Tarn-et-Garonne)
Église Saint-Pierre, cloître
1085-1100

Diversité et remploi des matériaux, unité architecturale. Entrepris par l'abbé Ansquitil au crépuscule du XIe siècle, le cloître de Moissac vaut autant par son harmonie architecturale que par sa somptueuse sculpture monumentale. Soixante-seize arcades reposent sur des colonnettes alternativement simples et doubles, taillées dans des marbres aux nuances subtiles. Les piliers d'angle sont ornés de reliefs et de plaques venus de sarcophages mérovingiens découverts dans une localité voisine. Sans doute la majorité des chapiteaux est-elle postérieure au XIe siècle, mais l'homogénéité de l'ensemble demeure remarquable, tout un vocabulaire zoomorphique et floral imageant l'Ancien Testament (Samson terrassant le lion) ou le Nouveau (parabole du bon Samaritain).

Poitiers (Vienne)
Notre-Dame-la-Grande
Première moitié du XIIe siècle

Une façade qui chante la vie, la foi et l'espérance. Pour prendre la vraie mesure du message de ce grand mur, il faut l'imaginer rehaussé, à l'époque romane, de couleurs aussi vives que variées. Les personnages, identifiés pour beaucoup de façon incertaine, sont cernés de motifs floraux et de feuillages, de figures d'animaux, voire de monstres, « belles difformités et difformes beautés » (Bernard de Clairvaux). C'est là, dans la fusion du simple quotidien et de l'universel mystique, que se situe le génie de la période romane.

ioux (Charente-Maritime)
Abside de l'église
XIIe siècle

L'envahissement du décoratif. L'abside est totalement couverte de surfaces décoratives et les colonnes engagées sont accompagnées de motifs montants, sous une arcature formée de colonnes annelées reliées par des voussures finement ciselées, le tout sous une corniche saillante aux corbeaux sculptés en forme de tête.

Saint-Savin-sur-Gartempe

La couleur au service de la foi

Les restaurations opérées dans diverses églises révèlent que l'édifice roman, qui séduit le visiteur contemporain par son austère nudité, sollicita presque toujours l'intervention de la couleur sur les supports architecturaux, sur la statuaire, voire sur de larges surfaces murales.

Au centre de la France, l'ensemble pictural (début du XIe siècle) le mieux conservé orne la voûte de l'église abbatiale de Saint-Savin-sur-Gartempe : une bande longitudinale déterminant deux registres déroule le récit de l'histoire du monde, de la Création à l'Exode. Dans le narthex, ce sont des scènes de l'Apocalypse qui précèdent la Passion du Christ, la crypte conservant les images du martyre de saint Savin et de saint Cyprien.
Les peintures des édifices voisins de Vicq, Tavant, Liget et Brinay illustrent avec un bonheur presque égal la fresque romane de cette région. La fraîche naïveté de ces fresques ne fait qu'en souligner la verve expressive ; leur restriction aux ocres, aux verts et aux bruns sur fond clair, leur a permis de bien résister au passage des siècles.

Décors d'Auvergne

C'est vers 1125 qu'a été érigée l'abbatiale d'Issoire, Saint-Austremoine, église d'une abbaye bénédictine qui perpétue le nom de Stremonius, martyr du IIe siècle dont la châsse est conservée dans la crypte. Le magnifique ensemble des chapiteaux historiés constitue le fleuron de la décoration de l'église. Les restaurations récentes restituent la crudité initiale des teintes soulignant les reliefs et les articulations architecturales.
Ailleurs en Auvergne, les églises romanes de Saint-Nectaire-le-Haut, Orcival, Saint-Saturnin ont conservé quelques traces de décoration peinte. À Saint-Julien de Brioude, des fresques romanes, remises au jour en 1957, témoignent d'une rare et grande beauté.

L'exemple virtuose de Berzé-la-Ville

De la riche peinture murale de Cluny ne demeurent plus, hélas ! que les débris trouvés dans les fouilles du bâtiment détruit. Mais nous est parvenue la merveilleuse fresque de la chapelle du château des Moines, à Berzé-la-Ville (Saône-et-Loire), construite vers 1100 pour l'usage personnel de l'abbé Hugues. L'œuvre, datée d'environ 1110-1120, a été redécouverte par des maçons, en 1887. L'abside abrite une figure géante du Christ entouré des apôtres ; un enduit a été passé sur une grande surface, le Christ a été peint ensuite, puis les deux groupes l'entourant et enfin la zone des quatre Vierges sages au pied du Sauveur. Dans les écoinçons se dressent plusieurs saintes porteuses de lampes allumées.
Les fonds sont clairs, à l'inverse de ce qui est généralement admis pour la peinture bourguignonne, et la palette groupe huit couleurs (blanc, ocre jaune, ocre rouge, minium, vermillon, terre verte, lapis-lazuli, noir), la composition témoignant d'une maîtrise virtuose.

SAINT-NECTAIRE-LE-HAUT (PUY-DE-DÔME)
ÉGLISE, CHAPITEAU DE L'APOCALYPSE
XIIe SIÈCLE

De la couleur dans la maison de Dieu. Le naturalisme est de rigueur sur ce chapiteau, tant pour la couleur verte des palmes que pour le rose de la carnation. La maîtrise de la composition, le rendu du modelé et la vigueur expressive reçoivent l'apport d'une palette de couleurs vives. Les fidèles de l'époque romane, dont le cadre de vie ignorait les couleurs – trop coûteuses –, ne pouvaient qu'être frappés par cette irruption d'une seconde nature, précisément surnaturelle, au sein de la maison de Dieu.

SAINT-MARTIN DE VICQ (INDRE)
ÉGLISE, FRESQUE DE L'ARRESTATION DE JÉSUS ET DU BAISER DE JUDAS
XIIe SIÈCLE

Une fresque du drame et de la violence. Extraordinaire effet visuel que cette divergence des silhouettes, autour de la tumultueuse arrestation du Christ trahi ! À gauche, saint Pierre tranche de son épée l'oreille d'un soldat, à droite Jésus semble fuir Judas tout en acceptant son baiser fatal. Les couleurs participent de cette atmosphère violente par leur nuance ténébreuse et oppressante. Le dessin est vigoureux, un cerne large construisant la silhouette des personnages et quelques traits ébauchant le modelé.

SAINT-SAVIN-SUR-GARTEMPE (VIENNE)
ABBATIALE, FRESQUE DE LA VOÛTE, DÉTAIL DE L'ARCHE DE NOÉ
DÉBUT DU XIIe SIÈCLE

La hiérarchie de la Création. Sur ce fragment de l'immense bande colorée qui suit toute la voûte, le dessinateur a présenté l'arche comme une superposition d'étages en arcades. Les animaux, par couples, apparaissent dans la rangée inférieure, les humains (la famille de Noé) à l'étage supérieur. En dépit de la faiblesse de l'ambitus chromatique et de l'altération du support, on note de très heureux effets de couleurs, notamment dans la répartition contrastée des fonds.

1126-1128 Expéditions de Louis VI le Gros en Aquitaine et en Flandre
1130 Élection de deux papes, Anaclet II et Innocent II, ce dernier soutenu par Louis VI
1137 Mort de Louis VI ; son fils Louis VII le Jeune lui succède. **Début du XIIe siècle Réalisation des fresques de Saint-Savin-sur-Gartempe.**

BERZÉ-LA-VILLE (SAÔNE-ET-LOIRE)
CHAPELLE DU CHÂTEAU DES MOINES
VERS 1110-1120

La référence au Christ Pantocrator de la tradition byzantine. L'abbé Hugues a offert à la postérité l'un des plus hauts chefs-d'œuvre de la peinture romane. La palette y est aussi diversifiée dans ses nuances qu'homogène dans sa répartition. Le sujet n'est pas des plus fréquents, puisqu'il s'agit de la remise de la Loi par le Christ à saint Pierre (scène dite de la *traditio legis*) : à la droite du Christ, les diacres saint Laurent et saint Vincent, à sa gauche, deux abbés de Cluny. Cette transmission du pouvoir à Pierre et à ses successeurs légitime l'entreprise de Cluny, abbaye en rapport direct avec le Saint-Siège. On retrouve d'ailleurs trace de ce lien dans l'influence byzantine droit venue d'Italie, en décalage avec la tradition locale des autres fresques bourguignonnes conservées.

Le Mont-Saint-Michel

Abbaye et forteresse

Site religieux et naturel parmi les plus célèbres du monde, le Mont-Saint-Michel (Manche) se dresse entre terre, mer et ciel. C'est au prix d'une prouesse humaine exceptionnelle, que fut érigée, sur un petit îlot granitique de 78 mètres de haut et de 900 mètres de pourtour, la grande abbaye fortifiée.

Des ermites chrétiens, installés dès le VIe siècle sur ce qui était alors le « mont Tombe », y auraient construit deux chapelles, à l'endroit même où de lointaines traditions situaient la présence d'un édifice mégalithique consacré à un culte local. Puis, par une nuit de l'an 708, l'apparition de saint Michel à Aubert, évêque d'Avranches, sera à l'origine de la construction du premier oratoire, consacré le 16 octobre de la même année. Douze chanoines forment la première communauté du lieu ; mais c'est seulement au XIe siècle que débute la campagne de construction de cet incomparable ensemble.

Une abbatiale difficile d'accès

L'accès à l'abbaye est ardu. Il faut escalader l'escalier dit Grand Degré, passer sous une arche pour entrer dans la cour du Châtelet, ouvrage d'art militaire constitué de deux tours reliées par un mâchicoulis. C'est de là que part l'escalier du Gouffre, menant à la Porterie ou salle des Gardes. L'escalier abbatial, enfin, étage ses quatre-vingt-dix marches jusqu'au portail sud de l'église. Sous la plate-forme de l'ouest se trouve Notre-Dame-sous-Terre, survivance du très ancien (première moitié du Xe siècle ?) édifice carolingien.

L'église romane, érigée de 1023 à 1085, présente une belle élévation en dépit des remaniements exigés par

LE MONT-SAINT-MICHEL ET LE MIRACLE DES GRÈVES
MINIATURE EN GRISAILLE
XVe SIÈCLE
Paris, Bibliothèque nationale de France

Le miracle des grèves. Au premier plan de cette miniature extraite des *Miracles de la Vierge* de Jean Méliot, des pèlerins se prosternent à la vue du Mont-Saint-Michel. La scène du coin supérieur gauche évoque la célèbre légende d'une femme qui, surprise par les douleurs de l'enfantement au milieu des grèves, pria avec une telle ferveur la Vierge Marie que celle-ci lui permit d'accoucher au milieu des flots.

ABBAYE DU MONT-SAINT-MICHEL, RÉFECTOIRE
XIIIe SIÈCLE

L'ingéniosité au service de la convivialité. De vastes dimensions (34 × 10 mètres), le réfectoire est de plain-pied avec l'église et le cloître, bien que suspendu à 40 mètres au-dessus de la roche. À la différence de la salle des Chevaliers, il forme un grand espace vide qui favorise la convivialité ; la lumière vient des ouvertures du mur alvéolaire, enchaînement de petites lames verticales cachées qui laissent passer le maximum de clarté. Les repas monastiques, présidés par l'abbé, se faisaient au son de la lecture faite depuis la chaire et une table centrale était réservée aux invités.

1023 **Ouverture du chantier de l'église romane**. Robert II le Pieux, deuxième souverain de la dynastie capétienne, rencontre Henri II, empereur germanique 1212 **Ouverture du chantier de la Merveille.** Croisade des enfants, qui se termine par leur massacre.

Vue aérienne du Mont-Saint-Michel (Manche)

Un îlot fortifié. Le petit îlot granitique du Mont-Saint-Michel, aujourd'hui presque entièrement couvert de constructions, a offert un cadre idéal au développement de la plus illustre abbaye du monde. Cette vue ne révèle pas seulement l'ingéniosité et le savoir-faire des constructeurs de l'édifice ; elle illustre aussi leur étonnante hardiesse de conception et de réalisation. De quelque côté qu'on envisage le lieu, les puissantes fortifications rappellent que l'époque romane fut un âge périlleux, qui nécessita le développement maximal des mesures de sécurité.

La rencontre de la mer, de la terre et du ciel. L'immense baie (40 000 hectares) au cœur de laquelle se dresse le Mont Saint-Michel participe puissamment de sa légende. Alimentée par trois petits fleuves, elle est le théâtre des plus hautes marées d'Europe.

l'effondrement partiel du mur nord après la fin des travaux. Le chœur adopte un parti différent : érigé au XVe siècle, il est constitué de murs ajourés, avec de hautes fenêtres flamboyantes qui dispensent une radieuse lumière, conformément à la nouvelle doctrine gothique. Ce qui frappe ici, c'est l'élan vertical des supports montant d'un trait jusqu'au point le plus élevé de la voûte. Construite en granite, de 1446 à 1450, la crypte des Gros Piliers (5 mètres de diamètre) soutient le chœur. Les deux autres cryptes, voûtées de berceaux romans et dédiées à saint Martin et à Notre-Dame des Trente-Cierges, sont antérieures (XIe siècle).

La Merveille

C'est au sortir de l'église que l'on découvre la Merveille, agrégat de six salles réparties sur trois niveaux. Constituée de deux édifices accolés construits simultanément, elle figure les trois ordres hiérarchiques de la société médiévale : en bas, les miséreux sont accueillis dans l'Aumônerie, complétée par le Cellier ; au-dessus, la salle des Hôtes de France et la salle des Chevaliers sont réservées aux voyageurs de marque ; à l'étage supérieur enfin, cloître et réfectoire sont le domaine des moines, serviteurs de Dieu. Le soir, les rayons du soleil, tamisés par les colonnettes du cloître, éclairent l'assemblée des moines réunis autour de la table. Le réfectoire ne peut prétendre à la délicatesse du cloître, mais il surprend par son austère grandeur. La lumière est distribuée dans cet espace couvert d'un grand vaisseau de bois grâce à de petites fenêtres enfoncées. Quelques autres bâtiments conventuels, inaccessibles au public, sont disposés en arc de cercle autour de l'église, tel l'ancien dortoir voûté de bois qui communique directement avec elle.

Vie monastique et organisation des chantiers

De 966 à 1790, l'abbaye du Mont-Saint-Michel est restée soumise à la règle bénédictine qui équilibre prière, étude et travail manuel. Dirigés par un abbé élu à vie, les moines assistent à tous les offices liturgiques, déambulent dans le cloître voisin autour du jardin central et se rendent, selon leurs occupations, dans les différentes salles : cuisine, réfectoire, chapitre, scriptorium, dortoir. L'accueil des miséreux, pèlerins ou chevaliers, imposé par la règle, nécessite l'aménagement d'espaces spéciaux. À l'écart se trouvent les ateliers et fermes qui assurent à l'abbaye un train de vie autarcique. La configuration spéciale du Mont ne permit jamais un agencement traditionnel des bâtiments — d'où, par exemple, la superposition des salles de la Merveille.

Pour réaliser l'ensemble des bâtiments abbatiaux, les moines firent largement appel à l'extérieur. Le granit était extrait aux îles Chausey, débité sur le roc par des tailleurs de pierre (dont on trouve encore les marques), monté en blocs scellés par les maçons. D'autres corps de métiers – charpentiers, couvreurs – participaient aux divers chantiers, les ouvriers qualifiés étant rémunérés par l'abbaye. Se trouvaient enfin engagés dans l'entreprise un certain nombre de travailleurs bénévoles et une foule de manœuvres corvéables, le plus souvent attelés aux tâches les moins spécialisées et les plus ingrates.

Abbaye, place forte, prison, site touristique

À partir de la guerre de Cent Ans, l'abbaye abrite en permanence une garnison pour laquelle une tour est construite. C'est de ce temps que date le châtelet d'entrée ainsi que la ceinture de remparts qui cernent la base du rocher et dont la rusticité sévère est à peine atténuée par

ABBAYE DU MONT-SAINT-MICHEL, SALLE DES CHEVALIERS

XIIIe SIÈCLE

Un foyer de savoir et d'échange. Située au-dessus du cellier et sous le cloître, la salle de Chevaliers fit longtemps office de scriptorium ; à l'époque médiévale, elle abritait tout à la fois des tables de lecture, des armoires faisant office de bibliothèque, et un atelier de fabrication des manuscrits. Là, se rencontrèrent, très tôt, des érudits venus de toute l'Europe, juste avant la fondation des premières universités. L'hiver, le chauffage était assuré par deux grandes cheminées. Une forêt de colonnes, nerveuses et robustes, divise la salle en quatre nefs.

NEF DE L'ABBATIALE >

XIe SIÈCLE

La monumentalité romane. La nef, rythmée de lourds supports et de puissantes arcades, est couverte d'une charpente. Les grandes arcades sont surmontées d'un triforium ouvrant sur chaque travée par des baies jumelées sous un arc en plein cintre, lui-même dominé par les baies supérieures. D'énormes piles lancent une colonne engagée jusqu'à la base de l'arc diaphragme de la charpente. Dominant les grandes arcades et le triforium, les fenêtres hautes dispensent une lumière abondante ; le foyer du chœur (XVe siècle) est généreusement ajouré.

les corbeaux du mâchicoulis. Grâce à ces dispositions, le Mont résistera à tous les assauts des Anglais, devenant le symbole de la victoire française à la fin du conflit. En reconnaissance, Louis XI n'y effectuera pas moins de trois pèlerinages, de 1462 à 1473, transformant au passage une partie de l'abbaye en prison. Avec la décadence de la vie monastique, le monument ne cessera de se dégrader. Prison d'État de 1793 à 1863, monument historique en 1874, il sera restauré dans le dernier quart du XIXe siècle. Depuis, l'afflux annuel des touristes n'a cessé de croître : 100 000 visiteurs en 1910, plus de deux millions et demi pour chacune de ces dernières années. Ces visiteurs déambulent également dans les rues de la petite cité, saluent au passage l'église Saint-Pierre, du XIe siècle, dont la chapelle Saint-Michel possède une belle statue argentée de l'archange, et s'aventurent parfois dans le petit cimetière situé contre le flanc de l'édifice.

ABBAYE DU MONT-SAINT-MICHEL, CLOÎTRE
XIIIe SIÈCLE

Transcendance mystique et virtuosité architecturale. Le cloître, restauré par Corroyer au XIXe siècle, est assurément la plus haute réussite architecturale du Mont-Saint-Michel. Il offre la surprenante particularité de ne point servir, comme c'était l'usage, de centre de distribution de l'abbaye. Cet enclos sacré ne manque jamais de saisir le visiteur, tant par la délicatesse de ses supports et la richesse de sa décoration sculptée que par sa situation exceptionnelle, en surplomb d'immenses horizons terrestres et maritimes. Au-dessus des arcades ouvrant sur les galeries s'épanouissent les écoinçons sculptés déterminés par la ligne des arcs. La décoration en est remarquable, caractérisée par la vigueur et la fantaisie des motifs floraux. Suspendu entre ciel et terre, le cloître semble exclusivement conçu pour la méditation, ce à quoi incite le merveilleux panorama environnant. La double rangée de colonnettes taillées dans la granulite rose confère à cet espace une légèreté surnaturelle ; le jardin de l'aire centrale, récemment restauré, complète la composition spatiale de ce lieu sacré.

MONT-SAINT-MICHEL
VUE GÉNÉRALE VERS 1910-1920

Les prémices d'une immense fortune touristique. Après la restauration, dont l'opération la plus étonnante fut la reconstruction de la tour sommitale et son couronnement d'une flèche, la digue d'accès au Mont fut réalisée en 1877-1879, le développement du chemin de fer favorisant par la suite l'engouement des touristes, lointains héritiers des pèlerins médiévaux. L'installation d'un tramway à vapeur sur la digue, en 1901, devait permettre de dépasser dès 1910 le nombre de 100 000 visiteurs annuels.

ABBAYE DU MONT-SAINT-MICHEL, LA MERVEILLE

XIIIe SIÈCLE

Une prouesse architecturale sans égale. La Merveille a été conçue et réalisée par l'abbé Raoul des Isles entre 1212 et 1228. Situé sur le flanc nord, ce monastère gothique semble partir à l'assaut du ciel, du fait de l'exiguïté de son appui sur la roche. Avec ses quelque 50 mètres de hauteur, c'est un chef-d'œuvre d'équilibre au regard des fortes poussées qu'il subit de la part des voûtes. À gauche, aumônerie, salle des Hôtes de France et réfectoire forment les trois étages symétriques de ceux que l'on trouve dans le massif de droite : cellier, salle des Chevaliers et cloître.

MONT-SAINT-MICHEL, VUE DES RUES

Des venelles moyenâgeuses et escarpées. À l'écart de la Grande-Rue, souvent très encombrée, il est possible d'emprunter divers escaliers ou venelles projetant le regard jusqu'aux remparts de l'abbaye. On découvre au passage quelques habitations dont la discrétion n'a d'égale que la rustique beauté.

La civilisation gothique

La civilisation gothique

Le cycle de mutations qui conduit du roman au gothique est probablement le plus spectaculaire de toute l'histoire des formes, par son importance et par sa rapidité (Vézelay et Notre-Dame de Paris, par exemple, ne sont séparées que par quelques dizaines d'années). Un nouveau modèle surgit, qui ne renvoie plus seulement aux nécessités et aux ambitions de l'exercice cultuel mais également à la réalité sociale, matérielle, dont cet art collectif est issu. De ces transformations, l'Église n'est pas seule à avoir conservé l'image. L'âge gothique sera aussi celui d'une nouvelle conception de la ville, forteresse par ses murailles, cité par ses ponts et ses édifices publics dont demeurent de nombreux vestiges.
Par ailleurs, si le mystère médiéval, spectacle total mais éphémère, mystique et réaliste, merveilleux et trivial, unissant danse, musique, théâtre... a disparu avec son époque, la cathédrale en a conservé et continue d'en transmettre le reflet monumental.

Premières cathédrales et forteresses féodales

Dès 1135, sous l'impulsion de l'abbé Suger (1081-1151) qui ouvre le sanctuaire de Dieu à la lumière sacrée, des canons architecturaux neufs sont greffés sur l'ancienne abbatiale de Saint-Denis. Ogive, arc brisé et arc-boutant favorisent le verticalisme et l'ajourement du « noble édifice que la nouvelle clarté envahit » (Suger). Les cathédrales de Sens, Noyon, Laon, Paris (édifice archétypal), Senlis ou Mantes attestent la fécondité de cette mutation de la société médiévale qui favorise les nouvelles spéculations de ses « œuvriers » (Villard de Honnecourt) et sollicite tous les talents, du maître de bâtiment au tailleur de pierre, du maçon au fresquiste ou au maître verrier. C'est aussi le temps des mystiques de la nouvelle pensée. Pèlerins et moines jouent un rôle décisif et complexe au cœur de cette évolution : au luxe citadin de Cluny s'oppose très vite l'austérité campagnarde de Cîteaux. Au total, le patrimoine monumental des premières décennies gothiques rappelle avec insistance la convergence de toutes les énergies sous le signe de la conquête spirituelle et de la jubilation créatrice. C'est aux alentours de 1200 que s'amorce une nouvelle transition, vers ce que la postérité nommera « classicisme gothique ».

XIIIe-XIVe siècles : religion, guerre, cité

L'apogée de l'âge gothique présente, si l'on se réfère à ses grands chantiers, deux visages bien différents. D'un côté, le triomphe de la construction religieuse est total à partir de Chartres, sous le signe de la lumière gothique et grâce à l'action des corporations. De l'autre, l'affermissement de la puissance royale semble irrésistible, à Vincennes par exemple, premier palais royal situé hors de la cité. Une véritable civilisation de la guerre se développe, les désastres de celle de Cent Ans débouchant sur une extension spectaculaire du royaume et l'établissement d'un système de défense né des nouvelles conditions du conflit.
Église et royauté : la rencontre idéale est celle de Reims, cathédrale de tous les sacres. Pouvoirs temporel et spirituel unissant leurs

Chartres (Eure-et-Loir)
Vitrail de la cathédrale représentant des sculpteurs
Première moitié du XIIIe siècle

Dans les cathédrales gothiques (ici Chartres), nombreux sont les vitraux qui glorifient le travail des corporations, particulièrement celles du travail de la pierre. À cette époque, on ne parle pas vraiment de « sculpteurs » mais plutôt d'« ymagiers » chargés d'exécuter des figures et répartis en divers niveaux de qualification. L'artiste reçoit en général un bloc dégrossi reposant sur un support ; il le taille en plein air ou en loge, non selon la taille ou le poids de la pierre mais en fonction du secret dont il entend bien entourer ses propres tours de métier. Si le programme est toujours imposé, une grande liberté semble avoir été laissée au praticien dans la manière de le traiter et de le réaliser.

Construction d'un château
Miniature extraite du *Livre du gouvernement des Rois et des Princes*
Vers 1430-1440
Paris, bibliothèque Sainte-Geneviève

Cette image est extraite du *Livre du gouvernement des Rois et des Princes*, traduction tardive et illustrée du *Re regimine principium* que le général des Augustins, Gilles de Rome (professeur de théologie à l'université de Paris mort en 1316 à Avignon et auteur de commentaires sur Aristote) avait envoyé à Philippe le Bel. On y découvre la représentation rare d'un souverain visitant le chantier d'une construction militaire, symbole de son pouvoir temporel, et non celui d'un édifice religieux imageant sa responsabilité spirituelle.

forces pour écraser les hérésies, rien n'est plus évocateur aux yeux du voyageur contemporain que le voisinage de l'église-forteresse d'Albi, altière et intacte, et des murs ruinés de Montségur, souvenir d'une tragédie à jamais irréparable.

L'apogée gothique enfin, c'est aussi le temps de l'utopie et de ses limites que la technique impose, parfois brutalement, aux rêves les plus ambitieux de l'architecture. C'est ainsi que l'on passe, presque sans trasition, de l'accomplissement de l'édifice total avec la cathédrale d'Amiens aux dramatiques écroulements de celle de Beauvais,qui marquent un terme à une aventure placée sous le signe de la démesure.

Autour des édifices sacrés, la cité des hommes se développe, construit des hospices et des hôpitaux (Beaune, Tonnerre), des maladreries pour ses lépreux (Beauvais). Elle édifie aussi des halles, des greniers, renforce partout ses appareils défensifs, développe sa voirie ; le plus spectaculaire demeure sans doute le lancement des ponts en pierre, de rive à rive, enrichissant le patrimoine d'édifices qui ont résisté au passage des siècles ; le chef-d'œuvre en la matière reste le colossal pont Valentré à Cahors.

Pourtant, dès la fin du XIVe siècle, alors que la chrétienté en crise a déplacé le siège de son souverain pontife à Avignon où elle lui a construit un somptueux palais avant le Grand Schisme, les premiers signes apparaissent d'un épuisement dans l'invention architecturale et décorative. C'est que les préoccupations de l'homme du Moyen Âge finissant se nuancent d'un humanisme qui met à mal la priorité absolue accordée jusque-là aux édifices de culte. Le crépuscule médiéval est marqué par trop de conflits, de disettes ou de famines, d'incohérences politiques et sociales pour que les plus avisés ne finissent par détourner les yeux du Ciel et par songer à élaborer un nouvel ordre terrestre. C'est en raison directe de ces nouvelles prérogatives que se fait jour la nécessité d'une transition vers un style qui, parti d'Italie, deviendra celui de la Renaissance, non sans avoir transformé profondément, en moins d'un siècle, l'idée même que l'Europe se fait de l'univers civilisé et de la place que l'homme est appelé à occuper.

La civilisation gothique

Dates	*Histoire, culture, idées*	*Monuments*
Vers 1130		**Début de la construction du nouveau bloc occidental de l'abbatiale Saint-Denis (Seine-Saint-Denis) ; il sera consacré le 11 juin 1140 ↙**
1137	Mort de Louis VI ; règne de Louis VII, époux d'Aliénor d'Aquitaine	
1140	Bernard de Clairvaux fait condamner Abélard au concile de Sens	
1147	Suger devient régent du royaume en l'absence de Louis VII, parti en croisade	
1149		**Ouverture du chantier de l'abbaye de Noirlac (Cher)**
Vers 1151		**Début de la construction de la cathédrale de Laon (Aisne) ; elle sera achevée en 1235 →**
1158	Traité de Gisors ; le Vexin, dot de Marguerite, fille de Louis VII, devient anglais	
1161		**Début probable de la construction du chevet de la cathédrale Notre-Dame de Paris →**
Vers 1170	*Erec et Énide*, roman de Chrétien de Troyes	
Vers 1175	Première version du *Roman de Renart*	
1180	Mort de Louis VII, début du règne de son fils Philippe (Auguste)	
1185		**Ouverture à la circulation du pont Saint-Bénezet d'Avignon (Vaucluse) ↙**
1189	Troisième croisade menée par Philippe Auguste, Richard Cœur de Lion, roi d'Angleterre, et Frédéric Barberousse, empereur germanique qui meurt en 1190	
1194	Conflit entre Richard Cœur de Lion et Philippe Auguste	
1195		**Ouverture du chantier de la cathédrale de Chartres (Eure-et-Loir), après la destruction de l'ancienne église romane par un incendie** **← Ouverture du chantier de la cathédrale de Bourges (Cher), qui débute par le chevet, dressé sur une petite église romane**
1197		**Début de la construction de la forteresse de Château-Gaillard (Eure) pour contrôler la vallée de la Seine →**
1202	Philippe Auguste envahit la Normandie	
1209	Début de la croisade des Albigeois	
1210	Alliance de Philippe Auguste et Innocent III contre l'empereur Otton de Brunswick	
1211		**Ouverture du chantier de la troisième cathédrale de Reims (Marne) ; l'intérieur ne sera achevé qu'en 1285 →**
1214	À Bouvines, Philippe Auguste triomphe d'Otton IV et de ses alliés flamands et anglais	
1216	Le pape Honorius III approuve la règle des Dominicains	
1218	Mort de Simon de Montfort au siège de Toulouse	

Dates	Histoire, culture, idées	Monuments
1220		**Début des travaux de la cathédrale gothique d'Amiens (Somme) sur le site de l'édifice roman détruit par un incendie en 1218 ↙**
1221	Création de l'ordre des Franciscains	 
1223	Mort de Philippe Auguste, début du règne de Louis VIII	
1226	Début de la régence de Blanche de Castille (3 novembre) ; mort de Louis VIII (8 novembre) ; sacre de Louis IX à Reims (29 novembre)	
1226-1239		**Construction de la seconde enceinte du palais vicomtal de Carcassonne (Aude) ↑**
1227		**Début de la construction de la nouvelle cathédrale de Beauvais (Oise), la Basse-Œuvre ayant été endommagée par un sinistre** 
1244	Capitulation des Albigeois à Montségur (le 20 mars)	
Vers 1265	*Somme théologique* de saint Thomas d'Aquin	
1270	Mort de Louis IX à Tunis (le 25 août) ; son fils Philippe III le Hardi lui succède	
1282		**Début des travaux de la cathédrale Sainte-Cécile d'Albi (Tarn) ; elle ne sera consacrée qu'en 1480**
1285	Mort de Philippe III (le 5 octobre) ; Philippe IV le Bel lui succède	
1287		**Marguerite, épouse de Charles Ier d'Anjou, frère de Saint Louis, décide la construction de l'hôpital Notre-Dame des Fontenilles à Tonnerre (Yonne) ↑**
1303	Attentat d'Agnani contre le pape Boniface VIII	
1308		**Début du chantier de construction du pont Valentré à Cahors (Lot) ↙**
1309	Installation du pape Clément V à Avignon (le 9 mars)	
1314	Mort de Philippe le Bel (le 29 novembre). Trois rois se succèdent en quatorze ans : Louis X le Hutin, Philippe V le Long et Charles IV le Bel	
1335		**Avignon (Vaucluse) : début des travaux du Palais-Vieux de Benoît XII par la tour des Anges ; l'aménagement des ailes de l'ancien palais épiscopal intervient en 1338-1342 ↘**
1337	Édouard III, souverain anglais, réclame le royaume de France	
1348	Ravages de la peste noire en France	
1356	Défaite de Jean le Bon à Poitiers (le 19 septembre)	
1361	Jean le Bon réunit le duché de Bourgogne au royaume de France	**Date probable de l'ouverture du chantier du château de Vincennes (Val-de-Marne) ; l'enceinte fortifiée sera achevée en 1369 ↘**
1378	Grand Schisme, élection de deux papes ; l'un séjourne à Rome, l'autre en Avignon	
1380	Mort de Du Guesclin (le 13 juillet) ; Charles VI le Fou devient roi	

La basilique Saint-Denis

L'aube gothique et l'irruption de la lumière

Le destin de l'architecture gothique naissante se joue sur le chantier de l'abbatiale de Saint-Denis (Seine-Saint-Denis) dans le second quart du XIIe siècle.

Sous l'impulsion de l'abbé Suger (1081-1151), conseiller et ministre de Louis VI et de Louis VII, régent du royaume lors de la seconde croisade, un narthex et une façade aux canons architecturaux radicalement nouveaux sont greffés sur l'ancienne église carolingienne. Suger appelle les artistes de toutes les parties du royaume au service d'une nouvelle esthétique, celle d'une région, l'Île-de-France, qui était restée jusque-là en marge des grands foyers de création architecturale religieuse.

La nouvelle clarté

L'originalité du style gothique n'est pas le fruit d'un processus hasardeux. Suger est parfaitement conscient d'œuvrer dans une direction nouvelle, opposant l'*opus novum* de l'église qu'il fait construire à l'*opus antiquum* de la basilique carolingienne qu'elle doit remplacer. Ses écrits attestent à quel point il eut toujours conscience de travailler à la gloire de Dieu par amplification de tous les paramètres architecturaux : « ennoblissement par la longueur et la largeur de l'édifice », « soudaineté du chevet dressé vers le haut », « envahissement du noble édifice par la lumière admirable et ininterrompue des fenêtres très sacrées », etc.

Entrepris après 1130, le nouveau bloc occidental de l'abbatiale Saint-Denis est consacré le 11 juin 1140. Le choix de l'encadrement de l'édifice par deux tours (celle du nord a été abattue au XIXe siècle à la suite d'une restauration désastreuse) dérive directement du modèle roman des grandes églises normandes, notamment celle de Caen. La voûte d'ogives est mise à l'essai pour la couverture du narthex et le verticalisme de la façade est accentué par de puissants contreforts. Le mur est ajouré de grandes baies dont l'une reçoit la rosace chargée de dispenser, sacralisée par le vitrail, la lumière dans « le noble édifice que la nouvelle

SAINT-DENIS (SEINE-SAINT-DENIS)
ABBATIALE, FAÇADE
XIIe SIÈCLE

Un nouveau modèle de façade. En dépit de son caractère de forteresse, cette façade obéit à une nouvelle conception architecturale, dérivée de l'agencement des églises romanes normandes. La façade originelle se présentait de manière symétrique : elle était encadrée par deux tours. La tour nord s'est effondrée en 1832 à la suite de la restauration opérée par l'architecte Debret, accident qui scandalisa Viollet-le-Duc et le conduisit à inventer les techniques modernes de préservation des bâtiments. Suger innove également en faisant percer sur la façade une vaste ouverture circulaire ornée de vitraux, une « rose », la première à être placée sur la façade d'une église.

SAINT-DENIS
ABBATIALE,
TOMBEAUX DES ROIS DE FRANCE
1140-1267

La nécropole royale. La disposition initiale de 1140 a fait place en 1264-1267 à un aménagement voulu par Saint Louis et que Viollet-le-Duc a tenté de retrouver. Véritable musée de l'art funéraire, cet ensemble groupe de nombreuses sépultures mérovingiennes, carolingiennes et capétiennes, dont celle de Philippe III le Hardi qui aurait été exécutée sous la direction de Pierre de Chelles, maître d'œuvre de Notre-Dame de Paris à la fin du XIIIe siècle. L'un des plus émouvants tombeaux est celui de Dagobert, mort en 638, fondateur de l'abbaye de Saint-Denis.

clarté envahit » selon les propres termes de Suger. L'étape ultérieure voit l'achèvement du chœur, délimité par d'épaisses colonnes et cerné d'un déambulatoire aux cinq chapelles rayonnantes également voûtées d'ogives.

Le destin ne permettra pas cependant à Suger de mener à terme son gigantesque projet, c'est-à-dire la liaison des deux extrémités de son église par une grande nef répondant aux nouvelles conceptions. L'inachèvement du chantier puis les remaniements, au siècle suivant, qui altéreront son état initial ne l'autoriseront donc pas à figurer comme le premier grand édifice intégralement gothique de l'histoire, mais rien ne lui ôtera son statut d'atelier de l'avenir.

L'élan fondamental étant donné, les évêques invités à la consécration du nouveau temple ont à cœur soit de relancer les chantiers déjà existants, soit de les ouvrir, surtout dans le domaine royal. Les chefs-d'œuvre de Sens, Noyon, Senlis, Laon, Paris et Mantes, attestent la fécondité de cet élan foudroyant.

Vers 1100 Charte de Lorris donnant à la commune le droit de s'administrer. **Vers 1130 Début de la construction du nouveau bloc occidental de l'abbatiale Saint-Denis ; il sera consacré le 11 juin 1140** 1137 Mort de Louis VI (le 1er août) ; règne de Louis VII, époux d'Aliénor d'Aquitaine 1140 Au concile de Sens, saint Bernard fait condamner Abélard 1147 Suger devient régent du royaume en l'absence de Louis VII.

Saint-Denis (Seine-Saint-Denis)
Abbatiale, croisée du transept
1231

Laisser pénétrer la lumière divine. Si l'élévation de la grande nef de Saint-Denis est postérieure de près d'un siècle à l'intervention de Suger, le principe d'éclairage maximal est strictement respecté. Le triforium est vitré et d'immenses baies ouvrent tout le pourtour supérieur de l'édifice, cependant que les formidables roses du transept projettent leurs reflets radieux au cœur du temple dédié à la nouvelle dévotion.

Sens (Yonne)
Cathédrale Saint-Étienne
Vers 1130

Une étonnante précocité. Du fait même de la personnalité de Suger, l'exemple de Saint-Denis éclipse trop souvent l'apport décisif de Saint-Étienne de Sens. C'est pourtant dans cette église qu'est inauguré le principe de liaison de la voûte d'ogives avec le contrebutement des arcs-boutants placés à l'extérieur. Les murs déchargés d'énormes poussées peuvent ainsi être ouverts de baies immenses dans leur partie supérieure. Appliquée à la totalité de la voûte, la technique de croisement des ogives reste prudente, la couverture de chaque travée étant divisée en six voûtains, d'où le terme de « voûte sexpartite » qui s'applique aux édifices du gothique primitif.

L'abbaye de Noirlac

Contre l'opulence clunisienne, l'humilité cistercienne

Fontenay, Pontigny, Noirlac, Clairvaux, Morimond, Fontfroide, Sénanque, Le Thoronet, Silvacane… autant de noms évocateurs, autant de sites prestigieux renvoyant à l'un des plus étonnants phénomènes religieux du Moyen Âge, l'épopée cistercienne.

Cette épopée, qui s'ouvre à la fin du XIe siècle dans les solitudes désolées d'un lieu retiré de Bourgogne, gagne la totalité de l'Europe au XIIIe siècle et se clôt par un long et discret déclin.

De Robert de Molesme à saint Bernard

Au XIe siècle, une impulsion nouvelle ébranle les profondeurs de la chrétienté ; il ne s'agit de rien de moins que d'une recherche inédite de Dieu par l'isolement et la pauvreté. Nombre de clercs choisissent alors la vie érémitique, à l'écart de toute population, rurale ou citadine. Vers 1070, l'un de ces hommes de foi, Aubric (ou Albéric) se retire ainsi dans la forêt de Collan, proche de Tonnerre dans l'Yonne, pour y mener une existence d'ermite.

MANUSCRIT DES *MORALIA IN JOB* DE CÎTEAUX
DÉTAIL D'UNE LETTRINE
1110
Dijon, Bibliothèque municipale

Des moines bûcherons. Le dessin de ce « Q » majuscule affronte deux moines bûcherons à l'œuvre. Le travail manuel fut particulièrement à l'honneur à Cîteaux, notamment celui du bois, principale source d'énergie des monastères.

NOIRLAC (CHER)
ABBAYE, NEF CENTRALE
XIIe SIÈCLE

Un héritage roman teinté d'apports gothiques. La grande nef de l'abbatiale de Noirlac se termine par un chevet plat, ouvert par trois baies en lancette surmontées d'un oculus tréflé. Bordée de collatéraux accessibles par les grandes arcades, elle reçoit l'éclairage de fenêtres hautes au fort ébrasement. Ses huit travées sont couvertes d'une voûte en croisées d'ogives gothiques alors que les parties basses de l'édifice relèvent du style roman. Terminée dans les premières années du XIIIe siècle, l'église frappe par une sévérité formelle accentuée par l'austérité du matériau, un calcaire local, qui autorise un appareillage minutieux mais dégage une sensation de froideur, surtout aux périodes de faible clarté. En de nombreux endroits, on trouve trace des outils employés ; parfois, de véritables signatures attestent la fierté des ouvriers de ce grand vaisseau destiné à l'exercice des services cultuels.

Rejoint par quelques compagnons, il décide de fonder une communauté et, dans ce but, sollicite en 1074 un certain Robert, prieur à Provins, lequel accepte aussitôt. Retirée à Collan, la petite confrérie reçoit de nouveaux disciples, ce qui la contraint à déménager vers un lieu mieux adapté aux nouveaux objectifs, Molesme (Côte-d'Or). C'est en 1097 que Robert obtient du légat du pape l'autorisation de fonder un nouveau monastère, ce qui est réalisé dès 1098 sur le site de Cîteaux. Curieusement, la direction en revient à Aubric, Robert restant fidèle à Molesme. En 1109, Étienne Harding succède à Aubric, avant d'accueillir Bernard de Fontaines en 1113. L'afflux de vocations est tel que de nouveaux monastères s'ouvrent bientôt : La Ferté (Sennecey-le-Grand, Saône-et-Loire) en 1113, Pontigny (Yonne) en 1114, Clairvaux (Ville-sous-la-Ferté, dans l'Aube) et Morimond (Fresnoy-en-Bassigny, Haute-Marne) en 1115.

L'orientation du nouvel ordre est très claire : contre les abus clunisiens, il faut en revenir à la règle de saint Benoît, c'est-à-dire à l'isolement, au travail, à l'austérité dans la nourriture et dans le vêtement. La présence d'une eau vive et d'une forêt exploitable sont les deux seules conditions impératives du choix d'un site, lequel doit

NOIRLAC (CHER)
ABBAYE
XIIe SIÈCLE

Un site d'une paisible beauté. À quelques dizaines de kilomètres au sud de Bourges, le site de Noirlac dégage un grand sentiment de paix tout en enchantant l'œil par la beauté de ses paysages. À l'origine, les premiers moines avaient choisi ce lieu pour son isolement, sa forêt et sa rivière, conditions indispensables à la vie de l'abbaye. Arrivés de Clairvaux vers 1136, les premiers occupants semblent avoir rencontré de considérables difficultés, jusqu'à la donation du potentat local Ebber de Charenton, en l'an 1149, qui marque donc la véritable ouverture du chantier.

Harmonie et mesure. La communauté construit les bâtiments conventuels et l'église en calcaire, pierre locale abondante. Le plan de l'église est d'une grande modestie, simple croix latine provoquant la rencontre de la longue nef poursuivie par le chœur et du transept dont la hauteur est égale à la sienne. Les arcs-boutants ont permis d'alléger les murs et d'ouvrir de nombreuses baies sur toute la largeur de l'édifice.

1136 Arrivée à Noirlac des premiers moines en provenance de Clairvaux **1149 Ouverture du chantier de l'abbaye de Noirlac grâce à la donation du potentat local Ebber de Charenton.** Louis VII, parti en croisade depuis 1147, revient en France 1152 Annulation du mariage de Louis VII et Aliénor d'Aquitaine (le 21 mars).

Fontenay (Côte-d'Or)
Abbaye, nef centrale

XIIe siècle

Un charme austère. Au cœur de la Bourgogne, le site de Fontenay fut très tôt choisi par les cisterciens puisque les premières traces d'occupation remontent à 1119. En réalité, les premiers moines s'étaient établis à quelques kilomètres de l'emplacement actuel, mais ils ne tardèrent pas à déménager. Construite sur un petit plateau entre deux rivières, la nouvelle église fut consacrée en 1147, l'essentiel des bâtiments conventuels datant du XIIe siècle. L'édifice, flanqué d'un cloître, s'élève sur un plan en croix latine sur une longueur de 66 mètres. La nef principale enchaîne huit travées et le chœur, d'une faible profondeur, est clos par un mur plat. Le haut vaisseau impressionne par son austérité ; voûté en arc brisé soutenu par des doubleaux qui reposent sur les piles uniformes courant sur les nefs latérales, il ne reçoit de lumière que des baies de la façade et des deux rangées de fenêtres en triplet du chœur. Dans la partie supérieure, ces dernières sont en plein cintre, à l'étage inférieur elles adoptent l'arc brisé. Couronnant l'ensemble, les cinq baies du mur gouttereau confèrent à cette réalisation un charme unique.

être sauvage et isolé. Désormais, rien ne freinera le foudroyant élan des abbayes cisterciennes à travers toute l'Europe. De la Norvège à la Sicile, de l'Irlande à Byzance, l'ordre cistercien ne comptera pas moins, en 1300, de 697 monastères !

Tradition romane, innovations gothiques

L'une des singularités de l'architecture cistercienne est sa position intermédiaire entre une tradition romane qu'elle suit très largement et des innovations gothiques qu'elle adopte très tôt. Dès le milieu du XIIe siècle, il est possible de parler d'un style cistercien. En premier lieu, l'exclusion de tout superflu s'accommode fort de l'isolement des sites qui fournit le bois et la pierre nécessaires à la construction. Ensuite, la disposition générale des monastères est rigoureusement uniforme : de grands bâtiments développent leur organisation autour du cloître et de l'église,

Livre d'heures
d'Étienne Chevalier

Jean Fouquet (1415-1480)

Chantilly, musée Condé

« Saint Bernard enseignant ». Chevalier puis moine, Bernard de Clairvaux (1090-1153), qui a prêché la croisade et combattu l'hérésie, apparaît ici dans sa double mission. En haut, il transmet la parole divine à ses frères, en bas il médite sur la nature du mal et les moyens de le combattre.

au milieu des jardins et des prairies ; le plus bel exemple en la matière demeure celui de Fontenay, avec ses admirables édifices conventuels, dont la célèbre forge. Enfin, tous les bâtiments doivent s'élever sensiblement à la même hauteur, aucun privilège n'étant accordé à l'église, simple « atelier de prière ». C'est dire que la beauté des monastères cisterciens ne vient nullement des ajouts décoratifs, mais exclusivement de la régularité de son ordonnance, de l'harmonie de ses proportions, de la simplicité de ses formes et de la séduisante rudesse de ses matériaux.
À l'intérieur, l'église est caractérisée par la simplicité du plan en croix latine, le volume imposant de la nef centrale et l'ouverture en baies superposées de son chœur. Les constructeurs cisterciens ont adopté d'emblée l'arc brisé, puis, un peu plus tard, la voûte d'ogives — particulièrement à l'honneur à Noirlac (Allichamps, Cher) — et l'arc-boutant ; de cet élément gothique essentiel, ils usent toujours avec une stricte économie, ainsi qu'on peut le vérifier à Pontigny. En revanche, ils sont restés défiants à l'endroit de l'ouverture maximale des murs, trait essentiel du génie gothique.

Vie monastique et réalités économiques

Cimentée par sa volonté de combattre les fastes et les excès de Cluny, la grande communauté de Cîteaux doit relever le défi d'une pratique spirituelle applicable à tous ses monastères. La grande référence reste certes la règle de saint Benoît, mais l'accent est plus particulièrement porté sur la simplicité de vie et la pauvreté ainsi que sur le travail qui doit assurer l'autonomie économique de l'ordre. Nulle hiérarchie n'étant imposée entre exercice

NOIRLAC (CHER)
ABBAYE, RÉFECTOIRE
XIIe SIÈCLE

Un espace de méditation. Le réfectoire, lieu convivial par excellence, interdisait cependant les conversations particulières et colloques intimes. En prenant leur frugal repas, les moines écoutaient la lecture des Écritures dans le silence. Pour favoriser leur méditation, un soin particulier a été porté à l'espace, envahi par la lumière. Comme dans les autres parties de l'abbaye, les constructeurs ont fait preuve d'audace dans le maniement des nouvelles techniques gothiques ; élancées et délicates, les ogives retombent sur des colonnes centrales graciles ou sur les supports plaqués au mur ; la lumière pénètre à profusion grâce à la superposition de hautes baies en arc brisé et d'ouvertures tréflées au cœur des oculi. Quel que soit le degré d'austérité souhaité par l'ordre, il n'interdit jamais d'exalter la gloire de Dieu dans tous les espaces de la vie monastique.

FONTENAY (CÔTE-D'OR)
FORGE, ÉTAGE SUPÉRIEUR
XIIe SIÈCLE

Un témoignage de l'industrie naissante. Située à l'écart du bâtiment claustral, la forge de Fontenay est l'un des plus beaux exemples du soin apporté par les constructeurs cisterciens aux édifices « industriels ». D'une longueur de 53 mètres, elle comporte un rez-de-chaussée, constitué de quatre salles accolées, et un étage. Au niveau du sol, la pièce située à l'est abritait le mécanisme d'un moulin dont la roue était mue par le ruisseau local. Suivaient un atelier, puis une haute salle montant jusqu'aux combles et, enfin, une pièce réservée au stockage des produits. À l'étage, le plus frappant reste l'ouverture en croisée d'ogives à double travée latérale, dont les supports centraux reçoivent chacun la retombée de huit arcs en palmier. Les deux cheminées du rez-de-chaussée transmettent le souvenir du travail du fer auquel s'adonnaient les moines.

de la vie spirituelle et activité manuelle, la splendeur des bâtiments « industriels » ne le cède en rien à celle des autres édifices conventuels, voire à celle de l'église ou du cloître. Se fait ainsi jour une profonde unité de vie qui contribue non seulement au resserrement des liens de la communauté, mais également au développement d'une solidarité générale qui franchit d'emblée toutes les frontières. Pour en garantir l'effet, saint Bernard publie sa *Charte de charité* favorisant tout à la fois l'éclosion de nouveaux monastères et l'intégration de communautés jusque-là étrangères à l'ordre cistercien.

Singulièrement, le déclin de la règle, vers la fin du XIIIe siècle, sera la conséquence directe de la réussite économique de Cîteaux ; pour écouler le surcroît de leur production, les moines sollicitent les réseaux commerciaux et les établissements citadins, rompant ainsi avec le double principe d'isolement et d'autarcie prôné par Bernard. Reste que l'ordre cistercien a su donner une nouvelle noblesse au travail manuel, notamment à celui de la terre et à son défrichement, mais aussi à celui de la métallurgie, de la production du sel, de la captation et de la distribution de l'eau. Quête spirituelle et affrontement des réalités terrestres : de cette double face du génie cistercien, nombre de grands monastères continuent de transmettre une mémoire étonnamment vivante.

PONTIGNY (YONNE)
ÉGLISE ABBATIALE
XIIe SIÈCLE

Une « cathédrale au milieu des champs ». Non loin d'Auxerre, Pontigny se présente comme la plus grande église cistercienne conservée en France. Très précoce puisque fondée en 1114, cette deuxième abbaye-fille de Cîteaux reçoit dès l'origine de si nombreuses vocations qu'elle a dû elle-même fonder treize filiales en moins de trente ans. Mais l'achèvement de la nouvelle abbaye-mère de l'ordre, au milieu du XIIe siècle, porte un coup fatal à son expansion. Désormais, Pontigny ne cessera de surprendre par l'insolite immensité de son vaisseau de calcaire blanc au milieu des champs. En dépit de ses dimensions, l'édifice fut construit en une quinzaine d'années, grâce au mécénat de Thibaut de Champagne. Avec ses hautes baies, son vaste déambulatoire sur le toit duquel viennent s'ancrer les arcs-boutants qui soutiennent les murs du chœur et — à l'intérieur — ses voûtes d'ogives, Pontigny reste le plus beau modèle d'architecture protogothique de tout le patrimoine cistercien.

PONTIGNY
ÉGLISE ABBATIALE,
COLLATÉRAL
XIIe SIÈCLE

L'intensité de la lumière nue. L'intérieur de l'église frappe par son extraordinaire clarté. Cette intensité de la lumière vient, d'une part, de la blancheur du calcaire utilisé et, d'autre part, des fenêtres hautes de la nef centrale. Tout ici est d'une admirable pureté ; hors quelques moulures courant au niveau des chapiteaux ou au pied des supports et quelques motifs floraux stylisés, l'animation ne procède que de l'architecture. Dans les bas-côtés, les voûtes d'arêtes couvrent des travées barlongues. Un tel aménagement montre bien que l'ordre cistercien, loin de cultiver la nostalgie du passé, concentre toute son énergie vers l'avenir et choisit délibérément l'innovation architecturale, comme saint Bernard l'avait fait en matière de pensée théologique, pour l'expression de laquelle il usait d'une langue neuve.

Sénanque (Gordes, Vaucluse)
Abbaye

XIIe- XIIIe siècles

Un vallon paisible au cœur de la Provence. Le vallon de la Sénancole a été choisi dès 1148 par une poignée de moines, enchantés par le caractère sauvage du lieu. Au cœur de forêts et de champs de lavande, l'abbatiale surprend autant par la modestie de ses dimensions (39 x 27 mètres) que par l'harmonie de ses proportions et la beauté de son matériau. Construite entre 1160 et 1178, elle fut achevée au début du XIIIe siècle. L'abside du chœur, percée de trois fenêtres basses, est dominée par le bâti du dôme, lui-même couronné par le clocher. D'une faible hauteur, ce dernier est percé sur chaque face d'une baie en plein cintre traversée par une imposte soutenue par une colonnette. Une petite croix surmonte le toit pyramidal. À droite, le transept, au toit en appentis, est directement enchaîné à la salle du chapitre, qui borde le cloître — la petite chapelle saillante marquant la limite entre les deux espaces.

Le Thoronet (Var)
Abbaye, cloître

Fin XIIe siècle

L'élégance et la rigueur cisterciennes. Dès 1147, le site du Thoronet — isolé en terre de Provence — a été occupé par quelques moines. Organisé à partir de 1157, le monastère consacre son église vers 1176. Le relief accidenté contraint les moines à construire sur plusieurs niveaux. Le cloître n'y échappe pas : sa galerie sud, adossée à l'église et voûtée en plein cintre, se situe à un niveau plus élevé que les trois autres. De tous les cloîtres cisterciens, celui du Thoronet est assurément l'un des plus beaux et des plus représentatifs de la puissante austérité qui caractérise l'ordre. Alliant rigueur et élégance, il ouvre par de larges baies géminées sur le jardin central, l'effet décoratif n'étant déterminé que par les lignes et volumes de l'architecture.

Notre-Dame de Laon

Aux sources de la floraison gothique

Rien n'évoque mieux le prestigieux passé médiéval de Laon que sa cathédrale Notre-Dame, précoce illustration du génie gothique.

Durant tout le Moyen Âge, Laon (Aisne) s'est affirmé comme un centre intellectuel et spirituel de première grandeur, sa puissance et son opulence l'ayant même contrainte à se doter d'une nouvelle ceinture de remparts au XIIIe siècle.

Une cathédrale audacieuse mais massive

La construction de la cathédrale, qui va succéder à plusieurs édifices sis en un même lieu, commence vers 1151, sous l'épiscopat de Gautier de Mortagne. Achevée en 1235, elle présente de nombreuses réminiscences romanes, dont les arcs en plein cintre et la tour-lanterne. L'aspect général, en dépit de l'harmonie des lignes et des formes, reste massif, du fait de l'importance des moulures horizontales. Dans l'ensemble monumental formé par la cathédrale et le palais épiscopal, tout le génie du gigantesque ébranlement gothique se manifeste avec éclat. Ainsi, les portails de Laon surprennent toujours par la profondeur de leur ébrasement et par l'étonnante richesse de leur décoration sculptée ; le réalisme des visages y annonce clairement l'avènement de l'humanisme gothique.

La diffusion des canons gothiques

Presque aussi imposante que celle de Laon, la cathédrale de Noyon (Oise), érigée en six campagnes de 1145 à 1235, se signale par sa précocité, l'austérité de son extérieur, la perfection de son élévation intérieure et la conservation de ses annexes. Le porche de la façade a été renforcé au XIVe siècle par deux arcs-boutants surmontés de gâbles. Au-dessus des trois portails, l'étage des fenêtres est dominé par une galerie de colonnettes sous la masse des deux tours. La principale curiosité du plan demeure l'extrémité arrondie des croisillons (comme à Tournai ou Soissons) qui offre, à partir de la croisée du transept, le spectacle magnifique d'une triple abside. L'élévation superpose les grandes arcades en arc brisé aux supports alternativement faibles et forts, la tribune spacieuse ouvrant sur la nef par d'élégantes baies géminées, le triforium aux fines colonnes et les fenêtres hautes. La décoration des chapiteaux est florale, mais quelques clés de voûte ont reçu un décor figuré ; sur la voûte des tribunes, de curieuses têtes humaines sont alignées entre deux nervures.

À peine plus tardive (1150), la cathédrale Notre-Dame du Puy-en-Velay (Haute-Loire) est voûtée de coupoles évoquant l'influence byzantine, mais les restaurations des XVIIIe et XIXe siècle ont fâcheusement altéré son apparence. Ouvert la même année, le chantier de Notre-Dame-en-Vaux (Châlons-en-Champagne, dans la Marne) dresse aussi une élévation « parfaite » (grandes arcades, tribune, triforium et fenêtres hautes). Enfin, également entreprise en 1150, l'église Saint-Pierre de Chartres a connu une longue genèse, jusqu'à l'aube du XIVe siècle, ce qui explique la césure entre parties inférieure et supérieure.

LAON (AISNE)
CATHÉDRALE NOTRE-DAME, NEF CENTRALE
XIIe-XIIIe SIÈCLES

L'archétype du gothique primitif. Le grand édifice sacré mesure 110 mètres de long, dont 45 mètres pour le chœur. La largeur maximale du transept est de 30 mètres et la voûte culmine à 24 mètres. L'élévation superpose les quatre étages du gothique primitif : les grandes arcades qui reposent sur de puissantes colonnes à chapiteaux floraux stylisés, la tribune ouvrant en baies géminées sur la nef centrale, le triforium percé d'une triple arcade par travée, et les fenêtres hautes. La voûte est sexpartite, selon la règle du gothique primitif, et son bombage est prononcé. Initialement, le chœur devait comporter un déambulatoire à plusieurs chapelles, mais il a été remplacé par l'actuel chevet plat, largement ajouré. En l'absence de documents définitifs, il paraît difficile de déterminer les raisons de ce choix, les hypothèses de l'influence normande ou cistercienne étant le plus souvent avancées.

NOYON (OISE)
CATHÉDRALE, LES TOURS DE FAÇADE VUES DU CLOÎTRE
XIIe-XIIIe SIÈCLES

Un espace de culte et de vie. Les deux hautes tours aux puissants contreforts d'angle reprennent à l'évidence le modèle normand ; les flèches qui devaient les couronner n'ont jamais été dressées. La cathédrale a conservé ses diverses annexes, datant pour l'essentiel des XIIe et XIIIe siècles. Le cloître présente l'intégralité de sa galerie ouest, aux baies délicatement décorées. À quelques pas de là, la salle capitulaire, le cellier et le dortoir sont abrités sous une belle charpente cependant que le palais épiscopal s'est enrichi d'un charmant pavillon Renaissance et d'une aile classique. La bibliothèque du chapitre abrite une riche collection, dont le célèbre évangéliaire de Morienval (IXe siècle) constitue le fleuron.

Laon (Aisne)
Cathédrale Notre-Dame,
croisée du transept
et tour-lanterne
XIIe-XIIIe siècles

La mise en scène de la lumière. La grande nouveauté de la cathédrale de Laon reste le soin apporté à la diffusion de la lumière dans toutes les parties de l'édifice. De ce point de vue, l'érection de la tour-lanterne demeure exemplaire, au même titre que le percement, plus tardif, du mur de chevet par de hautes baies. Sur ce document, on vérifie l'effet presque théâtral de ce haut puits de lumière illuminant l'espace qui sépare le chœur, réservé au clergé, de la nef où se réunissent les fidèles.

Vers 1151 Début de la construction de la cathédrale de Laon, sous l'épiscopat de Gautier de Mortagne ; elle sera achevée en 1235. Vers 1155 Wace, *Roman de Brut* 1158 Traité de Gisors ; le Vexin, dot de Marguerite, fille de Louis VII, devient anglais 1160 Au concile de Pavie, deux papes sont élus, Alexandre III et Victor IV.

Laon
Cathédrale
Notre-Dame,
façade
1155

Une façade monumentale. Couronnant le formidable promontoire sur lequel s'est installée la cité, la cathédrale de Laon est caractérisée par ses hautes tours, au nombre de cinq : deux en façade, une sur chaque croisillon et la tour-lanterne de la croisée. Encore manque-t-il, relativement au projet initial, les tours orientales des croisillons, qui auraient porté ce total à sept. La façade présente une élévation très pure : les trois porches abritent de profonds portails (dont seule la partie supérieure est ici visible), surmontés par des pignons sculptés et séparés par des clochetons ; juste au-dessus prennent place une vaste rosace cernée de deux grandes baies, une galerie et la zone des tours. Seize bœufs de pierre en forment le plus original ornement. Les tours se signalent par une surprenante légèreté, due à l'ajourement de leurs baies et à l'élégance des colonnettes d'angle. Elles culminent à 56 mètres, donc à une hauteur moindre que celles des croisillons (60 et 75 mètres respectivement).

Notre-Dame de Paris

Archétype de la cathédrale chrétienne

En 1160, Paris, capitale médiévale, décide, à l'instigation du prélat Maurice de Sully, fraîchement élu, de se doter d'une nouvelle cathédrale.

Le site historique de l'île de la Cité s'impose d'autant plus naturellement que, depuis le haut Moyen Âge, Paris a déserté la rive gauche de la Seine pour s'enfermer sur ce lieu remblayé et fortifié.
Dès le IVe siècle, une cathédrale existait, à l'emplacement actuel; les archéologues, qui en ont retrouvé les traces en 1847, supposent que diverses campagnes l'ont modifiée jusqu'à 1160, date à laquelle le chapitre cathédral décide de relever le défi lancé par Saint-Denis et Sens, Paris ne pouvant rester en retrait à l'aube de l'immense cycle des métamorphoses gothiques.

Chantiers et architectes

Du fait de la disparition de toute documentation écrite, le nom du premier architecte nous est inconnu; ayant commencé par le chevet, probablement dès le printemps 1161 (la date traditionnelle de 1163 renvoie à la visite du pape Alexandre III, non à la pose de la première pierre), il est relayé par un deuxième architecte, également inconnu, vers 1177. Tous deux ont travaillé assez vite pour que le maître-autel soit consacré en 1182. Deux autres architectes œuvrent ensuite dans les deux premières décennies du XIIIe siècle, complétant notamment la façade. Vers 1220-1230, un cinquième praticien intervient pour ajourer les murs afin de mieux éclairer l'intérieur, ce qui le conduit à lancer les arcs-boutants les plus audacieux de son temps. Enfin, dans la seconde partie du XIIIe siècle, les célèbres Jean de Chelles et Pierre de Montreuil assurent la direction des sixième et septième chantiers, consacrés surtout aux extrémités du transept. Maltraitée par le passage du temps, Notre-Dame menace ruine au XIXe siècle, sauvée finalement par la scrupuleuse restauration de Lassus et Viollet-le-Duc, de 1843 à 1864.

Une harmonie simple et imposante

Le promeneur que ses pas ont conduit sur le parvis de Notre-Dame découvre, non sans surprise, qu'un seul regard suffit pour saisir la grande église, « tant cette masse imposante est simple et harmonieuse » (A. Erlande-Brandenburg). L'observation vaut surtout pour la façade, inscrite dans le dessin général d'un carré (43 mètres de hauteur pour 41 mètres de largeur) d'où surgissent les deux tours qui culminent à 63 mètres. La force médiévale du symbole trinitaire s'impose : les trois zones des portails, des baies et des tours rythment horizontalement l'édifice dont les trois grandes bandes verticales s'inscrivent dans le prolongement des portails couronnés par la galerie des rois de l'Apocalypse.
Profondément ébrasés, ces portails d'une monumentale solennité ouvrent chacun sur l'intérieur par deux battants situés de part et d'autre d'un trumeau orné d'une statue. Celui de droite illustre la légende de sainte Anne; la Vierge y figure en majesté entre quelques puissants du siècle (Maurice de Sully, Louis VII). Au portail central, c'est le Jugement dernier qui est à l'honneur, Marie intercédant en faveur des pécheurs. À gauche enfin, Dormition

PARIS (ÎLE-DE-FRANCE)
CATHÉDRALE NOTRE-DAME, NEF
XIIe SIÈCLE

Équilibre et audace architecturale. Les différents architectes qui se sont succédé à Notre-Dame ont tous respecté le principe des supports uniformes qui donne un rythme régulier aux grandes arcades ouvrant sur les bas-côtés. Pourtant, la voûte sexpartite, qui culmine à 33 mètres, induit une alternance de supports forts et faibles. La tribune bénéficie de magnifiques ouvertures à trois arcades sur la nef et les fenêtres hautes ont été agrandies au XIIIe siècle pour favoriser la diffusion de la lumière dans l'église.

1160 Le chapitre cathédral de Paris décide de relever le défi lancé par Saint-Denis et Sens. **1161 Début probable de la construction du chevet de la cathédrale Notre-Dame de Paris.** Le maître-autel sera consacré en 1182 1165 Naissance de Philippe, premier fils de Louis VII. Vers 1170 *Erec et Énide*, roman de Chrétien de Troyes. Vers 1175 Première version du *Roman de Renart*.

et Couronnement attestent la prédominance du culte marial dans la nouvelle dévotion gothique.
À l'étage supérieur, la merveilleuse rose centrale ouvre le mur, laissant passer la lumière sacralisée par les somptueux vitraux. On en retrouve la forme dans les motifs trilobés des écoinçons, au-dessus des deux baies latérales qui complètent cette disposition régulière. Entre la rosace et les tours, la galerie ajourée, chef-d'œuvre d'élégance, séduit par la grâce de ses colonnettes et le décor raffiné des arcs créant des effets de transparence. Quant aux tours, privées des flèches initialement prévues, elles multiplient les motifs décoratifs qui provoquent les effets de lumière et mettent en valeur la beauté de la pierre.
De la sorte, le grand édifice, « œuvre colossale d'un homme et d'un peuple » (Victor Hugo), chante la gloire de Dieu par une unité formelle et modulaire inconnue dans les cathédrales antérieures de Sens, Noyon ou Laon, unité que Viollet-le-Duc saura respecter pour sa restauration du XIXe siècle. Puissamment ancrée sur le socle de son île, mais jaillissant d'un bloc à l'assaut des cieux, Notre-Dame, au-delà de sa fonction religieuse, fascine toujours par le caractère insondable des mystères médiévaux dont elle semble transmettre la mémoire depuis plus de huit siècles.

Senlis et Mantes-la-Jolie, la floraison francilienne

Commencée en 1153, consacrée en 1191, Notre-Dame de Senlis a subi nombre de dégradations et remaniements qui ont dénaturé l'exemplarité de son gothique primitif. Il lui en reste une travée sous voûte sexpartite, l'admirable

PARIS (ÎLE-DE-FRANCE)
CATHÉDRALE NOTRE-DAME,
FAÇADE SUD DU TRANSEPT
XIIe-XIIIe SIÈCLES

Élégance et élancement vers le ciel. Le chevet de Notre-Dame est aujourd'hui implanté dans un agréable jardin moderne d'où il semble surgir avec ses formes élancées dont la direction est matérialisée par la flèche de la croisée. C'est avec le recul que l'on mesure l'importance de cette façade latérale, et notamment l'immensité de la rose qui en forme le plus bel ornement.

Une impressionnante rosace. L'agencement du bras sud du transept avait été conçu par Jean de Chelles. Mais sa mort en 1258 ne lui permit pas de mener à bien son projet, repris aussitôt par Pierre de Montreuil. Ce dernier repensa complètement les liaisons entre parties hautes et basses de la façade et donna, en accord avec l'esthétique nouvelle, une dynamique exemplaire à la grande rose.

MANTES-LA-JOLIE (YVELINES)
COLLÉGIALE
XIIe SIÈCLE

La cadette de Notre-Dame de Paris. La collégiale de Mantes est surtout remarquable par ses dimensions, dignes d'une cathédrale : 68 mètres de longueur totale, 24 mètres de largeur, 54,40 mètres de hauteur pour les tours de façade. Érigée dans les dernières décennies du XIIe siècle et au début du XIIIe, sur le modèle de son illustre aînée, Notre-Dame de Paris, elle offre un plan sans transept et constitue un exemple accompli de l'école gothique d'Île-de-France. L'édifice est dominé par les deux hautes tours de façade ajourées de fines lancettes ; celle du nord a été complètement refaite au XIXe siècle. Le grand vaisseau de la haute nef centrale est soutenu par une ceinture d'arcs-boutants ; ceux du chevet comptent parmi les plus anciens de l'âge gothique.

façade et un portail capital dans l'histoire de la sculpture médiévale puisqu'il établit l'avènement gothique du culte de la Vierge. La façade, d'une grandeur toute simple, obéit à une division tripartite déterminée par les puissants contreforts. C'est vers 1160-1170 que le portail central aurait été construit ; son exemple sera repris par les tailleurs de maints autres édifices (Mantes, Laon, Chartres, Reims...). Les piédroits et les voussures portent nombre de patriarches, prophètes, ancêtres de la Vierge, imbriqués dans un complexe arbre de Jessé, mais ce sont le linteau et le tympan qui s'imposent au regard, la scène de l'Apothéose valant par la composition et l'élégance décorative.
La collégiale Notre-Dame de Mantes-la-Jolie (Yvelines), dont le chantier s'est ouvert vers 1170, atteste aussi l'importance du culte de Marie, très lisible sur le portail central : Dormition et Assomption occupent le linteau, le tympan recevant le Couronnement. Bien que les statues-colonnes des piédroits aient disparu (quelques têtes en ont été retrouvées) et que les rois de Juda, logés dans les voussures, soient dégradés, ce portail demeure l'un des plus beaux exemples de la sculpture gothique primitive. À l'intérieur, la nef, haute de 29,90 mètres, est éclairée par de larges oculi qui ouvrent sur la tribune, couverte de berceaux ou d'ogives ajoutées au XIVe siècle. Si la voûte de la nef observe le principe sexpartite du gothique primitif, l'ajourement lumineux du chœur se signale par son audace.

PARIS (ÎLE-DE-FRANCE)
CATHÉDRALE NOTRE-DAME,
PORTAIL SAINTE-ANNE

XIIe SIÈCLE

Un vestige de la cathédrale ancienne. Remonté au XIIIe siècle sur la façade de la cathédrale gothique, le portail Sainte-Anne est dédié à la mère de la Vierge Marie, mais célèbre le culte de cette dernière que l'on voit ici en majesté, l'Enfant Jésus sur ses genoux. Sa posture et le naturel de son attitude témoignent des immenses progrès de la facture gothique en matière sculpturale, et particulièrement de son nouvel humanisme.

SENLIS (OISE)
CATHÉDRALE NOTRE-DAME,
TYMPAN DU PORTAIL CENTRAL,
L'ASSOMPTION

1160-1170

L'avènement du culte de la Vierge. Le tympan du portail central de Notre-Dame de Senlis reste un repère essentiel : le culte marial, symptôme majeur de l'ère gothique, s'y épanouit pour la première fois. Au registre inférieur, Dormition et Assomption introduisent l'Apothéose de la Vierge placée aux côtés de son fils divin. Le linteau juxtapose deux scènes caractérisées par la naïve fraîcheur de l'invention. Ainsi voit-on l'âme de la Vierge symbolisée par un angelot dans la Dormition, cependant que le familier empressement des anges de l'Assomption (celui de gauche pousse vigoureusement les épaules de la Vierge) brise la rigidité du traditionnel hiératisme roman pour mieux illustrer la destinée posthume de Marie, accueillie corps et âme au ciel.

Paris (Île-de-France)
Cathédrale Notre-Dame, gargouille
XIIe-XIIIe siècles

À l'extérieur du temple, les monstres. La plus grande réussite de Viollet-le-Duc à Notre-Dame est peut-être sa restauration des sculptures disparues. Cela se vérifie dans toutes les parties de l'édifice, mais c'est d'un véritable génie que le chantre de l'ère médiévale a fait preuve dans la restitution des animaux monstrueux qui occupent les compartiments supérieurs de l'édifice. Cette imagerie fantastique illustre de façon saisissante ce grand principe médiéval que le salut et la lumière ne se trouvent qu'au sein de la maison de Dieu.

Paris
Cathédrale Notre-Dame, portail central
XIIe siècle

Un monument à la gloire du Christ. La scène représentée est celle du Jugement dernier ; remanié dès 1240 et au XIXe siècle, ce portail frappe par son rythme. En position centrale, le Christ est celui de la Parousie, c'est-à-dire de son second avènement glorieux. Les mains écartées, il montre les stigmates de sa Passion ; l'un des anges qui l'entourent porte la lance et les clous, l'autre la croix du sacrifice. Marie et saint Jean sont agenouillés de part et d'autre. Dans les compartiments inférieurs sont superposés la résurrection des morts et le partage des élus et des damnés.

Le pont d'Avignon

Des édifices au service des hommes

À partir du XIIe siècle, ouvrir des routes, lancer des ponts, construire des halles, des hôpitaux et des ossuaires..., tous ces travaux relèvent d'une nouvelle priorité.

Dès la fin de l'âge antique, vers le VIe siècle, le réseau des voies de communication, mis en place par Rome, s'était dégradé au point de quasiment disparaître à l'exception de quelques voies pavées. Les ponts, en particulier, furent très vite ruinés par les crues, faute d'entretien et de surveillance.

Le pont d'Avignon, de la légende à l'histoire

Vers la fin du haut Moyen Âge, les ordres monastiques reprirent les grands tracés de la voirie romaine, non pour acheminer la troupe, mais pour assurer les échanges nécessaires à toute vie économique non autarcique. Ils se trouvèrent ainsi confrontés au problème du franchissement des voies d'eau sur des structures stables et solides. Dans un premier temps, la solution adoptée fut celle du pont de bois mais, à partir du XIIe siècle, la nécessité de construire en pierre fut imposée par l'importance des convois commerciaux.

Dans la cité d'Avignon (Vaucluse), c'est en 1177, selon la légende, qu'un jeune berger du nom de Bénezet, à peine âgé de treize ans, serait descendu des montagnes de l'Ardèche, envoyé par Dieu pour lancer un pont sur le Rhône. Sommé par l'évêque local de charger une pierre énorme sur ses épaules et de la jeter dans le fleuve, Bénezet se serait exécuté sur-le-champ, aidé par un cortège d'anges lumineux ! Miracle qui, pour les esprits du temps, put seul expliquer la prouesse des constructeurs.

Il existait depuis la basse Antiquité un pont en bois reliant Villeneuve à Avignon ; c'est sur ses bases que furent édifiées les passerelles sur arcs de pierre reliant les forts piliers. La carrière de cette réalisation romane, ouverte à la circulation dès 1185, sera cependant des plus brèves ; dès 1226, le pont est détruit jusqu'à sa quatrième arche. Il revient alors à la confrérie de « l'œuvre du pont » de s'atteler, sur les restes de l'ancien, à la construction d'un pont gothique (1234-1237), lequel devient rapidement la pièce maîtresse du grand itinéraire de pèlerinage entre l'Italie et Saint-Jacques-de-Compostelle, surtout au XIVe siècle, lorsque la cour pontificale s'installe à Avignon. Il résistera longtemps aux crues du Rhône, ne leur cédant définitivement qu'au milieu du XVIIe siècle.

En dépit de cette indiscutable réussite, le pont de pierre ne se généralisa que lentement dans la France médiévale, non seulement en raison des difficultés de sa réalisation et de son coût, mais aussi pour une raison renvoyant aux troubles du temps : il ne pouvait être rapidement détruit par le feu, en cas d'attaque extérieure !

L'architecture mise au service de la collectivité

À la même époque, à Angers (Maine-et-Loire), Henri II Plantagenêt (1151-1189) soutient la fondation de l'hôpital Saint-Jean, construit par Étienne de Marsai après 1175, avant le rattachement de la ville au royaume de France en 1204 par Philippe Auguste. Né en 1133 au Mans (Sarthe), cité riche de plusieurs abbayes et rattachée au royaume

SARLAT (DORDOGNE)
LANTERNE DES MORTS
1180

Une fonction énigmatique. La construction la plus ancienne, la plus mystérieuse aussi, de Sarlat n'est autre que la célèbre Lanterne des morts, exactement contemporaine du pont d'Avignon. Sa structure monumentale et massive défie les siècles ; bien que son sous-sol abrite un ossuaire, il n'existe aucune certitude quant à sa destination finale. En tant que chapelle sépulcrale, il est possible qu'elle ait commémoré la venue de saint Bernard à Sarlat en 1149. Sa toiture conique de pierre se dresse au-dessus des enfeus, niches taillées dans le mur de soutènement de l'ancien cimetière Saint-Benoît.

ANGERS (MAINE-ET-LOIRE)
HÔPITAL SAINT-JEAN, FAÇADE
Vers 1175

Un vestige exceptionnel de l'architecture hospitalière du XIIe siècle. Admirablement conservé, l'hôpital Saint-Jean présente en façade un haut pignon soutenu par de forts pilastres et ouvert de hautes baies, dispositif qui est aussi celui de la Maison Dieu Coëffort du Mans, édifice exactement contemporain. Le schiste et le tuffeau sont les deux matériaux locaux qui ont été utilisés pour sa construction.

de France au début du XIIe siècle, Henri II Plantagenêt y a également fondé en 1180 la Maison Dieu Coëffort, dont l'ancienne salle des malades se trouve sur le site actuel de l'église Sainte-Jeanne-d'Arc. La Maison Dieu connaîtra une longue carrière, saint Vincent de Paul y installant les lazaristes en 1646 ; un siècle et demi plus tard, la Révolution française la transformera en grange et écuries, assurant ainsi sa sauvegarde. C'est l'année même de sa fondation qu'avait été érigée, à Sarlat (Dordogne), la Lanterne des morts, autre témoignage du développement initial d'une architecture mise au service de la collectivité.

AVIGNON (VAUCLUSE)
PONT SAINT-BÉNEZET
1177-1188

Les ponts de pierre : une innovation. Un des tout premiers exemples de la nouvelle architecture des ponts de pierre demeure celui d'Avignon, construit de 1177 à 1188 par la confrérie des Hospitaliers-Pontifes, et dont la popularité due à la célèbre chanson enfantine ne doit pas faire oublier qu'il représente d'abord un exploit dans le processus de domestication de la nature par l'homme. Initialement, le pont mesurait quelque 900 mètres de longueur et enchaînait 22 arches d'une trentaine de mètres chacune. Il n'en reste que quatre aujourd'hui. Sur ce document, on distingue la chapelle Saint-Nicolas qui superpose deux sanctuaires, l'un roman, l'autre gothique ; à l'occasion de leurs passages, les cardinaux et le pape ne manquaient jamais d'y laisser une obole, se plaçant ainsi prudemment sous la protection divine. C'est en 1377, sur ordre du cardinal de Blandiac que le pont fut pavé pour en finir avec les périlleuses glissades des jours de pluie. Louis XIV sera le dernier souverain à user du célèbre ouvrage avant sa destruction quasi totale par le fleuve, au XVIIe siècle.

1177 **Selon la légende, un jeune berger du nom de Bénezet serait descendu des montagnes de l'Ardèche, envoyé par Dieu pour lancer un pont sur le Rhône** 1180 Mort de Louis VII, début du règne de son fils Philippe (Auguste). 1184 Condamnation des Vaudois comme hérétiques 1185 Ouverture du pont d'Avignon à la circulation 1226 Le pont est détruit jusqu'à sa quatrième arche 1234-1237 Construction du pont gothique.

ANGERS (MAINE-ET-LOIRE)
HÔPITAL SAINT-JEAN, GRANDE SALLE DES MALADES
VERS 1175

Ampleur et fonctionnalité. Construite en une dizaine d'années, cette salle se présente comme une halle de grande ampleur, développée sur une longueur de quelque 60 mètres et divisée en trois nefs d'une quinzaine de travées chacune. Les colonnes très fines supportent une haute voûte fortement bombée, dite « voûte Plantagenêt ». La décoration se réduit aux motifs floraux des chapiteaux et à quelques moulures saillantes. On peut y découvrir aujourd'hui *le Chant du Monde* de Jean Lurçat, l'un des chefs-d'œuvre de la tapisserie du XXe siècle.

La cathédrale de Chartres

Chef-d'œuvre collectif des corporations

À quoi tient l'importance de la cathédrale Notre-Dame de Chartres ? Ni son hétérogénéité, ni son irrégularité, ni son incertitude plastique, ni même sa dépendance vis-à-vis de l'édifice qu'elle a remplacé, n'entament l'émerveillement de nos contemporains face au grand édifice, comme si ces imperfections témoignaient de la part humaine d'une prouesse qui n'est pas due au seul élan mystique de son siècle.

À l'aube du XIIIe siècle, la cathédrale de Chartres (Eure-et-Loir) impose avant tout une conception architecturale qui, faisant définitivement basculer le monde médiéval dans la phase du gothique classique, voit la maîtrise des constructeurs parvenir à l'accomplissement. Elle propose aussi, surtout en façade, un ensemble de sculptures monumentales offrant une illustration aussi originale que diverse de l'évolution de cet art sous l'influence de l'humanisme conquérant. Elle développe enfin, une surface de 2 000 mètres carrés de vitraux, qu'il est aussi simple que vrai de présenter comme les plus beaux du monde.

L'élan de toute une cité

Le culte marial, précoce à Chartres, avait été consacré par le don à l'église de la tunique de la Vierge, en 876, par Charles le Chauve. Aux XIe et XIIe siècles, la ville connut une gloire universitaire et une prospérité commerciale enviables. L'ouverture du chantier de la cathédrale, suite à la destruction de l'ancienne église romane par l'incendie du 10 juin 1194, date de 1195. Certains éléments, notamment une grande partie de la façade principale (dont les statues-colonnes), seront conservés. Le chantier progresse rapidement, activé par la visite de Philippe Auguste en 1210 ; en 1220, la nef et le chœur sont voûtés, et c'est en présence de Saint Louis que se déroulera la cérémonie de dédicace, l'année 1260.

À Chartres plus que partout ailleurs, la réussite du chantier a été tributaire de l'énorme effort collectif de la cité. Pour l'essentiel, ce sont les vitraux qui nous le rappellent ; dans les verrières du grand vaisseau se découpent ainsi les silhouettes familières des drapiers, orfèvres, cordonniers et autres corporations qui assurèrent le déroulement des travaux par la régularité et l'abondance de leurs participation économique.

Un édifice complexe

Au milieu des deux tours de la façade principale, le Portail royal, vestige de l'église disparue, est dominé par une grande rose surmontant les trois larges baies et par la galerie des Rois. Le tympan est encore roman ; en mandorle, le Christ du Jugement dernier est cerné par les quatre symboles des évangélistes ; les apôtres sont placés sous une arcature, anges et vieillards de l'Apocalypse alternant dans les voussures.

Sur les flancs de la cathédrale, les deux croisillons comptent chacun trois portails. La façade sud est précédée d'un perron de dix-sept marches et surmontée d'une galerie portant les dix-huit statues des rois de Juda. Elle est consacrée au Christ, alors que la façade nord est dédiée à la Vierge. Si les arcs-boutants restent lourds et

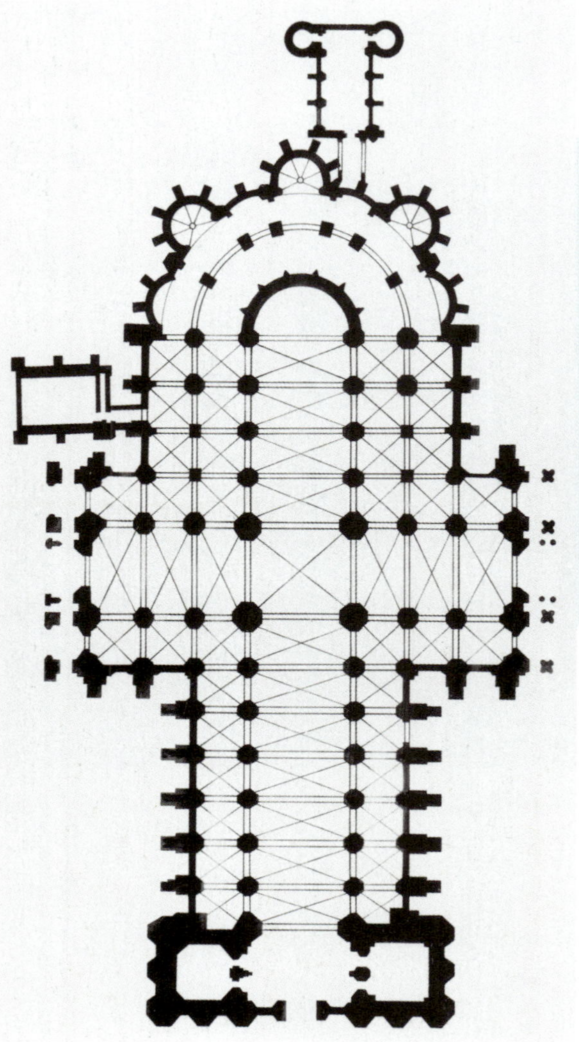

CHARTRES (EURE-ET-LOIR)
PLAN DE LA CATHÉDRALE
DESSIN DE JEAN-BAPTISTE LASSUS (1807-1857)

Paris, Bibliothèque de la Direction du Patrimoine

Le modèle chartrain. L'architecte, hélas inconnu, de la cathédrale est considéré comme l'inventeur du plan « chartrain » qui réglera désormais la plupart des grandes cathédrales gothiques : une nef voûtée d'ogives et bordée de deux collatéraux à voûtes d'arêtes, un transept à nef centrale également bordée de deux bas-côtés et un chœur à cinq nefs, avec double déambulatoire flanqué de cinq chapelles. Quant à l'élévation intérieure, elle ne superpose plus, désormais, que trois étages, les grandes arcades, le triforium et les fenêtres, car l'usage de la tribune a été définitivement abandonné. Il est à noter que les cathédrales Saint-Gervais-Saint-Protais de Soissons (vers 1175) et Saint-Étienne de Meaux (vers 1179), bien qu'antérieures à Chartres, ont déjà adopté ce nouveau plan.

CHARTRES
CATHÉDRALE, DÉTAIL DU PORTAIL DU CROISILLON NORD : SAINT JEAN-BAPTISTE
XIIIe SIÈCLE

La maîtrise absolue de la sculpture. La statue de saint Jean-Baptiste, dont le visage traduit une poignante mélancolie mystique, est ouvragée avec une extraordinaire finesse. Le maître ciseleur de pierre à qui est dû ce chef-d'œuvre a merveilleusement agencé les stries de la chevelure et de la barbe, mais aussi restitué la profondeur d'un regard intériorisé. Il a donné une légère ouverture à la bouche qui s'apprête à dispenser aux hommes la teneur du message sacré. L'agneau pascal dont il supporte légèrement la délicate effigie rappelle aux chrétiens le sacrifice du Christ et la part de souffrance qu'implique l'enseignement des Évangiles.

le nombre de chapelles réduit, la remarquable hauteur de la nef (37 mètres) est symptomatique du désir de s'affranchir de la pesanteur terrestre. L'élévation intérieure ne conserve que les grandes arcades, le triforium et les fenêtres hautes, favorisant ainsi l'exceptionnelle impulsion verticale des piliers. Autre nouveauté : les croisées d'ogives déterminent des surfaces de voûte rectangulaires, divisées en quatre sections (voûtains) et non plus six. L'influence purement architecturale de Chartres, aussitôt considérable, exercera ses effets sur tous les grands édifices gothiques à venir.

L'image et son message

La sculpture se situe au même degré de maîtrise. Si le portail nord est illuminé par la statue de saint Jean-Baptiste, celui du sud se signale par la figure du Christ enseignant

CHARTRES (EURE-ET-LOIR) CATHÉDRALE
XIIe-XIIIe SIÈCLES

Une flèche dressée sur un plateau. C'est toujours par sa cathédrale, dressée vers le ciel au centre du plateau de Beauce, que le voyageur découvre la cité de Chartres, ancienne capitale des Gaulois Carnutes, pour lesquels elle bénéficiait d'un statut religieux particulier, attesté par une réunion annuelle de druides. Dominant les toits vert-de-gris de l'édifice, la plus haute tour est porteuse d'une flèche flamboyante qui culmine à 115 mètres ; elle fut construite par Jean de Beauce, de mars 1507 à août 1513, en remplacement du clocher nord partiellement détruit par la foudre. Plus visible sur cette photographie, le vieux clocher, qui semble s'incliner vers le fronton central, dresse sa flèche à 105 mètres. Cet étrange déséquilibre ajoute beaucoup au charme unique de ce monument chanté par Huysmans et Péguy.

1189 Troisième croisade menée par Philippe Auguste, Richard Cœur de Lion, roi d'Angleterre, et Frédéric Barberousse, empereur germanique qui meurt en 1190 1191 Reprise de Saint-Jean d'Acre (le 13 juillet). Philippe Auguste rentre en France 1194 Conflit entre Richard Cœur de Lion et Philippe Auguste **1195 Ouverture du chantier de la cathédrale de Chartres, après la destruction de l'ancienne église romane par l'incendie du 10 juin 1194.**

représentée sur le trumeau : de sa main gauche, il tient le Livre, de l'autre, il dispense le signe de la bénédiction. Partout, les maîtres tailleurs de pierre chartrains ont réussi la troublante synthèse d'une représentation réaliste et d'un message idéal.

Ce sont pourtant les vitraux de Chartres qui demeurent son plus haut titre de gloire. Admirablement conservé et homogène, le grand œuvre de verre a été réalisé dans la première moitié du XIIIe siècle. Les quelque 146 verrières (initialement 173) offrent une iconographie à peu près complète des deux Testaments, des travaux et des saisons, les plus belles pièces étant cependant consacrées à Marie ; l'émouvante Vierge au sein nu de la nef centrale, particulièrement, est d'une élégance et d'une humanité sans égales.

CHARTRES (EURE-ET-LOIR)
CATHÉDRALE,
STATUES-COLONNES
DU PORTAIL ROYAL
VERS 1145

Un hiératisme hérité de l'art roman. Sur la droite du portail central de la façade principale, les piédroits sont porteurs de statues-colonnes impassibles et figées, héritières directes de l'esthétique monumentale romane. Prophètes et reines, issus des livres de l'Ancien Testament, sont disposés par alternance, les visages des premiers et des secondes se signalant par leur radieuse beauté et leur grande intelligence. Cet ensemble monumental, qui faisait partie de l'ancien Portail royal de l'église romane détruite par un incendie en 1194, fut repris lors de la reconstruction de la cathédrale.

CHARTRES
CATHÉDRALE, DÉAMBULATOIRE,
VITRAIL DE SAINT JACQUES
LE MAJEUR : LE MARCHAND
DE FOURRURES (CI-CONTRE)
ET VITRAIL DES APÔTRES :
LES BOULANGERS
(PAGE DE DROITE)
XIIIe SIÈCLE

Donateurs et artisans : une représentation de la vie sociale. À Chartres, les vitraux ont été financés par des dons et répartis en fonction de la hiérarchie sociale des donateurs. Si la noblesse et le clergé occupent donc les places d'honneur, nombreux sont les travailleurs manuels représentés sur les vitraux de l'abside ou du déambulatoire, lesquels constituent ainsi une véritable encyclopédie de l'artisanat du temps, tant pour les outils et leur maniement que pour la diversité des corps de métiers : bouchers, boulangers, charpentiers, charrons, débitants de vin, fourreurs, maçons, marchands de fourrure, menuisiers, porteurs d'eau, sculpteurs, tailleurs de pierre, tisserands, tonneliers, etc.

Chartres
Cathédrale, détail du Portail royal
Vers 1145

La présence des arts libéraux. Ces deux amples figures féminines aux souples drapés symbolisent la musique et la grammaire. Inscrites dans les voussures du portail de la Vierge, ces figures étonnent par un naturalisme qui se retrouve dans les silhouettes du berger et des moutons formant, sur le tympan voisin, l'extrémité de la scène de la Nativité. Au Moyen Âge, les arts libéraux forment un total de sept disciplines intellectuelles : grammaire, rhétorique et dialectique forment le *trivium* ; arithmétique, géométrie, astronomie et musique forment le *quadrivium*. Au-dessus de ces sept arts, et mère de tous, on trouve la philosophie.

Chartres
Cathédrale,
vitrail de
saint Lubin :
tirage du vin
au tonneau
XIIIe siècle

Saint Lubin, une personnalité locale. Lubin fut moine à Poitiers, puis vécut en ermite à Charbonnières. Il fut ensuite abbé de Brou en Perche avant de devenir évêque de Chartres vers 544. C'est donc à une personnalité locale que rend hommage ce vitrail, offert par les marchands de vin.

Le vitrail, un art difficile. La réalisation des vitraux se fait en plusieurs étapes. Dans un premier temps, les verres colorés sont achetés en grande quantité puis découpés d'après le croquis du dessinateur. On applique ensuite la grisaille, une couleur vitrifiable composée d'un mélange de cuivre ou de fer avec un fondant, permettant d'obtenir un modelé et des ombres sur les verres colorés. Puis viennent la cuisson et la mise en plomb. Enfin, les verres sont placés dans les armatures forgées, très complexes à Chartres. Fondamentalement, la palette fait appel aux trois couleurs primaires (bleu sombre, rouge rubis, jaune solaire) et spécule sur les effets de contraste.

Saint-Étienne de Bourges

Première cathédrale au sud de la Loire

À la fin du XIIe siècle, le diocèse de Bourges (Cher) connaît une prospérité remarquable et l'ancienne basilique romane devient trop modeste pour son usage. C'est alors que la construction d'une cathédrale gothique, la première au sud de la Loire, est décidée par l'archevêque Henri de Sully, dans sa charte de 1195.

Sous l'autorité d'un maître d'œuvre inconnu mais assurément venu du nord de la France, le chantier est ouvert en 1195 par le chevet, dressé sur la petite église romane qui, au XIe siècle, a elle-même été construite sur un fragment du rempart gallo-romain. Dans la première phase de cette campagne, un homme joue un rôle capital : l'abbé cistercien Guillaume du Donjon, qui succède à Henri de Sully de 1199 à 1209, réussit à obtenir un fragment de la mâchoire de saint Étienne, relique nécessaire à la venue des pèlerins et donateurs. Le chœur et les deux doubles travées orientales de la nef sont terminés en 1215, la totalité de la nef vers 1260 en dépit du grave incendie de 1259. Au début du XIVe siècle, les portails sont mis en place. La grande église est consacrée le 5 mai 1324 par l'archevêque Guillaume de Brosse.

Un édifice unique

Si l'essentiel de l'érection date du XIIIe siècle, Saint-Étienne conserve cependant le principe primitif de la voûte sexpartite dont les ogives retombent sur les larges supports cylindriques de la nef. Le transept est supprimé, les collatéraux sont doubles, ainsi que le déambulatoire cerné de cinq absidioles situées entre les piliers. La tribune étant supprimée, les grandes arcades se signalent par une exceptionnelle ampleur et le jaillissement des colonnettes accentue l'effet de légèreté qui caractérise l'accomplissement classique du gothique parvenu à maturité.

BOURGES (CHER) CATHÉDRALE SAINT-ÉTIENNE, DÉTAIL DU PORTAIL CENTRAL : LE JUGEMENT DERNIER
XIIIe SIÈCLE

Un réalisme saisissant. Le Jugement dernier du portail central figure parmi les chefs-d'œuvre de la sculpture gothique. Les morts sortent de leurs tombeaux, saint Michel pèse les âmes sous le Christ entouré des anges portant les instruments de la Passion, la Vierge et saint Jean intercèdent pour le pardon des pécheurs. Ici, l'on assiste au châtiment des malheureux, impitoyablement précipités pour l'éternité dans le chaudron infernal, sans aucune distinction sociale. On observera que la jeunesse et la beauté des pécheresses ne leur valent aucune indulgence, bien au contraire.

1190-1202 Construction du palais du Louvre **1195 Ouverture du chantier de la cathédrale de Bourges, qui débute par le chevet, dressé sur une petite église romane. La grande église sera consacrée en 1324** 1196 Philippe Auguste épouse la princesse bavaroise Agnès de Méranie.

BOURGES
CATHÉDRALE SAINT-ÉTIENNE, LES CINQ PORTAILS
DÉBUT DU XIIIe SIÈCLE ET XVIe SIÈCLE

Les cinq portails : un cas unique. Un piédestal de quinze marches précède l'alignement des cinq portails de la façade principale dont la largeur totale dépasse 73 mètres. De droite à gauche, les cinq tympans monumentaux illustrent autant de sujets différents : vie de saint Ursin, premier évêque de Bourges, martyre de saint Étienne, Jugement dernier, Apothéose de la Vierge et vie de saint Guillaume, archevêque local au XIIIe siècle. Le portail de droite est le plus ancien, cependant que celui de gauche a été refait, de 1508 à 1530, après l'effondrement de la tour nord, remplacée grâce aux soins de l'architecte Guillaume Pelvoysin par la flamboyante structure actuelle qui culmine à une hauteur de 65 mètres.

Annonçant l'ordonnance intérieure de l'église, les cinq portails de la façade occidentale équilibrent par la puissance de leur impact horizontal l'effet de verticalité massive provoqué par l'importance des lourds contreforts. Pour mettre en place cette quintuple ouverture, il fallut prendre le risque d'amincir la base des contreforts. C'est probablement à cette particularité qu'il faut attribuer l'effondrement de la tour nord, le 31 décembre 1506. La somme de toutes ces particularités fait de la cathédrale de Bourges un chef-d'œuvre solitaire, sans postérité directe.

Un vaisseau original

L'intérieur de la cathédrale, lui aussi inhabituel, se signale par l'ampleur du grand vaisseau (36 mètres du sol à la voûte), dont aucune croisée ne vient briser l'élan. Mais la principale originalité de la disposition des volumes tient à la différence de hauteur entre les voûtes des collatéraux, qui rend possible l'ouverture, dans le bas-côté intermédiaire, d'une rangée de baies créant un merveilleux effet d'éclairage. Par ailleurs, ce collatéral reprend l'élévation de la nef centrale (grandes arcades, triforium, fenêtres hautes), ce qui provoque une singulière multiplication des plans. Quant aux vitraux, ils forment sans nul doute l'un des plus beaux ensembles de France, après celui de Chartres. Les verrières aux bleus et aux rouges profonds des hautes fenêtres et des absidioles datent du premier quart du XIIIe siècle, les plus belles, les plus émouvantes restant celles du chœur.

BOURGES
CATHÉDRALE
SAINT-ÉTIENNE,
CHEVET
XIIIe SIÈCLE

Une cathédrale d'une ampleur exceptionnelle. Les dimensions considérables de Saint-Étienne s'expliquent en partie par la position stratégique de Bourges, au sud de la Loire, face à une Aquitaine dominée par les Anglais ; il s'agit d'affirmer la puissance du jeune royaume capétien. C'est peut-être au chevet que se lit le plus clairement cette ambition, par l'étagement pyramidal de ces surfaces courbes jointes par les doubles volées des arcs-boutants, le tout culminant à une hauteur de 55 mètres. C'est sans doute le plus beau chevet de toute l'histoire de la construction religieuse, en même temps qu'une prouesse technique sans précédent.

BOURGES
CATHÉDRALE
SAINT-ÉTIENNE, VITRAIL
DE L'APOCALYPSE
(DÉTAIL)
XIIIe SIÈCLE

Le savoir-faire des maîtres verriers. C'est par les dons des corporations (boulangers, bouchers, pelletiers, maçons, etc.) que les vitraux de Bourges ont été financés. Il est probable qu'ils ont été installés dès les premières décennies du chantier, les verriers profitant ainsi des échafaudages des maçons. Trois maîtres ont probablement dessiné les verrières de Bourges ; parmi les plus célèbres, figure celle de l'Apocalypse, dont on découvre ici la partie haute, centrée sur le Christ « au milieu des sept chandeliers d'or » et tenant « dans sa bouche une épée aiguë à deux tranchants ». Cette image est due au « Maître du Bon Samaritain », l'un des trois verriers de Bourges, réputé pour la véhémence et l'agitation de ses formes tourmentées, mais aussi pour le merveilleux chatoiement de sa palette fondée sur le jaune, le rouge, le vert, le pourpre et le bleu très sombre à connotation cosmique.

Château-Gaillard

Au seuil du conflit franco-anglais

Dominant la vallée de la Seine aux Andelys (Eure), Château-Gaillard demeure le plus saisissant témoignage d'une architecture défensive qui dresse, à la même époque, les châteaux d'Angers, Chauvigny, Chinon, Niort...

Sa silhouette ruinée illustre la précarité des plus redoutables citadelles réalisées par l'homme au service d'un pouvoir temporel. L'énorme forteresse est édifiée en 1197, sur ordre de Richard Cœur de Lion. Si le souverain anglais accepte, en l'occurrence, de débourser plus de 10 000 livres, c'est que la menace venue du royaume de France se fait pressante depuis que Philippe Auguste s'est emparé de Gisors (1193). Destiné à contrôler la vallée de la Seine, le puissant bastion est installé sur un éperon qui domine un méandre du fleuve et complété par une fortification placée sur l'île. Prise par Philippe Auguste en 1204, la forteresse sera démantelée cinq siècles plus tard, sur ordre d'Henri IV, puis de Richelieu.

Le siège tragique de la forteresse

Château-Gaillard présente un plan inédit, avec sa bastille triangulaire qui assure une première défense sur le plateau, en avant-garde de la forteresse proprement dite. Dans

CHINON (INDRE-ET-LOIRE)
FORTERESSE
XIIe-XVe SIÈCLE

La place forte où Jeanne d'Arc rencontra le roi de France. Sur l'éperon étiré le long des rives de la Vienne, le *castrum* gallo-romain avait lui-même probablement succédé à des fortifications antérieures. C'est à l'occasion du conflit opposant, aux XIIe et au XIIIe siècles, les souverains français aux Plantagenêts que le château prit son visage actuel. Il se compose, en fait, de trois fortifications distinctes étendues d'est en ouest sur près de 400 mètres : le fort du Coudray (Xe-XIIIe siècle), le château du Milieu (XIIe-XVe siècle) et le fort Saint-Georges (XIIIe siècle). En 1429, Charles VII, « roi de Bourges », y accueillera Jeanne d'Arc. L'ensemble de la forteresse restera à peu près intact jusqu'au XVIIe siècle, époque des premières dégradations. Les actuelles restaurations lui ont rendu une bonne part de son austère grandeur médiévale.

1197 Début de la construction de l'énorme forteresse de Château-Gaillard pour contrôler la vallée de la Seine 1198 Défaite de Philippe Auguste à Courcelles 1199 Mort de Richard Cœur de Lion au siège de Châlus (le 6 avril) 1202 Philippe Auguste envahit la Normandie 1209 Début de la croisade des Albigeois.

CHINON
FORTERESSE,
BASSE-FOSSE
DE LA TOUR DU COUDRAY
XIIIe SIÈCLE

Une forteresse à double usage. Le donjon, ou tour maîtresse du Coudray, fut érigé sur ordre de Philippe Auguste après qu'il se fut emparé de Chinon en 1205 et que ses victoires sur la coalition anglaise lui eurent assuré la primauté sur le comte d'Anjou et la maîtrise du royaume de France. Ce cachot colossal fait appel à un appareillage assez rustique, mais sa voûte ogivale témoigne de l'habileté de ses architectes.

l'intervalle des deux murailles se trouvent la basse-cour, la chapelle, le puits et les communs. Lorsque Philippe Auguste mettra le siège sous les murs, la population locale se réfugiera dans cet espace ; la garnison, en dépit des provisions qui auraient été dissimulées dans les casemates (encore visibles), chassera les infortunés ou les laissera mourir de faim.
Le sort tragique réservé à la population des réfugiés n'aura même pas servi à reculer l'échéance fatale. Ayant installé le siège en septembre 1203, Philippe Auguste fait combler le fossé par son armée en février 1204, annulant ainsi ce qui assure l'invulnérabilité d'une forteresse : le maintien à distance des assaillants (lesquels, sinon, peuvent saper ou miner le pied des plus solides ouvrages). D'énormes brèches sont aussitôt créées dans la maçonnerie et la garnison, composée de 180 mercenaires qui ne voient pas la nécessité de lutter jusqu'à la mort en l'absence de leur maître, est contrainte à une reddition sans gloire. Une version moins épique de l'assaut prétend que les assaillants auraient violé l'intégrité de l'édifice en l'investissant par les latrines !
Dominant le fossé, les ruines de la chapelle, percées de baies, précèdent la seconde enceinte dont les segments des tours tangentes assurent un efficace flanquement. Maître de la citadelle, l'énorme donjon ceinturé de contreforts atteint 8 mètres de diamètre intérieur et ses parois mesurent quelque 4 mètres d'épaisseur. Bien que partiellement détruit, il laisse encore clairement entrevoir son ordonnance intérieure : salle ronde du rez-de-chaussée, accessible depuis le premier étage, puis trois étages communiquant par des escaliers de bois. Sur le flanc de la tour, les appartements du commandant de la garnison dominent l'escarpement qui forme une défense naturelle ayant autorisé le percement de baies.

Château-Gaillard (Eure)
Fin du XIIe siècle

Un ouvrage militaire remarquable. Qu'on le découvre des hauteurs du plateau ou de la vallée de la Seine, le site de Château-Gaillard est l'un des plus beaux de Normandie. Épousant les formes d'un promontoire escarpé qui domine la vallée, la grande construction présente le visage d'un ouvrage militaire échelonné en profondeur. La forteresse est surmontée par un énorme donjon, dont les parois dépassent 4 mètres d'épaisseur. Une bastille de forme triangulaire, le Châtelet, constitue une première protection ; hérissée de cinq tours (il n'en reste qu'une, ainsi qu'un fragment de courtine), elle est séparée du corps principal par un large fossé. Le donjon lui-même, cylindrique à éperon triangulaire, est flanqué d'un logis et entouré d'une double enceinte ; faisant preuve d'une rare ingéniosité, les constructeurs ont donné une forme ondulée à la chemise de la tour, faisant ainsi disparaître les angles morts favorables à un assaut extérieur.

Angers (Maine-et-Loire) Château
XIIIe siècle

Une situation stratégique. À l'époque de la cité romaine déjà, le promontoire dominant la Maine était fortifié. La menace normande, en juillet 851, conduisit ensuite les comtes d'Anjou à bâtir la première forteresse médiévale, partiellement détruite par un incendie en 1131. Il revient à Saint Louis, en lutte contre les Plantagenêts, de remanier complètement la citadelle à partir de 1230. Sont notamment dressées les 17 tours de l'enceinte, espacées d'une quinzaine de mètres et d'un diamètre variant de 11 à 13 mètres. La superficie occupée par le château est de 2,5 hectares et son pourtour mesure près d'un kilomètre. La beauté chromatique des tours provient de l'alternance du tuffeau et du schiste ardoisier. Le tout est tout à la fois d'une grande sobriété et d'une sévérité exceptionnelle. Peu de forteresses européennes présentent un visage aussi intimidant.

Notre-Dame de Reims

L'église des sacres

L'importance cultuelle de Reims (Marne) est attestée depuis des temps très reculés ; le site de la cathédrale est documenté depuis l'année 401, qui voit saint Nicaise consacrer une première basilique dédiée à Marie.

Six ans plus tard, c'est sur le seuil du nouvel édifice que le même Nicaise est martyrisé par les Vandales. En 496, Clovis reçoit le baptême en l'église Saint-Remi, événement symbolique qui pèsera lourdement sur le destin royal de Reims. Au milieu du IXe siècle, une nouvelle construction est mise en chantier par les évêques Ebbon et Hincmar. Plus vaste, la nouvelle église disparaît le 6 mai 1210, lors d'un incendie gigantesque, qui détruit le centre de la cité.

Une histoire longue et tourmentée

Le 12 mai 1211, le chantier de la troisième et actuelle cathédrale est ouvert par l'archevêque Aubry d'Humbert. Il est placé sous la direction de l'architecte Jean d'Orbais qui, en dix ans, construit le premier niveau du chœur, le déambulatoire et les chapelles rayonnantes. En 1220, au moment où les dernières travées de la nef sont entreprises, ainsi que le transept, Villard de Honnecourt visite le chantier et relève divers croquis dans son *Album*.

Succède à cette période un épisode obscur ; en 1233-1235, alors que le chapitre vient d'acquérir un terrain pour la construction de la façade occidentale, une révolte éclate au sein de la population locale, provoquant l'arrêt du chantier. Il semble qu'un compromis ait été trouvé puisque, le 8 septembre 1241, les fidèles sont conviés à assister à l'entrée solennelle du chapitre dans un édifice dont l'état d'avancement permet déjà l'exercice du culte.

Dix ans encore, et la construction de la façade occidentale est entreprise par Jean le Loup, auquel succède en 1256 Gaucher de Reims, qui œuvrera huit ans durant, plaçant les nombreuses statues monumentales et terminant le revers des portails. Puis l'on arrive au niveau de la rose et du voûtement de la nef, opération qui occupe Bernard de Soissons vers 1270-1280. En 1285, l'intérieur de la cathédrale est achevé.

Sous l'autorité de Robert de Coucy (mort en 1311), les travaux pour la galerie des rois et la couverture de la cathédrale occupent tout le début du XIVe siècle. C'est au cœur du XVe siècle que seront achevées les parties hautes des tours, par Collard de Givry (mort en 1452), la cathédrale étant complète à partir de 1475.

Une autre histoire commence alors, placée sous le double signe de la gloire et du malheur. Parmi les heures fastes, on compte le sacre du roi Charles VII en 1429, en présence de Jeanne d'Arc, et celui de Charles X, qui exigera, en 1825, d'y être couronné à son tour, ainsi que la visite du pape Jean-Paul II en 1996... Au nombre des déboires, on inclut l'incendie du 24 juillet 1481, qui détruit la flèche et les combles, la destruction de la rose sud par un ouragan en 1580, les catastrophiques bombardements de 1914 (l'église est reconstruite de 1926 à 1937)... Sans compter les innombrables restaurations, dont celle de l'abside, menée par Viollet-le-Duc en 1850-1879 !

REIMS (MARNE)
CATHÉDRALE NOTRE-DAME,
ÉLÉVATION INTÉRIEURE
XIIIe SIÈCLE

Des innovations architecturales. Aux côtés de la nef et du transept, les grandes arcades ouvrent sur les collatéraux voûtés d'ogives. À l'étage supérieur, le triforium forme une étroite galerie ajourée d'une sobre élégance. Dans la partie sommitale enfin, les fenêtres hautes constituent une claire-voie qui court tout au long de l'édifice. Chacune est formée d'une baie géminée sous une rose à six lobes. Le chantier de Reims a été décisif dans l'élaboration des supports flanqués de colonnes et dans l'introduction de la fenêtre à remplage.

REIMS
CATHÉDRALE NOTRE-DAME,
LA NEF VUE DU CHŒUR
XIIIe SIÈCLE

Une élévation sans précédent. La nef qui va jusqu'au chœur atteint une longueur de 115 mètres et une hauteur de 38 mètres sous les clefs de voûte. C'est dire qu'elle domine toutes les réalisations l'ayant précédée, de Saint-Denis à Chartres. Cette hauteur de nef ne sera d'ailleurs dépassée, au Moyen Âge, que par la cathédrale d'Amiens, le « record » de Saint-Pierre de Beauvais ne valant que pour la hauteur du chœur. On observe la forte brisure de la voûte en arc et l'évidement presque complet du mur de la façade en verrières superposées.

Cavalcade du roi de France, Louis XV après le sacre à Reims, le 26 octobre 1722
1724
Pierre Denis Martin, dit le Jeune (v. 1663-1742)
Versailles, musée du Château

L'église des sacres. Lieu de prière, de culte et de sacrement, la cathédrale de Reims tire son originalité du choix qu'ont fait presque tous les rois français d'y être solennellement sacrés. N'ont fait exception à la règle que Louis VI (1108-1137, sacré à Orléans), Henri IV (1589-1610, sacré à Chartres) et Louis XVIII, qui n'a jamais été sacré. Par sa puissance formidable, la masse de l'édifice sur ce tableau rappelle le soutien indéfectible de l'Église à la monarchie tout en métaphorisant le pouvoir absolu du jeune souverain.

1210 Alliance de Philippe Auguste et Innocent III contre l'empereur Otton de Brunswick **1211 Le chantier de la troisième cathédrale de Reims est ouvert le 12 mai par l'archevêque Aubry d'Humbert; l'intérieur ne sera achevé qu'en 1285** 1213 Philippe Auguste envahit le comté de Flandre 1214 À Bouvines, Philippe Auguste triomphe d'Otton IV et de ses alliés flamands et anglais 1215 Quatrième concile du Latran, qui affirme la suprématie du spirituel sur le temporel 1216 Le pape Honorius III approuve la règle des Dominicains.

Reims
Cathédrale Notre-Dame, l'ange de l'Annonciation
XIIIe siècle

Un humanisme souriant. Chef-d'œuvre architectural, la cathédrale de Reims a également joué un rôle décisif dans l'évolution de la sculpture gothique. L'ange de l'Annonciation est un type achevé du style rémois, en rupture avec le noble et élégant réalisme qui caractérisait une bonne part de la sculpture chartraine. Fin, presque mutin, l'ange devient un personnage familier, enjoué, visiblement d'une joyeuse compagnie. Les traits du visage sont d'une finesse exceptionnelle, le geste de la main qui tient le vêtement pousse le raffinement jusqu'à l'affectation, mais sans tomber dans le piège de la mièvrerie. Enfin, toute la facture témoigne d'une virtuosité sans précédent depuis la fin de l'Antiquité. Il y a là, autant que dans l'exercice du culte marial, trace d'un humanisme triomphant qui, tout en exaltant la gloire de Dieu, ne néglige rien de la grandeur de l'homme.

Coutances (Manche)
Cathédrale,
croisée du transept
et tour-lanterne >
XIIIe siècle

Le reflet d'une réflexion mystique. À l'intérieur, la grande nef, le double déambulatoire et la vertigineuse ouverture de la tour-lanterne percée de très hautes baies (et cantonnée à l'extérieur de quatre fines tourelles) donnent à la cathédrale une structure spatiale dont la complexité est le fruit d'une longue réflexion mystique sur la distribution de la lumière dans l'édifice sacré. Tandis que de hautes colonnes engagées assurent l'élan vertical, l'ensemble des moulures horizontales surprend par sa profusion. Le gothique triomphe ici, tant par l'extraordinaire tour-lanterne, qui jaillit de piliers aux nervures multiples, que par les couleurs surnaturelles des vitraux dispensant leur lumière dans le grand vaisseau.

Reims (Marne)
Cathédrale Notre-Dame,
revers du portail central
XIIIe siècle

Le portail, seuil de la lumière divine. Le remplacement des tympans de pierre des trois portails de la façade principale par des verrières merveilleusement colorées est peut-être la plus extraordinaire innovation du chantier de Reims. Ainsi, le portail central, dédié à l'Apothéose de Marie, est orné, au-dessus des battants de la grande porte, d'un vitrail somptueux, encadré de niches superposées qui abritent 52 statues, complétant l'histoire de Marie représentée à l'extérieur. Sacralisée par sa traversée des scènes saintes, la lumière envahit l'édifice.

Le chef-d'œuvre d'une période féconde

La façade principale de la cathédrale de Reims compte parmi les plus impressionnantes (49 mètres de largeur) de toute l'architecture religieuse. Trois portails fortement ébrasés sont surmontés de gâbles qui imagent le Couronnement de Marie, la Passion du Christ, le Jugement dernier. Au centre, la grande rose ; au-dessus, la galerie des Rois formée de 63 statues. Le pignon s'inscrit entre les deux tours qui s'élancent à une hauteur de 81 mètres.

À l'intérieur, l'immense nef (115 mètres de longueur, 38 mètres de hauteur) est prolongée par le chœur à cinq nefs, poursuivi par le déambulatoire aux cinq chapelles rayonnantes. Apparemment écrasés par l'importance du grand vaisseau, les collatéraux culminent néanmoins à 16 mètres. Sur les flancs extérieurs, les arcs-boutants doubles touchent à la perfection par leur robustesse et leur élégance. Une galerie haute dissimule le chéneau qui évacue les eaux de pluie, fonction assurée de façon complémentaire par les gargouilles qui

Auxerre (Yonne)
Cathédrale
Saint-Étienne, façade
XIIIe siècle

Une dissymétrie originale. À Auxerre, la cathédrale Saint-Étienne, dont la construction est entreprise en 1215, quelques années après Reims et avant Amiens, succède à plusieurs édifices antérieurs qui avaient été ravagés par l'incendie. Sa façade occidentale s'inscrit, du fait de son inachèvement – dont on ignore la cause –, dans un curieux espace triangulaire dominé par le clocher nord qui s'élève à 68 mètres. Richement décorée de gâbles fleuris et d'une grande rose, elle présente un ensemble sculpté magnifique, bien que partiellement détruit, notamment dans la zone du portail central.

dessinent un bestiaire fantastique. Couronnant l'ensemble, la haute flèche part à l'assaut du ciel.

À Coutances et Auxerre aussi...

Les cathédrales de Coutances (Manche) et d'Auxerre (Yonne) datent aussi du début du XIIIe siècle. Notre-Dame de Coutances, église romane transformée en édifice gothique après 1204, s'impose par la variété de ses moulures, sa haute tour-lanterne et le tracé très aigu de ses arcs. Au chevet, pinacles, clochetons et tourelles fusent vers le ciel, soutenus par les arcs-boutants doubles qui prennent appui sur les contreforts romans.

À Auxerre, la nef centrale (98 mètres pour une hauteur de 34 mètres), flanquée de deux bas-côtés, reçoit la lumière des hautes fenêtres, qui reposent sur un élégant triforium. Au-delà du transept illuminé par la rosace, le chœur (1215-1245) séduit par son harmonie formelle et son intense spiritualité.

COUTANCES (MANCHE)
CATHÉDRALE, FAÇADE OCCIDENTALE
XIIIe SIÈCLE

L'un des plus beaux édifices gothiques de Normandie. La verticalité de la façade principale est affirmée par les grandes arcatures qui décorent les tours dont les étages inférieurs remontent à l'âge roman. Érigées sur plan carré puis octogonal, les flèches gothiques culminent à quelque 78 mètres. L'absence de rose, remplacée par une grande baie en arc brisé, accentue l'effet d'élancement. La façade du croisillon sud, visible à l'arrière-plan, participe de ce mouvement ascensionnel, avec ses trois fenêtres en hautes lancettes et son pignon orné de simples arcatures.

Notre-Dame d'Amiens

La synthèse de l'art gothique

La cathédrale d'Amiens (Somme), édifice médiéval le plus vaste de France, reste le plus haut chef-d'œuvre de l'architecture gothique, moins par son immensité que par l'extraordinaire sentiment d'équilibre et de légèreté dégagé par toutes ses parties.

Selon la légende, l'évangélisation de la région serait due à saint Firmin, venu de Pampelune et décapité à Amiens vers 300. Au VIe siècle, ses reliques sont découvertes par l'évêque saint Salve qui fait construire une cathédrale en bois pour les accueillir. Plusieurs fois détruite, cette église finit par céder le pas à un édifice roman, consacré en 1152, au cœur d'une cité rendue prospère par le commerce. Curieusement, cette construction destinée à remplacer un temple trop précaire, sera détruite dès 1218 par un incendie.

En fait, les sources sont assez peu claires quant à la réalité et à l'importance de ce sinistre et il semble bien surprenant que le feu n'ait rien épargné d'une église de pierre. Depuis 1206, l'église d'Amiens possédait une relique de saint Jean-Baptiste qui attirait un grand nombre de pèlerins ; dans le même temps, la terre d'Île-de-France se couvrait d'édifices gothiques, toujours plus beaux, de Saint-Denis à Reims. En cette double circonstance favorable à leur projet, les autorités du chapitre n'ont guère dû hésiter avant de lancer, à leur tour, un formidable vaisseau de pierre à l'assaut du ciel.

Grandes Chroniques de France
La construction d'une cathédrale, détail
Enluminure
XIVe siècle
Paris, Bibliothèque nationale

L'édification des cathédrales : une affaire royale. Ce document rend compte d'un événement tout à la fois ordinaire et exceptionnel à l'âge des grands chantiers gothiques : la visite du roi de France, guidé par le maître d'ouvrage autour duquel s'affairent les ouvriers de la pierre. En l'occurrence, nous sommes ici à Saint-Denis et en présence du roi Dagobert, ce qui relève d'un anachronisme fréquent au XVe siècle.

1218 Mort de Simon de Montfort au siège de Toulouse **1220 Début des travaux de la cathédrale gothique d'Amiens sur le site de l'édifice roman détruit par un incendie en 1218** 1221 Création de l'ordre des Franciscains 1223 Mort de Philippe Auguste, début du règne de Louis VIII 1226 Début du règne de Saint Louis.

Amiens (Somme)
Cathédrale, chevet
XIIIe siècle

Élégance et robustesse. Le chevet étonne par la virtuosité de ses divers éléments, pinacles, culées, baies trilobées, arcs-boutants à double volée aux légères arcatures ajourées, mais aussi par le paradoxe qu'il développe d'une élégance robuste. Ainsi les gâbles surmontent-ils les fenêtres hautes au niveau de la balustrade du grand comble sans rien altérer de l'équilibre général. Au-dessus de ce comble, on distingue le départ de la flèche. Reconstruite de 1529 à 1533 après l'incendie du 15 juillet 1528, victime d'un ouragan en 1627, elle demeure, avec une hauteur de 112,7 mètres, la plus haute et plus ancienne flèche en bois du patrimoine gothique. La charpente en est recouverte de feuilles de plomb.

Un immense chantier

Les travaux commencent en 1220, sur le site de la cathédrale romane, avec la pose de la première pierre par l'évêque Évrard de Fouilloy, auquel succédera Geoffroy d'Eu. La présence d'un fort tissu urbain contraint les constructeurs à commencer, contrairement à l'usage, par la façade occidentale et à poursuivre par la nef. L'architecte Robert de Luzarches a dessiné le plan d'un édifice dont il surveillera l'érection jusqu'en 1241, date à laquelle lui succédera Thomas de Cormont.

Les fondations de la cathédrale ont été établies sur le schéma d'une grille aux intersections de laquelle se dressent les piliers. Pour assurer l'assise de l'ensemble, les fondations sont creusées jusqu'à la roche mère, profonde de 7 à 9 mètres. La façade s'élève rapidement jusqu'à la corniche surmontant la rose ; elle est terminée en 1236, comme la nef, et peut-être complétée en 1243.

La construction du chœur et des chapelles rayonnantes occupe la période 1238-1245. En dépit d'une suspension des travaux faute de finances, les parties hautes du transept et du chœur sont élevées de 1258 à 1269, date qui figure sur le vitrail de la fenêtre haute installé par l'évêque Bernard d'Abbeville. Le fils de Thomas de Cormont, Renaud, dirigera jusqu'en 1288 un chantier honoré par la visite de Saint Louis en 1264.

En mai 1279, la translation des reliques de saint Firmin coïncide avec l'achèvement des travaux à l'intérieur de l'édifice : le dallage est posé en 1288, année de la mise en place de la pierre centrale du labyrinthe. La construction des chapelles qui bordent les bas-côtés de la nef occupera ensuite presque tout le XIVe siècle (1290-1375), cependant que la tour sud de la façade principale est achevée en 1366 et la tour nord en 1402.

AMIENS
CATHÉDRALE, FAÇADE
1236

Simplicité et unité. Avec sa levée d'un seul jet jusqu'à la corniche surplombant la rosace, la façade d'Amiens présente une unité architecturale sans équivalent à la même époque. En dépit de la richesse de l'appareil décoratif, l'ensemble frappe surtout par la simplicité de la structure tripartite et par la pureté des lignes dessinant baies, pinacles, galeries, portails et rose centrale. Les tours ont suscité une abondante littérature du fait de leur inégalité de hauteurs. Polychrome à l'origine, la façade retrouve actuellement ses couleurs grâce à une action archéologique scrupuleuse, mais discutée, qui procède par jeux lumineux nocturnes.

La cathédrale et ses signes

Défiant le temps tout en renvoyant à l'économie, à la politique, à la religion et à l'art du Moyen Âge, la cathédrale d'Amiens démontre, plus que toute autre (y compris celle de Strasbourg, presque aussi emblématique), l'interdépendance profonde de la structure architecturale et de ses significations. Elle se voit de loin, du fait de sa prodigieuse hauteur, de son élan vers le ciel, contre l'horizon (de ce point de vue, il n'est pas indifférent que les cathédrales gothiques aient surgi dans la plaine monotone d'Île-de-France). Forteresse puissante mais ornée, elle témoigne de la richesse temporelle de la cité tout en isolant le chrétien du monde profane. La clôture sacrée de ses flancs annonce la disposition de son intérieur, d'où l'importance du portail, vestibule initiatique, et des vitraux qui donnent à l'espace fermé une autre lumière que celle du monde. Ici, chaque détail renvoie au tout. La cathédrale est un total organique, à l'image de la foule des fidèles qui, au Moyen Âge, investissait le temple pour les raisons les plus diverses, parfois purement civiles. Aujourd'hui que la cathédrale est presque complètement vidée de son sens religieux médiéval et qu'elle prend le statut de repère culturel, voire de musée, elle s'affirme, du fait même de cette perte de sens, comme la plus poignante illustration de notre nostalgie atemporelle de l'absolu.

Des dimensions impressionnantes

Succédant à la cathédrale de Reims, celle d'Amiens marque l'extension maximale du temple gothique avec, par exemple, une hauteur de nef de 42,3 mètres (hauteur insurpassée au Moyen Âge), une nef de 133,5 mètres de long sur 12,15 de large, un volume total de 200 000 mètres cubes (deux fois celui de Notre-Dame de Paris), et une flèche, en bois, qui culmine à 112,7 mètres.

AMIENS (SOMME)
CATHÉDRALE,
LE LABYRINTHE
XIIIe SIÈCLE

Le labyrinthe, miroir de la quête mystique. Le pavage du sol de la cathédrale, endommagé, a été refait à l'identique au XIXe siècle, avec un scrupuleux respect du dessin original. De plan octogonal et d'une longueur totale de 234 mètres, le labyrinthe porte en son centre une pierre cruciforme (dont l'original est conservé au musée de Picardie) qui indique les points cardinaux et représente les trois architectes et l'évêque Evrard de Fouilloy.

La signature des architectes. Sur son pourtour, gravé sur une bande de cuivre, on peut lire le texte fondateur de la cathédrale : « En l'an de grâce 1220, cette œuvre fut commencée. L'évêque béni de ce diocèse était alors Evrard et le roi de France Louis, fils de Philippe le Sage. Celui qui était maître d'œuvre était nommé Maître Robert et surnommé de Luzarches. Après lui vint Maître Thomas de Cormont et après celui-ci son fils Maître Renaut qui fit mettre, à cet endroit-ci, cette inscription en l'an de l'Incarnation 1288. »

Le premier exemple de voûte complexe. Vue du sol, la voûte de la croisée se situe à une hauteur vertigineuse. Convergeant vers le centre de l'édifice, les couvertures de la nef, du chœur et des deux croisillons du transept font appel à la croisée d'ogives sur plan barlong, signe d'un art parvenu à maturité. Mais, dans le même temps, le carré central offre le premier exemple de voûte complexe, avec liernes et tiercerons, ces nervures qui compliquent le dessin des ogives et sont appelées à une diffusion européenne. La sculpture décorative ne joue plus désormais qu'un rôle secondaire, au niveau des chapiteaux et des clefs de voûte.

AMIENS
CATHÉDRALE,
VOÛTE À LA CROISÉE
DU TRANSEPT
XIIIe SIÈCLE

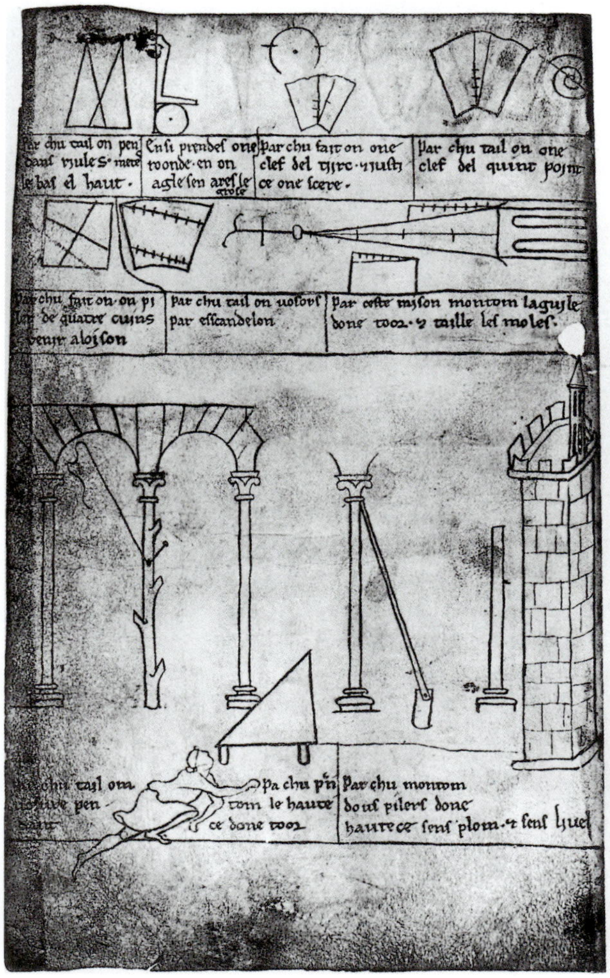

Carnet de Villard de Honnecourt

Vers 1230

Planche 40
Approximativement 16 x 24 cm

Paris, Bibliothèque nationale de France

La polyvalence du métier d'architecte. Villard de Honnecourt a légué à la postérité un carnet de soixante-six planches de dessins. C'est tout à la fois le carnet de notes d'un dessinateur talentueux, le carnet de croquis d'un ingénieur mécanicien et le mémento d'un architecte « consultant », une source exceptionnelle pour la connaissance des techniques de construction gothique.

La géométrie au service des édifices. La planche 40 regroupe diverses figures géométriques applicables à la construction des édifices. Tous les dessins sont légendés. Ainsi, en bas à droite, devant la figure de l'homme accroupi qui vise le faîte d'une construction, on peut lire : « Pa[r] chu prent om le haute ce d'one toor » (« Par ce moyen, on prend la hauteur d'une tour »)

Strasbourg (Bas-Rhin)
Cathédrale, détail de la façade

Fin du XIIIe siècle

L'essence du génie germanique, selon Goethe. Le chantier de la cathédrale de Strasbourg couvre presque trois siècles, de 1176 à 1439. C'est à la fin du XIIIe siècle que fut entreprise la façade principale, dont les trois portails sont consacrés à la vie du Christ et au Jugement dernier. Un double gâble d'une merveilleuse légèreté surmonte le portail central. Il est dominé par l'une des plus belles rosaces gothiques, réalisée de 1284 à 1318. Bien que construite par des architectes français, sur plan français, la cathédrale de Strasbourg fascina Goethe qui crut y découvrir l'essence du génie germanique, affranchi de toute servitude à l'endroit du vivier méditerranéen.

La cité de Carcassonne

Un témoignage de la forteresse médiévale

Aux XIIe et XIIIe siècles, le royaume de France commence à s'organiser autour de cités fortifiées qui, révélatrices des préoccupations sécuritaires du temps, stabilisent la nation en gestation.

Oppidum romain au Ier siècle, cité wisigothique au VIe, Carcassonne (Aude) a agrandi son palais vicomtal au XIIe siècle, avant que les rois de France, devenus maîtres du lieu en 1226, ne construisent une seconde enceinte en 1226-1239 et ne renforcent l'ancienne à partir de 1280, pour mieux assurer la sécurité de leur frontière face au royaume d'Aragon.

C'est entre ces deux enceintes que s'est développé le chemin des Lices, l'une des plus grisantes promenades dans le temps offerte aux imaginations, le système de fortification se découvrant progressivement, rythmé par d'énormes tours rondes, et compliqué de fortins et courtines crénelées. Parmi les sites les plus impressionnants, on relève le passage qui conduit de la tour des Lices à la porte d'Aude, mais aussi le lourd et imposant château comtal, adossé à la muraille et surveillant la plaine environnante. Longtemps résidence des vicomtes de Béziers et de Carcassonne, il remonte à la fin du XIIe siècle. Si l'actuel pont d'accès ne date que du XVIIe siècle, construit en remplacement de l'ancien pont-levis, l'entrée fortifiée remonte aux temps troublés ayant succédé à la croisade des Albigeois.

La signature, en 1659, du traité des Pyrénées qui repousse le domaine espagnol au-delà du Roussillon, prélude au déclin de la ville-forteresse. Il faudra attendre le XIXe siècle et la brillante restauration de Viollet-le-Duc pour qu'elle retrouve sa splendeur.

Cités fortifiées du Moyen Âge

Si Carcassonne est seule à nous être parvenue dans sa quasi-totalité, d'autres villes fortifiées de la même époque transmettent le même souvenir de peur et de lutte contre les agressions extérieures, en relation directe avec leur prospérité commerciale.

Ainsi de Provins (Seine-et-Marne), capitale économique de la Champagne médiévale grâce à sa foire, qui a dû se protéger, dès le XIIe siècle, des convoitises adverses. De sa ceinture de remparts, dressée aux XIIe et XIIIe siècles, subsiste encore la tour aux Engins (20 mètres de haut avec une épaisseur de murs de 3 mètres), la tour de la Folle, avec son éperon à glacis saillant, et la tour des Oublis, aujourd'hui fendue d'une large brèche. Au cœur de la cité, le donjon dit tour de César (44 mètres) a été érigé au

CARCASSONNE (AUDE)
VUE GÉNÉRALE DE LA CITÉ
XIIIe SIÈCLE

Un double rempart protecteur. Carcassonne demeure la plus belle cité fortifiée d'Europe médiévale, et assurément la mieux conservée. On distingue nettement ici les deux enceintes de hauteurs différentes ; entre ces parois colossales court la chaussée des Lices. L'enceinte intérieure, appareillée en bossages rustiques, s'est appuyée sur des soubassements antiques avant d'être doublée par la ceinture extérieure, beaucoup plus homogène et flanquée de quatorze tours circulaires. En dépit des différences de conception, le schéma général demeure le même pour les deux structures gardiennes, soit l'établissement d'un mur continu, régulièrement ponctué de tours et couronné par un chemin de ronde protégé.

1226 Début de la régence de Blanche de Castille (3 novembre) ; mort de Louis VIII (8 novembre) ; sacre de Louis IX à Reims (29 novembre) **1226-1239 Les rois de France, devenus maîtres du lieu en 1226, construisent une seconde enceinte au palais vicomtal de Carcasonne** 1233 En avril, l'Inquisition est confiée aux dominicains.

CARCASSONNE
PORTE NARBONNAISE
XIIIe SIÈCLE

Conjurer la peur. Cette entrée monumentale, située au faîte d'une éminence naturelle assure le passage des foules depuis bientôt un millénaire. Aujourd'hui, les nombreux voyageurs et visiteurs, venus des horizons les plus lointains mais animés d'intentions généralement débonnaires, ne peuvent que méditer sur les circonstances historiques ayant provoqué l'érection de ce formidable appareil défensif : deux tours en « U » pourvues d'éperons en accolade, passage à deux herses et archères à niche. Rien ne restitue mieux cette grande peur médiévale qui conduit la cité à consacrer beaucoup plus d'énergie à se doter d'imprenables fortifications qu'à s'aménager le cadre d'une paisible vie civile.

début du XIIe siècle pour les comtes de Champagne ; dans cette demeure, le souci de se protéger l'emporte sur les autres préoccupations.
Beaucoup plus au sud, sur les rives du Rhône, le château des Adhémar de Montélimar a conservé son donjon du XIIe siècle. Remanié aux XIVe et XVe siècles, l'ensemble se divise en deux forteresses, la rude tour de Narbonne, qui rappelle les fureurs guerrières de l'époque, et le logis principal. Conçue pour résister aux armements médiévaux, la citadelle a démontré ses capacités défensives jusqu'au XVIIIe siècle, surtout au cours des guerres de religion.
À l'autre extrémité du royaume enfin, en Bretagne, Fougères occupe une position stratégique qui explique l'importance de sa citadelle, bâtie sur un éperon rocheux. Édifié sur ordre de Raoul II à partir de 1173, le haut donjon s'inscrit au cœur de cet énorme ensemble défensif. La peur, toujours... mais aussi la volonté farouche de ne pas y céder.

PROVINS (SEINE-ET-MARNE)
REMPARTS
XIIe -XIIIe SIÈCLES

Un archétype de construction défensive remarquablement conservé. Les remparts de Provins constituent un archétype en matière de construction médiévale défensive. Sur les cinq kilomètres construits aux XIIe et XIIIe siècles, il en est deux, aujourd'hui, qui demeurent, dans un état de conservation plus que satisfaisant en dépit de quelques restaurations aléatoires. Tours rondes et carrées renforcent régulièrement et alternativement le dispositif de protection. Telle qu'elle nous est parvenue, la citadelle de Provins est l'une des plus vastes et des plus impressionnantes que les derniers siècles du Moyen Âge aient léguées à la postérité.

PROVINS
PORTE DE JOUY
XIIIe SIÈCLE

Des ouvertures étroites et très surveillées. Les ouvertures les plus caractéristiques de l'ensemble fortifié de Provins sont la porte Saint-Jean et la porte de Jouy, ainsi que la petite poterne Faneron, point de départ d'un autre rempart, dont il n'est resté qu'un court tronçon. Gardée par deux tours dont les seules ouvertures sont les étroites archères permettant de frapper d'éventuels assaillants, la porte de Jouy illustre bien les préoccupations sécuritaires qui agitaient la ville au temps de sa prospérité commerciale. Témoignant d'une maîtrise supérieure dans la taille de la pierre, la grande et double arcade de pénétration est magnifiquement appareillée.

Saint-Pierre de Beauvais

L'utopie gothique et ses limites

Le promeneur découvrant le chœur colossal de Saint-Pierre de Beauvais (Oise) inscrit pour toujours dans sa mémoire le choc d'une fascination nuancée d'effroi. Partout ailleurs en France, à Grasse comme à Quimper ou Narbonne, de grands chantiers participent de cette impulsion décisive qui marque tout à la fois la force du rêve gothique et ses limites.

Mais aucune réalisation n'en donnera jamais mieux la (dé)mesure que le chœur de Saint-Pierre de Beauvais, délibérément placé sous le signe du surhumain. Certes, la hauteur de la cathédrale gothique est toujours son premier trait distinctif mais ici ce paramètre se place sous le signe de l'exaltation. Tout là-haut, parties à l'assaut du ciel, les clefs de voûte culminent à 48,20 mètres, une hauteur que la superposition des nefs de Noyon et de Senlis — pourtant déjà impressionnantes — ne permettrait pas d'atteindre !

Un rêve inabouti

Comme à Chartres ou Amiens, c'est un incendie qui est à l'origine de la construction de la nouvelle cathédrale en 1227, la Basse-Œuvre ayant été endommagée par un sinistre deux ans auparavant. L'évêque Milon de Nanteuil (1217-1234) signe avec son chapitre une charte répartissant le financement de la construction et les travaux commencent aussitôt par le déambulatoire et les chapelles rayonnantes, achevés en 1245. Puis d'immenses contreforts, prolongés d'arcs-boutants à double volée, viennent contrebuter à cinquante mètres de hauteur les étages supérieurs du chœur. À Beauvais, l'ambition des constructeurs semble illimitée ; ainsi le comble doit-il culminer à 68 mètres, prouesse sans précédent dans l'histoire de l'architecture. Le rêve s'effondre le 28 novembre 1284, en même temps qu'une grande partie de l'édifice. Ramenés à la raison, les hommes reprennent les travaux, sous la direction de l'architecte Enguerrand le Riche, renforcent et ajoutent des supports à l'intérieur et des arcs-boutants à l'extérieur. Le considérable chantier est loin de son terme au moment où débute la guerre de Cent Ans ; seul le chœur est alors achevé.

Avec Martin de Chambiges, les travaux reprennent au XVIe siècle, conduisant à l'érection du transept. La façade du croisillon sud est flanquée de deux tours à partie supérieure octogonale qui encadrent une grande rosace à six pétales. De superbes vitraux y représentent Dieu le Père et la Création ainsi que de nombreuses scènes tirées de l'Ancien Testament. La plus haute flèche de la chrétienté (153 mètres) surmonte le tout avant même que la nef ne soit construite. Y a-t-il là une nouvelle erreur fatale, due cette fois à l'architecte Jean Vaast ? Le 30 avril 1573, jour de l'Ascension, l'effondrement des piliers et de la flèche brise à jamais l'utopie beauvaisine. En dépit de la reconstruction des voûtes du transept en 1577-1578, la cathédrale restera un édifice tronqué, aussi beau que singulièrement audacieux.

BEAUVAIS (OISE)
CATHÉDRALE SAINT-PIERRE, VOÛTE DU CHŒUR
XIIIe SIÈCLE

L'essor vers le ciel. Réceptacle des formidables poussées verticales des supports et des baies, la voûte du chœur de Beauvais a subi un premier effondrement en 1284 d'où l'usage, pour la reconstruction de la compartimentation sexpartite qui avait caractérisé le gothique primitif. Ce qui ne nuit en rien à la fantastique sensation de légèreté dégagée par cette lointaine couverture de l'espace sacré, une légèreté d'ordre métaphysique, l'essor vers une condition supérieure, fruit de la méditation mystique plus que de la pratique dévote.

BEAUVAIS
CATHÉDRALE SAINT-PIERRE, CHEVET
MILIEU DU XIIIe SIÈCLE

Le défi aux lois de la pesanteur. À 50 mètres de hauteur, les contreforts cernent le chœur de l'église et semblent jeter sur lui un filet enveloppant d'arcs-boutants à double volée. C'est là le plus prodigieux ensemble de toute l'architecture gothique. L'incroyable minceur des contreforts, la virtuosité du contrebutement et l'immensité des baies ajourant les murs constituent autant de tours de force qui ne seront jamais répétés. Huit siècles après son érection, le chevet de Beauvais continue de susciter un étonnement qu'il faut entendre dans son acception étymologique : l'ébranlement par une forte commotion ; ainsi parlait-on, au XVe siècle, des voûtes « étonnées » (c'est-à-dire lézardées) du grand œuvre déployé vers le ciel !

1227 **Début de la construction de la nouvelle cathédrale de Beauvais, la Basse-Œuvre ayant été endommagée par un sinistre deux ans auparavant** 1234 Majorité de Louis IX, premiers effets de l'Inquisition en Languedoc 1244 Capitulation de Montségur (le 20 mars) 1252 Mort de Blanche de Castille 1257 Fondation, par Robert de Sorbon, d'un collège parisien, la future Sorbonne. Vers 1265 *Somme théologique* de saint Thomas d'Aquin 1270 Mort de Louis IX à Tunis (le 25 août) ; son fils Philippe III le Hardi lui succède.

BEAUVAIS (OISE)
CATHÉDRALE SAINT-PIERRE, CHŒUR

XIIIe SIÈCLE

Les proportions de la démesure. C'est de l'intérieur qu'apparaît avec la plus grande force le dessein vertigineux : la voûte s'élève à 48,20 mètres, les fenêtres s'ouvrent sur 18 mètres, l'impression d'immensité verticale étant encore accentuée par la finesse des supports et leur écartement. La lumière qui illumine le vaisseau vient des immenses baies mais aussi du triforium ajouré qui, étiré sur 4 mètres, surmonte les grandes arcades (21,20 mètres) aux arcs surhaussés. En dépit de l'absence de nef, l'ampleur spatiale est considérable ; la largeur du transept est égale à 59 mètres, les neuf chapelles du déambulatoire créent un approfondissement de la perspective et les supports jaillissent d'un seul élan jusqu'à la base de la voûte sexpartite.

NARBONNE (AUDE)
CATHÉDRALE SAINT-JUST

XIIIe SIÈCLE

Un monument inachevé. La première pierre de la cathédrale de Narbonne fut posée le 3 avril 1272 par l'évêque Maurin et les travaux poursuivis par les architectes Jean Deschamps et Dominique de Fauran, ce dernier assisté par son fils Jacques. Le chœur n'est terminé qu'en 1332 et la consécration de la cathédrale n'intervient qu'en 1587. Encore le bâtiment ne connaîtra-t-il jamais – à l'instar de Beauvais – d'achèvement définitif, même sous l'autorité de Viollet-le-Duc en 1840 ! Bien que l'évêque ait été à l'origine du projet, le chapitre est très vite devenu son principal entrepreneur et nous a laissé une abondante documentation sur le montage financier et le contrôle des travaux. La grande originalité architecturale de la cathédrale de Narbonne reste le remarquable écart de largeur entre ses premier et deuxième niveaux, écart combattu par le développement d'un superbe contrebutement.

Sainte-Cécile d'Albi

Contre Montségur, l'église-forteresse

Après 1250, l'architecture religieuse marque quelque peu le pas en France, en dépit de l'ouverture de nouveaux chantiers (chœur de Notre-Dame d'Évreux, Saint-Urbain de Troyes).

C'est dans ce contexte que surgit, à partir de 1282, la cathédrale Sainte-Cécile d'Albi (Tarn), signe éclatant du triomphe de l'Église romaine sur l'hérésie cathare et ses citadelles fortifiées.

Sainte-Cécile, cathédrale militante

Par sa puissante architecture, sa position dominante au cœur de la cité, le caractère délibérément guerrier de ses éléments défensifs, Sainte-Cécile est l'outil dissuasif dont la hiérarchie cléricale a besoin face au développement d'une hérésie cathare contre laquelle son discours n'a aucun effet apparent.

Construit en un siècle environ, l'édifice ne sera consacré qu'en 1480. Encore de nombreux ajouts viendront-ils en transformer la silhouette, du clocher de 1492 au baldaquin de la porte d'entrée, érigé en 1515-1540. Avec sa nef unique d'une centaine de mètres de longueur, l'édifice est caractéristique d'un gothique méridional qui privilégie l'unité du volume. Ainsi la largeur du vaisseau est-elle égale à sa hauteur (30 mètres), mais cette belle unité a été rompue à la fin du XVe siècle par l'ajout du jubé qui ouvre l'accès au chœur, en rond-point à sept pans entouré d'une clôture de pierre.

Murs et voûtes sont entièrement couverts de fresques où dominent le bleu et l'or. La vie de sainte Cécile en est le principal sujet. Les fresques de la voûte, qui constituent l'ensemble de peinture italienne renaissante le plus vaste (97 mètres sur 28 mètres) et le plus ancien de France (1509-1513), sont dues à des peintres bolonais commandités par Louis II d'Amboise. Sur un décor céleste et pastoral interviennent nombre de personnages bibliques.

Néanmoins, la pièce maîtresse de l'ensemble décoratif reste l'immense *Jugement dernier* (1473-1502) situé à l'extrémité occidentale et assez proche, par l'esprit, du chef-d'œuvre de Van der Weyden à Beaune. Il se signale par ses dimensions exceptionnelles (18 mètres de large sur 15 mètres de haut). Altéré à la fin du XVIIe siècle, il offre quelques-unes des plus hallucinantes visions suscitées par la crainte de l'enfer dans l'esprit de l'homme médiéval.

Citadelles cathares, la mémoire d'un martyre collectif

Au XIIe siècle, le catharisme (qui préconise une absolue pureté de mœurs) se développe en Languedoc. En 1208, l'assassinat du légat du pape permet à celui-ci de déclarer une guerre aux hérétiques. Béziers est prise, Carcassonne tombe à son tour, puis Toulouse, sous les coups de

Des occupants divers au fil du temps. Occupé dès l'époque romaine, l'extraordinaire site de Peyrepertuse était couronné par un château fort dès 1021. Sa position n'empêcha pas le seigneur local, Guillaume, de se rendre en 1217 à Simon de Montfort et la forteresse devient possession française en novembre 1239. À partir de 1241, les souverains du royaume feront procéder à un remaniement complet de la forteresse, le château primitif étant même dédoublé, pourvu de murs et de tours de flanquement. Cette photographie donne la mesure de son exceptionnelle capacité défensive, tant par l'aménagement de tous les éléments militaires que par l'intelligente adaptation aux aspérités du site naturel. La reddition qui marqua la chute de Peyrepertuse n'en reste que plus surprenante.

PEYREPERTUSE (AUDE) CHÂTEAU SAINT-GEORGES
XIe-XIIIe SIÈCLES

PUILAURENS (AUDE) CHÂTEAU
XIIIe SIÈCLE

L'ultime refuge des cathares. De ce véritable nid d'aigle d'une austère beauté, le premier occupant connu est un certain Pierre Catala, en 1217. Une puissante enceinte extérieure (70 mètres de long sur 30 mètres de large) vient renforcer les défenses du donjon et des logis. Cet ultime refuge de notables cathares, probablement tombé en même temps que celui de Quéribus (1255), devint le siège d'une garnison royale après le traité de Corbeil (1258). Il perdit toute fonction défensive après le traité des Pyrénées (1659). Puilaurens est certainement le mieux conservé des châteaux cathares ; il culmine à 695 mètres et fait l'admiration des spécialistes tant par sa perfection architecturale que par son ingéniosité défensive. Le plus émouvant, dans ce rude complexe, reste l'ensemble des cavités naturelles sous le corps du donjon, réserves et issues secrètes ouvrant sur la vertigineuse paroi nord de l'immense éperon rocheux.

Simon de Montfort. En dépit d'une vigoureuse réaction des insurgés, force reste au pouvoir royal, bientôt relayé par l'Inquisition (1233). Le tragique épisode de Montségur illustre la fin de cette aventure spirituelle : la reddition du 16 mars 1244 entraîne au bûcher 205 hommes et femmes fidèles à leur foi. La légende veut que, dans la nuit précédente, quatre « parfaits » aient pu quitter le château pour mettre en sécurité le trésor, jamais retrouvé, de l'Église cathare. De ce martyre collectif, les ruines bouleversantes d'Aguilar, Montségur, Peyrepertuse, Puilaurens, Quéribus, etc. demeurent comme autant de témoins frappés à jamais par la double malédiction du silence et de l'immobilité.

ALBI (TARN)
CATHÉDRALE
SAINTE-CÉCILE
XIIIe SIÈCLE

Un immense vaisseau fortifié. La cathédrale d'Albi est le plus grand bâtiment au monde construit intégralement en brique, d'où sa couleur si particulière et sa faible ornementation. Le faux mâchicoulis, ajouté en 1849, ne fait qu'amplifier la rigueur de cette conception défensive et menaçante qui contraste si singulièrement avec les richesses de la décoration intérieure. Construit sur des piles arrondies qui brisent la platitude délibérée de la façade, le clocher (78 mètres) est formé d'une tour carrée à triple étage ajouré ; l'érection en a été ordonnée par Louis Ier d'Amboise en 1485.

1270-1300 Rédaction du *Zohar*, ouvrage fondamental de la kabbale. 1272 Prise du château de Foix par les troupes régulières (le 5 juin) 1279 Traité d'Amiens entre Philippe III et Édouard Ier d'Angleterre **1282 Début des travaux de la cathédrale Sainte-Cécile d'Albi ; elle ne sera consacrée qu'en 1480** 1285 Mort de Philippe III (le 5 octobre) ; Philippe IV le Bel lui succède.

L'hôpital de Tonnerre

Vers une nouvelle solidarité de la cité médiévale

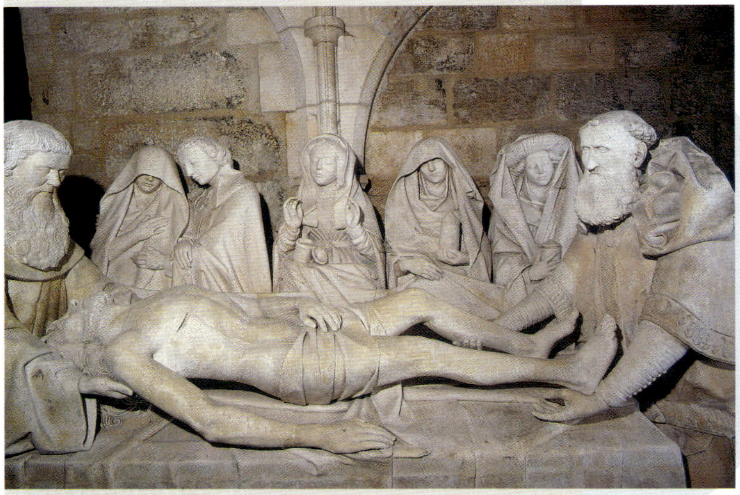

MISE AU TOMBEAU
JEAN MICHEL ET GEORGES DE LA SONNETTE
XVe SIÈCLE
Tonnerre, Vieil Hôpital

Un sujet en faveur au XVe siècle. Cette *Mise au tombeau* est l'une des plus anciennes d'Europe, puisqu'elle remonte à 1451-1454. Grandeur nature, les personnages évoluent avec un réalisme saisissant; certains commentateurs ont même parlé de « bourgeois bourguignons gras et richement vêtus » ! Aux deux extrémités du corps du Christ, Nicomède et Joseph d'Arimathie se signalent par la douceur résignée de leurs vénérables visages. Excentrée, Marie, le haut du visage dissimulé par un capuchon, reçoit les consolations de saint Jean cependant que, au centre de la composition, la pécheresse Marie Madeleine écarte ses deux mains en signe de douleur et d'impuissance. Sur ses genoux est ouvert le pot d'onguent qui a servi à embaumer le corps du Christ, tandis que les deux pleureuses n'ont pas encore fait usage du leur.

De tous les édifices civils médiévaux, l'hôpital est sans doute celui qui laisse le plus directement pressentir la notion d'urbanisme, le développement en germe d'un tissu citadin gouverné par une nouvelle solidarité et non par la seule nécessité.

Au soir du XIIIe siècle, la construction de l'Hôtel Dieu, dit aussi Vieil Hôpital, de Tonnerre (Yonne) forme l'un des témoignages les plus significatifs de cette inestimable mutation.

Marguerite de Bourgogne et les sept œuvres de miséricorde

Héritière du comté de Tonnerre, Marguerite avait épousé Charles Ier d'Anjou, frère de Saint Louis. Précocement veuve, c'est peut-être en mémoire de son défunt époux que, dès sa retraite à Tonnerre en 1287, elle décida la construction de l'hôpital Notre-Dame des Fontenilles. La source de ce projet nous est parvenue, sous forme d'une charte de fondation qui détermine avec précision l'emplacement et le fonctionnement du futur édifice. D'autres établissements hospitaliers existaient déjà à Tonnerre, la Maison Dieu pour les pèlerins sur la route de Saint-Jacques-de-Compostelle, la maladrerie Saint-Blaise qui recevait les lépreux, l'hospice Saint-Antoine... Mais à l'hôpital des Fontenilles il était demandé l'exercice des sept œuvres de miséricorde : nourrir les affamés, abreuver les altérés, héberger les pèlerins, vêtir les dépouillés, visiter les malades, consoler les prisonniers et ensevelir les morts. Vingt personnes furent affectées à ces tâches, sous la conduite du maître de l'hôpital, personnalité religieuse notoire.

Une ampleur remarquable

Au terme d'un chantier rapidement mené, l'édifice est fonctionnel en 1293. De la construction originale demeure la Chambre des Malades au centre de laquelle la fondatrice, morte en 1308, demanda à être inhumée dans un tombeau de cuivre et de bronze, disparu en 1793. Les dimensions de la salle sont considérables : une longueur de quelque 101 mètres (ramenée à

1287 **Marguerite, épouse de Charles Ier d'Anjou, frère de Saint Louis, décide la construction de l'hôpital Notre-Dame des Fontenilles à Tonnerre; il sera achevé dès 1293.** Vers 1296 Début du conflit entre Philippe le Bel et le pape 1297 Philippe le Bel envahit la Flandre 1303 Attentat d'Agnani contre le pape Boniface VIII.

AVIGNON (VAUCLUSE)
REMPARTS
XIVe SIÈCLE

Des remparts, encore et toujours. À partir de la construction du pont Saint-Bénezet, la ville d'Avignon se constitue en cité organisée selon les nouvelles exigences du temps, mais les troubles guerriers et politiques de l'époque vont bientôt la contraindre à se doter d'une nouvelle ceinture défensive; de 1349 à 1379 s'active le grand chantier des remparts, la plus longue ceinture urbaine (4 kilomètres) aujourd'hui conservée en France. Ses portes, ses tours polygonales et rectangulaires, ouvertes sur la ville, et ses mâchicoulis « à la provençale » caractérisèrent d'emblée l'impressionnant ouvrage à l'abri duquel la ville put prendre son prodigieux essor du XIVe siècle.

91 mètres après les remaniements du XVIIIe siècle), une largeur de 18,50 mètres et une hauteur de presque 20 mètres. Surtout, cette longue construction est couverte d'une admirable charpente à poinçons et entraits (poutres verticales et horizontales). Le plafond lambrissé et la gigantesque ossature en forme de carène de vaisseau renversé ont été réalisés en bois de chêne.
La salle pouvait contenir quarante lits, alignés le long des murs et séparés par des cloisons de bois. Au-dessus des alcôves courait une galerie qui permettait une surveillance constante et efficace des malades. À l'une des extrémités de la salle, la chapelle ouverte par trois arcades permettait à ces derniers, souvent groupés à deux ou trois par lit, de suivre la messe quotidienne. Au-dessus du maître-autel de la chapelle, se dresse toujours une *Vierge au Buisson ardent*, admirable spécimen de l'art bourguignon au XIVe siècle et, dans une sacristie latérale, une célèbre *Mise au tombeau* du XVe siècle.

Le signe manifeste de la puissance urbaine

De l'extérieur, la vue de la toiture du bâtiment — dont le faîte culmine à 25 mètres — devait produire un effet exceptionnel, grâce à ses tuiles vernissées, en dépit du sentiment d'écrasement provoqué par l'énormité de sa surface (4 500 m²) ; elles forment le digne couronnement de l'un des plus beaux édifices civils légués par l'ère gothique. Fortifications, hôtels de ville et hôpitaux composent la trilogie incontournable de la société urbaine de la fin du Moyen Âge.

TONNERRE (YONNE)
HÔPITAL (HÔTEL DIEU)
1293

Une harmonie fonctionnelle. Le Vieil Hôpital de Tonnerre se distingue par l'ampleur de ses dimensions et l'harmonie générale de ses formes extérieures. Le flot ininterrompu des tuiles couvrant l'édifice atteste la dextérité précoce des bâtisseurs engagés dans ce chantier civil, mais aussi leur souci de déterminer un volume unitaire adapté aux fonctions hospitalières de l'établissement.

BEAUVAIS (OISE)
MALADRERIE SAINT-LAZARE
FIN DU XIIIe SIÈCLE

Les soins aux malades, une obligation sociale urbaine. L'émouvante maladrerie Saint-Lazare a été récemment fort bien restaurée. Située très à l'écart de la ville (ce que l'actuel tissu industriel ne permet plus de percevoir), elle accueillait les victimes de la lèpre ou des grandes épidémies. Par la fonction qui fut la sienne au Moyen Âge, elle rappelle la précarité des ambitions humaines, au même titre — quoique de façon radicalement différente — que l'histoire turbulente et inachevée de la grande cathédrale voisine. Par ailleurs, elle témoigne des développements de l'obligation hospitalière à partir du XIIe siècle, parallèles à l'extension de la vie citadine.

Le pont Valentré à Cahors

Pour la guerre comme pour la paix

Emblème de la ville de Cahors (Lot), le pont Valentré illustre, à grande échelle, le cycle de mutations citadines induites par le développement des échanges au XIVe siècle.

Ce pont figure aussi parmi les plus belles réalisations de l'architecture civile du bas Moyen Âge. Sa construction ayant été décidée par les consuls de la ville en 1306, le chantier en est solennellement ouvert le 17 juin 1308. Il durera jusqu'au milieu du siècle ; certaines sources attestent que l'ouvrage est fonctionnel dès l'année 1351, d'autres évoquent un achèvement définitif entre 1355 et 1378.

Le pont Valentré, « pont du Diable »

L'ensemble est colossal, avec ses six arches gothiques supportant trois tours carrées à trois étages qui culminent à 40 mètres au-dessus du niveau du fleuve. L'ensemble des fortifications est complété par deux châtelets placés aux extrémités du tablier. De celui de l'ouest, il ne subsiste que quelques traces ; de l'autre, mieux conservé, les restaurations et aménagements du XIXe siècle ont significativement modifié l'aspect. Un relief installé en 1879 par Paul Gout (disciple de Viollet-le-Duc chargé de la restauration de l'ouvrage) rappelle la légende médiévale du « Pont du Diable », nom populaire de l'édifice ; Satan y est berné par l'ingénieux architecte en chef mais se venge en empêchant l'achèvement de la tour du milieu. Fable dont le principal mérite est de rappeler l'émerveillement nuancé d'incrédulité longtemps provoqué par toutes les grandes réalisations architecturales.

La création la plus proche du pont Valentré fut probablement, à la même époque, le Pont-Vieux de Villefranche-de-Rouergue. Mais d'autres entreprises l'avaient précédé, à l'image du pont Notre-Dame de Mende qui, mentionné dès 1229, enjambe le Lot de ses trois arches, dont celle du milieu a une portée dépassant 20 mètres, ou de l'ouvrage jeté sur le Rhône à Pont-Saint-Esprit en 1296. À Vienne enfin, le vieux pont Saint-Martin franchit la Gère, depuis le XIVe siècle, grâce à son développement en dos d'âne au-dessus d'une ample arche de pierre claire.

Le pont médiéval, frontière et lieu de passage

Le plus souvent, au Moyen Âge, ce sont les cours d'eau qui marquaient la limite entre les territoires de souverains ou de seigneurs rivaux. Aussi cette défense naturelle ne fut-elle que très progressivement, et souvent à contrecœur, neutralisée par l'usage de ponts de pierre, dont la solidité même devenait source de risques. Pour en interdire un usage trop libre, on édifia des ensembles défensifs aux deux extrémités, châtelets ou portes fortifiées et la levée d'une taxe de passage prit alors un caractère de légitimité et d'obligation ! Ainsi

CAHORS (LOT)
PONT VALENTRÉ
1308

Le génie défensif de la cité médiévale. Le pont Valentré est probablement la plus belle réalisation européenne de ce genre. Établi sur le Lot en un siècle particulièrrment troublé, il dresse ses grandes tours carrées au-dessus des puissantes mais élégantes arches gothiques et renforce son invincibilité par de lourdes saillies triangulaires (ou avant-becs) crénelées et placées en amont. Emblème de la ville — il a figuré très anciennement sur son sceau —, le pont Valentré témoigne de l'importance de ce type de construction, vers la fin du Moyen Âge. Désormais en France, même les cours d'eau les plus importants seront franchis par des ponts de pierre, sollicitant les techniques les plus avancées de l'époque.

1308 **Le chantier de construction du pont Valentré, décidé en 1306, est ouvert le 17 juin. Il durera au moins jusqu'au milieu du siècle** 1309 Installation du pape Clément V à Avignon (le 9 mars) 1314 Mort de Philippe le Bel (le 29 novembre). Trois rois se succèdent en 14 ans : Louis X le Hutin, Philippe V le Long et Charles IV le Bel 1328 Sacre de Philippe VI de Valois à Reims (le 29 mai).

LA VIE DE MONSEIGNEUR SAINT DENIS
MINIATURE
1317
Paris, Bibliothèque nationale de France

Le pont, lieu d'échanges commerciaux. Sur ce parchemin contemporain du chantier du pont Valentré, le moine Yves a représenté saint Denis convertissant les Parisiens et les exhortant à détruire les idoles païennes. Dans la partie inférieure de la composition, un pont, jeté sur la Seine que traversent diverses embarcations marchandes, forme le décor fortifié d'une scène urbaine exemplaire : un changeur attend les clients, un orfèvre frappe le métal, un porte-faix pousse sa charge… À l'autre extrémité, c'est un commerçant qui fait l'aumône à un chemineau. Le pont médiéval constitue ainsi, bien au-delà de sa fonction passagère, le théâtre d'une intense activité artisanale.

naquirent de nombreux ouvrages, dont le pont Valentré demeure le plus illustre exemple. Par ailleurs, la fureur des flots au temps des crues de printemps et l'intégration du pont au système défensif général de la cité conduisirent les bâtisseurs à chercher une solidité maximale, d'où l'excellent état de conservation des ouvrages, quand il n'ont pas été délibérément démolis pour des raisons de guerre ou de trafic.

VILLEFRANCHE-DE-ROUERGUE (AVEYRON)
PONT-VIEUX

1321

Le pont : carrefour autant que frontière. Au confluent de plusieurs cours d'eau, Villefranche-de-Rouergue, sise à une altitude de 250 mètres, occupe une position stratégique entre l'Auvergne et le fameux triangle aquitain des trois « cousines roses », Albi, Montauban et Toulouse. Fondée en 1252 par Alphonse de Poitiers, la bastide jette dès 1321 les trois arches de l'admirable Pont-Vieux (ou pont des Consuls) sur les flots de l'Aveyron. Agrémenté et fortifié à l'origine de deux hautes tours aujourd'hui disparues (probablement 30 mètres pour celle qui ouvrait directement sur le bourg), qui l'apparentaient au pont Valentré de Cahors, il est prolongé par une rue étroite menant droit à la collégiale Notre-Dame, au cœur médiéval de la cité.

Le palais des Papes à Avignon

La chrétienté en crise

AVIGNON (VAUCLUSE)
CLOÎTRE DE BENOÎT XII
XIVe SIÈCLE

Un cloître au cœur du palais. C'est sous le pontificat de Benoît XII (1334-1342) qu'est édifié le Palais-Vieux, d'une certaine rudesse de formes et de matériaux ; le chantier est placé sous la direction de Pierre Poisson. Le cloître, avec ses forts piliers dénués de toute ornementation, en constitue la cour principale. Mais il assure aussi la fonction de centre de distribution et de communication de tout le bâtiment, grâce à ses galeries superposées. Ses côtés sont distincts et tous d'un grand intérêt architectural : aile des Hôtes, aile des Familiers et Grande Chapelle bénédictine. L'aile des Familiers est surmonté par le délicat campanile à la cloche d'argent et par la tour de la Campane, beaucoup plus massive.

En 1309, les troubles profonds affectant l'Italie et la toute puissance du souverain Philippe le Bel contraignent le pape, chef spirituel d'un monde chrétien en mutation, à quitter Rome pour Avignon.

Au confluent du Rhône et de la Durance, à la croisée de la France architecturale et de l'Italie picturale, la cité provençale devient un grand foyer de création artistique et le siège d'une aventure aussi brillante qu'éphémère. Du palais épiscopal construit auparavant sur le rocher des Doms demeure le plan général. Le palais pontifical fut, pour l'essentiel, érigé en deux campagnes successives. Les travaux du Palais-Vieux de Benoît XII (situé au nord de l'édifice) débutèrent en 1335 par la tour des Anges, flanquée d'appartements privés et protégée par un rempart, puis par celle de la Grande Chapelle, parallèle à la cathédrale Notre-Dame des Doms.

Le chef-d'œuvre emblématique du gothique fortifié

De 1338 à 1342, sous la direction de l'architecte Pierre Poisson, l'aménagement des ailes de l'ancien palais épiscopal autour d'un cloître robuste oriente l'édifice vers la forteresse plus que vers la demeure somptuaire. Le palais est dominé par la tour de Trouillas (52 mètres) et voûté de plafonds de bois.

Le pape Clément VI ayant succédé à Benoît XII, la seconde campagne, dirigée par Jean de Louvres dès 1342, fait surgir, au sud, le Palais-Neuf couvert de voûtes ogivales. Après la construction de la tour de la Garde-Robe, Clément VI entreprend en 1344 la salle de la Grande Audience, surmontée de la Grande Chapelle, l'édification de l'aile des Grands Dignitaires, en retour

AVIGNON
TOUR SAINT-JEAN,
CHAPELLE
SAINT-MARTIAL
DÉCOR DE
MATTEO GIOVANNETTI
1344-1345

Le récit d'un miracle. Ce décor peint réalisé sous la direction de l'Italien Matteo Giovannetti représente l'un des plus célèbres miracles de saint Martial, miracle advenu dans la petite ville de Toulx (Toulx-Sainte-Croix, Creuse), au cœur du Limousin. Par simple imposition des mains, le saint ramène à la vie un jeune homme qui avait péri étouffé. Dans un geste d'un naturel parfait, il l'aide ensuite à se relever en le tirant par le bras, à la surprise joyeuse de toute sa famille. Le père du miraculé, Nerva, un notable romain, est identifié par une inscription placée au-dessus de ses mains jointes.

d'équerre, fermant la Cour d'honneur ; moins défensive, elle est plus élégante et offre, dans les salles, de beaux décors sculptés.

Des fresques italianisantes

À partir de 1343, Matteo Giovannetti, peintre originaire de Viterbe, dirige la décoration de la tour de la Garde-Robe (chambre du Cerf) puis, d'octobre 1344 à avril 1346, celle des chapelles Saint-Martial (située au deuxième étage de la tour Saint-Jean et ouvrant sur le Grand Tinel) et Saint-Jean. Quant aux fresques de Simone Martini, aujourd'hui dans la salle des Festins, elles ornaient à l'origine le portail de la cathédrale. En 1352, Giovannetti entreprendra l'ensemble décoratif des murs de la Grande Audience. Les *Scènes de chasse et de pêche* de l'antichambre, puisées dans la poésie pétrarquiste et traitées à la mode des paysages siennois, constituent le premier terrain d'échange des goûts français et italien, ce qui leur confère une importance historique exceptionnelle.

1335 Début des travaux du Palais-Vieux de Benoît XII par la tour des Anges 1337 Édouard III, souverain anglais, réclame le royaume de France **1338-1342 Aménagement des ailes de l'ancien palais épiscopal d'Avignon** 1346 Défaite des troupes françaises à Crécy (le 26 août) 1348 Ravages de la peste noire en France 1356 Défaite de Jean le Bon à Poitiers (le 19 septembre) 1360 Retour de Jean le Bon à Paris (le 13 décembre).

AVIGNON (VAUCLUSE)
PALAIS DES PAPES,
FAÇADE PRINCIPALE
MILIEU DU XIVe SIÈCLE

Entre forteresse et palais. Le palais des Papes d'Avignon est l'une des réalisations architecturales les plus complexes du Moyen Âge. Pour l'essentiel, il s'est construit par accumulation de chapelles et d'appartements autour des cours intérieures. Avec ses immenses arcades aveugles, ses hauts créneaux, ses archères et ses baies réduites au minimum, la puissante façade fortifiée présente cette curieuse particularité d'annoncer, en tant qu'édifice religieux, la transition entre la forteresse médiévale traditionnelle et la grande résidence, telle qu'on peut également la pressentir, à la même époque, dans les transformations du Louvre de Charles V et dans celles de Vincennes.

SAINT-FLOUR (CANTAL)
CATHÉDRALE
SAINT-PIERRE
XVe SIÈCLE

Une cathédrale dans la tourmente. Après le retour des papes à Rome, les grands chantiers religieux se font rares en France ; à Saint-Flour, l'évêque local ordonne cependant l'édification d'une nouvelle cathédrale, l'ancienne basilique s'étant effondrée en 1396. L'architecte Hugues Joly mena à bien les travaux en dépit de la guerre, de la misère générale, des épidémies et des raids anglais. Très sévère (bien plus, par exemple, que les précédents de Mende ou de Saint-Claude), l'édifice construit à 800 m d'altitude prend des allures de forteresse en harmonie avec son austère environnement.
Les deux puissantes tours de lave grise se signalent par leur curieuse différence de largeur. À l'intérieur, c'est l'élan vertical qui frappe le regard, d'autant plus que la lumière y est parcimonieusement distribuée par les baies des collatéraux.

Le donjon de Vincennes

La force des préoccupations défensives

VIE ET MIRACLES DE MONSEIGNEUR SAINT LOUIS ; SAINT LOUIS S'EMBARQUE POUR LA CROISADE

1320

Paris, Bibliothèque nationale de France

La fin des croisades en Terre Sainte. Au temps de Saint Louis, l'idéal de croisade s'est affaibli. Pourtant, en décembre 1244, à la suite d'une grave maladie, le roi fait vœu de se croiser, soutenu par le pape Innocent IV. Louis consacre trois ans à préparer son expédition et fait construire le port d'Aigues-Mortes. Espérant convaincre les Mongols de l'intérêt d'une alliance militaire contre les Sarrasins, il leur envoie une ambassade. Louis laisse la régence à Blanche de Castille et, accompagné de son épouse, de son frère Charles d'Anjou et du légat pontifical, quitte le royaume le 25 août 1248. L'entreprise connaîtra un cuisant échec. La huitième et dernière croisade s'achèvera par la mort de Saint Louis à Tunis.

1361 **Date probable de l'ouverture du chantier du château de Vincennes ; l'enceinte fortifiée sera achevée en 1369.** Jean le Bon réunit le duché de Bourgogne au royaume de France 1364 Sacre de Charles V (le 19 mai) 1378 Grand Schisme, élection de deux papes ; l'un séjourne à Rome, l'autre en Avignon 1380 Mort de Du Guesclin (le 13 juillet) ; Charles VI le Fou devient roi.

Au milieu du XIVe siècle, priorité est donnée à la construction défensive. Ainsi Charles V transforme-t-il à Vincennes le manoir de chasse de Philippe Auguste en résidence royale et fortifiée, tout comme, un siècle plus tôt et à l'autre extrémité du royaume, Saint Louis avait fait construire la cité fortifiée d'Aigues-Mortes, base stratégique de sa future croisade.

Vincennes, offre ainsi aux souverains l'occasion de vivre dans un climat de cour, à l'écart des turbulences du peuple de Paris. De ce principe, la descendance sera prestigieuse, avec Chambord, Fontainebleau puis Versailles.

Vincennes, premier palais royal hors les murs de Paris

Le chantier du château de Vincennes, tel que nous le connaissons, s'ouvre probablement en avril 1361. Trois ans plus tard, la tour carrée flanquée de quatre tourelles cylindriques s'élève déjà au tiers de sa hauteur actuelle. Charles V s'attache à conférer un cachet royal à cette forteresse dans laquelle il a vu le jour, le 21 janvier 1338 : superposition de quatre niveaux de pièces carrées au-dessus de l'édifice déjà construit, installation d'un escalier monumental dans une tour, ouverture d'une entrée solennelle au niveau du premier étage. Enfin, un châtelet et une enceinte fortifiée assurent la sécurité de ce premier état du château en 1369.

Quatre ans plus tard, un nouveau programme, encore plus ambitieux, est mis en œuvre. Une ceinture de murailles est dressée, protégeant un quadrilatère de

AIGUES-MORTES (GARD) CHEMIN DE RONDE

XIIIe SIÈCLE

Une remarquable homogénéité. Les fortifications d'Aigues-Mortes ont été réalisées en appareil régulier et en pierres lisses, d'où l'extraordinaire unité de toutes les parties assemblées. Ainsi le chemin de ronde court-il régulièrement, de courtine en tour d'angle, sur toute la muraille. Un soin tout particulier a été porté aux archères et aux créneaux, pièces maîtresses dans le dispositif destiné à décourager les assauts.

389 mètres par 266 mètres. Elle est balisée de neuf tours rectangulaires culminant à 40 mètres. Nous n'en connaissons, hélas ! plus qu'une, celle du Village, les huit autres ayant été décapitées au XIXe siècle, mais le dessin en est conservé dans le catalogue de dessins de Jacques Androuet du Cerceau.
La dernière étape se situe en 1378-1379, avec l'érection de la chapelle, dont le style se rapproche de celui de la Sainte-Chapelle de Paris. Devenu prison d'État sous Louis XI, remanié par Le Vau au XVIIe siècle, transformé en fabrique de porcelaine et en arsenal aux époques suivantes, le château restauré s'est aujourd'hui converti en pôle culturel important.

Un effort de guerre déjà ancien

Si les vestiges d'architecture civile du XIIIe siècle sont rares en France (à l'image de la maison des Templiers à Caudebec-en-Caux, 1264), le patrimoine témoignant de l'effort de guerre ne manque ni de consistance, ni d'intérêt. De l'enceinte médiévale d'Épinal, par exemple, construite en 1240-1260 sur une longueur de 1 800 mètres, subsistent trois tours et 75 mètres de fortifications, mises au jour en 1978. De même, les remparts de Dinan, dressés du XIIIe au XIVe siècle, rappellent les troubles du Moyen Âge finissant en Bretagne. Leur développement dépasse 2,5 kilomètres, la plus grande partie remontant aux lendemains immédiats du rattachement de la cité au domaine ducal (1283).
Quant à l'impressionnante ceinture de remparts d'Aigues-Mortes (Gard), elle était née du désir exprimé vers 1250 par Louis IX de posséder un port sur la Méditerranée. Si la tour de Constance – 30 mètres de hauteur, 20 mètres de diamètre, 8 mètres d'épaisseur de mur – fut édifiée à partir de 1241, la muraille elle-même ne fut entreprise qu'en 1272. Il revint à Philippe le Bel d'en promulguer l'achèvement, à partir de 1289. Terminée au début du XIVe siècle, elle protégea la fortune éphémère d'une ville privée tôt de son rôle stratégique.

VINCENNES (VAL-DE-MARNE)
CHÂTEAU,
DONJON DE CHARLES V
1361

Forteresse et résidence royale. Au rez-de-chaussée et au premier étage, se trouve disposé un formidable appareil défensif, dominé par les logis royaux (du roi, de la reine et du dauphin), l'ensemble étant couronné par l'impressionnant logis de Charles V. Cette énorme réalisation dite « grosse tour » ne deviendra « donjon » qu'au XVIIIe siècle. Ainsi les rois de France disposent-ils tout à la fois d'un havre de paix, propre à l'exercice de tous les plaisirs, et d'une citadelle puissante à l'est de Paris (les Huns, faut-il le rappeler, avaient brûlé *Vilcenium*, juste avant de parvenir sous les murs de la capitale).

AIGUES-MORTES (GARD)
REMPART SUD-OUEST
XIIIe-XIVe SIÈCLES

Un ensemble d'architecture militaire exceptionnel. Courant sur un périmètre d'environ 1,7 kilomètre, les fortifications d'Aigues-Mortes déterminent un quadrilatère de 16 hectares en terrain plat. Le rempart colossal est ouvert par cinq portes principales, formées d'un accès compris entre deux tours, et quatre portes secondaires aménagées entre des tours rectangulaires ; cinq tours circulaires ou en « U » complètent cet ensemble qui semble n'offrir aucune faille. L'une des raisons de la parfaite conservation des murailles tient au quasi-abandon de la cité dès le milieu du XIVe siècle et à sa situation à l'écart des grandes voies de communication et d'échange.

Gothique flamboyant et

Renaissance française

Gothique flamboyant et

Le XVe siècle français invente et développe un style, le gothique flamboyant, qui s'inscrit aujourd'hui sous les couleurs du crépuscule, mais qui apparut à ses acteurs et promoteurs comme l'ouverture d'une ère nouvelle. Il est illustré par quelques édifices religieux dont la somptuosité ne fait oublier ni la rareté ni la faible ampleur. Par ailleurs, l'architecture des châteaux, longtemps sous-évaluée relativement à celle des lieux de culte, rend compte des mutations du temps avec une clarté inconnue ailleurs, surtout si l'on examine l'organisation médiévale, voire féodale, de la vie à l'intérieur du château fortifié. En la matière, le château de Bonaguil touche à la perfection, aussi bien par l'ingéniosité de ses dispositifs traditionnels que par l'audace dont témoignent ses constructeurs dans l'usage des techniques défensives les plus novatrices.
Au yeux de l'historien, un nouvel équilibre s'établit entre les différents types d'édifices, notamment lors de la transition du château seigneurial à l'hôtel particulier, demeure fastueuse dont les riches bourgeois font un palais au cœur de la cité ; celle-ci s'enrichit aussi de structures nouvelles, belles demeures privées (palais Jacques-Cœur à Bourges, hôtels de Cluny ou de Sens à Paris) ou édifices fonctionnels destinés au service public, à l'image de l'Hôtel-Dieu de Beaune, de l'Ancienne Douane de Colmar, ou de l'hôtel de ville de Compiègne. À la fin de ce riche XVe siècle, l'accumulation des innovations finit par poser problème relativement à leur origine, une étude même attentive ne permettant qu'imparfaitement de déterminer avec précision ce qui revient aux derniers feux du gothique flamboyant et aux premières innovations de la Renaissance dans la genèse des édifices civils ou religieux.

Une virtuosité ornementale sans frontières

Esthétiquement, le gothique flamboyant, premier style européen à exalter la virtuosité, parvient à son apogée. Ce savoir-faire, les maîtres bâtisseurs le doivent à une expérience plusieurs fois séculaire de la taille de la pierre, des techniques de construction et du vocabulaire décoratif. Spectaculaire dans ses effets, l'art flamboyant ne l'est pas par les dimensions qu'il donne à ses réalisations, lesquelles ne prétendent jamais au gigantisme des grandes cathédrales du XIIIe siècle. Dans le domaine religieux, à Saint-Maclou de Rouen comme à la Trinité de Vendôme ou à Notre-Dame-de-l'Épine, la disparition des éléments qui freinaient l'énergie ascensionnelle de l'édifice (chapiteaux, triforium) provoque une complexité nouvelle des nervures de la voûte. La diffusion européenne du style flamboyant, immédiate au XVe siècle à travers tout le continent, se fait parallèlement à l'éclosion du Quattrocento florentin.

La malédiction de la guerre

Toute cette période, historiquement et architecturalement, s'inscrit d'une certaine façon sous le signe de la guerre de Cent Ans qui, ouverte dès 1337, ne connaît son véritable épilogue qu'avec la victoire française de Castillon, le 17 juillet 1453. Les dernières décennies — victorieuses mais terriblement coûteuses — de ce conflit sont marquées par un ralentissement considérable de l'activité des chantiers. Un autre creux très net est directement lié au règne belliqueux de Charles le Téméraire (1467-1477), duc de Bourgogne et adversaire acharné du roi de France.
De façon certaine, ces deux guerres, aux conséquences effroyables pour la population, ont affaibli l'élan bâtisseur dans la première moitié du XVe siècle, exception faite de l'architecture militaire, celle des remparts, châteaux et autres fortifications.
Dans ce panorama général, la floraison de calvaires en Bretagne peut surprendre ; mais ce phénomène renvoie aussi à des circonstances historiques particulières, puisque c'est au cours de cette période que la Bretagne perd peu à peu son indépendance, en dépit de rudes et meurtriers combats, jusqu'à son intégration *de facto* au royaume de France, le 20 juillet 1524, jour de la mort de Claude de France, épouse de François Ier et fille d'Anne de Bretagne.

La paix revenue et l'éclosion renaissante

Au sortir de tous ces tumultes, et en contraste avec toutes ces misères, c'est une période singulièrement faste que vit la France lors de la première décennie du règne de Charles VIII (1483-1498). Le royaume bénéficie simultanément d'une paix enfin officialisée avec l'Angleterre (traité de Picquigny en 1475) et de sa victoire sur la Bourgogne (mort du Téméraire en 1477).

Jeanne d'Arc, prisonnière devant Compiègne le 23 mai 1430
Miniature de Martial d'Auvergne (1430 / 1435-1508) extraite des *Vigiles de Charles VII*
Vers 1484
Paris, Bibliothèque nationale de France

Née à Domrémy le 6 janvier 1412, Jeanne d'Arc n'est pas seulement une héroïne nationale ou une petite bergère martyre. Reconnue comme chargée d'une mission divine à la suite de sa rencontre avec Charles VII, le « roi de Bourges », elle infligea aux Anglais un cuisant échec à Orléans, en mai 1429, puis fit sacrer Charles le 17 juillet, à Reims. Par la suite, Jeanne connut l'échec, étant même blessée à Saint-Denis et perdant toute influence à la cour.
Attirant cependant une foule fervente sur son passage, à Melun, Senlis, Soissons, c'est sous les murs de Compiègne qu'elle fut capturée, le 23 mai 1430, par un mercenaire au service du duc de Bourgogne, Jean de Luxembourg. Étonnant ses juges par sa clairvoyante intelligence (questionnée sur sa croyance en la grâce divine, elle répondit : « Si je n'y suis, Dieu m'y mette, si j'y suis, Dieu m'y tienne »), elle fut condamnée et brûlée vive comme relapse, le mercredi 30 mai 1431, à l'âge de dix-neuf ans, sur la place du Vieux-Marché à Rouen. Ses prophéties de 1429 s'accomplirent néanmoins : Charles VII reprit Paris en 1437 et les Anglais quittèrent la France après leur défaite à Castillon en 1453. Jeanne, réhabilitée, devait désormais incarner un sentiment national incomplètement ressenti avant elle.

Renaissance française

Un bal sous Henri IV
Louis de Caulery
1610-1620
Huile sur bois, 50 x 98 cm
Rennes, musée des Beaux-Arts

Dans cette scène de cour, le détail des musiciens en action — dont un luthiste debout — atteste l'esprit d'une Renaissance finissante, le luth étant l'instrument de cette période de transition. La musique « de chambre », destinée à l'espace privé, et non au théâtre ou à l'église, n'a rien de populaire, même pas dans la plus étroite acception du terme. Elle est réservée à la cour ou à la bourgeoisie la plus riche. Cependant, elle ne règne pas en maîtresse dans cet espace privé, ne s'y accomplissant, ou ne s'y réfugiant, que pour être exclue de l'espace public, religieux ou profane. Ici, l'ouverture en perspective des appartements princiers confère à ce cadre spatial une dimension d'une singulière ampleur.

Effet immédiat de cet optimiste apaisement, on voit poindre au sein de la noblesse et de la riche bourgeoisie un nouvel intérêt pour l'architecture la plus neuve, c'est-à-dire l'italienne. La malheureuse expédition de Charles VIII en Italie (1495-1497) ouvrira la France, et bientôt toute l'Europe, à l'influence d'une Renaissance née à Florence et passée à Rome.
Dans les provinces comme à Paris, cet état de grâce se traduit par la réalisation de nombreux projets religieux ou privés. C'est dans l'aménagement de certaines demeures que l'on discerne les avant-courriers de cette métamorphose, cependant qu'à Amboise, Blois puis Gaillon s'ouvrent réellement les premiers chantiers manifestant la réalité (et les limites) de la diffusion renaissante en France.

Renaissance française, le temps des châteaux

La Renaissance française doit donc une part décisive de son impulsion à la leçon italienne, mais elle développe un ensemble formel qui la situe plus dans la descendance de l'esthétique gothique que dans celle de l'Italie. À Blois, par exemple, les ailes si différentes du château attestent paradoxalement la permanence et la cohérence du génie local. De ce point de vue, rien n'est plus éclairant que le chantier du château de Fontainebleau, atelier de la Renaissance tout à la fois française et royale. Une particularité remarquable saute aux yeux de l'historien : le retrait relatif de la construction religieuse, qui perdure néanmoins entre survivance médiévale et particularismes locaux ; on en voit notamment les effets sur le chantier de Saint-Étienne-du-Mont, à Paris.

En revanche, la construction princière s'épanouit, les demeures de seigneur se multiplient. Si Amboise est le premier château à profiter de l'apport italien (tour des Minimes), aussitôt suivi par l'aile François Ier de Blois, les progrès des architectes français sont tels que les châteaux suivants, ceux de Chenonceau et d'Azay-le-Rideau, se détachent de l'esprit ultramontain pour se tremper aux sources d'un gothique transfiguré. Le château de Chambord, qui marque l'éclosion de l'architecture monarchique, est érigé pour la royauté, comme au siècle précédent la basilique Saint-Pierre l'avait été pour la papauté. Dans le même temps, les premières tendances classiques apparaissent chez Pierre Lescot, Philibert Delorme et Jean Bullant. Ailleurs, la cité s'enrichit d'emblèmes de pouvoir économique, donne des signes d'essor urbain, développe de nouvelles conceptions défensives (dont la citadelle de Sisteron demeure la plus saisissante démonstration) ; elle annonce l'entrée définitive dans les Temps modernes.

Gothique flamboyant et

Dates	Histoire, culture, idées	Monuments
1405	Après une trêve de neuf ans, reprise des hostilités entre Français et Anglais	
1410		**Ouverture du chantier de Notre-Dame-de-l'Épine (Marne)**
1415	Le 25 septembre, victoire de l'armée anglaise sur l'armée française à Azincourt	
1422	Mort de Charles VI ; le 30 octobre, Charles VII proclamé roi de France	
1429	Le 17 juillet, Jeanne d'Arc fait sacrer Charles VII à Reims	
1431	Le 30 mai, supplice de Jeanne d'Arc sur la place du Vieux-Marché à Rouen	
1440	Exécution de Gilles de Rais (compagnon de Jeanne d'Arc) le 26 octobre	
1443		**↑ Signature le 4 août de la charte de fondation de l'hospice de Beaune (Côte-d'Or)** **Jacques Cœur acquiert à Bourges (Cher) le terrain de son futur palais →** 
1450	Victoire française de Formigny ; les Anglais sont chassés de Normandie Première impression de la Bible par Gutenberg	
1453	Fin de la guerre de Cent Ans ; fin de l'Empire romain d'Orient	
1461	Mort de Charles VII le 22 juillet, sacre de Louis XI, le 15 août	
1472	Jeanne Hachette défend héroïquement la cité de Beauvais assiégée par Charles le Téméraire	
1480		**Début probable de la construction de l'Ancienne Douane de Colmar (Haut-Rhin) ↖**
1483	Mort de Louis XI, le 30 août. Charles VIII lui succède	**Début de la transformation du bloc féodal de Bonaguil (Lot-et-Garonne) en forteresse seigneuriale** 
1485	Début de la « guerre folle » en Bretagne (province définitivement française en 1524)	
1491	Charles VIII, roi de France, épouse Anne, duchesse de Bretagne, le 6 décembre	
1492	Christophe Colomb débarque à Cuba le 12 octobre	**Ouverture du chantier de Saint-Étienne-du-Mont (Paris) ; l'église ne sera consacrée qu'en 1626 ↘** 
1495	Retour en France de Charles VIII après sa victoire à Fornoue en Italie, le 6 juillet	
1498	Le 7 avril, mort de Charles VIII à Amboise ; Louis XII lui succède	**Début de la construction de l'aile Louis XII du château de Blois (Loir-et-Cher)**
1499	Louis XII épouse Anne de Bretagne, dont le duché reste indépendant	
1501	La dernière croisade française, armée par Louis XII, est vaincue en mer	

Renaissance française

Dates	Histoire, culture, idées	Monuments
1502		**Début des travaux de l'hôtel de ville de Compiègne (Oise) →** 
1503	Célèbre épisode de la défense du pont de Garigliano par le chevalier Bayard	
1505		**Marguerite d'Autriche passe contrat pour la construction de l'église abbatiale de Brou (Ain)**
1513		**← Thomas Bohier transforme en châtellenie le domaine de Chenonceau (Indre-et-Loire), siège du château qu'il s'apprête à faire construire** 
1514	Mort d'Anne de Bretagne ; le 18 mai, sa fille Claude épouse le futur François Ier	
1515	Le 25 janvier, sacre de François Ier ; les 13-14 septembre, victoire de Marignan	
1519	Le 31 mars, naissance du futur Henri II ; le 28 juin, Charles Quint élu empereur	**Début du chantier de Chambord (Loir-et-Cher)**
1520	Rencontre dite du camp du Drap d'or entre François Ier et Henri VIII, du 7 au 24 juin	
1525	Défaite de Pavie, le 24 février ; François Ier, prisonnier de Charles Quint à Madrid	
1526	Le 14 janvier, traité de Madrid et libération de François Ier	
1527	Le 5 mai, sac de Rome par l'armée impériale de Charles Quint	**François Ier décide d'aménager son palais à Fontainebleau (Seine-et-Marne) ↙** 
1528	« Paix des Dames » à Cambrai, le 3 août ; trêve entre François Ier et Charles Quint	
1530	Remariage de François Ier avec Éléonore d'Autriche, sœur de Charles Quint, le 7 juillet	
1547	Mort de François Ier, le 31 mars ; Henri II lui succède	
1559	Le 3 avril, traité du Cateau-Cambrésis qui met fin aux guerres européennes d'Italie	
1572	Le 24 août, massacres de la Saint-Barthélemy, poursuivis en septembre et octobre	
1581		**Érection du calvaire du Guimiliau (Finistère)**
1588	Le 23 décembre, Henri III fait assassiner Henri de Guise à Blois	
1589	Henri IV roi de France, le 2 août, mais la Ligue, qui lui est hostile, tient Paris	
1590		**Début du remaniement complet de la citadelle de Sisteron (Alpes-de-Haute-Provence) ↘** 
1594	Le 22 mars, Henri entre triomphalement dans Paris	

Notre-Dame-de-l'Épine

Prototype du style flamboyant

À l'aube du XVe siècle, le souci d'ornementation, qui atteste la virtuosité du maître d'œuvre, se substitue partiellement au désir d'élévation qui caractérisa le gothique du XIIe au XIVe siècles. Notre-Dame-de-l'Épine (Marne) en est peut être l'exemple le plus révélateur.

D'autres édifices illustrent certes, à l'image de la Trinité de Vendôme, cet ultime état du gothique, mais ici l'exploitation formelle du jeu des flammes en courbes et contre-courbes parvient à sa perfection.
Construite à l'écart de tout grand foyer civil ou religieux, Notre-dame-de-l'Épine doit son existence à la seule volonté des habitants de la région, subjugués par un miracle survenu le 24 mars 1400. Ce jour-là, un berger, alerté par une lueur dans un buisson, aurait vu tous ses moutons s'enfuir à l'exception des agneaux et aurait découvert une statue de la Vierge au plus épais du fourré, statue portée au petit matin dans la proche chapelle Saint-Jean !
Bienheureux miracle ! Il n'en fallait pas plus pour lancer un chantier coûteux lors même que, la guerre de Cent Ans faisant rage, Reims était aux mains des Anglais. Curieusement, c'est au clergé de Châlons qu'il revint donc d'avancer les fonds nécessaires et de solliciter en 1410 un architecte anglais du nom de Patrick. Lequel exigea 600 livres et l'aide bénévole des fidèles de la paroisse. Dix ans plus tard, le contrat sera rompu *de facto* par la fuite (avec l'argent !) du vaillant Patrick, pour cause d'avancée des troupes de Jeanne d'Arc !

Un édifice exemplaire du gothique flamboyant

Notre-Dame-de-l'Épine est le prototype achevé d'un gothique « flamboyant », qualificatif employé par l'historien et archéologue Arcisse de Caumont (1802-1873) pour caractériser cette forme du gothique tardif reposant sur un jeu de courbes et de contre-courbes évoquant irrésistiblement l'idée visuelle de la flamme. La façade de Notre-Dame-de-l'Épine constitue une synthèse précoce de cette esthétique, unique par son unité et son brio.

Un histoire riche en péripéties

Trois rois vont traverser les années d'édification de l'église, à commencer par Charles VI, dit le Fou, sous le règne duquel la nef est entreprise, suivie par le transept et le chœur. Les piles cylindriques de la nef et l'élévation à trois étages (grandes arcades, triforium, fenêtres hautes) reprennent le schéma utilisé à Notre-Dame de Reims. La façade du bras droit du transept, dont le portail forme l'accès principal de l'église, est achevée en 1439. À la suite d'un ultime allongement de la nef, le « maçon » Étienne Poutrise entreprend, après 1440, la reconstruction de la façade occidentale. Les largesses de Charles VII, venu en visite, accélèrent la poursuite du projet. La grande façade harmonique est achevée aux alentours de 1470, recevant deux ans plus tard la visite — accompagnée d'un don généreux — du successeur de Charles VII, Louis XI.
Jusqu'au milieu du XVIe siècle, aménagements et adjonctions modifieront quelque peu la silhouette du monument, devenu lieu de pèlerinage et bénéficiaire de

SAINT-NICOLAS-DE-PORT (MEURTHE-ET-MOSELLE) CROISÉE DU TRANSEPT
Fin du XVe siècle

Une basilique dédiée au culte de saint Nicolas. Comme à L'Épine, c'est un prodige — une relique de saint Nicolas (un doigt ramené de Terre Sainte par un seigneur du lieu) avait miraculeusement échappé au feu — qui est à l'origine de l'érection du premier édifice, dans la vallée de la Meurthe, à 13 kilomètres à l'est de Nancy. Devenu lieu de pèlerinage, il reçut d'illustres visiteurs dont, en 1428, la Lorraine Jeanne d'Arc venue y recommander son expédition. Les architectes chargés dès 1481 de la reconstruction de Saint-Nicolas-de-Port semblent partagés entre fidélité au canon rayonnant des siècles précédents et ouverture à l'esthétique flamboyante (qui l'emporte largement). À la voûte, liernes et tiercerons s'entrecroisent au-dessus des hautes fenêtres qui dominent elles-mêmes directement les grandes arcades.

VENDÔME (LOIR-ET-CHER) ÉGLISE DE LA TRINITÉ, FAÇADE
Vers 1506

Un monument à la gloire du style flamboyant. Avec Notre-Dame-de-l'Épine et Saint-Maclou de Rouen, la Trinité est l'un des plus beaux édifices flamboyants de France. Sa façade, achevée vers 1506 par Jean de Beauce, se signale par un élan vertical d'une rare vigueur. Le portail central, orné d'un tympan vitré, est surmonté d'un gâble étincelant qui occulte partiellement une large baie également vitrée. Le massif central est entouré de deux contreforts surmontés de pinacles à redents, encadrant à leur tour un pignon triangulaire ajouré d'une petite baie qui fait écho à la verrière du compartiment inférieur. Deux petits portails, ornés de motifs flamboyants, s'ouvrent de part et d'autre des contreforts. Les premiers arcs-boutants, à double étage, s'élancent au-dessus d'eux à la rencontre de la nef ; ils reposent sur des piles porteuses de hautes culées sculptées.

nombreux dons. Le déambulatoire à cinq chapelles rayonnantes est construit par Rémy Gouveau de 1509 à 1524 et la clôture flamboyante du chœur voit le jour en 1527, suivie quinze ans plus tard par une autre clôture, de style Renaissance. Parmi les plus singuliers avatars de Notre-Dame-de-l'Épine, on relève la destruction de la flèche de la tour de gauche en 1798 pour installer un poste télégraphique ; elle sera reconstruite en 1868. Dans cette longue histoire, la part la plus pittoresque revient peut-être aux miracles survenus aux portes du temple : les aveugles voient, les paralytiques bougent, les morts ressuscitent couramment jusqu'au XIXe siècle, période de froid rationalisme peu propice à l'éclosion de merveilles inexpliquées !

L'ÉPINE (MARNE)
BASILIQUE NOTRE-DAME,
GÂBLE CENTRAL
DE LA FAÇADE
Vers 1470

La virtuosité au service du divin. La dissimulation partielle de la rose centrale par le haut gâble ajouré attire l'attention du spectateur sur la figure du Christ en croix, image de souffrance et de don de soi qui paraît presque incongrue au sein de ce déferlement décoratif. Demeure la grande leçon médiévale qui exige que, quel que soit son niveau de virtuosité et de maîtrise, la science de l'homme soit avant tout dédiée à la gloire divine.

1405 Après une trêve de neuf ans, reprise des hostilités entre Français et Anglais **1410 Ouverture du chantier de Notre-Dame-de-l'Épine, sous l'autorité de l'architecte Patrick ; l'église sera quasiment terminée soixante ans plus tard** 1415 Le 25 septembre, victoire de l'armée anglaise sur l'armée française à Azincourt 1422 Mort de Charles VI ; le 30 octobre, Charles VII proclamé roi de France 1429 Le 17 juillet, Jeanne d'Arc fait sacrer Charles VII à Reims 1431 Le 30 mai, supplice de Jeanne d'Arc sur la place du Vieux-Marché à Rouen.

L'ÉPINE
BASILIQUE NOTRE-DAME,
FAÇADE OCCIDENTALE
XVe siècle

Le triomphe de la courbe flamboyante. Le dessin général de la façade est certes traditionnel avec les deux tours couronnées de flèches et les trois portails aux profondes voussures surmontés de gâbles monumentaux (celui du centre masque en partie la grande rose) ; mais le tracé incurvé des éléments, la complexité des remplages et les délicates dentelles de la flèche méridionale sont le fruit d'un immense cycle de mutations, dont on trouve également trace sur les façades de Notre-Dame de Caudebec-en-Caux (1426), Saint-Maclou de Rouen (1436), Saint-Étienne de Toul (1460), voire Notre-Dame de Moulins (1468).

L'Hôtel-Dieu de Beaune

La misère en habits de luxe

ENLUMINURE EXTRAITE
DU *LIVRE DE VIE ACTIVE*
DE JEAN HENRY
VERS 1482
Paris, musée de l'Assistance publique et des Hôpitaux de Paris

L'hôpital, une institution hiérarchisée. Sur cette étonnante miniature, on découvre le fonctionnement spécifique d'une salle des malades de l'époque (ici celle de l'Hôtel-Dieu de Paris). Dirigée par une mère supérieure et ses adjointes, toute une armée de charitables petites religieuses consacre son temps et son énergie à soulager la misère et les souffrances des malades installés le plus souvent par deux dans les lits. Les différences de taille, les couleurs des vêtements et les attributs illustrent la stricte hiérarchie établie pour le bon fonctionnement de cette institution qui préfigure les établissements de soins des Temps modernes.

Non seulement l'Hôtel-Dieu de Beaune (Côte-d'Or) demeure l'un des fleurons du patrimoine gothique civil, mais son état de conservation exceptionnel, dû à la pérennité de sa fonction jusqu'en 1971, en fait un témoignage précieux des pratiques hospitalières des XVe et XVIe siècles.

Probablement inspiré d'exemples nordiques (Hôtel-Dieu de Valenciennes, hôpital de Gand), ce splendide monument, sans équivalent en France, s'inscrit dans le grand courant européen du « gothique international », à vocation plus décorative que monumentale. Sa construction a été l'objet d'une charte de fondation, établie par le chancelier Nicolas Rolin le 4 août 1443 ; cette dernière reste un modèle de précision et d'organisation ; on y évoque tous les aspects de la vie hospitalière : lits au nombre de trente, pain distribué quotidiennement, messe dite régulièrement, femmes « dévouées et de bonne conduite » au service des malades, etc.

Les architectes de l'édifice, le maçon Jean Ratheau et le charpentier Guillaume La Rathe ont travaillé sur un plan initial en « U », plus tard partiellement fermé par une aile complétant le rectangle ainsi obtenu. La situation de l'hospice a été pensée en fonction de sa destination : protégé par les remparts de la cité, il a été édifié à l'écart des quartiers les plus peuplés et en aval de la rivière, la Bouzaise, de façon à éviter tout risque de contamination.

Ampleur et rutilance

Avant même de franchir le porche qui donne accès à la cour d'honneur, le visiteur est frappé par les couleurs des toits à tuiles vernissées, aussi remarquables par leur rutilance que par leur variété, surtout depuis la magnifique restauration de 1905. La cour elle-même, entourée d'arcades en bois, se signale par sa galerie à colombage

Un hommage à l'amour au cœur de la désolation. Parmi les pièces conservées à Beaune, les couvertes (l'équivalent de nos couvertures) à tourterelles multiplient les allusions au couple formé par Nicolas Rolin et sa femme Guigone, notamment avec le semis de leurs initiales (GN) enlacées. La devise « Seulle » fut celle du chancelier, épris de son épouse ; veuve en 1462, cette dernière la conserva jusqu'à sa propre disparition en 1470, marquant ainsi sa volonté de poursuivre l'œuvre de charité instituée par la charte de 1443. Sur fond rouge, les tourterelles perchées et les lettres sont si strictement répétées que l'évidence d'un modèle s'impose. En revanche, les variations observées d'une tapisserie à l'autre prouvent que les lissiers disposaient d'une vraie liberté dans l'interprétation.

HÔTEL-DIEU,
DÉTAIL DE LA COUVERTE
À TOURTERELLES
Milieu du XVe siècle
Beaune, musée de l'Hôtel-Dieu

abritée, aussi élégante que fonctionnelle, permettant d'accéder à toutes les pièces. Elle borde la grande chambre des malades (dite autrefois chambre des Pôvres) aux impressionnantes dimensions, dont la restauration, en 1874-1878 fut, elle aussi, particulièrement soignée. Réservée à une chapelle, son extrémité permettait aux grabataires de suivre la messe sans quitter leur lit. Annexes et offices — la cuisine, dotée d'une double cheminée monumentale, et la pharmacie du XVIIIe siècle, avec ses ustensiles de faïence et d'étain — donnent également sur la cour, tout comme les salles de l'administration.

Un cadre luxueux pour l'accueil des misérables

Il faut parcourir lentement la grande chambre des malades, longer les lits de bois aux courtines rouges, passer sous les poutres décorées de monstres médiévaux pour retrouver cette étrange atmosphère de luxe et de détresse qui enveloppait l'agonie des misérables pressurés toute leur vie par le bienfaiteur auquel ils devaient cet ultime confort. En cas d'affluence, les malades, souvent mourants, étaient installés à deux dans un même lit, sous ces poutres dont la décoration précieuse, délicate, toute d'effigies et de monstres médiévaux à la polychromie raffinée, offrait un singulier contraste avec leur infortune

BEAUNE (CÔTE-D'OR)
HÔTEL-DIEU, GRANDE SALLE DES MALADES
Milieu du XVe-XIXe siècles

Un vaste et opulent vaisseau. La grande salle frappe en premier lieu par ses dimensions : 46,30 mètres de longueur, 14 mètres de largeur, 16 mètres de hauteur ! Avec sa voûte en carène de navire, elle évoque les grandes nefs de l'époque, impression encore accentuée par la présence de la chapelle à son extrémité. Sur les côtés, les lits sont abrités des courants d'air... et des regards indiscrets par des rideaux. C'est là une nouvelle preuve de l'extrême richesse de cet hôpital, relativement aux rares établissements de même nature à son époque.

1438 Pragmatique Sanction de Bourges (évêques et abbés nommés par le roi) **1443 Signature le 4 août de la Charte de fondation de l'hospice de Beaune** 1450 Victoire française de Formigny ; les Anglais sont chassés de Normandie 1453 Victoire de Castillon et fin de la guerre de Cent Ans, les Anglais ne conservant que Calais. Prise de Byzance par Mehmet II et fin de l'Empire romain d'Orient.

morale et matérielle. La chambre Sainte-Anne, avec ses quatre lits, était attribuée aux malades d'extraction quelque peu supérieure. Enfin, Louis XIV ayant été choqué par la cohabitation des sexes, c'est aux seules femmes que seront réservés, à partir du XVIIe siècle, les vingt lits de la salle Saint-Nicolas !

Un mobilier à la hauteur de son cadre

Du mobilier d'origine (bien connu grâce à un inventaire dressé en 1501), il reste neuf coffres, divers bancs-coffres, deux armoires et une chaire. En revanche, tous les lits « garnis, élevés et préparés à recevoir les pauvres du Christ, fatigués et infirmes » ont été renouvelés en diverses occasions. L'une des particularités de l'Hôtel-Dieu de Beaune tient à la parfaite identité des techniques et motifs décoratifs utilisés pour le mobilier et l'huisserie, preuve que menuisiers et charpentiers ont travaillé de concert, dans un rare esprit d'unité. On notera enfin la conservation, tout aussi exceptionnelle, des tapisseries de l'Hôtel-Dieu, plus de trente pièces textiles, principalement destinées à orner les lits les jours de fête ou à parer la chaire et l'autel en cas de cérémonie cultuelle. La gloire de l'Hôtel-Dieu vient aussi du *Polyptyque du Jugement dernier* de Rogier Van der Weyden (v. 1399-1464), grand retable de quelque 5,09 mètres de largeur pour 2,12 mètres de hauteur réservé au maître-autel de la chapelle de l'édifice.

Un ensemble remarquablement cohérent. Les bâtiments s'articulent autour de la cour centrale, orientée de façon à bénéficier de la chaleur du soleil aux belles heures de la journée. Lieu de mouvement et de repos pour les malades, cette cour abrite le puits distribuant une eau pure, à l'abri de toute infection venue de l'extérieur.

Une toiture typiquement bourguignonne. Les toitures sont composées de tuiles plates, alternant tuiles traditionnelles rouges et tuiles vernissées de diverses couleurs qui forment des motifs géométriques aux infinies nuances. Réalisées par un certain Le Géot au XVe siècle, elles constituent la parure majeure, et universellement connue, du bâtiment. Mais plusieurs restaurations (dont la dernière date de 1905) ne permettent plus de savoir quelle fut leur toute première apparence.

BEAUNE (CÔTE-D'OR)
HÔTEL-DIEU, COUR INTÉRIEURE
MILIEU DU XVe SIÈCLE

La Vierge au chancelier Rolin
Jan Van Eyck (v. 1390-1441)
Vers 1434-1436
Huile sur bois, 66 x 62 cm
Paris, musée du Louvre

Un portrait du chancelier Rolin. En semaine, lorsque le *Polyptyque du Jugement dernier* de Beaune était fermé, les fidèles pouvaient découvrir les traits de son généreux donateur sur la face extérieure du volet gauche. Le chancelier Rolin s'était déjà fait portraiturer dix ans auparavant par les frères Van Eyck dans *la Vierge au chancelier Rolin*. Avocat de formation, Nicolas Rolin reste lié à l'apogée du duché de Bourgogne dont il fut nommé chancelier en 1411, par Philippe le Bon. Ayant accédé en 1424 à la noblesse de chevalerie, cet habile politique acquit une énorme fortune (vingt-cinq châteaux, d'innombrables bénéfices) et fit œuvre de mécène, tant par souci de gloire terrestre qu'en rémission de ses péchés. Trois fois marié, père de trois fils aux brillantes carrières, il s'est attaché à donner à sa ville d'Autun les caractères d'une capitale de duché, mais doit le meilleur de sa gloire posthume à l'Hôtel-Dieu de Beaune, ville natale de sa mère.

Polyptyque du Jugement dernier
Rogier Van der Weyden (v. 1399-1464)
Vers 1445-1448
Huile sur bois, 212 x 509 cm (surface picturale)
Beaune, musée de l'Hôtel-Dieu

Un chef-d'œuvre offert à la dévotion des pauvres. Pour orner son Hôtel-Dieu, le chancelier Rolin fit tout naturellement appel au plus illustre des peintres flamands, Rogier Van der Weyden (aussi connu sous son patronyme français de Roger de la Pasture), héritier des Van Eyck. Le dimanche, à l'heure de la messe, les quinze panneaux du retable permettaient aux malades de la grande salle de découvrir d'un coup tous les tumultes, les horreurs et les splendeurs du Jugement dernier.

L'enseignement par l'image. Sous la figure radieuse du Christ, pieds posés sur le globe du monde, l'archange Michel procède à la pesée des âmes qui se dirigent ensuite vers le paradis ou l'enfer. Le Christ vêtu d'un grand manteau rouge prolonge le puissant axe vertical ouvert par l'archange Michel pesant les âmes. Sur les deux panneaux latéraux, Marie et saint Jean-Baptiste, placés sous les anges porteurs des instruments de la Passion intercèdent en faveur des pauvres pécheurs. Dans toute la partie inférieure du retable, les hommes sortent de terre, nus, faibles, implorants. À l'extrême droite, les damnés sont précipités dans un gouffre de feu et de ténèbres ; à l'extrême gauche, ce sont les portes dorées de la cité céleste qui s'ouvrent pour les élus.

Le palais Jacques-Cœur de Bourges

De la forteresse médiévale à l'hôtel particulier

À mi-chemin entre la cathédrale gothique à son crépuscule et le château renaissant à venir, le palais Jacques-Cœur constitue tout à la fois une exception et un archétype.

Galeries, arcades, tourelles, lucarnes... tout, en ce bâtiment qui date du milieu de XVe siècle, s'inscrit sous le signe d'une imprévisible nouveauté. Rompant avec la règle de la forteresse médiévale, il forme le chaînon neuf, mais conséquent, d'une tradition architecturale étroitement dépendante du fait historique. Il est significatif, de ce point de vue, qu'il voie le jour sur le sol d'une France ruinée par la guerre plutôt qu'au cœur, par exemple, de la riche Bourgogne, l'innovation étant plus rarement le fait de la prospérité établie que celui du désastre à relever.

Jacques Cœur ou l'annonce des Temps modernes

En 1443, Jacques Cœur (1395 ?-1456) appartient depuis un an au Conseil de Charles VII, le souverain français sur le point de gagner le plus long conflit de l'histoire européenne, la guerre de Cent Ans. Homme d'affaires, diplomate, financier, Jaques Cœur joue un rôle crucial dans la fin de cette guerre, assainissant les monnaies dès 1436 pour subventionner la reconquête de la Normandie. Bon serviteur de son roi et de son pays, le grand argentier du royaume ne néglige pas ses propres intérêts, entreprenant notamment la construction, à Bourges, d'un palais qui symbolisera sa prodigieuse réussite. Qu'un tel homme — et lui seul à cette époque — soit en mesure de mener à bien ce projet, voilà qui ne saurait vraiment surprendre. Mais qu'il impose d'emblée une disposition aussi neuve de l'édifice privé, au cœur de la cité, alors que la France et l'Angleterre accusent un certain retard en matière artistique, est d'autant plus remarquable qu'à la même heure éclosent les premiers chefs-d'œuvre de la Renaissance. Ce retard sur l'Italie et la Bourgogne principalement, dû en grande partie à l'interminable conflit, ne sera comblé qu'au terme de longs efforts.

Ailleurs en France, les châteaux de Corte (1419) et de Ripaille à Thonon-les-Bains (1434) n'auront été que les signes avant-coureurs de cette nécessaire mutation. À Paris même, foyer de création essentiel, l'exemple prémonitoire de Jacques Cœur ne sera suivi qu'un demi-siècle plus tard, avec les hôtels de Cluny et de Sens.

Naissance d'une nouvelle tradition humaniste

Le nom de l'architecte du chef-d'œuvre de Bourges ne nous est pas parvenu. Nous ne saurons donc probablement jamais à qui est dû ce curieux paradoxe d'un flamboiement décoratif gothique plaqué sur une réalisation dont la modernité de conception annonce directement la Renaissance française du XVIe siècle. Avec le palais Jacques-Cœur, naît véritablement, en effet, la tradition de l'hôtel urbain, plus fastueux qu'inexpugnable du fait de sa situation à l'intérieur des remparts de la cité. L'exemple avait été donné, vers 1380, par l'hôtel parisien de Clisson (dont la porte à deux tourelles, unique vestige, est aujourd'hui intégrée au bâtiment des Archives nationales), mais sans cette ostentation décorative qui célèbre l'avènement d'une nouvelle catégorie sociale. Ici, pour la première fois, s'impose le magistère de la grande

BOURGES (CHER)
PALAIS JACQUES-CŒUR, DÉTAIL D'UNE CHEMINÉE
MILIEU DU XVe SIÈCLE

Un hymne à l'harmonie conjugale. L'ingéniosité de l'agencement intérieur — tout de salles spacieuses, de voûtes boisées ou peintes, de reliefs décoratifs et de superbes cheminées — est à la mesure de l'élégance extérieure. Les décors de la galerie haute sud sont extraordinaires de réalisme figuratif ; ils reposent sur l'idée du couple élégant et complice, marque distinctive d'une demeure que Jacques Cœur avait imaginée pour lui et pour son épouse, Macée de Léodepart.

BOURGES
PALAIS JACQUES-CŒUR, DÉTAIL DE LA FAÇADE CÔTÉ RUE
MILIEU DU XVe SIÈCLE

Entre allégeance au roi et ostentation bourgeoise. Au rez-de-chaussée du palais, une porte charretière est flanquée d'une poterne réservée aux piétons. Le dais vide qui les surmonte abrita jusqu'en 1792 une statue de Charles VII, diplomatiquement présenté comme le vrai maître des lieux. Il est encadré par les silhouettes de Jacques Cœur et de sa femme, sortis de leurs oratoires privés aménagés aux coins de la chapelle dont la grande baie s'ouvre juste au-dessus du dais (on n'en voit ici que la base). Bâtie sur le commerce du drap et des épices, l'exploitation minière et l'activité bancaire, l'immense fortune de Jacques Cœur lui vaudra la vindicte royale et la prison en 1451. Après trois ans de captivité, il parviendra à s'enfuir, terminant sa vie en 1456 sur l'îlot grec de Chio.

Bourges (Cher)
Palais Jacques-Cœur, cour intérieure
Milieu du XVe siècle

Le signe avant-coureur d'une mutation architecturale. L'invention monumentale et décorative déborde ici le cadre de simples mutations stylistiques. Pourtant, la tradition a encore force de loi pour le plan (quadrilatère déterminant une cour bordée par trois galeries à arcades) comme pour l'élévation ou la distribution intérieure : l'une superpose rez-de-chaussée, étage noble à grandes baies et toit à lucarnes, l'autre repose sur l'aménagement d'escaliers à vis dans les tourelles. Hors ces dispositions, cet édifice porte l'empreinte de ces temps nouveaux dont Jacques Cœur est la figure emblématique.

1440 Exécution de Gilles de Rais (compagnon de Jeanne d'Arc et probable prototype de Barbe-Bleue) le 26 octobre 1442-1451 Reconstitution des finances du royaume par Charles VII et Jacques Cœur **1443 Jacques Cœur acquiert à Bourges le terrain de son futur palais** 1450 Première impression de la Bible par Gutenberg 1453 Fin de la guerre de Cent Ans ; fin de l'Empire romain d'Orient.

Paris (Île-de-France)
Hôtel de Sens
Fin du xve-début du xvie siècle

Entre demeure fortifiée et palais. La façade à pans coupés de l'hôtel de Sens use du dispositif déjà rencontré au palais Jacques-Cœur, une porte charretière flanquée d'une poterne réservée aux piétons. Édifié entre 1474 et 1519, sur ordre de Tristan de Salazar, évêque de Sens, l'édifice doit une bonne part de sa majesté aux deux hautes tourelles qui encadrent les éléments disparates de son flanc principal.

Bourges (Cher)
Palais Jacques-Cœur,
voûte de la chapelle
Seconde moitié du xve siècle

Un raffinement décoratif déjà renaissant. La décoration de la chapelle était encore en cours en 1461. Elle est si raffinée que certains historiens attribuent à Jean Fouquet sa cohérence et son originalité, bien que le rôle du peintre Jacob de Littemont ait probablement été décisif dans l'attitude des anges aux phylactères déployés, que leur naturel humaniste éloigne des canons médiévaux.
Les culots recevant les retombées des arcs et les clefs de voûte figurent aussi des anges, porteurs d'écus aux armes des proches du maître des lieux.

bourgeoisie d'affaires, appelée, dans un avenir lointain, à façonner, contre les privilèges de l'aristocratie et du clergé, le socle de notre société. Et cela bien que la façade ait été prudemment ornée, à l'origine, d'une statue équestre de Charles VII.
Les traces du nouveau réalisme humaniste sont nombreuses et diverses. Parmi les plus significatives, le visiteur relèvera — inscrits dans un quadrilobe et symboliquement attachés au nom et au prénom du grand argentier — le cœur et la coquille, sous son buste et celui de sa femme, accoudés à une fausse fenêtre et regardant la rue (vingt ans plus tard, la même disposition animera la Chancellerie de Strasbourg). De l'extérieur, les fenêtres à meneaux, les merveilleuses lucarnes sculptées et les délicates galeries ôtent tout caractère militaire à l'ensemble, mais la façade postérieure, installée sur l'enceinte gallo-romaine de la cité, conserve presque le visage d'une forteresse avec ses trois tours massives qui ennoblissent la fonction défensive. Un tel agencement souligne la fonction de l'édifice, plus destiné à illustrer la fortune de Jacques Cœur qu'à lui assurer un habitat décent.

PARIS (ÎLE-DE-FRANCE)
HÔTEL DE CLUNY
1485-1510

Un hôtel particulier inspiré du palais Jacques-Cœur. Construit par Jacques d'Amboise, abbé de Cluny de 1485 à 1510, il forme un « U » avec retour de deux ailes d'inégale longueur reliées par un mur crénelé. Au fond de la cour, on distingue la tour pentagonale renfermant l'escalier à vis qui dessert le logis principal. Flanquée d'une tourelle cylindrique, cette tour porte nombre de motifs en coquille, en bourdon et en phylactères latins ; tous ces symboles renvoient à saint Jacques le Majeur, patron du commanditaire de l'hôtel. Ainsi voit-on un riche ecclésiatique du temps s'offrir un luxeux hôtel particulier qui ne le cède en rien, pour le faste, à celui de Jacques Cœur. L'heure n'est plus à l'humilité des premiers siècles chrétiens.

BOURGES (CHER)
PALAIS JACQUES-CŒUR, BAS-RELIEF D'UNE GALÉE DE FRANCE
MILIEU DU XVe SIÈCLE

Le palais d'un commerçant avisé. Placée en tympan de porte, cette sculpture est le plus beau vestige de la décoration (consacrée à la flotte du grand argentier) de la pièce que Jacques Cœur s'était réservée. Cette nef symbolise l'esprit d'entreprise, la prospérité commerciale, la capacité à dominer les fureurs des flots et l'attrait pour les terres lointaines. Ce n'est pas un hasard si, le 25 novembre 1456, le héros du lieu mourra en pleine Méditerranée, débarqué d'un vaisseau qu'il avait mis au service du pape.

PARIS
HÔTEL DE CLUNY, VOÛTE DE LA CHAPELLE
FIN DU XVIe SIÈCLE

Des motifs flamboyants. Située à l'étage, la chapelle de l'hôtel de Cluny possède une voûte flamboyante, soutenue par un unique pilier octogonal, au fût élancé. La surface en est divisée en cinq compartiments parcourus de liernes et tiercerons et ornés de mouchettes et de flammes. Tout autour, douze niches à dais ciselé, reliées deux à deux par des consoles, abritèrent jusqu'à la fin du XVIIIe siècle les statues de la famille d'Amboise.

L'Ancienne Douane de Colmar

Naissance progressive de la ville post-médiévale

Dans les manuels d'histoire de l'architecture, l'étude des édifices communaux est presque toujours traitée de façon marginale, tant leur fonctionnalisme semble reléguer au second plan leur intérêt esthétique.

Ce relatif désintérêt est d'autant plus dommageable que la variété de ces bâtiments est presque illimitée : fontaines, halles, beffrois, hôtels de ville, bureaux, prisons, lavoirs, poids publics, marchés couverts, piloris, etc. Et la répartition elle-même de ces monuments est soumise à une organisation de l'espace urbain qui, indépendamment des particularités régionales, ne cesse de se modifier au fil des siècles. Les spécificités régionales conservent, elles aussi, un caractère irréductible ; il en est ainsi, par exemple, des innombrables hôtels de ville surmontés de beffrois dans le nord de la France, construits dans les dernières décennies du Moyen Âge.

La ville, une invention de marchands

C'est aussi à la même époque que de nombreuses villes voient le jour ; elles profitent de l'activité des marchands qui y installent des entrepôts sur les lieux traditionnels de foires. Ces lieux devenus permanents, il convient de les protéger contre les pillages de toute sorte. En la matière, la suzeraineté des potentats locaux n'étant plus suffisante, les remparts sont renforcés, les fossés approfondis et de nouvelles tours de guet dressées. Du haut des beffrois, les guetteurs assurent la sécurité des « bourgeois », qui décident rapidement de prendre en main l'administration de la ville sans plus en référer aux seigneurs du lieu. Le rôle du maire, gestionnaire en chef, et des échevins, juges élus par les membres de la commune, devient alors primordial. C'est à eux qu'incombe la charge de faire construire les édifices réclamés par la nouvelle structure citadine. Parmi les réalisations du XVe siècle qui nous sont parvenues, on compte la maison Roaldès à Cahors, la maison d'Armagnac à Rodez, le logis des Clément à Sancerre, les maisons médiévales de Fougères, le jacquemart de Romans, la forteresse de Sedan, les remparts de Concarneau, etc.

L'Ancienne Douane de Colmar, un bâtiment exemplaire

À Colmar (Haut-Rhin), la bien nommée rue des Marchands, qui renvoie le promeneur à la prospérité économique précoce de la cité, se termine devant l'Ancienne Douane (en alsacien *Koifhus*), qui est tout à la fois le plus bel édifice civil de la cité et le plus heureux

BOURGES (CHER)
HÔTEL DES ÉCHEVINS
FIN DU XVe SIÈCLE

Les premiers signes de la Renaissance. Bourges abonde en édifices civils anciens et somptueux, dont l'hôtel des Échevins construit à la fin du XVe siècle. Il est orné d'une magnifique tour octogonale à deux étages, dont toute la réalisation est placée sous le signe d'une architecture gothique acceptant les premiers effets du style Renaissance. Le gâble ondulé, hérité du portail gothique, subsiste encore, mais il orne des ouvertures régulières, en rupture avec la baie médiévale. Dans la partie supérieure, un garde armé d'une hallebarde est présenté en relief, procédé dont le palais Jacques-Cœur, non loin, avait déjà démontré l'efficacité décorative.

DOUAI (NORD)
BEFFROI
FIN DU XIVe-XVe SIÈCLE

Le donjon du commerce. L'érection des beffrois vient directement des nouvelles préoccupations communales qui s'affirment dans les derniers siècles du Moyen Âge. Véritable donjon de la cité, le beffroi en symbolise l'indépendance toute récente. Celui de Douai a été commencé à la fin du XIVe siècle, assez vraisemblablement en 1380, mais ses étages supérieurs (après un grave incendie en 1410) n'ont été achevés qu'au beau milieu du XVe siècle. Si le premier étage du beffroi contient une cheminée monumentale et le deuxième une magnifique horloge mécanique, c'est tout en haut que se trouve la « chambre des cloches », qui abrite l'un des plus beaux carillons de France (62 cloches, pesant ensemble 18 tonnes). Ornée dans sa partie sommitale de multiples motifs de bois, de pierre et d'or, l'altière silhouette du beffroi de Douai connaît de surcroît une gloire enviable grâce au célèbre tableau de Corot peint en 1871 (*le Beffroi de Douai*, musée du Louvre).

témoignage de son activité marchande. Très probablement construit au cours de l'année 1480, le corps principal du bâtiment est ouvert par trois larges arcades ; son rez-de-chaussée, qui donne sur le pavé communal, a longtemps servi d'entrepôt pour les marchandises taxées (céréales, tissu, etc.). La galerie à balustrade et la toiture polychrome remontent également à la fin du XVe siècle. Le premier étage a été fidèlement restauré au XIXe siècle, notamment la salle de la Décapole, où se réunissaient les échevins. Au XVIe siècle a été ajoutée l'aile Renaissance, dont la galerie donne sur la place et dont l'escalier conduit à la Grand-Rue.

COLMAR (HAUT-RHIN) PLACE DE L'ANCIENNE DOUANE

FIN DU XVe SIÈCLE

Fonctionnalisme et particularismes locaux. En dépit des nombreuses restaurations et réparations, l'Ancienne Douane de Colmar a probablement conservé son aspect initial. Sa fonction première d'entrepôt est rappelée par l'ample ouverture de ses arcades en retrait du portique qui supporte la balustrade ouvragée. Ce principe d'ouverture directe sur la place ou sur la rue existait déjà dans les maisons romanes de Cluny au XIIe siècle. Le bulbe polychrome de la tourelle d'angle est un élément caractéristique de l'architecture civile ou religieuse de l'est de la France ; il tranche ici singulièrement avec le grand pignon triangulaire qui borde le bâtiment à l'autre extrémité.

1461 Mort de Charles VII le 22 juillet, sacre de Louis XI, le 15 août 1472 Jeanne Hachette défend héroïquement la cité de Beauvais assiégée par Charles le Téméraire 1477 Mort de Charles le Téméraire à Nancy, le 5 janvier **1480 Début probable de la construction de l'Ancienne Douane de Colmar** 1481 Triomphe de Louis XI qui agrège le Maine et la Provence au royaume de France.

UNE RUE MARCHANDE AU MOYEN ÂGE

SECONDE MOITIÉ DU XVe SIÈCLE

Miniature extraite du *Livre du gouvernement des rois et des princes*, traduction du *De regimine principum* que frère Gilles Colonna envoya à Philippe le Bel, roi de France

La cité, espace commercial par excellence. Encadré d'une architecture classique sur un socle orné d'un blason entouré de deux cerfs ailés et surmonté d'une tête de licorne, tout un quartier citadin aux nombreuses échoppes apparaît sur cette miniature. La ville est en soi un marché animé du matin au soir, une création de marchands qui donne à la foule des passants un cadre de vie unitaire et convivial.

Le château fort de Bonaguil

La vie dans un château fort

Totalement reconstruit à la fin du xve siècle, au soir du Moyen Âge et dans les premières rumeurs d'une Renaissance encore confidentielle, le château de Bonaguil (Lot-et-Garonne) opère la synthèse de tous les acquis du Moyen Âge tout en prenant acte de l'amélioration des armes à feu au cours des dernières décennies.

Une première forteresse avait été édifiée sur la crête rocheuse de Bonaguil au xiiie siècle par le chevalier Arnaud La Tour de Fumel. Mais les seigneurs de Bonaguil ayant commis l'erreur de s'allier aux Anglais durant la guerre de Cent Ans, ce premier château fut à peu près anéanti par le feu après la victoire de la France. C'est au milieu du xve siècle qu'un certain Jean de Roquefeuil vint s'y installer, construisant notamment un nouveau logis familial. Et c'est à son fils, Bérenger, qu'il revient d'entreprendre, de 1483 à 1500, la campagne de travaux qui fera de Bonaguil le chef-d'œuvre d'art monumental et de science militaire qui nous est parvenu. Les murailles du château sont doublées par une seconde enceinte et une barbacane voit le jour, séparée du château par un fossé sur lequel sont lancés deux ponts-levis à flèches.
À la même époque, l'architecture castellaire de France connaît un nouvel élan, attesté par les chantiers de Chaumont-sur-Loire (1465), Pontivy (1470), Josselin (1490), voire Amboise (1492).

La synthèse du génie défensif médiéval

À Bonaguil, la défense de la place commence en avant des murailles, avec la mise en place d'un front bastionné, enceinte de 350 mètres de pourtour consolidée en sa partie faible par la barbacane qui fait office de masse couvrante. La deuxième enceinte, de 250 mètres de périmètre, ceinture le corps central de la forteresse. Elle comprend cinq tours impressionnantes et couronnées de mâchicoulis, dont la plus puissante (la Grosse Tour, sise dans l'axe de la vallée) atteint un diamètre de 14 mètres pour une hauteur de 40 mètres et une épaisseur de muraille maximale de 4,20 mètres ! Au centre de ce redoutable système concentrique, le grand donjon au profil de nef est surmonté d'une tourelle de guet conjuguant de façon inattendue efficacité et élégance.
Entre les deux enceintes, le fossé à sec autorise d'importants et rapides déplacements d'hommes de troupe, susceptibles de combler immédiatement une brèche dans la ceinture défensive ou de repousser des assaillants ayant réussi à franchir le premier obstacle. L'efficacité d'un tel dispositif est encore accrue par le creusement d'une galerie au cœur d'une grotte située sous le donjon. Même les éléments naturels sont exploités de façon maximale ; les deux éminences rocheuses sur lesquelles est dressé Bonaguil sont retaillées à la verticale de façon à rendre inapplicables les projets de sape ou de mise à bas des murailles, terreur de toute population assiégée.

Vaincre le feu par le feu

La plus grande nouveauté du système défensif de Bonaguil est d'un effet aussi remarquable que sa discrétion. Elle consiste en l'aménagement, dans les murailles, d'une bonne centaine d'embrasures destinées aux

Château du Plessis-Bourré (Maine-et-Loire)
Plafond de la salle des gardes
Début du xvie siècle

L'art du décor. Le château du Plessis-Bourré, situé au nord d'Angers, établit aussi un compromis entre construction militaire et architecture résidentielle. Au milieu des tours et courtines, le logis principal compte quatre niveaux desservis par un escalier à vis. Aux alentours de 1500, la salle des gardes a été pourvue d'un plafond à poutres apparentes, dont les caissons reproduisent des scènes courtoises et folkloriques. Encore une fois, l'agrément devient un paramètre essentiel de la construction fortifiée.

Château de Montreuil-Bellay (Maine-et-Loire)
Palmier de l'escalier d'honneur
Fin du xve siècle

Un goût pour le luxe. Fortification médiévale remontant au xiie siècle, le château de Montreuil-Bellay (au sud de Saumur) est transformé dans les dernières décennies du xve siècle. Sans déjà relever de l'esthétique renaissante, ses bâtiments résidentiels pratiquent un raffinement gothique indiquant une mutation du principe de la résidence seigneuriale. L'escalier desservant le grand logis magnifie le principe de la voûte en palmier, indice d'un luxe volontairement affiché.

Château de Bonaguil (Lot-et-Garonne)

Fin du XVe siècle

Un exemple achevé de l'architecture militaire médiévale. Conçu comme une forteresse imprenable, usant donc des techniques défensives les plus perfectionnées, notamment dans le domaine des armes à feu, Bonaguil se signale par la silhouette en proue de navire de son donjon offrant une faible surface au tir d'artillerie. Sa Grosse Tour aux ouvertures meurtrières et les autres tours et tourelles ainsi prises dans ses deux enceintes complètent son formidable armement, dont les défenses basses interdisent toute approche aux assiégeants.

Charles IV accueille à Paris sa sœur Isabelle, reine d'Angleterre, en 1325

XVe siècle

Miniature extraite des *Chroniques de Froissart* de Jean Froissart (1333-1404)
Paris, Bibliothèque nationale de France

Les derniers feux de la citadelle. Si le sujet de la scène représentée remonte au XIVe siècle, l'œuvre elle-même a été réalisée au XVe siècle, ce qui explique le soin extrême de la facture, l'intensité des couleurs, mais aussi le caractère plus plaisant qu'impressionnant donné aux fortifications de la capitale, siège d'une cour pour laquelle le raffinement l'emporte désormais sur la force brutale.

archers, arquebusiers et manieurs de couleuvrines, et éliminant tous les angles morts. L'exemple en sera bientôt suivi dans tout le royaume. C'est toute une époque qui s'achève, en l'occurrence. Finies les seules armes de jet, voilà que la mousqueterie exercera ses ravages sur les assaillants, le feu intérieur combattant victorieusement le feu extérieur. D'autant que, toujours pour des raisons d'efficacité, ces embrasures (ou « canonnières ») usent de différents schémas : à ébrasement extérieur, à ébrasement extérieur et intérieur, à double ébrasement et double créneau, etc. La puissance meurtrière du feu y gagne grandement. Là encore, l'exemple en sera bientôt suivi sur toutes les terres de France et dans nombre de contrées européennes. D'une certaine façon, le château de Bonaguil s'inscrit ainsi directement dans le futur, tant la protection au sol qu'il assure à ses occupants paraît idéale.

Étonnante aventure, donc, que celle de ce château fort héritier d'une longue tradition et annonciateur de tout un cycle de métamorphoses ! Une aventure dont le souvenir ne serait pas si vif sans les restaurations de 1882 et 1900, à la suite du classement de l'édifice parmi les monuments historiques en 1862, restaurations complétées par celles de 1950, 1977 et 1985.

Château de Josselin (Morbihan)
Façade sur la rivière
Fin du XVe siècle

Un témoignage de force et de splendeur. Le château de Josselin, métaphore du pouvoir ducal des Rohan, a été construit de 1490 à 1505 sur ordre de Jean II de Rohan, soutenu par Anne de Bretagne. S'il ne possède pas le caractère implacable qui caractérise l'architecture de Bonaguil, les trois tours à toit conique encadrant sa façade sur rivière lui confèrent une rare majesté ; encore le puissant donjon qui fermait la bâtisse au sud a-t-il été abattu, sur ordre de Richelieu, en 1629. On observera la faiblesse des ouvertures en partie basse de l'édifice et l'admirable rangée de grandes lucarnes à pinacles dominant le mâchicoulis.

Château d'Amboise (Indre-et-Loire)
Salle des États
Fin du XVe siècle

Esthétique et art de vivre. L'élégance simple et précieuse de cette grande salle vient de la légèreté de sa voûte d'ogives et de la délicatesse de ses supports, minces colonnes armoriées qui divisent régulièrement l'espace. Tous les culs-de-lampe, chapiteaux et clefs de voûte sont ornés de motifs héraldiques, symboliques ou purement décoratifs. Au fond, la monumentale cheminée rappelle que beauté et confort sont simultanément déclinés par les architectes de l'époque nouvelle.

Château de Josselin (Morbihan)
Façade sur cour
Fin du XVe siècle

Au cœur de la forteresse, une explosion décorative. La façade sur cour de Josselin, réglée par les canons du gothique flamboyant alors à son apogée, accumule accolades, fenêtres à meneaux, hautes lucarnes à pignons fleuris, frontons agrémentés de reliefs symboliques, balustres complexes et hautes cheminées décorées, en contraste saisissant avec le flanc extérieur. Nulle part mieux qu'ici ne se lit la féconde rencontre d'un génie médiéval au crépuscule et d'une esthétique renaissante à son aurore. L'intérieur, quant à lui, révèle de beaux aménagements des XVIIe et XVIIIe siècles.

1483 Mort de Louis XI, le 30 août. Charles VIII lui succède **1483-1500 Transformation du bloc féodal de Bonaguil en forteresse seigneuriale** 1485 Début de la « guerre folle » en Bretagne (province définitivement française en 1524) 1487-1488 Échec de la « croisade » menée contre l'hérésie vaudoise du Dauphiné.

Château d'Amboise (Indre-et-Loire)
Façade orientale
XVe siècle

La marque de la Renaissance italienne. Puissante forteresse féodale au temps de Charles VII et de Louis XI, le château d'Amboise devient, à partir d'octobre 1492, une aimable résidence royale sous l'impulsion de Charles VIII, puis un véritable palais Renaissance après le retour de l'expédition italienne menée en 1494-1495 par le jeune souverain. Cependant, l'agencement des tours d'angle, la décoration des pinacles couronnant les fenêtres hautes et la persistance des éléments fortifiés confèrent un indiscutable cachet flamboyant à l'ensemble. Amboise réalise ainsi, au même titre que Josselin, l'heureuse fusion du goût ancien et de l'esprit nouveau, à la frontière incertaine entre Moyen Âge et Temps modernes.

Saint-Étienne-du-Mont à Paris

Les derniers feux du gothique

L'édifice le plus distinctif de cette période floue qui relie le Moyen Âge à la Renaissance demeure probablement l'église Saint-Étienne-du-Mont, située au sommet de la montagne Sainte-Geneviève à Paris.

Dans les dernières décennies du Moyen Âge, de nombreux chantiers religieux s'ouvrent encore en France, mais il s'agit le plus souvent d'aménagements d'édifices ou de fragments d'édifices déjà construits. Parmi les réalisations les plus significatives, on relève les églises Saint-Ouen de Rouen (1303, remaniée au XVe siècle) et de Pont-Audemer (1486), Saint-Vulfran d'Abbeville (1488), les cathédrales Saint-Pierre de Saintes (1450), Sainte-Marie d'Auch (1489), Saint-Jérôme de Digne (1490), voire Sainte-Catherine de Honfleur (1468 puis 1496), la plus grande église de France construite en bois. Ou encore l'abside des Jacobins de Toulouse (1475), Notre-Dame de Louviers, la Madeleine de Troyes (1498), la chapelle du Saint-Esprit à Rue (1506), etc. À Paris même, le chœur de Saint-Séverin (1489) connaîtra la gloire grâce à son curieux déambulatoire.

Une genèse exceptionnellement longue

C'est en 1222 qu'une petite basilique, dédiée à saint Étienne, avait été édifiée sur le site de l'église actuelle de Saint-Étienne-du-Mont, à l'usage des habitants du lieu et des serviteurs de la proche abbaye de Sainte-Geneviève ; jusque-là, ces derniers avaient été contraints d'assister à la messe dans la crypte de l'abbatiale, elle-même réservée aux clercs (de cette abbatiale, détruite en 1802-1807, il ne reste aujourd'hui que le clocher, intégré au lycée Henri-IV). Les étapes suivantes sont mal connues, mais il est certain que le nouveau bâtiment reçoit un clocher en 1338. Avec le passage des siècles et l'accroissement de la population, il se révèle insuffisant, d'où la décision, en 1492, d'ouvrir un nouveau chantier, placé sous la direction d'Étienne Viguier, chantier qui débute par le chœur et les parties basses de la tour, terminées en 1494 ; deux cloches sont livrées en 1500.

Après une longue interruption, le chantier reprend en 1530, animé par Nicolas Beaucorps. Le chœur est voûté en 1540, le jubé (attribué à Antoine Beaucorps) terminé en 1545, mais c'est seulement en 1586 que la nef et le transept sont définitivement couverts. Reste la façade. Elle est entreprise en 1610, après une tentative avortée en 1606, et achevée en 1622 par le maître maçon Hilaire, dans le même temps que la tour-clocher est surélevée. L'édifice est consacré en 1626, soit cent trente-quatre ans après l'ouverture des premiers travaux. C'est ce délai exceptionnellement long qui explique l'hétérogénéité stylistique de cette église, la seule ayant, à Paris, conservé son jubé (il en reste une dizaine en France).

Trois siècles, trois mouvances stylistiques

Commencée à la fin du XVe siècle, érigée pour l'essentiel au XVIe, consacrée au XVIIe, Saint-Étienne-du-Mont constitue donc une grande leçon d'histoire stylistique, agrégeant divers éléments médiévaux, renaissants, classiques.

LOUVIERS (EURE)
CATHÉDRALE
NOTRE-DAME,
DÉTAIL DU PORCHE
FIN DU XVe SIÈCLE

Un excès de luxuriance. La décoration du porche flamboyant de l'église Notre-Dame de Louviers parvient à un tel degré de luxuriance qu'il devient difficile de lui imaginer un prolongement. C'est de ces excès que se nourrira, en France, la simplification opérée par la Renaissance venue d'Italie. En anticipant de façon encore plus large, il est surprenant de constater à quel point cet écran de pierre dansante, tout de dentelures, d'ajourements, de pignons, clefs, et autres gâbles ciselés annonce déjà certains délires, fort peu dévots, du baroque tardif.

TROYES (AUBE)
ÉGLISE DE LA
MADELEINE, JUBÉ
DÉBUT DU XVIe SIÈCLE

Un jubé de dentelle. De la première église de la Madeleine, il reste le transept et la première travée du chœur, remaniée lors de la construction du chœur actuel, de 1498 à 1501. Quelques années plus tard, en 1508, s'ouvre le chantier du jubé, sous la direction du maître Jean Gualde. Il fut enterré, selon la légende, au pied de son œuvre, où, selon les termes de son épitaphe, il attend la résurrection « sans crainte d'être écrasé ». Contemporain des vitraux de l'abside que l'on distingue au-delà de ses trois arcades, ce jubé est le plus complexe et le plus orné des rares exemples restant en France.

Paris (Île-de-France)
Saint-Étienne du Mont
Nef
1586

Le jubé, une forme distinctive de la Renaissance. La première particularité de l'intérieur de Saint-Étienne-du-Mont est sa clarté, due aux superbes verrières répandant la lumière dans ce vaisseau long de 68 mètres et haut de 23,50 mètres. De sveltes colonnes délimitent les hauts collatéraux et le déambulatoire ; un dispositif Renaissance coupe leur hauteur, dans la nef, par une coursière à balustre qui crée un effet de fausse tribune. Le jubé doit son originalité à l'ampleur de son arcade qui projette le regard de l'assemblée des fidèles jusqu'au fond du chœur. Les deux escaliers en hélice cernant la tribune rythment l'organisation de l'espace ; ils répondent visuellement aux ogives de la voûte et unissent, par leur mouvement dynamique, les éléments disparates de l'élévation monumentale.

1491 Charles VIII, roi de France, épouse Anne, duchesse de Bretagne, le 6 décembre 1492 Christophe Colomb débarque à Cuba le 12 octobre **1492 Ouverture du chantier de Saint-Étienne-du-Mont ; l'église ne sera consacrée qu'en 1626** 1494 Ayant franchi les Alpes, l'armée française de Charles VIII entre à Turin le 2 septembre.

Cependant, en dépit de la complexité de ses assemblages, elle demeure fondamentalement un édifice du gothique finissant. La façade principale, restaurée par Baltard en 1861, surprend par l'insolite superposition de ses parties. Au rez-de-chaussée, un perron supporte un portail tétrastyle à colonnes baguées sous un fronton triangulaire orné d'une Résurrection. En partie centrale, une grande rosace s'inscrit sous un couronnement cintré. En haut, enfin, un pignon aigu se hisse jusqu'à la hauteur du clocher carré, lui-même surmonté d'un lanternon octogonal.
À l'intérieur, si les ogives de la voûte relèvent du gothique classique, il n'en va pas de même pour l'énorme clef pendante du transept qui réunit tout un faisceau d'arêtes sur une longueur de 5,50 mètres. Surtout, Saint-Étienne-du-Mont est célèbre pour son superbe jubé, formé d'un arc surbaissé de 9 mètres de portée, qui porte une galerie ajourée, d'où était donnée la lecture des Épîtres et des Évangiles. Les deux escaliers en spirale qui l'encadrent et sa profuse décoration confèrent à l'ensemble une somptuosité rare mais digne du temple possédant le tombeau de sainte Geneviève, patronne de la capitale.

Rouen (Seine-Maritime)
Abbatiale Saint-Ouen
xive-xve siècles

Un lieu chargé d'histoire. Le culte de saint Ouen, évêque local du viie siècle, est ancien à Rouen, les fondations du premier édifice remontant au milieu du vi^e^ siècle. Chronologiquement, l'ouverture du chantier de l'actuelle église, en 1303, coïncide avec l'attentat d'Anagni ; les sbires de Philippe le Bel y brutalisent le pape Boniface VIII, qui en mourra un mois plus tard ! Déjà, la crainte de Dieu reculait ! Reprise au xve siècle, la majestueuse église Saint-Ouen présente un style gothique d'une rare unité, l'ouverture des hautes fenêtres aux sublimes vitraux et des grandes arcades adoptant le même schéma, de part et d'autre du triforium ajouré.

Rue (Somme)
Chapelle du Saint-Esprit
Début du xvie siècle

L'ostentation d'un savoir-faire. Lieu de pèlerinage depuis le xiie siècle, la chapelle du Saint-Esprit, réédifiée de 1506 à 1514, s'inscrit parmi les plus belles réalisations françaises du style flamboyant. Elle séduit surtout par les dentelles de pierre d'une virtuosité confondante qui envahissent façade et voûtes ; la prolifération des clés pendantes est telle que le réseau étoilé des liernes et tiercerons échappe au premier regard. Là encore, l'homme fait plus état de la prodigalité théâtrale de son savoir-faire que de la vigueur de sa piété.

Toulouse (Haute-Garonne)
Église des Jacobins,
voûte de l'abside
Fin du xve siècle

Le vertigineux tournoiement du « palmier des Jacobins ». L'église dominicaine des Jacobins, érigée à partir des années 1230, abrite une étrange relique : la moitié du corps de saint Thomas d'Aquin ! Austère en façade, l'église développe intérieurement une double nef, déterminée par une rangée de sept colonnes de 22 mètres de hauteur soutenant des ogives qui culminent à 28 mètres. La dernière, dite « palmier des Jacobins », dressée après 1475, supporte onze voûtains, chacun traversé d'une bissectrice, soit un total de vingt-deux nervures et onze clefs, coup de génie (de folie ?) qui anime l'espace.

Paris (Île-de-France)
Église Saint-Séverin,
double déambulatoire
Fin du xve siècle

La réplique parisienne de Toulouse. Ce lieu cultuel est ancien, un oratoire du vi[e] siècle y étant été remplacé au xiie siècle par une église romane d'où Foulques de Toulouse (1160-1231) prêcha la croisade, puis par un édifice gothique au xiiie siècle. Plus tardive, la construction du double déambulatoire flamboyant s'étend de 1489 à 1495 ; la pièce maîtresse en demeure la colonne torse d'où jaillissent quatorze nervures ; comme aux Jacobins de Toulouse, le modèle du palmier semble avoir gouverné l'imagination du tailleur de pierre, enivré de sa propre dextérité.

Le château de Blois

L'empreinte italienne au cœur du patrimoine français

Parmi les légendes faisant escorte à la Renaissance française, la plus tenace reste celle de la subite « conversion » d'artistes et bâtisseurs français subjugués par l'exemple italien au retour des expéditions de Charles VIII et de Louis XII.

En fait, rien ne semble moins immédiat que cette adhésion aux canons ultramontains. Ainsi, Louis XII (roi de France de 1498 à 1515) ignore-t-il ce qui vient d'Italie, lors même que d'éminents personnages de sa cour font collection de statues et autres objets de marbre, débauchant au besoin quelque artiste romain ou florentin. C'est grâce à l'action de ces hommes de goût que le décor italien commence à investir les demeures (à Tours, à Blois) et certains châteaux, dont celui de Gaillon. Toute liberté d'interprétation est laissée aux artistes français ; n'exigeant pas la construction de palais italiens, les commanditaires sollicitent seulement la fusion des solutions transalpines et des cadres architecturaux gouvernés par les règles françaises. Rien n'est plus instructif, à cet égard, que l'étude comparée des différentes parties du château de Blois, formidable conservatoire de styles distincts.

Ultimes splendeurs médiévales

À Blois (Loir-et-Cher), le visiteur non prévenu manifeste le plus souvent une légitime perplexité. Visitant par exemple la salle des États, il identifie aisément les éléments du style gothique classique, lors même que son entrée dans la cour l'a confronté au plus hétéroclite des ensembles : une aile flamboyante (Louis XII), une autre d'esprit Renaissance (François Ier), une troisième enfin (Gaston d'Orléans), qui ressortit au pur classicisme du XVIIe siècle. C'est en raison même de cette plaisante hétérogénéité que Prosper Mérimée fit classer le château de Blois dès 1840.

C'est qu'une longue histoire a laissé ici des traces exceptionnellement lisibles. Si, du premier château médiéval des comtes de Blois, ne subsistent guère que la salle des États et quelques parties des tours, en revanche, l'esthétique flamboyante gouverne toute l'aile Louis XII, construite de 1498 à 1503, sur ordre du tout nouveau souverain.

À l'unisson des temps nouveaux

Succédant à Louis XII en 1515, François Ier respecte sa résidence, mais s'empresse d'ouvrir un chantier plus conforme à ses goûts. Les travaux durent de 1515 à 1524. Rien de plus révélateur que la confrontation de ces deux ailes quant à l'évolution foudroyante des formes architecturales. La façade François Ier sur cour, célèbre pour son escalier à vis, se plie encore aux schémas structurels français, mais son décor de pilastres et de corniches doit tout à la reconsidération de l'héritage antique par les

Château de Blois (Loir-et-Cher) Escalier François Ier
1515-1518

Une architecture aux couleurs du royaume. Après la victoire de Marignan, François Ier règne sur la France et une grande partie de l'Italie. Construite en 1515-1518, l'aile du château de Blois, dont il a passé commande au Français Jacques Sourdeau, illustre ce double engagement. Placé dans une tour octogonale, l'escalier central synthétise tout à la fois la tradition française des grandes vis que l'on trouve dans les demeures royales et le génie décoratif italien par son usage de pilastres ornés de statues et de balustrades armoriées, ainsi que par la profusion des motifs ornementaux : cannelures, entrelacs, rosaces, oves, coquilles, rinceaux...

1495 Retour en France de Charles VIII après sa victoire à Fornoue en Italie, le 6 juillet 1498 Le 7 avril, mort de Charles VIII à Amboise ; Louis XII lui succède **1498 Début de la construction de l'aile Louis XII du château de Blois ; elle sera terminée en 1503** 1499 Louis XII épouse Anne de Bretagne, dont le duché reste indépendant.

Château de Gaillon (Eure) Châtelet d'entrée
1508-1510

Le véritable point de départ de la Renaissance française. Situé sur une hauteur faisant frontière entre domaine royal et Normandie, le château de Gaillon fut à l'origine un manoir donné par Louis IX à l'archevêque de Rouen, en 1262. À partir de 1502, le cardinal Georges d'Amboise ordonne la construction d'un logis neuf dont il fait sa résidence. En 1504, ce prélat féru d'art italien fait venir de Gênes des médaillons en marbre, puis, en 1506, des artisans italiens qu'il place sous les ordres de Pierre Delorme et Pierre Fain. C'est ainsi que naissent les motifs Renaissance — pilastre, fronton, loggia — animant les bâtisses flamboyantes, dont le magnifique châtelet d'entrée, réalisé de 1508 à 1510, qui superpose les ordres antiques et juxtapose fenêtres à meneaux du corps principal et lucarnes verticales des tourelles.

Italiens. Quant à la façade externe, dite des Loges, elle constitue une curieuse tentative de concilier les goûts italiens et français.
Reste le cas de l'aile Gaston d'Orléans, frère de Louis XIII, exilé à Blois ; elle ne sera construite par le jeune François Mansart qu'au XVIIe siècle, constituant l'un des premiers manifestes du classicisme français. Le château de Blois donne ainsi à voir, en un raccourci saisissant, une évolution courant sur plus de trois siècles, métaphore de l'homme en quête d'une chimérique perfection des formes.

Château de Blois (Loir-et-Cher) Aile Louis XII
1498-1503

L'indifférence de Louis XII pour l'art italien. Ici, c'est au seul génie français que sont dus le choix de matériaux polychromes, la forme des gâbles, des lucarnes, des culs-de-lampe et autres motifs décoratifs harmonieusement répartis. Mais la distribution intérieure des appartements (une galerie par étage) atteste la volonté de pratiquer un nouvel art de vivre, fondé sur le plaisir et la beauté. Un même objectif animait déjà la conception du palais Jacques-Cœur, à Bourges, comme ceux des hôtels gothiques de Sens et de Cluny à Paris.

Château de Blois (Loir-et-Cher) Façade François Ier
1520-1524

L'empreinte italienne. Sur la façade des Loges, qui domine fièrement la cité, on retrouve le principe des travées rythmiques dont Bramante avait usé au Vatican. Mais l'originale répartition des ouvertures et des balcons répond à une préoccupation bien française, celle d'assurer aux seigneurs locaux et à leurs dames la meilleure vision des fêtes et autres joyeux défilés. Le fait est que nous sommes assez proches ici, avec ces deux étages de loges surmontés d'une haute galerie construite de 1520 à 1524, des grands aménagements intérieurs dont se doteront les théâtres italiens, puis français, du XVIIe au XVIIIe siècle.

L'hôtel de ville de Compiègne

L'essor de la bourgeoisie d'affaires

Dès les premières décennies du XVIe siècle, les villes de France connaissent, pour la plupart, un développement spectaculaire. Hôtels de ville, beffrois, palais de justice, tours civiles, collèges, etc. se multiplient dans toutes les provinces.

Le monument le plus symbolique de cette floraison n'est autre que l'hôtel de ville, siège du nouveau pouvoir communal, dont les attributions concernent la police, la voirie, les marchés, etc. Les autorités locales y consacrent des fonds importants et sollicitent les architectes les plus talentueux de leur époque. Parmi les plus hautes réussites en ce domaine, l'hôtel de ville de Compiègne (Oise) se signale aussi par sa remarquable précocité.

Mais, dans le même temps, la nouvelle puissance bourgeoise, fondée pour l'essentiel sur les échanges commerciaux, se manifeste par l'érection de demeures privées toujours plus vastes et luxueuses, au cœur même de la cité. Les maisons à colombage de Dinan ou de Troyes, la maison des Consuls de Riom, les maisons de François Ier à Aubigny-sur-Nère, de Loyac à Tulle, les hôtels des Moneyroux à Guéret, d'Alluye à Blois, d'Uzès à Tonnerre, de Bagnorea à Annecy... participent à des titres divers de cette étonnante aventure urbaine. Pour plusieurs raisons, dont la célébrité de son commanditaire, l'hôtel La Boétie de Sarlat (Dordogne) demeure l'un des fleurons de ce patrimoine.

À Compiègne, les derniers feux gothiques

« L'hôtel de ville de Compiègne ? Le plus beau monument d'architecture civile du nord de la France » ; cette définition lapidaire est de Viollet-le-Duc, auquel on doit la réhabilitation définitive du style gothique, et qui participa à la restauration de cette admirable bâtisse au XIXe siècle. Bâti de 1502 à 1509, le grand bâtiment communal, tôt classé monument historique, illustre magnifiquement l'ultime embrasement de l'art médiéval. Le beffroi culmine à 47,30 mètres, dominant non seulement l'ensemble du bâtiment, mais aussi tous les toits de la ville ; il abrite une cloche célèbre, la « Bancloque », qui fut fondue au début du XIVe siècle. Une couverture d'ardoise jaillit en flèche au centre de quatre clochetons ; à sa base, trois personnages, en uniforme suisse de l'époque Renaissance, « piquent le temps » de leur maillet, d'où leur surnom de « Picantins ». Le pavillon de gauche date du milieu du XVIIe siècle (1650) et celui de droite de 1867, preuve que l'importance de l'édifice ne cessa de croître avec la cité dont il concentrait les leviers de pouvoir.

L'hôtel La Boétie de Sarlat et l'essor de la bourgeoisie

La cité de Sarlat-la-Canéda est, en soi, un merveilleux objet d'art, surtout depuis que la scrupuleuse campagne de restauration, engagée dans les années 1970, a restitué aux façades, places, rues et passages un aspect plus authentique. Aucune ville française ne présente, pour la période de la Renaissance, un patrimoine civil aussi riche, aussi varié, aussi dense. Le beau portail décoré d'une salamandre de l'hôtel de Grezel, la façade à échauguette

SARLAT-LA-CANÉDA (DORDOGNE) HÔTEL LA BOÉTIE

XVIe SIÈCLE

Une résidence « florentine ». Classé monument historique dès 1889, l'hôtel La Boétie a été édifié de 1520 à 1525. Étienne de La Boétie y est né en 1530. L'édifice présente cette particularité d'être la seule construction de Sarlat soumise aux principes de la Renaissance florentine. Sa façade superpose une grande arcade, deux étages ouverts par une grande fenêtre à meneaux et un haut pignon dentelé. Dans sa splendeur décorative, il symbolise l'éclatante prospérité de la nouvelle bourgeoisie du XVIe siècle, fondée sur le négoce des produits alimentaires.

PARAY-LE-MONIAL (SAÔNE-ET-LOIRE) MAISON JAYET (AUJOURD'HUI HÔTEL DE VILLE)

XVIe SIÈCLE

Une demeure bourgeoise de la Renaissance. La maison Jayet fut érigée en 1525-1528 pour le négociant du même nom. Les verticales des piliers et des tourelles règlent la façade sur laquelle s'alignent trois rangées de fenêtres à meneaux. Cette disposition illustre la transition imperceptible du gothique à la Renaissance ; la frise à médaillons ornés d'effigies royales ou symboliques qui sépare les arcades des fenêtres à meneaux en offre la plus séduisante démonstration. Au XVIIe siècle, la maison Jayet fut récupérée par la ville de Paray-le-Monial pour en faire l'hôtel de ville : la collectivité s'appropriait ainsi un symbole prestigieux de la culture urbaine, même si à l'origine l'édifice avait une fonction privée.

Compiègne (Oise)
Hôtel de ville

XVIe siècle

Un chef-d'œuvre de la construction civile gothique. La partie centrale du bâtiment est dominée par un beffroi encadré de deux clochetons et couronné d'une flèche d'ardoise, l'unité horizontale étant assurée par une balustrade sculptée qui fait frontière entre la façade et le toit percé de deux hautes lucarnes agrémentées d'un pinacle en arabesque. La décoration monumentale, en accolades, guirlandes et meneaux, fut d'emblée somptueuse, digne de l'ambition des nouveaux maîtres, même si les actuelles statues datent de la restauration du XIXe siècle. Les deux pavillons encadrant la haute tour sont plus tardifs (1650 pour celui de gauche et 1867 pour celui de droite). La niche de la façade est occupée par une statue royale, dont l'original a été détruit au XVIIIe siècle. En 1869, la municipalité fit installer un nouveau groupe équestre de Louis XII, œuvre sans grand intérêt du sculpteur Jacquemont.

La vie rythmée par le carillon du beffroi. Le rôle du beffroi est d'abriter les cloches et carillons qui créent un lien sonore et complice avec la totalité de la population citadine, la conviant aux réjouissances publiques (carnaval, fêtes) mais la sollicitant aussi en cas d'alerte (incendie, guerre) ; on trouve également de beaux exemples de beffroi à Saint-Quentin et à Lille.

double de l'hôtel de Vassal et les reliefs du château de Tamniac, hors les murs, en illustrent les prémices, au xve siècle.

Cependant, le chef-d'œuvre de cet essor demeure l'hôtel La Boétie, édifié en 1520-1525, profondément marqué par la Renaissance italienne ; l'influence florentine se lit surtout à l'étage du pignon aigu, avec les fenêtres à meneaux cernées de pilastres à médaillons aux chapiteaux singulièrement fleuris. Au début du xxe siècle, l'unité des ouvertures a été brisée par l'adjonction d'une petite lucarne sur le pan gauche du toit, initiative d'autant moins heureuse que la décoration baroquisante qui l'alourdit tranche avec l'économie géométrique du reste de la façade. Mais, tel qu'il nous est parvenu, l'hôtel La Boétie reste l'une des plus belles demeures civiles du xvie siècle, un témoignage irréfutable de la montée en puissance d'une bourgeoisie d'affaires engagée dans la conquête d'un pouvoir qu'elle fera définitivement sien deux siècles plus tard.

Un luxe ostentatoire. Les palais de justice se multiplient au xvie siècle, à Grenoble, Dijon et Rouen notamment. Comme pour affirmer l'importance de leur fonction, la décoration des façades est profuse. Au beau milieu de la façade du Palais de justice de Rouen, ce haut gâble ajouré et fleuri témoigne d'un luxe inouï, dont on trouve d'ailleurs une autre trace dans la Grand-Chambre, sur laquelle ouvrent les fenêtres frontales et dont le plafond est orné de merveilleux caissons enrichis de clefs pendantes (l'ensemble a été superbement restauré en 1988).

ROUEN (SEINE-MARITIME)
PALAIS DE JUSTICE,
DÉTAIL DE LA FAÇADE
XVIe SIÈCLE

1501 La dernière croisade française, armée par Louis XII, est vaincue en mer **1502 Début des travaux de l'hôtel de ville de Compiègne** 1503 Célèbre épisode de la défense du pont de Garigliano par le chevalier Bayard.

Aubusson (Creuse)
Tour de l'Horloge

Fin du xvie siècle

Le signe de l'extension urbaine. Amorcé après la guerre de Cent Ans, le renouvellement du paysage urbain s'intensifie au xvie siècle. À Aubusson, le vieux bourg s'enrichit de nouveaux quartiers qui s'étirent sur les hauteurs. Dominant toute la ville, la sobre tour de l'Horloge, érigée dès 1579, joua, indépendamment de sa fonction défensive, un rôle-clé dans la vie de la cité en tant qu'observatoire des foyers d'incendie naissants.

Rouen (Seine-Maritime)
< Palais de justice

xvie siècle

La glorification des institutions humaines. Le Palais de justice de Rouen est l'un des monuments français qui porte avec la plus claire évidence les marques de la transition entre gothique flamboyant et première floraison de la Renaissance. Ainsi, s'affirment, contre l'élan vertical de l'esthétique gothique, les longues horizontales des compartiments fleuris placés sous les fenêtres et de la balustrade à la base du haut toit. L'essentiel demeure que, désormais, l'effort des tailleurs de pierre exalte la justice des hommes et non plus la seule gloire de Dieu.

Arras (Pas-de-Calais)
Hôtel de ville

xvie siècle

Signe du temps, esprit des lieux. Bâti au début du xvie siècle, l'hôtel de ville d'Arras subit l'influence des modèles de l'art septentrional, notamment flamand, à laquelle s'ajoute la touche méditerranéenne du portique. On en découvre la réalité dans l'ordonnance de sa façade percée de baies gothiques et coiffée d'une toiture couverte de rangs de lucarnes. Érigé de 1463 à 1556, le beffroi élancé, assis sur une puissante base carrée, domine de ses parties hautes et ajourées les deux ailes Renaissance très articulées qui agrandissent, à la fin du xvie siècle, l'hôtel de ville flamboyant.

L'église de Brou à Bourg-en-Bresse

Survivances médiévales et art du temps

Aucun monument ne donne autant que le monastère de Brou à Bourg-en-Bresse (Ain) le sentiment de proposer l'image ultime d'un monde en train de s'effacer, tout en acceptant les apports de l'époque nouvelle.

Car cet ensemble exceptionnel offre l'idée d'une synthèse, d'une fusion momentanée, entre ferveur médiévale et humanisme renaissant.

Un sanctuaire et un mausolée

L'ensemble monumental de Brou est le fruit d'un événement tragique, la mort de Philibert le Beau à vingt-quatre ans, en septembre 1504. Sa veuve, Marguerite d'Autriche, fille de Maximilien, empereur d'Autriche et de Marie de Bourgogne, fait porter son corps à Brou et décide de lui consacrer un monastère, accomplissant ainsi le vœu formulé autrefois par sa belle-mère, Marguerite de Bourbon.

Les premiers moines arrivent dès le printemps 1505 et, le 31 mars de la même année, Marguerite passe contrat avec cinq maçons, bourgeois de Bourg, pour la construction d'une église et de son prieuré. Mais en 1507, nommée gouvernante des Pays-Bas et tutrice du futur Charles Quint, elle quitte la Bresse pour n'y jamais revenir. Le 1er décembre 1530, à l'âge de cinquante et un ans, elle meurt d'une blessure au pied gauche. Selon sa volonté, son corps est transporté à Brou deux ans après ; il y repose toujours, dans le plus somptueux des tombeaux de l'église, aux côtés de ceux de Philibert et de Marguerite de Bourbon.

Un projet minutieusement mené

En dépit de son éloignement forcé, Marguerite suivit toujours les travaux de Brou avec un intérêt passionné, attentive aux moindres détails. Extérieurement, l'église de Brou ne présente pas un aspect particulièrement heureux ; sa silhouette râblée et sa décoration flamboyante laissent peu prévoir la magnifique ampleur de l'intérieur, illuminé par la clarté tombée des grandes fenêtres sur le pâle matériau dont use toute la construction. Au-delà du jubé, œuvre du Flamand Van Boghem, les tombeaux sont alignés comme autant de monumentales pièces d'orfèvrerie. Au centre, celui de Philibert le Beau, en marbre de Carrare, présente le duc en costume d'apparat, entouré d'angelots. Dix statues féminines, les Sibylles, forment un écran protecteur autour du gisant.

Le tombeau de Marguerite de Bourbon, sur la droite, porte une levrette, symbole de la fidélité, mais sa célébrité vient de ses « pleurants » aux visages dissimulés par des capuchons. Quant au tombeau

1504 Mort tragique de Philibert le beau, à l'âge de 24 ans 1505 Malade, Louis XII ordonne le mariage de sa fille Claude avec le futur François Ier **1505 Marguerite d'Autriche passe contrat pour la construction de l'église abbatiale de Brou, conformément au vœu fait par sa belle-mère, Marguerite de Bourbon** 1509 Victoire de Louis XII sur les Vénitiens à Agnadel, le 14 mai.

BOURG-EN-BRESSE (AIN)
ÉGLISE ABBATIALE DE BROU,
FAÇADE OCCIDENTALE >
XVIe SIÈCLE

Héritage médiéval et esthétique renaissance. La façade occidentale de l'église de Brou a été terminée vers 1532, donc après la mort de Marguerite d'Autriche. Elle accumule les éléments décoratifs, proposant un véritable répertoire des formes architecturales héritées du Moyen Âge et déjà transformées par l'esthétique renaissante déferlante. Ainsi du fronton sommital aux lignes courbes ou des archivoltes du portail central qui chutent directement au sol, sans l'appui traditionnel des piédroits. Demeure la compartimentation traditionnelle en trois étages (portail, grandes baies, pignon) déterminés par les balustrades ornées qui ont remplacé les galeries du gothique initial.

BOURG-EN-BRESSE
ÉGLISE ABBATIALE DE BROU,
TOMBEAU DE MARGUERITE D'AUTRICHE
XVIe SIÈCLE

Perdurer pour l'éternité, entre splendeur et misère. Le tombeau de Marguerite d'Autriche se signale par le dais le plus impressionnant de toute l'ère flamboyante. Surchargé d'ornements, il abrite la double effigie de la princesse disparue. En haut, le gisant, soit le personnage « au vif », dans toute sa pompe princière, tel qu'il reposa sur son lit de mort, est veillé par des angelots répartis à la tête et aux pieds ; en bas, le transi, cadavre tout juste recouvert des linges de l'intimité et privé de coiffure, repose à jamais dans une discrète et miséricordieuse pénombre. Laisser d'elle, figée à jamais, une image à mi-chemin entre orgueil et humilité, tel fut le projet de Marguerite, morte en 1530, après avoir impulsé et approuvé les projets du maître tailleur.

BOURG-EN-BRESSE
ÉGLISE ABBATIALE DE BROU,
UNE DES SIBYLLES DU TOMBEAU DE PHILIBERT LE BEAU
XVIe SIÈCLE

Un christianisme mâtiné de paganisme antique. La sibylle Agrippa est l'une des plus gracieuses figures de l'art religieux français. Héritière d'une tradition née sur les flancs de la cathédrale de Chartres (notamment avec l'effigie de sainte Modeste), elle offre le visage d'une émouvante féminité, rehaussée du cachet antiquisant. Le Verbe n'est cependant pas oublié ; la trace encore visible d'une corde à nœuds, à la chute de sa robe, rappelle qu'elle annonça très anciennement la Flagellation du Christ. La réconciliation de l'Antiquité et du christianisme est plus que jamais d'actualité en cette aube du XVIe siècle, mais le thème de ces prophétesses de l'Antiquité païenne ayant eu une vision précoce de la Passion est d'apparition récente au moment où le tombeau de Philibert est réalisé. La tradition respectueuse rencontre donc ici l'ambition innovante.

de Marguerite d'Autriche, situé à gauche de celui de Philibert, il montre la princesse sous la double forme du gisant et du transi, comme pour rappeler, pour l'éternité, l'inanité des ambitions humaines. Le dais qui le surmonte témoigne d'une virtuosité sculpturale à son sommet. Tout ici participe du même projet : les stalles de 1530-1532, les vitraux de l'abside et du transept, mais aussi les trois cloîtres à étage du monastère, disposition unique en Europe. Brou se présente ainsi comme la réalisation minutieuse d'un projet transcendant, inscrit sous les signes de la foi et de l'espérance, de la mort et de la vie éternelle, de l'homme fragile face à l'inébranlable divinité.

Anet (Eure-et-Loir)
Chapelle du château
1549

Toute la science architecturale du temps. Construit en 1547-1553 par Philibert Delorme pour Henri II (lequel y établit sa maîtresse, Diane de Poitiers), le château d'Anet a disparu en grande partie. Sa chapelle, qui date de 1549, reste un prodigieux tour de force spéculatif. Refusant les principes stricts de la rotonde et du plan en croix, elle s'en inspire néanmoins directement. En projetant au sol l'image de la coupole, dont les caissons désignent le creusement perspectif, en inscrivant donc sur la surface du sol le volume du dôme, Philibert Delorme offre la démonstration de sa science consommée de tous les effets architecturaux de son temps. Et c'est avec une évidente fierté qu'il place l'intelligence savante au service de la foi dévote, particularité qui avait déjà nuancé toute une part de l'entreprise de Brou.

Le château de Chenonceau

Le cadre des fastes de la cour

La silhouette du château de Chenonceau (sur la commune de Chenonceaux, Indre-et-Loire), immense et élégante passerelle jetée en travers du Cher, figure parmi les plus célèbres et les plus séduisantes du patrimoine architectural de la Renaissance française.

Deux noms de femmes lui sont associés, ceux de Diane de Poitiers, maîtresse d'Henri II, qui fut établie ici par le roi, et de Catherine de Médicis, l'épouse légitime, qui attendit patiemment la mort de son mari en 1559, pour chasser sa rivale du château et faire construire la célèbre galerie qui enjambe le fleuve.

Une demeure historique au destin prestigieux

Guillaume de Marques semble avoir été le premier seigneur de Chenonceaux, au XIIIe siècle. Mais son ralliement aux Anglais ayant fini par provoquer la ruine de son château, celui-ci n'est reconstruit qu'à partir de 1433. En 1496, Pierre de Marques vend sa propriété à Thomas Bohier, grand financier et conseiller, successivement, de Louis XI, Charles VIII et Louis XII. En 1513, Bohier fait transformer le domaine en châtellenie et, deux ans plus tard, ordonne la construction du château actuel. Il n'en profitera guère, mourant en 1524 dans le Milanais. François Ier entre alors en scène, dénonce les malversations de la famille Bohier, prend possession du château en 1535 et y reçoit même Charles Quint en 1539. En 1547, Henri II l'offre à sa favorite, Diane de Poitiers, qui prolonge le corps principal par un pont sur lequel elle prévoit de faire aménager une galerie. Mais la mort du roi Henri II en 1559 ne lui permet pas de mener à bien ce projet et la contraint au départ vers le château de Chaumont-sur-Loire. Il faudra attendre les dernières décennies du XVIe siècle pour que s'ouvre le chantier de la nouvelle galerie, selon le projet de Catherine de Médicis.

Un chantier complexe et original

C'est la femme de Thomas Bohier, Catherine Briçonnet, qui semble avoir organisé les premiers travaux de construction du nouveau château, qui commencent en 1515 et s'achèvent, pour la tranche initiale, en 1522. En fait, le nouvel ouvrage, qui prend la forme d'un pavillon carré flanqué à chaque angle d'une tourelle, s'appuie prudemment sur les piles d'un ancien moulin. Sa conception est très académique, mais s'inspire directement des nouveaux préceptes développés à Blois et à Amboise. À cette différence près qu'ici il ne s'agit plus de remanier un ancien édifice mais de le reconstruire complètement. À ce titre, Chenonceau peut à bon droit se présenter comme le premier chef-d'œuvre intégral de la Renaissance française. Dans la seconde moitié du XVIe siècle, à partir de 1556, Diane de Poitiers fera appel à l'architecte Philibert Delorme pour réaménager la demeure princière et construire le pont sur le Cher. Et il reviendra à un autre grand architecte du temps, Jean Bullant, de réaliser, à partir de 1570, la grande galerie sur le Cher voulue par Catherine de Médicis. Aussi élégante qu'ostentatoire, la nouvelle réalisation constitue désormais le cadre idéal pour les fastes de la cour. Un très subtil jeu lumineux

CHÂTEAU DE CHENONCEAU (INDRE-ET-LOIRE)
GALERIE MÉDICIS
SECONDE MOITIÉ DU XVIe SIÈCLE

L'œuvre de deux rivales. Le nom de Diane de Poitiers, favorite d'Henri II, est indissociable du château de Chenonceau, que son royal amant lui offrit en 1547, dès son avènement. Elle y consacre son temps et son argent, décide la construction du pont qui enjambe le Cher, lequel sera ensuite destiné à porter la galerie qu'il reviendra à Catherine de Médicis de terminer. Longue de 60 mètres, elle repose sur cinq arches, superpose deux étages et s'appuie sur la façade sud du pavillon. La salle principale fut conçue comme une somptueuse salle de fêtes. Maîtresse absolue des lieux en 1559, à la mort d'Henri II, Catherine déplace sa rivale au château de Chaumont-sur-Loire et organise une brillante vie de cour à Chenonceaux.

1511 Unité de la Sainte Ligue (Pape, Espagne, Venise, Suisse, Angleterre) contre la France **1513 Thomas Bohier transforme en châtellenie le domaine de Chenonceau, siège du château qu'il s'apprête à faire construire** 1514 Mort d'Anne de Bretagne ; le 18 mai, sa fille Claude épouse le futur François Ier 1547 Henri II offre Chenonceaux à sa favorite, Diane de Poitiers 1559 Mort du roi Henri II.

Un décor typiquement renaissant. Ces danseurs et musiciens évoluent dans un cadre exemplaire de la Renaissance française : cheminée décorée dont le manteau porte une scène champêtre, fenêtres aux carreaux à reliefs circulaires, frise représentant des amours, sièges à volutes, poutres apparentes au plafond, carrelage noir, blanc et rouge brique…

BAL À LA COUR DES VALOIS
ÉCOLE FRANÇAISE DU XVIe SIÈCLE
Rennes, musée des Beaux-Arts

permet aux fenêtres et œils-de-bœuf de capter la lumière du fleuve durant la journée et de la lui renvoyer, la nuit venue, sous forme de reflets dansants aux effets ensorceleurs.

La palette des choix originaux opérés par Chenonceau est très large. L'entrée ouvre sur un ample vestibule aux voûtes particulièrement soignées, avec notamment tout un complexe de clefs alternativement alignées sur deux axes différents ; on voit aussi l'escalier droit occuper une position presque centrale et perpendiculaire au vestibule, disposition totalement inédite. Enfin, le répertoire décoratif Renaissance prolifère sur les façades du grand bâtiment.

CHÂTEAU DE CHENONCEAU (INDRE-ET-LOIRE)
XVIe SIÈCLE

Les traces du féodalisme. De l'ancienne forteresse du début du XVe siècle, il ne subsiste que la tour dite de Marques (visible sur la droite), en mémoire des anciens seigneurs du lieu, et agrémentée de baies avec pilastres et frontons. Elle fait fonction de donjon, signe féodal par quoi le nouveau possesseur de Chenonceau signifie son importance. Quant au château lui-même, on en voit le premier état, celui réalisé sous Bohier, un élégant bâtiment régulier, cantonné de tourelles aux quatre angles.

Château de Grignan (Drôme) Façade principale
XVIe siècle

Une demeure Renaissance à l'affût d'un ennemi disparu. Bien loin des châteaux de la Loire et sans en avoir la grâce, celui de Grignan révèle pourtant un même souci de qualité de vie associant confort et plaisir. Situé sur une plate-forme rocheuse initialement utilisée à des fins défensives, il a gardé son entrée du XIIe siècle, mais c'est au XVIe siècle que les Adhémar en firent une résidence luxueuse, immortalisée par la marquise de Sévigné. Le chantier de sa grande façade s'est ouvert en 1551 et les travaux en ont été rapidement menés. Bien que très restauré au XXe siècle, le château a gardé un cachet d'authenticité, particulièrement dans son aspect extérieur.

Château du Lude (Sarthe) Peintures murales du studiolo
Vers 1570

Le mélange des styles. Situé sur la rive gauche du Loir, le château du Lude fut une forteresse médiévale jusqu'en 1468, date de sa vente à Jean Daillon qui le fit transformer en une demeure d'agrément. Aussi y voit-on, comme à Chenonceau, différents styles se côtoyer, du gothique à la Renaissance. Les peintures murales, longtemps attribuées à un peintre italien, sont désormais considérées comme étant d'un artiste travaillant avec les Cousin et Caron ; leur date a été fixée vers 1570 et leur principale source d'inspiration se trouve dans les gravures des triomphes de Pétrarque (la gloire du grand poète italien, mort en 1374, est alors à son sommet). Au plafond, les grotesques indiquent la volonté de se plier aux goûts de la monarchie régnante.

Château d'Azay-le-Rideau (Indre-et-Loire)
Début XVIe siècle

Une empreinte féminine. Aux angles du bâtiment, les tourelles suspendues au-dessus de l'eau, rappellent l'influence de l'inspiratrice des lieux, veuve éplorée mais énergique de Gilles Berthelot, qui tenta, après la disparition de son mari, d'achever la construction du féerique édifice. Le château d'Azay-le-Rideau enchante le regard par les raffinements d'une architecture qui puise tout à la fois dans la tradition française, avec ses hautes toitures d'ardoise, ses poivrières effilées, ses alignements de lucarnes, sans hésiter à solliciter les innovations venues d'Italie, symétrie des fenêtres, égalité des baies, force des moulures horizontales.

Le château d'Azay-le-Rideau, joyau de l'art français

Sur les rives de l'Indre, le château d'Azay-le-Rideau (Indre-et-Loire), a été construit de 1518 à 1524, sur ordre de Gilles Berthelot, nouveau financier du royaume. Dressé sur une île, il a pour seule vocation d'offrir un havre de paix à ses propriétaires, en dépit de la persistance des éléments défensifs, tourelles, mâchicoulis, douves... C'est dans l'élan créatif et optimiste des premières années du règne de François Ier que cette construction voit le jour. Les deux grands logis qui le composent sont cernés par les bras de l'Indre. À l'intérieur de la cour, le grand escalier, dont l'architecte est resté anonyme, présente de superbes loggias au décor antiquisant. À l'intérieur, de somptueuses œuvres d'art et autres tapisseries accompagnaient dignement bals et banquets, auxquels ne dédaigna pas d'assister Louis XIII en personne.

Château d'Azay-le-Rideau
Façade intérieure
Début XVIe siècle

Un nouvel idéal de l'architecture française. Sur la façade côté cour, le souci de la symétrie importé d'Italie se lit partout. Sous le pignon gothique, six baies superposées ouvrent sur l'espace intérieur. Comme au château de Chenonceau, on découvre le conflit des doubles moulures horizontales et des pilastres encadrant les fenêtres. L'escalier d'Azay-le-Rideau, célèbre pour son décor sculpté, forme l'entrée principale de cet édifice, prototype du nouvel idéal de l'architecture française, tel qu'il se révèle alors en Touraine plus qu'en Île-de-France.

Le château de Chambord

Éclosion de l'architecture royale

Héritier de la couronne de France en 1515, François d'Orléans, comte d'Angoulême et gendre de Louis XII, choisit d'inscrire au cœur du val de Loire la première marque de sa grandeur.

Sur les rives du Cosson, petit affluent de la Loire, le roi décide d'édifier un palais au cœur de la forêt, à 14 kilomètres de Blois. Le site, occupé dès l'époque mérovingienne, avait longtemps abrité un petit château fort, ensuite transformé par les comtes de Blois en pavillon de chasse.

Entre flamboiement gothique et Renaissance

L'acte de fondation du château de Chambord, en septembre 1519, suit de peu la mort de Léonard de Vinci, le 2 mai à Amboise. Léonard avait élaboré pour le roi le plan d'un palais idéal ; la maquette, exécutée par Domenico da Cortone, dit le Boccador, architecte italien en résidence à Blois de 1512 à 1531, reflète bien les conceptions du maître : on retrouve le donjon carré, les trois étages d'arcades, les quatre vestibules disposés en croix et le principe de l'escalier à double vis.

Mais le plan définitif du château s'écarte de ce projet : moins rigoureux, plus français dans le choix du décor, il fait apparaître des tours circulaires coiffées de toits coniques aux angles. Le jeune souverain charge François de Pontbriant de surveiller les travaux du « bel et somptueux édifice » et choisit pour maçons les Sourdeau et Neveu, praticiens français qui privilégient l'héritage gothique. D'inspiration italienne est cependant le plan en croix grecque du donjon, avec la tour centrale dominée par le dôme en lanterne, souvenir du plan de Bramante pour la basilique Saint-Pierre de Rome. Mais si cette dernière était dressée à la gloire de Dieu, le nouveau palais célèbre la grandeur du monarque temporel ; ainsi, la chapelle de la tour ouest trouve son pendant dans le cabinet François Ier de la tour est. Dieu n'est plus le « premier servi », l'homme inscrit sa marque dans les pierres, pour le présent et le futur. D'autres édifices perpétueront le souvenir de l'importance nouvelle que l'homme accorde à son séjour terrestre, dont le château de Valençay (1520) d'une somptuosité comparable à celle de Chambord.

Un ouvrage à la gloire du monarque

Universellement célèbre, le grand escalier à vis de l'intérieur est formé de deux rampes hélicoïdales se chevauchant de telle façon que deux personnes, l'une montant, l'autre descendant, ne se rencontrent pas. S'il ne s'agit pas vraiment d'une innovation (un tel dispositif existait déjà au Collège des Bernardins de Paris), le luxe déployé à Chambord met en lumière la fonction de ce prodigieux appareil de distribution, véritable nœud vital de l'édifice.

Au centre du donjon, la tour polygonale est nettement inspirée de l'escalier François Ier du château de Blois : même économie des pilastres, même schéma hélicoïdal, même distribution des balcons. Autour de cette tour s'agrègent les quatre pavillons quadrangulaires avec leurs salles des gardes et les deux imposants escaliers ajourés de hautes baies, dont le dessin sera repris pour l'Hôtel de Ville de Paris. Il y a là une métaphore du

Château de Chambord (Loir-et-Cher)
XVIe siècle

Un chantier grandiose. Édifié à partir de 1519 sur une zone marécageuse, le château de Chambord repose sur des pilotis dont l'implantation a retardé l'achèvement des fondations jusqu'à 1526. Plus de 1 800 ouvriers sont mobilisés à l'édification du palais dont François Ier lui-même tient à surveiller les travaux, distribuant conseils et récompenses. C'est lui qui, pour écrin de son palais, aurait imaginé un parc immense d'environ 2 500 hectares, clos par un mur dont la longueur atteint 33 kilomètres.

Le château développe un plan en quadrilatère de 45 x 45 mètres, rythmé par quatre tours d'un diamètre de 19,50 mètres, autour du donjon haut de 60 mètres. Un second quadrilatère, de 128 x 156 mètres, également flanqué de quatre tours, relie des bâtiments surmontés de terrasses, selon un schéma médiéval assez proche de celui de Vincennes. L'organisation de l'espace intérieur est d'une rare complexité, les quelque 440 pièces étant chauffées par 365 cheminées et desservies par 13 escaliers.

1515 Le 25 janvier, sacre de François Ier ; les 13-14 septembre, victoire de Marignan 1519 Le 31 mars, naissance du futur Henri II ; le 28 juin, Charles Quint élu empereur **1519 Début du chantier de Chambord** 1520 Rencontre dite du camp du Drap d'or entre François Ier et Henri VIII, du 7 au 24 juin.

Portrait équestre de François Ier
Attribué à Jean Clouet (1485-1540)
XVIe siècle
Gouache rehaussée d'or et d'argent sur vélin, 27 x 22 cm
Paris, musée du Louvre

François Ier, un roi épris des arts. Portraituré par les peintres célèbres de son temps, Clouet ou Titien, le roi fit acheter des tableaux de Raphaël (dont *la Belle Jardinière*) et de Léonard de Vinci (*la Joconde*). Il favorisa l'éclosion d'un art de cour raffiné au service duquel il sollicita nombre d'artistes français et italiens tout en collectionnant sculptures antiques *(Venus genitrix)* et modernes (la *Nymphe de Fontainebleau*), tapisseries et objets précieux. Ici, l'architecture, représentée sur le côté droit, rend hommage à l'Italie de la Renaissance, cependant que ses altérations (végétation sur la corniche, débris au sol) symbolisent la précarité de la condition terrestre. On doit aussi à François Ier la création du Collège de France (1530), temple de l'humanisme français.

pouvoir monarchique, qui fonctionne selon une hiérarchie verticale aux développements horizontaux. Le visiteur contemporain ne doit cependant pas se laisser abuser par l'ampleur glaciale des espaces vides ; le mobilier en a disparu, particulièrement ces tapisseries qui formaient les « clotets », véritables salons de laine créant une intimité et une chaleur disparues. Car la cour, au hasard de ses déplacements, tenait à retrouver dans chacune de ses résidences les éléments de commodité du nouvel art de vivre.

Un extraordinaire dispositif décoratif

L'une des originalités de Chambord tient à ses terrasses qui offrent une vue exceptionnelle sur la grande nature boisée environnante, sur les départs pour la chasse, sur les tournois que suivent les dames, mais aussi sur les parties hautes du château. La fantaisie médiévale y joue à plein, dans une prolifération de motifs aussi inventifs que raffinés. Ce n'est pas le moindre paradoxe de Chambord que les parties les plus luxueuses soient ainsi placées sur les toits. Quant à l'opposition des matériaux (calcaire contre ardoise), elle évoque les jeux du marbre italien,

Château de Chambord (Loir-et-Cher)

La salamandre, emblème de François Ier. De ce petit amphibien, on a longtemps cru que sa morsure était mortelle, qu'il pouvait vivre dans le feu et que, si on lui coupait les pattes, elles repoussaient aussitôt. Si François Ier a choisi cet emblème, que l'on retrouve un peu partout dans Chambord, c'est pour illustrer sa devise : « J'y vis et je l'éteins », avertissement adressé à ses adversaires, mais dont l'Histoire ne devait qu'incomplètement confirmer la pertinence.

La lanterne, le joyau de Chambord. À partir des terrasses, au-dessus des salles des gardes, l'escalier se termine par la célèbre lanterne, couronnement de huit arcades surmontées d'autant de colonnes formant un belvédère surmonté d'un dôme couronné par une fleur de lys. La fantaisie médiévale règle les formes inventives (pinacles, frontons, frises, colonnes, fenêtres, cheminées, mâchicoulis, fleurs de lys, coquilles, putti…) dont le raffinement est souligné par la clarté du calcaire contre l'ardoise.

Château de Chambord (Loir-et-Cher)
Lanterne et combles
Après 1526

par la multiplication des triangles et cercles d'ardoise sur les pilastres, procédé repris, autour de 1535, pour le décor polychrome du château de Villegongis.

Un palais féerique... et quasiment inhabité !

Ce lieu de chasse et de détente dut se présenter aux yeux de ses contemporains comme la scène somptueuse du théâtre monarchique. C'est à Chambord, en 1539, que François Ier reçut Charles Quint, tapisseries et mobilier luxueux dissimulant habilement les travaux encore en cours. Frontons, initiales entrelacées, décor d'ardoises furent ensuite réalisés. À la fin du règne, deux ailes de part et d'autre du donjon et des bâtiments de service furent ajoutés ; à la mort du roi, le chantier n'était toujours pas achevé. Conçu comme logis de la cour, Chambord fut fort peu occupé par le souverain qui l'édifia, puis abandonné par les derniers Valois. Henri IV s'en désintéressera, Louis XIII également, bien qu'il y ait séjourné enfant. Sous le règne de Louis XIV, le grand édifice retrouve un certain lustre : le roi ordonne des réparations, y convie la cour. C'est à Chambord qu'il fait créer *Monsieur de Pourceaugnac* (1669) et *le Bourgeois gentilhomme* (1670) de Molière. Occupé au XVIIIe siècle par des hôtes aussi prestigieux que Stanislas, roi de Pologne, ou le maréchal de Saxe, Chambord sera donné par Napoléon à Berthier, puis restitué au duc de Bordeaux en 1821, et restauré enfin, en 1891-1892, par l'architecte Desbois.

CHÂTEAU DE VILLEGONGIS (INDRE) FAÇADE, EXTRÉMITÉ DROITE
VERS 1535

Le « cadet de Chambord ». Villegongis imite de près son illustre aîné avec son corps de logis flanqué de deux tours puissantes et son style décoratif qui recourt à un choix de matériaux typiquement français tout en marquant fortement sa référence à l'art italien.

Une métaphore du pouvoir. Le grand escalier emprunte à la tradition médiévale de l'escalier à vis, mais il lui ajoute le principe de rampes droites importé d'Italie. Le chevauchement des deux rampes permettant à deux personnes les utilisant de ne pas se rencontrer est une métaphore de la subtilité des jeux politiques de la cour dont les chassés-croisés sont rendus visibles par l'existence de ces escaliers à claire voie.

Un ouvrage destiné aux piétons comme aux cavaliers. Les marches larges et de hauteur réduite, que l'on trouve à Chambord comme dans d'autres châteaux de la Renaissance, étaient ainsi conçues pour permettre aux cavaliers d'accéder aux étages sans descendre de cheval.

CHÂTEAU DE CHAMBORD (LOIR-ET-CHER) LE GRAND ESCALIER
XVIe SIÈCLE

Le château de Fontainebleau

Le laboratoire de la Renaissance française

Apparemment dépourvu de cohérence, composé au fil du temps d'éléments disparates, le château de Fontainebleau offre cependant une synthèse exemplaire des apports et acquis de la Renaissance française.

Deux exigences gouvernent les nombreux plans sur lesquels se penchent aujourd'hui les historiens : monumentalité et commodité. La première a pour charge d'exalter la grandeur de la fonction royale, la seconde de contenter les goûts particuliers du souverain en place. En ce sens, Fontainebleau a la particularité d'illustrer aussi bien la mémoire d'une histoire collective, plusieurs fois séculaire, que celle des désirs et rêves propres à chacun des règnes ayant construit cette histoire.

Un écrin neuf pour un nouveau pouvoir

En ce lieu sauvage mais point trop éloigné de Paris, les souverains ont toujours aimé se retirer. Philippe le Bel y naquit et y mourut, François Ier y vécut, Napoléon Ier y fit ses adieux. Des motifs politiques président au choix du site : le Louvre est insalubre et le roi veut affirmer sa puissance en offrant à la cour un cadre raffiné, dans la tradition des demeures princières à l'italienne.

Le désir de François Ier d'aménager un palais à Fontainebleau remonte probablement à l'été 1527. Il s'agissait alors d'aménager de nouveaux logis autour de l'ancienne cour ovale, ainsi qu'une galerie reliant le donjon féodal au couvent construit par Saint Louis, une chapelle, et divers édifices fonctionnels, tout en conservant des éléments médiévaux (fondations, donjon, courtine, tourelles).

Un palais rêvé

En 1531, de nouveaux travaux sont entrepris. S'inspirant du modèle italien, Le Breton (qui devra céder le pas à Serlio en 1540) aménage d'abord la cour ovale et réalise une nouvelle entrée, la porte Dorée, dont les trois baies renaissantes contrastent avec les édifices plus anciens. Il construit aussi, dans le même esprit, un escalier à deux

CHÂTEAU DE FONTAINEBLEAU (SEINE-ET-MARNE) VUE AÉRIENNE

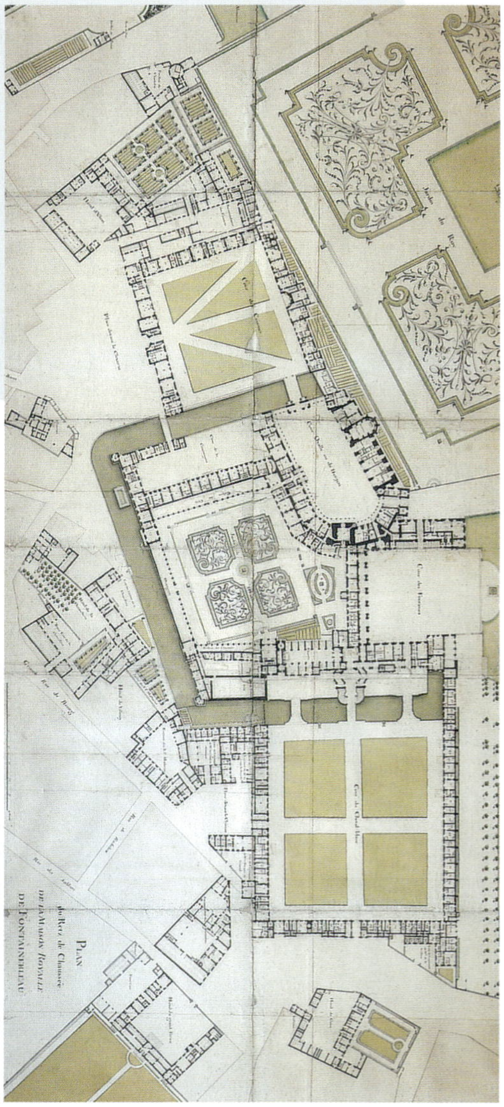

PLAN DU CHÂTEAU ET DES JARDINS, DIT PLAN DE BOFFRAND

AVANT 1732

Plume et lavis
Fontainebleau, Musée du château

Un édifice à la fois harmonieux et disparate. Le devis du chantier ayant été établi, le 28 avril 1528, Le Breton, le Rosso, le Primatice, Serlio, Delorme... travaillent successivement à aménager la cour des offices et les cuisines, la cour ovale avec donjon ancien et les nouveaux logis royaux, la galerie François Ier, trois ailes autour de la basse cour, le parc. Cependant, entre le château que nous connaissons aujourd'hui et le plan initial de Gilles Le Breton, le nombre de modifications et d'ajouts intervenus est tel que les meilleurs spécialistes du lieu avouent leur perplexité quant à la disposition effective des divers logis autour de la demeure royale, au gré des aménagements successifs.

LE CHÂTEAU DE FONTAINEBLEAU
ROSSO FIORENTINO
FRESQUE DE LA GALERIE FRANÇOIS Ier

1536-1540

Château de Fontainebleau

L'héritage médiéval. Cette fresque du Rosso Fiorentino révèle un aspect de la porte Dorée qui a disparu. Le toit apparaît ici plus en hauteur que dans la réalisation plus « classique » que nous connaissons aujourd'hui. La tourelle qui flanque la porte Dorée renvoie au modèle des châteaux forts.

rampes parallèles derrière un portique débordant, puis des arcades et des galeries qui sont autant de variations sur les structures italiennes.

C'est au Rosso (1494-1540), artiste florentin à l'iconographie recherchée, parfois tourmentée, que revient l'agencement de la somptueuse galerie François Ier (64 x 6 mètres), en 1533-1539. Mais c'est après 1535 que se produisent les derniers bouleversements : rectangle de la « basse cour » (152 x 112 mètres) dite ensuite « du Cheval Blanc », puis « des Adieux » (le passage des siècles transformant les lieux mais aussi leur nom), nouvelles ailes basses, nouveau corps de logis, etc. Après la mort du Rosso, en 1540, le Bolonais Primatice est chargé, en collaboration avec Nicolo dell'Abbate, d'un programme décoratif tout d'élégance alanguie, d'imagination fantasque et d'exécution virtuose. En 1547, année de sa mort, François Ier pouvait ainsi se targuer de posséder, plus qu'à Chambord ou au Louvre, le palais de ses rêves.

Des mutations incessantes

Le nouveau roi, Henri II, sollicite l'architecte Philibert Delorme, rival du Primatice ; à l'action conjointe des deux hommes est due la salle de bal (30 x 10 mètres). Delorme substitue aux voûtes arquées à l'italienne des plafonds horizontaux, modulés en caissons. Il remplace les contrevents de bois des baies par du verre, conçoit le plan de l'escalier en fer à cheval, construit au siècle suivant. Quant au Primatice, il aménage deux nouvelles ailes. Le chantier se poursuivra sous François II, Charles IX et Henri III. Les interventions de Catherine ou Marie de Médicis et du dernier souverain de la Renaissance, Henri IV, ne feront que confirmer la force de séduction

Château de Fontainebleau (Seine-et-Marne) Galerie François Ier

Milieu du XVIe siècle

Le signe d'une mutation. Miroir d'un pouvoir royal qui choisit le faste renaissant contre la sévérité médiévale, la galerie est le fruit de la rencontre du génie décoratif italien (celui du Rosso et du Primatice) et de l'harmonie française. Au-dessus de lambris de chêne finement sculptés, douze tableaux encadrés d'angelots et de guirlandes en poudre de marbre moulée et polie formant des reliefs décorent les parois.

Une iconographie symbolique. Ces compositions évoquent les vertus du roi et les grands événements du règne sous forme d'allégories ou de références mythologiques parfois obscures pour un non initié. Sur l'une d'elles, le roi est représenté en César, entouré d'hommes et de femmes symbolisant la société sur laquelle règne le souverain ; ailleurs, un éléphant, symbole de sagesse, porte les armes royales.

exercée par Fontainebleau. Cependant, si chaque souverain tint à y ajouter un enrichissement personnel, aucun ne songea à renoncer tout à fait aux réalisations antérieures. Bien d'autres contributions suivront, celles des Gabriel au XVIIIe siècle, celles des deux ères impériales... jusqu'aux restaurations du XXe siècle.

L'invention d'un style

Autant que ses structures architecturales, c'est la décoration intérieure qui place Fontainebleau à l'avant-garde de la Renaissance française. Le Rosso et le Primatice rassemblent autour d'eux d'autres artistes : des Italiens mais aussi des Flamands et des Français (Le Roy, Caron, Dumoûtier, les Cousin, etc.). Ils créent un style homogène qui se rattache au maniérisme européen, mais prend aussi en compte le goût du roi et les survivances gothiques encore vigoureuses. Aujourd'hui encore, les fresques de la galerie François Ier séduisent par la beauté de la composition et des couleurs comme par leur étonnante variété ; le « cuir », motif linéaire souple qui orne les murs est même devenu un signe distinctif de l'école de Fontainebleau, du fait de sa nouveauté et de son efficacité décorative. Ces traits, revivifiés par la campagne récente de restauration des boiseries, poutres, stucs et fresques, chantent l'art de cour d'une époque disparue.

CHÂTEAU DE FONTAINEBLEAU (SEINE-ET-MARNE)

À GAUCHE
PAVILLON DE LA GRANDE FAÇADE

À DROITE
AILE DE LA BELLE CHEMINÉE
XVIe SIÈCLE

Le style français de la Renaissance. On retrouve à Fontainebleau un agencement unique, qui mêle le caractère ostentatoire de l'architecture italienne, avec escaliers monumentaux, aux mutations d'une architecture française ouvrant les demeures féodales de toutes parts et les ornant de fenêtres. Paradoxalement, la régularisation volontaire des lignes de l'édifice est relevée par les arabesques du grand escalier en fer en cheval et la variété des baies et des toits ; le classicisme n'est pas encore d'actualité.

Subtilité architecturale et classicisme. Vers 1565, Catherine de Médicis charge le Primatice d'aménager deux nouvelles ailes. Celle dite de la Belle Cheminée, dans la cour de la Fontaine, présente un décor de pilastres, colonnes plates décoratives alternant avec des niches à l'étage, donnant à l'édifice une rigueur classique. L'escalier extérieur comporte deux rampes divergentes plaquées contre le mur, le tout étant couronné d'une haute lucarne coiffée d'un fronton. On pense ici au mot de Napoléon, dans son *Mémorial de Sainte-Hélène* : « Voici la vraie demeure des rois, la maison des siècles. »

CHÂTEAU DE FONTAINEBLEAU (SEINE-ET-MARNE)
LA PORTE DORÉE
1528

La manifestation du style italien. Dessinée par Le Breton en 1528, la porte Dorée témoigne, par la superposition des trois baies voûtées qui ornent le centre de la porte, de l'intégration du style italien dans l'architecture nationale. Mais les fenêtres situées de part et d'autre des voûtes et les toits en pente percés d'ouvertures renvoient à des formes plus spécifiquement françaises.

1525 Défaite de Pavie, le 24 février ; François Ier, prisonnier de Charles Quint à Madrid 1526 Le 14 janvier, traité de Madrid et libération de François Ier 1527 Le 5 mai, sac de Rome par l'armée impériale de Charles Quint **1527 Au cours de l'été, François Ier décide d'aménager son palais à Fontainebleau** 1528 « Paix des Dames » à Cambrai, le 3 août ; trêve entre François Ier et Charles Quint 1530 Remariage de François Ier avec Éléonore d'Autriche, sœur de Charles Quint, le 7 juillet.

CHÂTEAU D'ANCY-LE-FRANC (YONNE)

MILIEU DU XVIe SIÈCLE

L'alliance entre références à l'antique et influences vénitiennes. Dans ce château, bâti par Sebastiano Serlio à partir de 1546, le rythme des fenêtres à meneaux alternant avec les niches encadrées de pilastres, à l'étage, et des arcades dépouillées au rez-de-chaussée est emblématique de la fusion des esthétiques françaises et italiennes.
Le traité de Sebastiano Serlio, *l'Architettura*, publié en sept livres à partir de 1537, fonde l'architecture sur les ordres antiques et le cachet vénitien, caractérisé par l'importance accordée à la surface où se déploient les effets de relief et de clair-obscur. Au cœur de Fontainebleau, Serlio édifia l'hôtel du Grand Ferrare (1544), modèle du futur hôtel à la française. Ailleurs en France, le château de Joigny (Yonne) (1569) adoptera le même principe de décoration princière avec le rythme en doubles pilastres de sa façade.

CHÂTEAU D'ANCY-LE-FRANC
CHAMBRE SES ARTS

DÉCOR ATTRIBUÉ AU PRIMATICE

MILIEU DU XVIe SIÈCLE

Retrouver les fastes des cours italiennes. Ébloui par la magnificence des cours génoise et milanaise découvertes au cours de ses campagnes militaires, François Ier fit venir en France nombre d'artistes italiens dont le Primatice, mais aussi l'orfèvre florentin Benvenuto Cellini et les architectes Vignole et Serlio.

Une entente entre tous les arts. Une des caractéristiques majeures de l'école de Fontainebleau fut son interdisciplinarité : l'architecture, le décor peint ou sculpté, et même les objets participent d'une même vision globale de l'espace où s'insèrent aussi bien les pièces d'orfèvrerie de Benvenuto Cellini que les Caryatides de Jean Goujon.

Le calvaire de Guimiliau

Témoignage d'une dévotion singulière

Rien ne paraît plus révélateur du génie profond de la Bretagne que son patrimoine de calvaires, fruit d'une action collective qui s'étend sur près de deux siècles.

Singulier héritage, en effet, que celui des expressions multiples d'une dévotion collective, sur cette terre dont les grandes pierres levées témoignaient déjà, plus obscurément, d'une spiritualité plusieurs fois millénaire !

Entre terre et ciel

Curieusement, le surgissement des calvaires bretons, souvent au cœur d'enclos paroissiaux, coïncide avec l'immense cycle de mutations de la Renaissance, qui se préoccupe plus de l'homme que de Dieu. Cependant, c'est plus précisément à Dieu fait homme, à Jésus et à sa Passion, que sont consacrées ces constructions dont on ne trouve aucun équivalent. Faisant jaillir la croix d'un énorme socle, appelé « mace », le calvaire breton, lointain héritier du dolmen et du menhir, semble réconcilier leurs principes respectifs et fondateurs de l'horizontal et du vertical.

Toutefois, il serait absurde de réduire le calvaire breton à un simple avatar de la pierre levée héritée des temps anciens. Comme elle, il use, certes, du même rude matériau, le granit, pour baliser la région de signes sacrés, mais il constitue en soi une catégorie unique, irréductible à toute autre, fondée sur la rencontre d'une vieille tradition et d'une religion, le christianisme, encore très jeune au regard de l'histoire locale.

Modèle régional, variations locales

La plupart des enclos paroissiaux se trouvent dans le centre et au nord du Finistère actuel. Ils sont le plus souvent ceints d'un mur circulaire qui en préserve la tranquillité. Une barrière de pierre érigée à l'entrée sur une hauteur de cinquante centimètres environ est là pour empêcher les vaches et autres animaux de franchir le seuil sacré. À partir du modèle général admis dans toute la région, la variété des scènes et des modes de représentation est impressionnante. En dépit de la stricte observance de règles communes, aucun calvaire ne ressemble à un autre ; chacun transmet ainsi tout à la fois l'expression d'une spécificité régionale et les marques d'un génie local. Au point que, dans le déroulement silencieux de toutes les péripéties imagées de la vie et de la mort du Christ, nombreuses sont les scènes dont l'interprétation demeure lacunaire, faute de ne pas en avoir conservé toutes les clefs locales.

Tout comme la cathédrale gothique, le calvaire breton exalte simultanément la gloire de Dieu et le génie de l'homme. Il perpétue aussi le souvenir de tous ceux qui ont contribué à son érection en y consacrant leur temps, leur talent et leur argent. La disparité des calvaires — de la croix la plus simple au monument le plus élaboré — est en rapport direct avec les ressources de la cité ou du bourg au cœur desquels ils sont dressés. Ce qui explique que certains sites se détachent de l'ensemble par leur développement considérable, donc coûteux ! Les calvaires de Guimiliau, Plougonven, Pleyben, Saint-Thégonnec ou Plougastel sont devenus les archétypes d'une tradition

BRETONNE EN PRIÈRE AU PIED D'UN CALVAIRE EN 1908

L'omniprésence de la foi. L'état presque embryonnaire de ce calvaire, simple croix ornée au bord d'un champ, d'un chemin ou d'un carrefour, renvoie à l'exercice d'une dévotion toute simple, loin des fastes du culte magnifiés par les grands monuments des enclos paroissiaux.

1499 Mariage d'Anne de Bretagne et de Louis XII, roi de France (le 8 janvier) 1524 Le 20 juillet, à la mort de Claude de France, la Bretagne est rattachée à la France, union déclarée « perpétuelle » en 1552 1547 Avec l'avènement de Henri II, le 31 mars, le titre de duc de Bretagne disparaît. 1553 Création du Parlement de Bretagne, qui siège à Nantes et à Rennes 1576 La Ligue, confédération des catholiques, joue un rôle décisif dans les guerres de religion, notamment en Bretagne **1581 Érection du calvaire du Guimiliau (Finistère)** 1582 Henri III confie au duc de Mercœur le gouvernement de la Bretagne 1588 Le 23 décembre, Henri III fait assassiner Henri de Guise à Blois 1598 Le duc de Mercœur, gouverneur de Bretagne, se soumet définitivement à Henri IV.

dont ils forment l'expression la plus achevée, de même que les cathédrales gothiques formèrent l'ornement le plus spectaculaire de la « blanche robe d'églises » surgie sur tout le sol chrétien au lendemain de l'an mil.

Deux siècles de création fiévreuse

La chronologie des calvaires reste très difficile à établir. Non seulement parce que les sources écrites, fiables et complètes font souvent défaut, mais aussi du fait que nombre de monuments ont été restaurés, remaniés, voire transformés au cours des siècles. Les spécialistes s'accordent sur deux points : leur éclosion n'est pas antérieure à 1450 et ils connaissent leur apogée au XVIe siècle. Alors que l'Europe de la Renaissance est traversée par la déferlante du protestantisme prôné par Luther, Calvin ou Zwingli, les calvaires se multiplient en Bretagne ! Au moment même où l'Église romaine, réunie par le concile de Trente (1545-1563), rassemble ses forces pour la reconquête des territoires perdus, surgissent les grands calvaires de Guéhenno (vers 1550), Plougonven (1554) ou Pleyben (1555). Aucun lien de cause à effet direct n'est décelable, mais il est révélateur que l'aventure singulière des calvaires bretons s'agrège si aisément à l'histoire commune des peuples européens en crise. Crise continentale, l'Europe étant sous la menace de la Turquie,

GUIMILIAU (FINISTÈRE)
CALVAIRE,
LA PORTE TRIOMPHALE
DITE « PORTE DE LA MORT »
1581

Le calvaire, un enseignement de l'histoire sainte par l'image. À Guimiliau, l'arc triomphal, reprenant les modèles de la Rome antique, donne accès à l'enclos dominé par l'église du XVIe siècle. Le calvaire lui-même, qui est l'un des plus spectaculaires, présente vingt-sept épisodes de la vie du Christ. Il supporte quelque deux cents personnages dont les vêtements rappellent le plus souvent la mode du temps ou les troubles des guerres de Religion. La croix unique, qui suppose l'absence des deux larrons, domine l'ensemble ; autour, se distinguent les silhouettes de Marie et de divers saints, Yves, Pierre ou Jean. Ici, la dynamique joue principalement sur le plan horizontal, plus théâtral que mystique.

Le supplice de « Catherine la perdue ». Sur les calvaires de Guimiliau et de Plougastel, une figure se démarque des scènes de l'histoire sainte : celle de la légendaire Katell Gollet, qui aimait tant la danse qu'elle finit, après avoir fait mourir d'épuisement nombre de cavaliers, par passer un pacte avec le Diable ; celui-ci l'entraîna dans une gigue infernale au pays des damnés.

ÉGLISE DE SAINT-THÉGONNEC
(FINISTÈRE)
XVIe SIÈCLE

Une architecture originale. Édifiée dans le dernier tiers du XVIe siècle, l'église de Saint-Thégonnec se signale par la richesse de sa décoration extérieure et intérieure, signe des mutations religieuses qui, bien au-delà des frontières bretonnes, agitent alors toute la chrétienté.

Calvaire de Tronoën (Finistère)
Vers 1550

L'aîné des calvaires bretons. Le plus ancien grand calvaire breton retrace dix-neuf scènes se rapportant à la vie du Christ. Débutant par l'Annonciation, il évoque les Évangiles et s'achève curieusement par la Mise au tombeau. Sa face ouest, la plus usée par les embruns du large, présente une iconographie classique de ce type de monument : de bas en haut et de gauche à droite, la Présentation au temple, le Baptême du Christ, Jésus et les docteurs, puis le Jugement de Pilate, le Chemin de croix, et enfin les trois croix portant le Christ et les larrons.

Saint-Thégonnec (Finistère) Le calvaire et l'enclos paroissial
1587-1610

Un monument exemplaire. L'arc triomphal de l'enclos a été érigé en 1587, quelques années après l'église (1563). Saint-Thégonnec est célèbre pour sa tour-clocher, bâtie dès 1565 et coiffée d'un dôme à lanternon.

La mise en scène de la Passion du Christ. C'est en 1610 que le dernier des grands calvaires bretons est achevé par l'ajout du *Christ bafoué*, signé par Roland Doré. Caractérisés par un expressionnisme rare, les quelque quarante personnages sont posés sur la « mace » très étroite qui fait office de scène ; de l'arrestation du Christ à sa résurrection, les quatre faces du socle présentent les séquences de la Passion. Sur l'une d'elles, mains liées et yeux bandés, le Christ est mené au supplice ; l'un des bourreaux a les traits d'Henri IV, récemment assassiné. Au-dessus du socle, l'impressionnante élévation des trois croix crée une magnifique composition pyramidale. Au sommet, le Christ est entouré de deux cavaliers ; le bon larron tourne la tête vers lui, le mauvais la détourne, Marie, Yves, Madeleine assistent impuissants au dernier acte de la vie terrestre du Sauveur...

crise française aussi du fait des guerres de religion, mais également crise régionale, la Bretagne ayant perdu depuis peu son indépendance (rattachée au royaume en 1524, elle perd son statut de duché autonome en 1547). Comme souvent en matière artistique, c'est au moment du crépuscule que naissent les plus belles réalisations. Guimiliau (1581), Plougastel (1604) et Saint-Thégonnec (1610) viennent ainsi clore le cycle de ces monuments qui chantent tout à la fois les particularités de la dévotion bretonne et la permanence de préoccupations universelles.

Du peuple pour le peuple

Du fait des traces écrites conservées, nous connaissons mieux les responsables religieux et les acteurs financiers que les sculpteurs des calvaires, même si certains ont laissé leur signature dans la pierre (tel Henry Prigent à Plougonven). Art savant, art populaire ? Ces distinctions n'ont guère de sens ici, car elles s'appliquent à une expression venue du peuple et savamment traitée pour y retourner. Les spécificités des ateliers locaux, qui engendrent la variété des scènes et des figures, attestent l'importance d'une création collective, solidaire, artisanale, réduisant *de facto* la part de génie personnel dans la conception et la réalisation du calvaire.

Le Christ célébré par les calvaires est moins fils de Dieu que Dieu fait homme, juge que rédempteur, trait alors commun à toute l'Europe. Il naît, souffre et meurt avant sa glorieuse résurrection. Placé au cœur de l'enclos paroissial, le calvaire rappelle que dans la Bretagne post-médiévale, comme partout ailleurs, l'homme ne lutte efficacement contre la peur de la mort que par l'espoir d'une survie métaphysique. Répartis sur le territoire breton, les calvaires, sentinelles muettes du royaume des cieux, annoncent l'ouverture d'une radieuse éternité. Expression de la misère morale, peut être, mais surtout protestation contre cette misère, ils mettent en scène le scénario transcendant de la Rédemption. Ce qui explique aussi la part considérable donnée à Marie, Vierge de tous les pardons, qui intercède auprès de son fils. Pour s'en rapprocher, les tailleurs de granit lui donnent une apparence profondément humaine et touchante. C'est ce même élan qui les conduit à donner une telle vérité humaine aux amis, aux compagnons et aux témoins, comme aux juges et aux bourreaux. Contre le silence glacé de la mort inéluctable, les tumultes de la Passion rassurent l'homme, plaçant toutes ses espérances dans un avenir de repos éternel et de lumière perpétuelle.

À GAUCHE
CALVAIRE DE BRASPARTS (FINISTÈRE)
XVIe SIÈCLE

À DROITE
SAINT-THÉGONNEC (FINISTÈRE)
DÉTAIL DU CALVAIRE, LE CHRIST AUX OUTRAGES
1610

Deux interprétations de la Passion. À Brasparts, sur la « mace » particulièrement rustique, le Christ n'est plus seulement Fils martyr, mais aussi objet d'un scandale contre lequel se dressent les trois justicières hiératiques qui soutiennent sa dépouille. À Thégonnec, la haine qui se lit sur le visage des gardiens du Christ renvoie moins aux Écritures qu'à l'horreur des conflits religieux ayant récemment dévasté une grande partie du territoire breton.

Deux formes d'art distinctes. La Pietà de Brasparts, groupant autour de Marie deux Saintes Femmes, est une étonnante composition. Les trois femmes, vigoureusement verticales, ont des traits aussi rudes que le matériau qui les modèle, le kersanton gris. Devant elles, le corps du Christ s'inscrit dans une grande diagonale, altérée par le pathétique détail du bras chutant vers le sol miséricordieux. À Thégonnec, en revanche, l'influence de la Renaissance se fait largement sentir dans la rondeur et la souplesse plus grande du modelé, et dans le souci de réalisme qu'exprime la scène.

LOCRONAN (FINISTÈRE)
PARDON DE LA GRANDE TROMÉNIE DE LOCRONAN EN 2001

Prolongements contemporains. Contre l'immuabilité pétrifiée du calvaire, le pardon, fête religieuse spécifiquement bretonne, témoigne d'une spiritualité dont les sources se perdent dans la nuit des temps. Celui de Locronan est l'un des plus attachants. Tous les six ans, la Grande Troménie entraîne la procession à travers la campagne vers une chapelle isolée au milieu des champs.

La citadelle de Sisteron

Une nouvelle conception de la cité fortifiée

La citadelle de Sisteron (Alpes-de-Haute-Provence) est constituée d'un ensemble d'ouvrages mis en place à des époques différentes. Si les parties les plus anciennes remontent aux XIIe-XIIIe siècles, date d'érection du premier chemin de ronde et du puissant donjon, c'est à la toute fin du XVIe siècle que la forteresse adopte un schéma architectural qui fera école.

Une genèse ancienne mais obscure

Dès la soumission totale de la Gaule sous le règne d'Auguste, la cité romaine de Sisteron, qui s'étendait principalement au pied du rocher, faisait figure d'étape importante sur la via Sinistra reliant les voies Aurélienne et Domitienne. Sisteron devint ensuite le siège d'un évêché au Ve siècle, peu avant d'appartenir aux royaumes féodaux d'Arles, puis de Forcalquier en 1054 ; c'est à cette époque qu'apparaissent les premières mentions écrites d'un « châtel » de Sisteron. Au début du XIIIe siècle, Raymond Bérenger V de Provence rédige, au couvent des Cordeliers de Sisteron, le testament historique consacrant les liens d'alliance de la Provence et de la France. Ses successeurs, notamment Robert d'Anjou et Jeanne de Provence, auront à cœur de confirmer et même de développer les libertés municipales de la cité, émancipation nécessitant la mise en place d'un véritable système défensif. De ce premier état de la citadelle, une partie du donjon et du rempart supérieur est encore visible.

Préfiguration de la forteresse des Temps modernes

Sisteron devient un enjeu stratégique de premier ordre durant les guerres de religion, ce qui lui vaut d'être soumise à tous les conflits de l'époque, sans compter les

SISTERON
(ALPES-DE-HAUTE-PROVENCE)
LE ROCHER DE LA BAUME

Un relief naturellement propice. Le Rocher de la Baume, sur la rive gauche de la Durance, complète, sans intervention significative de l'homme le gigantesque système défensif de Sisteron. Cette énorme masse rocheuse est, paradoxalement, le point faible par où passa l'immense glacier venu du nord aux temps préhistoriques, la brèche ainsi ouverte unissant ainsi les Alpes à la Provence.

Une position stratégique. Les Alpes provençales jouèrent un grand rôle stratégique durant des siècles, étant situées à la frontière des royaumes de France, de Savoie et d'Italie. Lorsque Louis XIV chargea Vauban, en 1692, d'établir une « ceinture de fer » (soit les citadelles d'Entrevaux, Colmars, Briançon, Mont-Dauphin, Château-Queyras, Sisteron, etc.), il n'imaginait pas que, vingt ans plus tard à peine, le traité d'Utrecht (1713) donnant à la France la région de l'Ubaye, rendrait inutile cette énorme et coûteuse entreprise.

SISTERON
(ALPES-DE-HAUTE-PROVENCE)

La domination écrasante de la citadelle. Sisteron, « forto villo de gran passage per passa lós mons » dès le début du XVIe siècle, s'est développée au pied de la citadelle. La cité étage ses maisons de la Durance aux bastions de la citadelle. Un lacis de rues et de passages la parcourt, débouchant sur de petites places, plantées d'arbres et garnies d'une fontaine. Dans les quartiers Bourg-Reynaud et La Coste, les maisons accumulées sont souvent d'une faible hauteur. Au sommet de l'éperon, on distingue la chapelle Notre-Dame du Château, construite au XVe siècle. Le bâtiment est un chef-d'œuvre, tant par ses proportions parfaites que par le jeu de lumières et de couleurs, induit par une dichromie d'une rare élégance entre le grès doré et calcaire gris.

ravages cycliques de la peste et autres épidémies. Le passage de François Ier en 1516, au retour de Marignan, n'est pas étranger à la poursuite des travaux qui se concluront, après de graves troubles en 1562, par la mise en place d'ouvrages habilement bastionnés. Tout est prêt désormais pour l'intervention de Jean Érard, ingénieur militaire du roi Henri IV. De 1590 à 1597, il met en œuvre deux enceintes au nord et trois au midi. Ce chantier lui permet de donner corps à sa vision prophétique de la forteresse des Temps modernes, notamment par un système de fortifications en dents de scie, disposition que reprendra Vauban, au XVIIe siècle. Il s'agit d'empêcher le plus possible les canons ennemis d'approcher des murs. D'où un principe complexe d'angles rentrants et saillants, lui-même couvert par un ensemble de terrassements et de fossés retardant l'ennemi. Enfin, lorsque tombent les dernières défenses avancées, les portes bastionnées et des murailles en lignes brisées interdisent une prise immédiate du fort.

En 1692, Vauban, après l'invasion de la haute vallée de la Durance par le duc de Savoie Victor Amédée, concevra pour Sisteron un vaste plan de défense. De cet ambitieux projet, seuls la poudrière et son puits seront réalisés. Parmi les aménagements ultérieurs, le plus spectaculaire reste l'impressionnant escalier souterrain du XIXe siècle (1842-1860), 365 marches creusées dans le roc reliant le fort à la porte nord de la ville.

Citadelle de Sisteron
(Alpes-de-Haute-Provence)
Vue aérienne

Une place forte chargée d'histoire. Fortifié depuis l'Antiquité en raison de sa position idéale, le rocher dominant la cluse de la Durance a tout d'abord accueilli un oppidum celto-ligure, puis un castrum romain, et enfin un fort de bois pendant le haut Moyen Âge. Toutes ces constructions militaires, disparues l'une après l'autre, ont été avantageusement remplacées par la formidable citadelle actuelle ; de cette dernière, la construction s'est étendue sur plusieurs siècles, mais a, pour l'essentiel, pris son visage définitif au cours de la campagne de travaux menée de 1590 à 1607 par l'ingénieur Jean Érard. C'est du ciel qu'on mesure le mieux avec quelle ingéniosité ce dernier a usé des tourments du relief pour installer son formidable appareil de murailles, bastions et autres chemises défensives.

Une forteresse impressionnante. Au-delà de sa fonction proprement militaire, la grande place fortifiée fera parfois office de prison ; en 1639, Jean Casimir, futur roi de Pologne, y sera enfermé sur ordre de Richelieu, du 13 février au 16 août. Napoléon lui-même, grand expert en matière de stratégie, admirera son redoutable aspect le 5 mars 1815, à l'occasion de l'épopée des « Cent Jours ». Démilitarisée en 1920, la citadelle, bombardée le 15 août 1944 par l'aviation américaine (quarante victimes) puis restaurée depuis 1956, a tout perdu de sa fonction guerrière, mais rien de sa sévère beauté.

1547 Mort de François Ier, le 31 mars ; Henri II lui succède 1559 Le 3 avril, traité du Cateau-Cambrésis qui met fin aux guerres européennes d'Italie 1572 Le 24 août, massacres de la Saint-Barthélemy, poursuivis en septembre et octobre 1589 Henri IV roi de France, le 2 août, mais la Ligue, qui lui est hostile, tient Paris **1590-1607 L'ingénieur Jean Érard remanie complètement la citadelle de Sisteron** 1594 Le 22 mars, Henri entre triomphalement dans Paris.

De l'absolutisme aux

Lumières

De l'absolutisme aux

En France, le XVIIe siècle apparaît généralement — raccourci réducteur mais en partie vrai — comme l'ère du triomphe classique, vainqueur de la déferlante baroque venue d'Italie. De la même manière, si le développement des places parisiennes sur divers plans géométriques trouve sa source dans le génial aménagement de la place du Capitole par Michel-Ange au XVIe siècle, il atteste dans le même temps une conception neuve de l'espace urbain, préfiguration de la ville moderne.
Reste que l'accomplissement du château de Versailles, à la suite des chantiers fondateurs des châteaux de Maisons (aujourd'hui Maisons-Laffitte) et de Vaux, demeure un prototype du génie français, fondé sur une gamme de principes locaux et sur le jeu librement accepté d'influences disparates. En cela, Versailles, nouveau modèle qui donnera lieu à diverses répliques en Europe, rappelle que l'absolutisme est le fait d'un homme qui entend travailler à la gloire de la France tout en exerçant une domination continentale. Et qui, en matière militaire, a la bonne fortune de trouver en Vauban un architecte-ingénieur de génie capable de seconder ses visées.
Du côté de la religion, nulle ambiguïté : l'Église se place résolument au côté du pouvoir en développant un art catholique officiel, qui n'exclut pas certaines mutations, dont plusieurs édifices conservent les marques. L'ensemble des Invalides offre la meilleure illustration de cette fusion des ambitions profanes et sacrées du « Grand Siècle ».

L'espace repensé

À l'aube du XVIIe siècle, de profonds bouleversements de pensée commencent à modifier la perception du monde. Ainsi, l'astronome Johannes Kepler (1571-1630) formule, de 1604 à 1618, les trois lois (dont celle du mouvement elliptique des planètes autour du foyer solaire, en rupture avec l'idée fondatrice de la perfection circulaire) qui transforment l'appréhension humaine du cosmos. Repensé, l'espace sollicite de façon neuve l'imaginaire des architectes. En France, le début du siècle se révèle fécond avec l'aménagement des places Royale (1605) et Dauphine (1607) à Paris, puis avec l'érection de la chapelle de la Sorbonne par Lemercier (1635) et du château de Maisons (1634-1642) par François Mansart.
C'est cependant avec le chantier de Vaux-le-Vicomte (1657-1661) que l'architecte Louis Le Vau (1612-1670), le jardinier André Le Nôtre (1613-1700) et le peintre Charles Le Brun (1619-1690) offrent la préfiguration du château de Versailles. Cette longue genèse explique la défaite du Bernin dans l'aménagement de la façade orientale du Louvre (1667-1670). Le Français Claude Perrault y impose un ensemble monumental avec corps central surmonté d'un fronton, majestueuse double colonnade et étirement en longueur, annonce directe du palais du Roi-Soleil, lequel abandonnera tout office défensif au bénéfice du fonctionnel, sa destination principale étant de loger la cour. L'avènement classique se lit cependant mieux dans l'agencement du parc, triomphe de l'homme sur la nature, certes, dû au génie de Le Nôtre, mais avant tout expression de cette nostalgie de l'inaccessible qui éloigne si radicalement l'idéal classique du compromis baroque et ruine l'hypothèse d'un « baroque versaillais » fondée sur l'observation superficielle de l'apparat princier (décoration, feu d'artifice, ballet, opéra, labyrinthe, etc.).

Le monde élargi

Au XVIIIe siècle, la vision du monde prend, aux yeux des Européens, une dimension plus large. Elle déborde désormais le géographique pour atteindre le sensible, l'imaginaire et atteste la volonté de l'homme de maîtriser son univers. Les explorateurs des siècles précédents ont été suivis par les colons : le continent américain et les espaces africains ou océaniens ont été ouverts à l'appétit d'un Vieux Continent persuadé de la légitimité de sa mainmise. Seule, l'Asie, exception faite des comptoirs tenus par plusieurs pays européens, échappe à cette emprise. C'est l'heure des illusions, celle, notamment, du « bon sauvage », que l'Europe entretiendra tardivement.
Si l'ouverture géographique proposée aux effervescences de la réflexion est impressionnante, la plongée dans le temps ne l'est pas moins. Les découvertes de l'archéologie (Pompéi, Spalato) engendrent un autre mythe, celui d'un âge d'or antique, romain plus précisément ; l'animosité à l'égard du Moyen Âge s'en trouve singulièrement accrue. Par ailleurs les économies européennes ouvrent une nouvelle ère avec le machinisme naissant et les progrès agricoles (introduction du maïs, de la pomme de terre, modernisation de l'élevage) qui rejettent le spectre de la famine dans le passé. Politiquement, l'hostilité franco-anglaise culmine, marquée par la perte du Canada pour les Français (1763), par celle des États-Unis naissants pour les Anglais (1778).
Sollicités par de nouvelles exigences, stimulés par l'épuisement des anciennes références, les penseurs ordonnent leurs impulsions, canalisent leurs rêves. Le XVIIIe siècle est le temps de la pensée qui, fondée sur la raison, éclaire les ténèbres du passé, dissipe les obscurités du présent, lève le voile sur le futur. Les grands esprits de ce temps ont nom Montesquieu, Voltaire, Rousseau, Diderot ; ils recueillent l'héritage de leurs plus critiques prédécesseurs, surtout Descartes et Bayle, et fondent la littérature politique. Le rayonnement de la langue française assure à leurs écrits une diffusion internationale.

Entre tentation baroque et avènement classique

Les arts du XVIIIe siècle sont souvent placés sous le label « rococo ». Étymologiquement, le terme vient d'une simple contraction de « rocaille » et de *barocco*. De la roquaille française du XVe siècle, simple accumulation de pierres sur un sol inculte, on en vient à la rocaille, mélange de pierres et de coquillages uni par un ciment. Le coquillage passe du statut d'ornement symbolique à celui de source d'inspiration décorative, le terme « rocaille » s'appliquant aux lignes contournées rappelant les volutes des coquillages. L'asymétrie fait fureur, officialisée par la publication du *Livre des légumes* de Juste Aurèle Meissonnier (1695-1750), véritable répertoire de formes nouvelles, principalement la spirale, l'accolade et la volute.
Cependant, la destinée artistique de l'Europe se jouera moins dans l'aire décorative que dans la physionomie architecturale, sculpturale et picturale qu'elle se donne par l'appel à de nouvelles sources d'inspiration, à de nouveaux canons formels ainsi qu'à de nouvelles préoccupations esthétiques. Parmi les grands architectes du temps, Robert de Cotte (1656-1735) aménage la place Bellecour à Lyon ou érige le Palais épiscopal à Verdun en fonction d'un équilibre formel qui génère l'émotion plutôt que la surprise. Avec la place Royale à Bordeaux comme avec l'hôtel Biron à Paris, Jacques Gabriel (1667-1742) pratique pour sa part un art tout de sobriété ornementale et de logique architectonique. Quant à Germain Boffrand (1676-1754), il justifie dans son *Livre d'architecture* (1745) une adhésion raisonnable aux canons de la rocaille, héritière de la lame de fond baroque.
Le milieu du siècle est marqué par la conquête d'une maîtrise nouvelle, en réaction aux excès du libertinage ambiant. L'homme de cette transition est Ange Jacques Gabriel (1698-1782) dont l'École militaire et la place Louis-XV à Paris et surtout le Petit Trianon (1762-68) à Versailles éliminent tout vestige de rococo au profit d'un paisible classicisme, sans sécheresse ni raideur. Jacques François Blondel (1705-1774), à qui Diderot confie l'article « Architecture » de l'*Encyclopédie*, prône pour sa part l'inutilité de l'ornement, la nécessaire harmonie des proportions et l'adéquation à la fonction.

Vue du port de Lorient
Jean-François Hue
XVIIIe siècle
Huile sur toile
Paris, musée du Sénat

Une porte sur les Indes. L'histoire du port breton est symptomatique du formidable élargissement géographique des investigations européennes au XVIIe siècle. À cette époque, la toute nouvelle Compagnie de Madagascar établit ses quartiers à Port-Blavet, rebaptisé Port-Louis. Son privilège est racheté en 1666 par la Compagnie des Indes orientales, fondée par Louis XIV à l'instigation de Colbert. Si les entrepôts restent à Port-Louis, les chantiers navals sont transférés au Faouëdic, où la marine royale installe en 1690 une administration militaire. Y est mis en chantier le vaisseau *Soleil d'Orient*, qui donne son nom à la ville naissante, L'Orient. Jacques Gabriel trace le plan de cette nouvelle « porte des Indes », assurant l'importation de marchandises précieuses : épices, soieries, porcelaine, thé,... sans oublier le trafic négrier ! Menacée de ruine par la perte des colonies à la suite du traité de Paris, en 1763, suivi de la faillite de la Compagnie des Indes, Lorient sera sauvée par le rachat des chantiers navals par l'État en 1782 et par la création d'un arsenal royal, devenu port militaire en 1791.

Antiquité, nature et utopie

La campagne de fouilles de Pompéi entreprise en 1748 fait surgir, inattendue, une petite cité cohérente, dont on peut, pour la première fois, percevoir le fonctionnement. C'est aussi aux alentours de 1750 que Robert et James Adam mesurent le palais de Dioclétien à Spalato, que Stuart et Revett dessinent les ruines d'Athènes, que Wood relève les plans de Palmyre et de Baalbek, toutes entreprises ébranlant la prééminence romaine. En 1749, madame de Pompadour envoie son frère Marigny à Paestum, en compagnie de Germain Soufflot (1713-1780), lequel s'attache à concevoir un usage fonctionnel des ordres antiques dont il proposera la démonstration avec l'église Sainte-Geneviève (aujourd'hui le Panthéon), commencée en 1757. Parallèlement, le goût pour une nature rédemptrice se dresse contre la perversité supposée de la société citadine. Dans le domaine architectural, cet engouement, largement issu de l'influence de Jean-Jacques Rousseau, régit l'univers des jardins. Premier (et dernier) architecte du roi, Richard Mique (1728-1794) entreprend le hameau de la Reine en 1782. Enfin, le soir du XVIIIe siècle voit fleurir les utopies de la cité future, chez un Louis-Étienne Boullée (1728-1799) ou un Claude-Nicolas Ledoux (1736-1806). Le premier eut le malheur de naître trop original et ses projets grandioses sont restés confinés aux deux dimensions du papier d'étude. Farouche adepte de la maxime rationaliste « l'architecture doit se régénérer par la géométrie », il en offre une saisissante démonstration avec son Cénotaphe de Newton (1784). C'est aussi la monumentalité rationnelle qui caractérise la Saline d'Arc-et-Senans (1775-79), imposante mais lyrique, de Claude-Nicolas Ledoux.

Le temps de la cité

Le siècle des Lumières est caractérisé par un développement sans précédent des villes et par la naissance d'une vraie science de l'urbanisme. Le symptôme le plus remarquable en demeure peut-être la floraison de grands théâtres, emblèmes de l'architecture du XVIIIe siècle. La floraison des salles théâtrales (Bordeaux, Besançon) qui permet à la France de combler son retard historique sur l'Italie est d'autant plus remarquable que, construites sous le signe de l'innovation, elles compteront parmi les foyers des mutations intellectuelles menant à la Révolution. En ce temps enfin où la raison triomphe, où l'architecture invente de nouveaux modèles industriels et commerciaux tout en élaborant les plans de la cité idéale, douceur de vivre et exotisme persistent, signe d'un éclectisme dont l'intensité et la fécondité sont sans rivales ailleurs en Europe.

De l'absolutisme aux

Dates	Histoire, culture, idées	Monuments
1605		**Lettres patentes préalables à l'édification de la place Royale (future place des Vosges) à Paris** 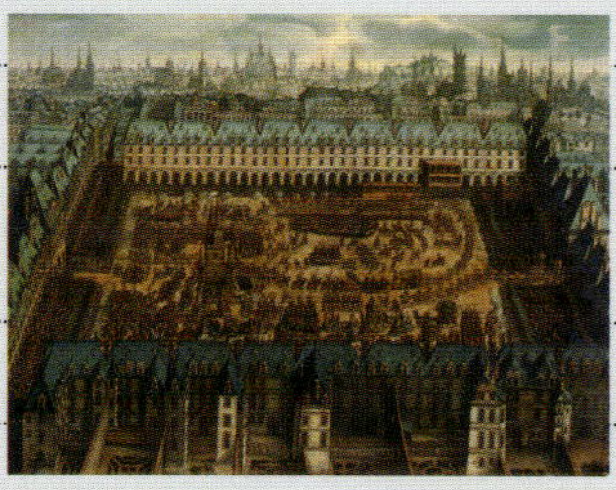
1608	Champlain fonde Québec	
1610	Assassinat d'Henri IV par Ravaillac, le 14 mai ; régence de Marie de Médicis	
1614	Louis XIII est sacré à Reims le 20 octobre	
1624	Richelieu en prend la direction du Conseil du roi le 13 août	
1625	Début d'une terrible disette qui provoquera une crise démographique jusqu'en 1633	
1630	La « journée des Dupes » (10 novembre) consacre le triomphe politique de Richelieu	
1634		**↑ Début du chantier de Maisons (Maisons-Laffitte, Yvelines) ; le château est terminé en 1646**
1637	Publication par Descartes de son *Discours de la méthode*, à Leyde	
1642	Mort de Richelieu à Paris le 4 décembre	
1643	Le 14 mai, mort de Louis XIII ; début du règne de Louis XIV, âgé de cinq ans	
1645		**Pose de la première pierre de l'église du Val-de-Grâce à Paris ↑**
1648-1653	Fronde (parlementaire, puis princière) qui s'achève par la victoire de Mazarin, nouveau maître de la France	
1656-1657	Pascal, *Lettres écrites à un provincial par un de ses amis sur le sujet des disputes présentes de la Sorbonne* (*Provinciales*)	
1654	Louis XIV est sacré à Reims le 7 juin	
1656		**Le projet de Le Vau pour Vaux-le-Vicomte (Seine-et-Marne) est ratifié par Nicolas Fouquet le 2 août →**
1659	Le 7 novembre, traité des Pyrénées ; la paix entre France et Espagne établit un nouvel équilibre européen	
1661		**Mazarin signe l'acte de fondation du « collège des Quatre-Nations » à Paris** **Début de la première campagne de travaux menée par Le Vau à Versailles (Yvelines) →**
1670	En août, l'armée française occupe la Lorraine (jusqu'au traité de Ryswick en 1697)	
1671		**Pose de la première pierre de l'hôpital des Invalides à Paris**
1672	Le 6 avril, Louis XIV déclare la guerre à la Hollande ; il la conclura victorieusement par les traités de Nimègue en 1678-1679	
1673		**Ouverture du chantier de l'hôtel de ville d'Arles (Bouches-du-Rhône) ↙**
1678-1679	Par les traités de Nimègue, Louis XIV s'affirme le maître de l'Europe	
1682	Louis XIV et la cour s'installent à Versailles, encore en chantier	
1685	L'édit de Fontainebleau révoque, en octobre, celui de Nantes et interdit le culte protestant	

Lumières

Dates	*Histoire, culture, idées*	*Monuments*
1692		**Vauban dresse les plans de la nouvelle citadelle de Briançon (Hautes-Alpes)**
1697	Septembre-octobre, traités de Ryswick, qui ramènent la paix en Europe	
1702	Début de la guerre de Succession d'Espagne qui oppose la France et l'Espagne à la coalition anglo-germano-hollandaise	
1705		**Début de la construction de l'abbaye des Prémontrés (Meurthe-et-Moselle) ↖**
1709-1710	Les hivers provoquent de terribles famines dans tout le royaume	
1715	Mort de Louis XIV le 1er septembre ; son arrière-petit-fils, Louis, âgé de cinq ans, lui succède sous le nom de Louis XV	
1719	La Compagnie des Indes absorbe toutes les autres compagnies de commerce maritime, sous la direction de John Law qui, en outre, obtient le monopole de la frappe des monnaies	
1720		**Agrandissement du Vieux Bassin de Honfleur (Calvados), qui prend son aspect définitif**
1724-1725	Une série de famines provoque des émeutes à Paris et en province	
1732		**Réaménagement complet de l'hôtel de Soubise à Paris**
1738-1739	Famines et soulèvements populaires en diverses parties du royaume	
1750	Rousseau adresse à l'académie de Dijon son *Discours sur les sciences et les arts*	
1751	Début de la publication de l'*Encyclopédie* dirigée par Diderot	
1757		**Soufflot met au net son plan de l'église Sainte-Geneviève à Paris ↑**
1763	Le 10 février, le traité de Sept Ans marque la perte des possessions françaises d'Amérique du nord, de l'Inde et du Sénégal au profit de l'Angleterre	
1768		**Début de construction de la forge de Buffon, près de Montbard (Côte-d'Or)**
1773		**Ouverture du chantier du Grand Théâtre de Bordeaux (Gironde)**
1774	Le 10 mai, mort de Louis XV : son petit-fils, Louis XVI lui succède	
1775	Louis XVI est sacré à Reims le 11 juin	**Le 15 avril, bénédiction et ouverture du chantier de la saline d'Arc-et-Senans (Doubs) →** 
1777	Le 11 avril, La Fayette arrive en Amérique pour aider les Insurgents contre les Anglais	
1778	Mort de Voltaire (30 / 05) et de Rousseau (30 / 07)	
1780		**↑ Ouverture du chantier du château de Saverne (Bas-Rhin)**
1783		**Richard Mique donne les plans du hameau de la Reine à Versailles (Yvelines) ↓**
1789	Le 14 juillet, prise de la Bastille ; le 4 août, abolition des privilèges ; le 26 août, Déclaration des droits de l'homme et du citoyen. Débuts de la Révolution française	
1793	Sont décapités, Louis XVI (21 / 01) et Marie-Antoinette (16 / 10)	
1794	Arrêté le 27 juillet, Robespierre est exécuté le 28	
1795	Publication de la Constitution de l'an III qui institue le Directoire	

La place des Vosges à Paris

Une conception neuve de l'espace urbain

Si Paris doit un grand nombre de ses aménagements à Henri IV, c'est peut-être dans les places aux dessins géométriques dont il dota la capitale que se découvre sa plus originale contribution. Carré de la place Royale (aujourd'hui place des Vosges), triangle de la place Dauphine et hémicycle de la place de France (non réalisée) témoignent d'une mutation considérable dans la conception de l'espace urbain.

L'actuelle place des Vosges succède, au début du XVIIe siècle, à un marché aux chevaux. Henri IV aurait choisi ce site et consulté trois architectes, Androuet du Cerceau, Chastillon et Métezeau. Si l'ensemble témoigne d'une telle unité stylistique, c'est que les lettres patentes de 1605 stipulèrent d'emblée l'indivisibilité des parcelles et des pavillons, l'unité du matériau, l'élévation de chaque pavillon à deux étages sur arcades formant galerie. Négligée par Louis XIV, la place fut renommée place des Fédérés, puis de l'Indivisibilité, à l'époque révolutionnaire ; le 23 septembre 1800, lui fut enfin donné le nom de place des Vosges, hommage au département qui, le premier, avait acquitté l'impôt national.

Le génie du classicisme naissant

La place des Vosges enchaîne trente-six pavillons en briques — ou en moellons enduit d'un crépi imitant la brique — et en pierre pour les arcades, les corniches, les entablements et les encadrements de fenêtres. Les toits pyramidaux d'ardoise écartent par leur liberté structurelle tout risque de monotonie.

Par souci de symétrie, la hauteur des façades est égale à leur largeur. Un œil exercé distingue les irrégularités des ferronneries ou des lucarnes, mais le total présente une unité exceptionnelle. Là se trouve en gestation tout ce qui, dans l'éclosion du génie classique, assurera à la France une précellence européenne qui ne lui sera plus disputée jusqu'au début du XXe siècle. De cette nouvelle importance de la place urbaine, d'autres exemples

1605 **Lettres patentes préalables à l'édification de la place Royale (future place des Vosges) à Paris** 1608 Champlain fonde Québec 1610 Assassinat d'Henri IV par Ravaillac, le 14 mai ; régence de Marie de Médicis 1614 Le 20 octobre, Louis XIII est sacré à Reims 1617 le 24 avril, assassinat de Concini et disgrâce de Marie de Médicis 1624 Entré au Conseil du roi le 29 avril, Richelieu en prend la direction le 13 août.

ARRAS (PAS-DE-CALAIS)
GRAND-PLACE
XVe-XVIe siècles

Un remarquable témoignage de l'architecture flamande. Reliées entre elles par une simple rue, la Petite-Place et la Grand-Place d'Arras forment un ensemble à peu près unique en Europe, avec leurs quelque 155 façades d'architecture flamande déterminant une surface de presque deux hectares ; elles succèdent aux esplanades aménagées dès le XIIe siècle pour les foires de la cité. Ces façades superbes couvrent des agencements complexes, les caves dissimulant notamment nombre de discrets passages, les « boves ». L'unité du style et du vocabulaire ornemental vient avant tout de l'usage d'un appareil de briques et pierres, discrètement décoré de frontons et de consoles, avec ouvertures d'arcades au rez-de-chaussée. Construits à partir du XVe siècle, les bâtiments ont souffert durant la Première Guerre mondiale, mais ont été reconstitués de 1924 à 1932.

LE CARROUSEL DE 1612 SUR LA PLACE ROYALE >
AUTEUR ANONYME
Paris, musée Carnavalet

Le grand théâtre du roi. Ce carrousel se déroula du 5 au 7 avril 1612, à l'instigation de Marie de Médicis, qui entendait glorifier ainsi les fiançailles de son fils Louis XIII avec l'aînée des infantes d'Espagne, et de sa fille Élisabeth de France avec l'infant Philippe. Cette double alliance, censée créer un axe solide entre les deux nations les plus puissantes d'Europe, ne pouvait être célébrée que par une impressionnante démonstration de force, de luxe et de discipline. La cour, l'armée et l'Église y paradèrent dans le cadre grandiose de la toute nouvelle place Royale, qui prit à cette occasion toute sa dimension rituelle et théâtrale.

PARIS (ÎLE-DE-FRANCE)
PLACE DES VOSGES, LA PORTE DU ROI
1608

Celui par qui tout a commencé. Le pavillon du Roi (qui occupe symboliquement le no 1 de la place) a été construit, aux frais de la couronne, pour Henri IV en personne. Achevé en 1608, il est dressé sur trois arcades reprenant le dessin de l'arc triomphal romain ; dans le médaillon central apparaît en relief la tête du souverain. Posées sur un balcon aux balustres sobres, les fenêtres de l'étage noble sont surmontées de frontons alternativement triangulaires et circulaires. Le pignon sommital dépasse largement la ligne régulière des faîtes voisins, comme le roi domine les plus puissants seigneurs de son entourage.

témoigneront en province jusqu'au milieu du XVIIIe siècle, à Nancy, Arras, Charleville-Mézières...

Un agrégat de demeures prestigieuses

Parmi les hôtels les plus réputés de la place des Vosges figurent le pavillon du Roi (no 1), l'actuel musée Victor-Hugo (no 6), le petit hôtel Sully (no 7) et l'hôtel de Chaulnes (no 9) ; quant au pavillon de la Reine (no 28), il porte en médaillon le soleil emblématique des Médicis. Le centre de la place est occupé par un jardin planté d'arbres et orné de quatre fontaines au bassin circulaire. Richelieu y fit dresser en 1639 une statue équestre de Louis XIII par Pierre Biard. Renversée au cours de la Révolution, elle fut remplacée par une version en marbre blanc de Cortot et Dupaty, taillée en 1819-1825. Mais, à l'origine, la place, théâtre de l'aristocratie de cour, n'avait nulle vocation à recevoir les actuelles frondaisons ; sur ce point particulier, l'aménagement du Jardin des Plantes, de 1635 à 1640, marquera une nouvelle variation dans l'invention de l'espace urbain moderne.

NANCY (MEURTHE-ET-MOSELLE) PLACE STANISLAS

1752-1755

Une ordonnance classique nuancée de rocaille. À Nancy, une vaste esplanade séparait la Ville Vieille et la Ville Neuve jusqu'au milieu du XVIIIe siècle. Duc de Lorraine en 1737, Stanislas Leczinski, ancien roi de Pologne, décide presque aussitôt d'y établir une place à la gloire de son gendre, Louis XV. La première pierre est posée en mars 1752 et l'inauguration de la place intervient dès novembre 1755, signe d'une extrême rapidité de réalisation. Au centre s'élevait une statue de Louis XV, remplacée par l'effigie de Stanislas en 1831. Sur le pourtour, Emmanuel Héré construisit des pavillons de stricte ordonnance classique ; ils accueillent aujourd'hui le Grand Hôtel, l'Opéra de Nancy et de Lorraine, le musée des Beaux-Arts et l'hôtel de ville. Justement célèbres, les grilles dorées de Jean Lamour unissent tous ces bâtiments ; par leur beauté formelle et leur complexité décorative, elles forment l'un des plus beaux ensembles rocaille d'Europe.

Le château de Maisons

Les fondements du classicisme français

MAISONS-LAFFITTE (YVELINES)
CHÂTEAU DE MAISONS,
FAÇADE CÔTÉ JARDINS
1634-1646

Mécanique hydraulique et art des jardins. Le château de Maisons est le premier à solliciter de façon aussi décisive l'eau dans son dessein unitaire. Le bâtiment s'inscrit de la sorte dans le cadre d'une mise en scène tout à la fois somptueuse et théâtrale. Sans doute la proximité immédiate du fleuve n'est-elle pas étrangère à cette entreprise ; c'est ainsi qu'aux effets naturels se joignent les efforts de l'homme pour maîtriser la mécanique hydraulique la plus élaborée du temps. Prémonitoire de l'entreprise versaillaise, une machine assurant l'alimentation des bassins fut en effet installée sur l'un des bras de la Seine, greffée sur un moulin construit une dizaine d'années avant le château.

MAISONS-LAFFITTE
CHÂTEAU DE MAISONS,
VUE DE LA FAÇADE PRINCIPALE >
1634-1646

Le prototype du classicisme. « Simple en était la noble architecture. / Chaque ornement à sa place arrêté / Y semblait mis par nécessité. / L'œil satisfait embrassait sa structure, / Jamais surpris et toujours enchanté. » Nul, mieux que Voltaire (1694-1778), n'a mieux saisi et traduit par les mots ce qui fait le génie du nouvel élan classique dressé en France contre la vague déferlante du baroque ultramontain. Il est vrai que l'illustre philosophe disposait, lorsqu'il porta ce jugement définitif, de ce recul historique nécessaire à la validité de tout jugement esthétique.

En matière architecturale, le « Grand Siècle » est dominé par Versailles, fastueux symbole du palais monarchique, qui suppose une longue genèse. C'est à Maisons (aujourd'hui Maisons-Laffitte, Yvelines) que l'on en voit le premier avant-courrier, forme mère de la nouvelle esthétique classique qui servira si admirablement le dessein absolutiste.

1625 Début d'une terrible disette qui provoquera une crise démographique jusqu'en 1633 1627-1628 Siège victorieux de La Rochelle par Richelieu 1630 La « journée des Dupes » (10 novembre) consacre le triomphe politique de Richelieu **1634 Début du chantier de Maisons ; le château est terminé en 1646** 1637 En juin, publication par Descartes de son *Discours de la méthode*, à Leyde.

Équilibre et harmonie, élégance et simplicité

Construit en pierre blonde de Chantilly, le château de Maisons est déterminé par un schéma unitaire : un corps de logis central encadré de deux pavillons en retour ; ces derniers (qui seront de moins en moins saillants avec l'évolution du classicisme) sont précédés, côté cour, de deux édicules en terrasse et, côté jardin, de deux portiques. Parmi les précédents de cette réalisation figure le château de Grosbois (Val-de-Marne), enrichi de deux ailes et de deux pavillons entre 1597 et 1615. À Maisons, les toitures d'ardoise procèdent par ruptures à forte déclivité ; elles sont garnies de hautes cheminées et dominées par de discrètes terrasses à balustrade. Si François Mansart (1598-1666) n'a pas inventé la « mansarde », comble brisé que Pierre Lescot avait mis en œuvre avant lui, il pratique ici une variation subtile du comble tronqué, droit mais recoupé par le haut et couvert d'une terrasse. L'architecte reste attaché aux toitures pyramidales que Versailles fera disparaître au profit de la balustrade rectiligne.

Maisons a surtout permis à Mansart, qui vient d'achever le château de Balleroy en Normandie, de vérifier ses intuitions à échelle monumentale. Issu d'une dynastie de praticiens de la pierre, il s'était acquis une réputation incitant le frère de Louis XIII, exilé à Blois, à

MAISONS-LAFFITTE
CHÂTEAU DE MAISONS,
ESCALIER D'ACCÈS
À LA TERRASSE
1634-1646

La présence des ordres classiques. À Maisons, tout semble converger progressivement vers l'avant-corps central du château, au niveau duquel on accède par un escalier monumental dont la décoration aux motifs italianisants contraste plaisamment avec la sobre économie de la haute façade. Sur cette dernière, on distingue ici la superposition des ordres classiques : le dorique règle l'agencement du rez-de-chaussée, l'ionique celui de l'étage et le corinthien articule le haut portique qui couronne l'ensemble. Pour éviter tout risque de monotonie, l'architecte a organisé une judicieuse alternance des baies et des niches, des colonnes et des pilastres, des formes triangulaires et circulaires.

songer à lui dès 1626 pour la construction de la nouvelle aile dite de Gaston d'Orléans, entreprise en 1635 et où s'affirment également les qualités d'harmonieux équilibre et de simplicité élégante du classicisme français.

Un site exceptionnel, une destinée hasardeuse

Dépendance de l'abbaye Saint-Germain-des-Prés, puis propriété des Capétiens, des seigneurs de Poissy, le domaine de Maisons avait été acquis en 1602 par la famille de Longueil. Sous Louis XIII, René de Longueil confia la construction du nouveau château à Mansart, dans le but d'affirmer sa position et d'accueillir le roi s'il lui prenait fantaisie de chasser dans la forêt voisine. Commencé en 1634, l'édifice est achevé en 1646. Cinq ans plus tard, il est inauguré en grande pompe lors d'une fête organisée pour Anne d'Autriche et le jeune Louis XIV. Du fait de la disparition de son parc et de ses dépendances, il est difficile de mesurer aujourd'hui l'impression que produisait l'axe de sa perspective paysagère, entre fleuve et forêt, sentiment renforcé par la décoration raffinée de cette somptueuse « maison de plaisance ». Le décor est remanié par Bélanger à la fin du XVIIIe siècle. La Révolution passée, l'Ancien Régime disparu, le financier Jacques Laffitte, gouverneur de la Banque de France, achète le domaine en 1818, supprime les écuries de 1660 et réalise, en 1833, un lotissement sur le modèle anglais déjà expérimenté à Neuilly, l'appellation Maisons-Laffitte étant officialisée en 1882. Menacé de ruine, le château a été racheté par l'État en 1905, classé et restauré.

CHEVERNY (LOIR-ET-CHER)
CHÂTEAU,
VUE DE LA FAÇADE PRINCIPALE
1626-1635

Le contre-pied de la Renaissance française en pays de Loire. Le caractère le plus frappant de cet édifice n'est autre que son éloignement radical des canons du style Renaissance qui caractérisent les autres grandes constructions aristocratiques de la région. Est ainsi directement préfigurée l'architecture classique dont Maisons sera le premier exemple accompli. Remplaçant un manoir du siècle précédent, le château de Cheverny est dû au talent de l'architecte Jacques Bougier, dit Boyer de Blois. Ouvert en 1626, le chantier en est terminé dès 1635, hors divers éléments de décoration. L'édifice, qui n'a subi aucune modification ultérieure, se compose d'un étroit bâtiment central entouré de deux corps de logis, eux-mêmes encadrés par des pavillons d'angle. À l'étage, la façade est rehaussée de douze médaillons porteurs de bustes d'empereurs romains.

L'église du Val-de-Grâce

Un art catholique en réponse aux mutations religieuses

Au XVIIe siècle, le développement des villes et la somptuosité des châteaux placent en retrait l'architecture religieuse. Cependant, les effets conjugués de la Contre-Réforme et de l'absolutisme monarchique donnent naissance à quelques édifices sacrés dont le chef-d'œuvre le plus imposant demeure probablement l'église du Val-de-Grâce, symbole d'un catholicisme triomphant et fastueux.

Le vœu d'une souveraine

S'il faut en croire la chronique, c'est le 5 septembre 1638 que le destin de l'église du Val-de-Grâce aurait été scellé par un événement longtemps espéré, la naissance du futur Louis XIV ; car sa mère, Anne d'Autriche, suppliant le ciel de lui envoyer un fils, avait enrichi cette prière de la promesse d'un « temple magnifique ». Dieu n'étant point de ces courtisans à l'endroit desquels les promesses ne coûtent pas cher, il fut donc aussitôt décidé d'ériger une église, logiquement dédiée à la Nativité ; la reine s'étant déclarée fondatrice de la communauté des Bénédictines du Val-de-Grâce en 1624, le lieu se trouvait tout naturellement tout choisi. Mais si Anne d'Autriche aimait à se retirer en cette abbaye qu'elle avait déjà dotée de divers bâtiments, Louis XIII et surtout Richelieu ne cachaient point leur méfiance vis-à-vis de cette retraite suspecte. La mort ayant fauché le ministre en 1642 et le souverain en 1643, la reine se trouve enfin libre de faire construire la grande église dont elle rêve depuis des années. Le 8 avril 1645, Anne d'Autriche, régente du royaume, fait poser la première pierre du nouvel édifice par son propre fils, alors âgé de sept ans. Initialement, les plans en sont confiés à l'architecte de Maisons, François Mansart.

L'atelier du premier classicisme

L'église royale Notre-Dame du Val-de-Grâce n'est certes pas le premier édifice religieux d'importance érigé en France au XVIIe siècle ; elle a été largement précédée en cela par la chapelle de La Flèche (1607), l'église Saint-Paul-Saint-Louis de Paris (1627), voire la chapelle de la Sorbonne (1635) et bien d'autres bâtisses de moindre importance. Mais sa position historique est décisive ; laboratoire architectural innovant, elle symbolise ce renouveau catholique qui coïncidera avec l'apogée politique, militaire et diplomatique du Grand Siècle.

En une vingtaine d'années, Mansart ayant été écarté dès 1646, les architectes Jacques Le Mercier, puis Pierre Le Muet et Gabriel Le Duc construisent non seulement l'église, mais aussi le couvent et le palais adjacent. L'inspiration baroque est évidente dans le choix et la disposition des éléments architecturaux, mais l'organisation des volumes traduit une volonté de grandeur moins théâtrale, plus directement liée à la puissance du maître d'œuvre, plus politique en un mot. Ainsi, le dôme qui culmine à une hauteur de 41 mètres repose sur un attique à médaillons fleurdelisés placé à la base de la haute calotte couronnée par un lanternon.

L'intérieur, bien que d'une médiocre ampleur spatiale (50 mètres de longueur pour 26 mètres de largeur) est tout aussi démonstratif. Dans la stricte organisation d'une décoration profuse, il annonce directement la

Frapper l'imagination des croyants. Pour contrer l'extension de la Réforme protestante, l'Église catholique romaine se découvre « militante ». La Réforme catholique, ou Contre-Réforme, usant des artifices de l'esthétique et du décor, suscite un art du spectaculaire destiné à impressionner les fidèles par le faste de la maison de Dieu, à les séduire par la beauté des édifices et de leur décor.

L'option décorative. La profusion du décor sculpté est, pour l'essentiel, due à Michel Anguier. Le baldaquin, souvenir évident du chef-d'œuvre du Bernin à Saint-Pierre de Rome, revient à Le Duc d'après un dessin de Mansart ; ses colonnes torses de marbre noir lancent le regard vers la coupole d'un diamètre de 19 mètres, dont le décor à fresque, réalisé par Pierre Mignard en 1663-1665, groupe quelque 200 personnages. Le tambour est percé de baies assurant un spectaculaire éclairage zénithal.

PARIS (ÎLE-DE-FRANCE)
ÉGLISE DU VAL-DE-GRÂCE,
BALDAQUIN ET COUPOLE

XVIIe SIÈCLE

PARIS (ÎLE-DE-FRANCE)
ÉGLISE DU VAL-DE-GRÂCE
XVIIe SIÈCLE

Une solennité majestueuse. La façade déploie ses fastes au fond d'une large cour, entre deux pavillons symétriques, eux-mêmes clos par des murs en retour. Au rez-de-chaussée, le portique à quatre colonnes corinthiennes se dresse sur un perron ajouté en 1775 par Soufflot. Le fronton porte le chiffre royal, la frise déploie une inscription latine à la gloire de la Vierge mère de Dieu. À l'étage, le portique est soutenu par des consoles renversées en ailerons, à l'italienne ; les quatre colonnes composites encadrent une grande baie, le fronton sommital étant occupé par deux anges entourés d'un écusson à fleurs de lys. Cette façade, dont la splendeur est rehaussée par la majesté du dôme en retrait, doit beaucoup à l'Italie, mais l'harmonie générale préfigure la proche éclosion des canons classiques.

VUE ET PERSPECTIVE DE L'ÉGLISE DE LA SORBONNE
GRAVURE D'ADAM PERELLE (1646-1695)
XVIIe SIÈCLE
Paris, Bibliothèque nationale

La participation majeure du cardinal de Richelieu. La chapelle de la Sorbonne, à Paris, reste le grand apport de Richelieu à la construction monumentale de son temps. Ayant ordonné en 1626 la reconstruction de l'établissement, il approuve en 1634 le plan de Jacques Le Mercier pour une nouvelle chapelle (son mausolée), dont la première pierre est posée en mai 1635. La conception en est romaine, avec sa haute coupole qui domine ici, côté rue, la façade principale aux deux ordres superposés.

chapelle du futur palais de Versailles. Car si les motifs s'inspirent presque tous de l'art ultramontain, ils sont traités et assemblés dans un esprit de solennelle rigueur, étranger au génie romain. L'ordre adopté pour la nef à trois travées est corinthien; la voûte est formée d'un berceau percé de lunettes et orné d'anges porteurs de phylactères ou de candélabres. De nombreux portraits de saints attestent le retour éclatant d'un prosélytisme catholique fastueux jusqu'à l'emphase.

Les emblèmes de la présence royale

Pour rappeler la distinction toute royale de ce lieu sacré, c'est Anne d'Autriche en personne qui est figurée aux pieds de la Trinité entre sainte Anne et saint Louis, au centre du chœur fermé par une grille. Anne et Louis dont on retrouve par ailleurs les initiales entrelacées dans le médaillon central du dallage de marbre noir, blanc et rouge. Le baldaquin, les chapelles rayonnantes, les cannelures des pilastres, les médaillons des Vertus, les chapiteaux dorés, les faisceaux de palmes... Tout ici chante moins la gloire de Dieu que celle d'une monarchie incarnée par un tout jeune prince qui en deviendra le plus prestigieux représentant. Hasard de l'histoire et évolution des mœurs, en 1793, la monarchie tombée, le Val-de-Grâce deviendra un hôpital, militaire puis général, où la miséricorde divine, autrefois sollicitée pour ajouter au bonheur des plus puissants, le sera désormais pour réduire le malheur des plus humbles.

1638 Le 5 septembre, naissance du futur Louis XIV, à Saint-Germain-en-Laye 1642 Le 4 décembre, mort de Richelieu à Paris 1643 Le 14 mai, mort de Louis XIII ; début du règne de Louis XIV, âgé de cinq ans **1645 Le 8 avril, pose de la première pierre de l'église du Val-de-Grâce à Paris** 1647 Vaugelas, *Remarques sur la langue française, utiles à ceux qui veulent bien parler et bien écrire* 1648 Réinstallation de religieuses à Port-Royal des Champs par la mère Angélique 1648-1653 Fronde (parlementaire, puis princière) qui s'achève par la victoire de Mazarin, nouveau maître de la France 1656-1657 Pascal, *Lettres écrites à un provincial par un de ses amis sur le sujet des disputes présentes de la Sorbonne* (*Provinciales*).

SAUMUR (MAINE-ET-LOIRE)
CHAPELLE DES ARDILLIERS
XVIIe SIÈCLE

L'esthétique de la Contre-Réforme. Sur des carrières d'argile (en angevin ancien, « ardille ») une statue de la Vierge aurait été trouvée en 1454 près d'une fontaine, d'où la construction d'une chapelle, de 1534 à 1553. Il en reste une partie du chœur flamboyant. Le reste de la voûte a été détruit au siècle suivant pour faire la place l'édifice actuel (à la droite duquel quelques bâtiments médiévaux ont été aléatoirement restaurés). C'est à la Contre-Réforme que l'on doit le retable de pierre, destiné à la nouvelle édification des fidèles, les oratoriens ayant pris en charge l'édifice à partir de 1619 ; érigé en 1690, le dôme monumental affirmera enfin, aussi clairement que celui du Val-de-Grâce, l'apothéose de la reconquête catholique.

PARIS (ÎLE-DE-FRANCE)
ÉGLISE SAINT-PAUL-SAINT-LOUIS, NEF CENTRALE
XVIIe SIÈCLE

La théâtralisation du rituel religieux. D'une longueur de 61 mètres, l'église est construite sur plan cruciforme et développe une nef de quatre travées larges de 28 mètres. Les chapelles latérales sont dominées par une tribune et les fenêtres hautes sont placées au-dessus d'une balustrade en fer forgé qui fait le tour complet de l'édifice. La coupole culmine à 55 mètres, l'hémicycle de l'abside lui faisant écho. Le caractère impressionnant de l'édifice s'inscrit dans la recherche d'ostentation qui caractérise la Réforme catholique.

Paris (Île-de-France)
Église Saint-Paul-Saint-Louis, façade

XVIIe siècle

L'écho français de la Contre-Réforme catholique. La façade à triple étage de Saint-Paul-Saint-Louis est la plus théâtrale de Paris. Les deux premiers niveaux obéissent à l'ordre corinthien, le troisième est composite. Au rez-de-chaussée comme au premier étage, le corps central est bordé de colonnes accouplées et prolongé par deux ailes. La rose placée au centre de cette ample composition est elliptique, en accord avec le baroque italien, et domine un élégant fronton curviligne. L'ensemble est dû à François Derand, architecte jésuite qui, inspiré par l'exemple romain du Gesù, a ouvert ce chantier en 1627.

Intérieur de l'église : le chœur des religieuses

d'après une gravure de Louise-Madeleine Cochin-Horthemels

Vers 1710

Gouache sur parchemin
Port-Royal, musée national des Granges

Le jansénisme, une doctrine nouvelle. Postulant, à côté de la grâce « suffisante » obtenue par l'homme qui fait le bien en usant de son libre arbitre, une prédestination humaine d'origine divine, le jansénisme entre en conflit avec les thèses du Saint-Siège. En France, il trouve ses hérauts avec Duvergier de Hauranne, directeur spirituel de l'abbaye de Port-Royal, ainsi que son disciple Antoine Arnauld, et devient le symbole de l'opposition au pouvoir des jésuites.

Port-Royal, un grand centre intellectuel. Racine, Pascal, Champaigne, Boileau, La Fontaine… nombre de grands esprits furent accueillis par les religieuses de Port-Royal. L'abbaye représenta un moment crucial de la pensée religieuse en France, mais aussi le prétexte à nombre de persécutions, en dépit de l'ardente prise de position de Pascal dans les *Provinciales*. L'expulsion des religieuses, le 29 octobre 1709, fut suivie de la destruction de l'abbaye deux ans plus tard. Vendu comme bien national en 1791, le « saint désert » abrite aujourd'hui le musée national des Granges.

Vue générale de l'abbaye de Port-Royal

d'après une gravure de Louise-Madeleine Cochin-Horthemels

Vers 1710

Gouache sur parchemin
Port-Royal, musée national des Granges

La rigueur janséniste. La réalisation de cette gouache précède sans doute de très peu la disparition des bâtiments de Port-Royal ordonnée par Louis XIV en 1711. Après 1648, date d'installation des religieuses dans la ferme des Granges, divers édifices sont dressés autour de l'église : le cloître (à droite du clocher), le logement des messieurs, celui des dames et les salles d'hôtes. On est là au cœur de l'univers janséniste, loin des fastes de la grande architecture jésuite du temps absolutiste, ce qui explique l'hostilité du pouvoir et la destruction des bâtiments, dont ne demeurent que le colombier et une grange.

Le château de Vaux-le-Vicomte

Ultime étape avant Versailles

Du château et des jardins de Vaux-le-Vicomte (Seine-et-Marne), l'histoire fait souvent le précédent génial de Versailles. Mais Vaux-le-Vicomte reste une habitation privée, le cadeau somptueux que Nicolas Fouquet voulut peut-être offrir au jeune Louis XIV dont il avait mal évalué la féroce ambition ; alors que Versailles sera précisément le symbole absolu du pouvoir de ce jeune homme devenu le « plus grand souverain du monde ».

Une histoire complexe

Dès 1596, un manoir était attesté au lieu-dit Vaux-le-Vicomte. Le 1er février 1641, le jeune Nicolas Fouquet (ou Foucquet) en fait l'acquisition. Quinze ans plus tard, il approuve le plan de l'architecte Louis Le Vau et le marché de l'entrepreneur Villedo ; il est vraisemblable que le chantier avait été ouvert auparavant, au moins pour ce qui concerne les fondations. Hors Le Vau, le peintre Le Brun et le jardinier Le Nôtre ont été choisis par le surintendant. Les travaux avancent rapidement, la couverture du dôme central étant achevée dès l'été 1658. Mécène des arts et des lettres, Fouquet ne ménage point ses deniers ; il semble cependant que le nombre des ouvriers, souvent exagéré, n'ait pas dépassé le millier.

À défaut d'une date de clôture, le dénouement du chantier, loin d'être seulement affaire de pierre, est marqué par la fatidique fête inaugurale du 17 août 1661. Arrivé à 18 heures, Louis XIV visite les jardins, se délecte des *Fâcheux* de Molière, admire le feu d'artifice, s'enivre de bonne chère, de belle musique, de brillante compagnie ; « Tout combattit pour le plaisir du roi », relatera La Fontaine, sans faire allusion au silence menaçant du souverain. Le 5 septembre suivant, ce dernier fait arrêter Fouquet ; embastillé, jugé, condamné, ce dernier ne recouvrera jamais la liberté, mourant le 23 mars 1680 dans la prison de Pignerol pour n'avoir pas prévu l'éclosion d'un absolutisme monarchique dont son ennemi Colbert sera le zélé et talentueux serviteur.

Un château et son parc

Si Vaux-le-Vicomte figure parmi les plus beaux châteaux d'Europe, il le doit à son état de conservation exceptionnel mais aussi au génie de Le Vau qui sut exploiter les recettes de la facture italienne et respecter les principes de la symétrie française, tout en innovant, par exemple, dans le remplacement de la galerie par le salon central mis en exergue par le dôme. La décoration

Château de Vaux-le-Vicomte (Seine-et-Marne) Façade côté jardin

XVIIe siècle

L'empreinte de Le Vau. L'élévation côté jardin du château correspond globalement au projet daté par Le Vau du 2 août 1656, mais l'appareil en pierre de taille a finalement été préféré au système mixte de brique et de pierre, modification qui serait intervenue dès le 15 octobre 1656. Le château est élevé sur la motte de l'ancienne demeure rehaussée et bordée de fossés. Le corps central est cantonné de deux pavillons rectangulaires et caractérisé par la rotonde à moitié hors œuvre au centre. L'inégalité des toits est un trait caractéristique de l'œuvre de Le Vau ; il faudra attendre la « colonnade » de Claude Perrault au Louvre, en 1667, pour voir la balustrade remplacer les hauts pignons des combles. Les appartements du roi occupent la partie droite du rez-de-chaussée, ceux de Fouquet la partie gauche.

Château de Vaux-le-Vicomte Perspective sur les parterres

XVIIe siècle

Un paysage ordonnancé par Le Nôtre. Derrière le château s'étend l'immensité du parc auquel un pont-levis donne accès. Les deux parterres de broderie conduisent le regard de la deuxième à la troisième zone du parc ; entre elles se déroule le long ruban du canal doublé par une grande allée et interrompu en son milieu par la pièce d'eau circulaire, le rondeau. Le regard traverse cette troisième zone, s'évade au-dessus des nouvelles pièces d'eau et du mur de la grotte vers les bosquets, pour un voyage vers l'infini dont la séduction, toute classique, rompt avec la théâtralisation baroque du paysage.

extérieure est des plus sobres et cultive ingénieusement la combinaison des ordres dorique et ionique. La belle inventivité de Le Vau lui vaudra pourtant les foudres des sectateurs d'un classicisme plus strict, mieux illustré par les ouvrages de François Mansart.
Longtemps considéré comme le chef-d'œuvre de Le Nôtre (qui, à la même époque, dessine les jardins des Tuileries à Paris ou celui de l'Évêché à Meaux), le parc de Vaux-le-Vicomte a pourtant été commencé avant l'intervention de l'illustre paysagiste. Mais, sur cette surface de 70 hectares, Le Nôtre trouva enfin un chantier à la mesure de ses ambitions et de son génie. Sur une profondeur d'environ 1,5 kilomètre, les terrasses font alterner parterres géométriques, bosquets, grottes, pelouses, eaux dormantes ou jaillissantes, sans jamais retirer au château sa position dominante. Les lignes y sont dirigées par les lois d'une perspective optique créant l'illusion d'un espace clos dont le promeneur sait pourtant qu'il lui réserve des surprises à chaque pas. En cela, Vaux-le-Vicomte marque la vraie naissance du jardin à la française.

Le Brun, l'homme à tout décorer

À Vaux, Fouquet a confié à Charles Le Brun une tâche sans précédent dans l'histoire de l'art français : fournir la totalité des dessins pour les décors peints et sculptés. S'il disposa de nombreux assistants, parfois prestigieux

Château de Vaux-le-Vicomte
Parterre de broderie
XVIIe siècle

Un subtil passage entre nature et culture. Les deux parterres de broderie constituent la deuxième zone du parc de Vaux-le-Vicomte, après les jardins adjacents à la construction et redessinés au début du XXe siècle. Compris entre deux autres parterres (ceux des Fleurs et de la Couronne), ils portent trace de la domestication virtuose de la nature par l'homme, formant en quelque sorte une zone intermédiaire entre le château, pure création architecturale et les espaces plus libres du fond du parc, animé de pièces d'eau, de cascades, de vergers, d'une grotte...

(Michel Anguier, Girardon, Legendre), Le Brun n'en reste pas moins l'auteur du premier vaste programme décoratif de l'âge classique. Ainsi, il saura donner au Grand Salon du château un décor dont la majesté est à la hauteur du projet de Le Vau, avec ses termes, caryatides et trophées liés par une glorieuse couronne. Les pièces privées sont traitées avec le même souci de faste. La chambre de Fouquet était réchauffée par une tenture des Gobelins, le cabinet de madame Fouquet avait reçu un plafond bordé de paysages et de femmes ailées. Quant à la chambre du roi, elle n'était dépassée en élégance raffinée et luxueuse que par le salon des Muses, au plafond de laquelle Le Brun avait réservé une de ses grandes réussites picturales. Les appartements de l'étage, le salon d'Hercule... tout serait à citer tant le dessein général forme en soi un premier apogée d'un classicisme pourtant encore en gestation.

1653 Le 7 février, Fouquet est nommé surintendant des finances de l'État, avec Servien 1654 Le 7 juin, Louis XIV est sacré à Reims **1656 Le projet de Le Vau pour Vaux-le-Vicomte est ratifié par Nicolas Fouquet le 2 août** 1659 Le 7 novembre, traité des Pyrénées ; la paix entre France et Espagne établit un nouvel équilibre européen 1661 Le 17 août, Fouquet organise à Vaux une fête pour Louis XIV, prélude à sa disgrâce.

Une vertu inconséquente. Les dessins de Charles Le Brun pour ces figures ailées nous sont fort bien connus. Le groupe ici représenté se trouve à côté de la grande composition dite « Mercure » ou « la Vigilance » ; vertu que Fouquet aurait eu tout intérêt à cultiver, ne fût-ce qu'en raison de la présence, sous les pieds de l'angelot central, de la sombre composition des Parques, dévideuses du destin.

CHÂTEAU DE VAUX-LE-VICOMTE (SEINE-ET-MARNE)
LA CHAMBRE DU ROI, DÉTAIL DU PLAFOND
XVIIe SIÈCLE

< Château de Vaux-le-Vicomte (Seine-et-Marne) Salon des Muses, décoration du plafond

XVIIe siècle

L'innovation italienne. Louis Le Vau est peut-être le premier architecte à avoir adopté en France le schéma de la pièce à l'italienne, c'est-à-dire couverte d'une pseudo-coupole en lieu et place de la voûte à poutres et solives. Dans le salon des Muses (ou chambre de Nicolas Fouquet), il a placé des voussures, fausses voûtes suspendues au plafond et décorées de grandes compositions peintes. Ici, le motif central, dû à Le Brun, représente le triomphe de la Fidélité ; il est entouré du cercle des Muses.

Château de Vaux-le-Vicomte Caryatide du Grand Salon

XVIIe siècle

Douze mois et quatre saisons. Tout le programme décoratif du Grand Salon est l'œuvre de Le Brun. La partie supérieure est ornée de seize figures engainées portant chacune un emblème permettant son identification avec une constellation du zodiaque ou une allégorie des saisons. Ici, c'est le taureau qui apparaît, porteur d'une couronne fleurie, de part et d'autre de laquelle on identifie, en dessus de fenêtre, les emblèmes de Minerve (à gauche) et de Diane (à droite).

Château de Vaux-le-Vicomte Le Grand Salon

XVIIe siècle

Une unité plastique sans précédent. Le Grand Salon de Le Vau remplace la galerie traditionnelle des demeures nobles en France. Cette immense rotonde est un coup de génie de l'architecte qui sépare ainsi, de la façon la plus naturelle, le château en deux grands corps de logis. Le Grand Salon n'est pas une pièce de compagnie ; nulle cheminée ne vient en assurer le confort à la saison froide et les hautes baies étaient largement ouvertes sur le jardin dont elles n'étaient séparées que par des grilles. Il forme ainsi une sorte de vaste loggia aux arcades magnifiques intégrant parfaitement la bâtisse dans la perspective du parc.

< Château de Vaux-le-Vicomte La chambre du roi

XVIIe siècle

La première esquisse de Versailles. De cette pièce triomphale s'inspireront directement les appartements de Versailles. Le plafond à l'italienne, sculpté et doré, agrémenté de peintures et de stucs, est ceinturé à sa base par les figures ailées dues à Le Brun. Au sol, un grand tapis de la Savonnerie, au fond, l'alcôve royale dans laquelle aucun souverain n'aura finalement jamais dormi ; au-dessus de l'alcôve, la figure de Vertumne ou Bacchus, allégorie de l'Abondance, est cernée par les médaillons de Léda et Diane.

Le collège des Quatre-Nations

La mainmise politique sur le savoir

Sur la rive gauche de la Seine, l'actuel palais qui abrite l'Institut de France, l'une des plus prestigieuses institutions du pays, fut à l'origine le « collège des Quatre-Nations » voulu par Mazarin et construit par Le Vau, dans le dessein de servir équitablement la grandeur nationale et le progrès des connaissances.

Caractéristique de la vigueur intellectuelle du temps, le collège de Mazarin s'inscrit au cœur de nombre d'autres réalisations du XVIIe siècle, dont certaines, à l'image du Jardin des Plantes et de l'Observatoire de Paris, sont encore en service. Mais les personnalités du commanditaire et du constructeur du collège des Quatre-Nations lui confèrent, en ce domaine, une indiscutable supériorité.

Le geste suprême de Mazarin

Dès l'année 1656, le cardinal Mazarin avait formé le vœu de fonder un collège dont la chapelle accueillerait son monument funéraire. Son intendant, Colbert, sollicita Louis Le Vau en 1657, lequel choisit le site face au Louvre, puis en 1660. Et le 6 mars 1661, à Vincennes, trois jours avant sa mort, Mazarin signait enfin l'acte de fondation du « collège des Quatre-Nations », pour l'instruction gratuite de soixante écoliers, fils de gentilshommes d'une France augmentée, avec les traités de Westphalie (1648) et des Pyrénées (1659), de quatre « nations » : Piémont, Alsace, Flandre et Artois. Une académie devait être adjointe à ce collège ; en plus d'un legs personnel pour sa construction et son bon fonctionnement, Mazarin léguait à l'établissement sa propre bibliothèque, à l'usage du public qui la fréquentera à partir de 1691. Le Vau soumet son projet au roi le 31 janvier 1662 ; ce dernier en étant satisfait, la commission délivre un avis favorable le 11 mars. Comme l'architecte est pris par Versailles jusqu'à sa mort en 1670, ses adjoints Lambert et d'Orbay achèveront l'édifice, ouvert solennellement en octobre 1688.

PARIS (ÎLE-DE-FRANCE)
COLLÈGE DES QUATRE-NATIONS, VUE DEPUIS LA SEINE
1661-1688

Un cadre prestigieux pour abriter la quintessence du savoir. Le bâtiment du collège des Quatre-Nations est dominé par le superbe dôme de la chapelle, coiffé d'un lanternon et posé sur un haut corps cylindrique ouvert de larges baies. Son magnifique portique forme une entrée solennelle entre les pavillons dits de la Bibliothèque (à l'est) et des Arts (à l'ouest). L'étagement des façades est régulier, superposant arcades (aujourd'hui murées), grandes baies rectangulaires et balustrade.
Sur le fronton, deux vertus cardinales sont accoudées, l'une sur les armes de Mazarin — dont une inscription sur la frise rappelle le geste fondateur — et l'autre sur une horloge. Quant aux six massifs de pierre qui dominent ce fronton, ils ont été mis en place pour supporter six groupes sculptés, retirés tout comme les vases de pierre qui ornaient la corniche.

1661 Le 6 mars, Mazarin signe l'acte de fondation du « collège des Quatre-Nations ». Le 9 mars, mort de Mazarin ; Louis XIV décide de gouverner seul **1662** Le 6 juin, Colbert achète la manufacture des Gobelins ; le même jour, Louis XIV choisit le soleil comme emblème, à l'occasion de la naissance du dauphin.

Entre baroque et classicisme

Les toutes récentes restaurations du parvis de l'Institut de France ont redonné tout son lustre au bâtiment de Le Vau ; l'ensemble se présente ainsi comme un temple à coupole encadré de deux ailes incurvées qui le relient aux pavillons situés aux extrémités de la place en forme d'hémicycle, véritable architecture « en théâtre » (Jean-Pierre Babelon). Est ainsi accompli le vœu de l'architecte souhaitant que l'édifice servît « d'ornement à l'aspect du Louvre » sis sur l'autre rive du fleuve. Le caractère hybride du collège, inspiré

JARDIN ROYAL DES HERBES MÉDICINALES
PLAN ÉTABLI EN 1636
Paris, Bibliothèque du Muséum

Un jardin pour répondre à de nouvelles curiosités scientifiques. Le Jardin royal des herbes médicinales (aujourd'hui Jardin des Plantes) témoigne de cette curiosité scientifique du XVIIe siècle dont le collège des Quatre-Nations demeure l'emblème. Sur la butte des Coupeaux, Héroard, médecin de Louis XIII, et Guy de La Brosse avaient planté dès 1626 un carré d'herbes médicinales. À partir de 1640 le parc, enrichi de bâtiments construits à partir de 1635, fut ouvert au public. Sur une surface de 3 ou 4 hectares, les parterres permettaient aux spectateurs de découvrir 2 360 échantillons de plantes, nombre considérable pour l'époque. À partir de 1693, commencera, avec l'adjonction des serres, une campagne d'agrandissement menant jusqu'au jardin actuel, développé sur quelque 24 hectares.

de Bernin mais aussi de Lescot et de Mansart, vient peut-être de ce que Le Vau a voulu offrir un hommage architectural franco-italien à ce ministre ultramontain ayant dirigé si longtemps et si habilement un pays qui n'était pas le sien. Les pièces d'archives prouvent que rien ne fut simple dans cette affaire, l'architecte se heurtant à la volonté manifestée par Colbert de créer un nouveau modèle classique (bientôt accompli à Versailles !). Dans ce contexte politique turbulent, Le Vau réussit un véritable tour de force, en acceptant certains aménagements sans renoncer à l'essentiel de son projet initial. Ce faisant, il ouvrait, comme à Vaux-le-Vicomte mais de façon radicalement différente, de nouvelles perspectives au classicisme français.

Cette planche exceptionnelle, due à l'architecte Guy Nicot, met en lumière la double vocation, solennelle et fonctionnelle, du collège qui abrite aujourd'hui l'Institut de France, composé de cinq Académies : Académie française, Académie des inscriptions et belles-lettres, Académie des sciences, Académie des beaux-arts, Académie des sciences morales et politiques.

Paris (Île-de-France)
Collège des Quatre-Nations, vue perspective
1998
Paris, collection particulière

Paris
Observatoire, façade de la cour d'honneur
XVIIe siècle

Le plus ancien observatoire « public ». La soif de savoir que le collège de Mazarin avait mise en lumière est à l'origine de la construction de l'Observatoire de Paris. C'est non seulement le plus ancien observatoire du monde encore en activité, mais aussi le premier qui ait été conçu au service d'une nation et non d'un riche particulier. Il fut fondé en 1667 à l'instigation de la toute nouvelle Académie des sciences et érigé en pleine campagne, entouré de couvents et de moulins. Le plan en est dû à Claude Perrault, auteur de la « colonnade » du Louvre. Régulier, le bâtiment a reçu une décoration minimale, tant le bel enthousiasme scientifique l'emporte alors sur les préoccupations esthétiques. La statue placée au centre de la cour est celle de l'astronome français Urbain Le Verrier (1811-1877) qui, par le seul calcul, déduisit la présence de la planète Neptune en 1846.

Le parc et le château de Versailles

Le nouveau modèle européen

Il est souvent allégué que Versailles, prototype du palais monarchique en France comme dans le reste du monde, est né de l'heureux amour porté par Louis XIII à la chasse. Cette explication ne tient certes pas si l'on se rappelle les précédents royaux de Vincennes, Chambord ou Fontainebleau, autres demeures somptueuses par quoi le maître de la nation sut, au hasard des siècles, échapper à Paris.

Mais, sans l'opiniâtreté, la volonté grandiose et autocratique de son successeur, Louis XIV, il est vrai que le grand palais n'aurait pas acquis son caractère unique.

Versailles et les hasards de l'histoire

L'histoire de Versailles commence en septembre 1623 par l'édification, confiée à un certain Nicolas Huau sur ordre de Louis XIII, d'un rendez-vous de chasse dont les dimensions se réduisent à celles de l'actuelle cour de marbre. Les choses deviennent plus sérieuses en 1632 lorsque le roi acquiert la seigneurie du lieu et demande à l'architecte Le Roy de faire du manoir un petit château, mutation achevée en 1634. L'ensemble est agrémenté de jardins traversés par une allée menant au rond d'eau qui deviendra, sous Louis XIV, le bassin d'Apollon.

De ce séjour campagnard, dont Louis XIII profite jusqu'à sa mort en 1643, rien n'annonce encore le prestigieux destin. Mais le jeune Louis XIV, roi sans pouvoir dès l'âge de cinq ans, va découvrir tout à la fois — expériences marquantes — la terrible puissance du peuple parisien lors de la Fronde (1648-1652) et l'alarmante vétusté du Louvre qui, pour être royal, n'en est pas moins le plus incommode des séjours. Si l'on ajoute à cela sa fureur jalouse à l'occasion de la fête de Vaux-le-Vicomte en 1661, les conditions historiques de l'éclosion versaillaise semblent réunies dès l'arrestation de Fouquet, le 5 septembre 1661.

Versailles, le rêve de Louis XIV

En 1660, Louis XIV fait réaliser l'arpentage du domaine et poursuit sa politique d'acquisition des terres environnantes menée par son père. Dès l'automne 1661, terrassiers et maçons se mettent au travail. Ce que souhaite exactement Louis XIV, personne ne le saura probablement jamais. Le jeune souverain connaît le site pour y avoir chassé, il y pressent le cadre idéal de ses amours irrégulières avec la duchesse de La Vallière et entend bien y affirmer une autorité discrétionnaire. Ce rêve absolutiste, nuancé de jouvence idéale, Versailles va le concrétiser, mais la genèse en sera complexe. Si l'on postule que Versailles matérialise avant tout le dessein d'un seul homme, Louis XIV, incluant tout à la fois un édifice, un parc et un décor, il devient possible d'articuler l'un des plus grands chantiers de l'Histoire en quatre campagnes successives d'ajouts et de transformations, ouvertes respectivement en 1661, 1668, 1678 et 1699.

Un chef-d'œuvre en quatre actes

Première étape, 1661. De Le Vau, Louis XIV exige un simple embellissement : pavage de la cour, enjolivement du décor, reconstruction des dépendances de l'avant-cour et aménagement de deux appartements pour lui-même.

Vue du château en 1668, **détail**
Pierre Patel (1605-1676)
Huile sur toile, 1,15 x 1,61 mètre
Versailles, musée du Château et de Trianon

Le premier état de Versailles sous le règne de Louis XIV. Cette toile montre l'aspect exact de Versailles à la fin de la première campagne de travaux : la demeure est fort belle, avec son appareil mixte, mais très loin de pouvoir rivaliser de grandeur et de solennité avec le Louvre. Ni le parc ni l'édifice ne portent encore le cachet princier, puis royal, qui gouvernera ensuite Versailles dans ses moindres détails.

Château de Versailles, la cour de Marbre
1661

Premiers aménagements. Cette cour chargée d'histoire doit son nom au marbre de son dallage. Les murs en appareil de pierres et de briques constituent le relief du château de Louis XIII que Le Vau voulut supprimer mais que Louis XIV tint obstinément à conserver. Le marbre, chargé dans l'esprit de Le Vau de rehausser la majesté de ce premier édifice, est aussi sollicité pour les colonnes. L'attique, la balustrade, les statues des corniches et les toits, nettement plus tardifs, reviennent à Jules Hardouin-Mansart.

Bref, la villégiature est galante mais impropre à la vie de cour. En revanche, le parc est d'emblée conçu par Le Nôtre à échelle monumentale (ce qui ne laisse pas d'inquiéter l'économe Colbert !) ; achats de terrains, travaux de terrassement, création d'une orangerie, d'une ménagerie, rien ne semble freiner l'enthousiasme du jeune roi et du jardinier quinquagénaire. Aussi, dès 1664, la fête dite « les Plaisirs de l'île enchantée » éclipse-t-elle le désagréable souvenir de Vaux-le-Vicomte.

En octobre 1668 s'ouvre le vrai chantier du nouveau palais. Louis XIV hésite et finit, contre l'avis de Colbert, par commander à Le Vau l'agrégation de l'ancien château au nouveau, tour de force qui permet à l'architecte (et à son successeur, d'Orbay) de vêtir la bâtisse d'une enveloppe de pierre, mais aussi de concevoir une distribution intérieure aussi ingénieuse que fonctionnelle. Dans le même temps, les jeux d'eau, bosquets et labyrinthes ouvrent dans le parc un espace féerique, cadre idéal de fêtes somptueuses.

En 1677, Louis XIV décide de résider à Versailles, d'où l'ouverture, dirigée en 1678 par Jules Hardouin-Mansart, de

VERSAILLES (YVELINES)
LE CHÂTEAU VU DU CIEL

Un espace ouvert sur l'infini. Le château apparaît ici dans son grand axe principal, d'ouest en est. Devant la façade côté parc, le parterre d'Eau, caractérisé par ses deux bassins, ouvre tout à la fois sur le nord et sur le sud, tout en se prolongeant par le bassin de Latone, par les deux parterres avec les bassins des Lézards et par le début du Tapis vert. De l'autre côté du château, les rues s'ouvrent en étoile sur la ville de Versailles. Il se vérifie ainsi que le palais est la pièce magistrale d'un ensemble considérable qui dépasse largement les limites d'une simple demeure royale.

1661 Début de la première campagne de travaux menée par Le Vau à Versailles. Le Conseil du roi est modifié dans le sens d'un renforcement de son autorité personnelle, forme qu'il gardera jusqu'à la Révolution **1668** Le 18 juillet, le Grand Divertissement royal inaugure les splendides effets des jeux d'eau du parc de Versailles **1670** Le 11 octobre, mort de Louis Le Vau **1682** Louis XIV et la cour s'installent à Versailles, encore en chantier **1690** Le 12 février, mort de Charles Le Brun **1693** À l'âge de 55 ans, Louis XIV renonce à conduire lui-même les campagnes militaires ; désormais, il quittera rarement Versailles **1700** Le 15 septembre, mort d'André Le Nôtre.

la troisième campagne, sous le signe de l'agrandissement gigantesque (cours, ailes du midi, du nord), nécessitée par la venue de la cour. L'emblème en demeure la Grande Galerie au parement continu de glaces ; œuvre de Le Brun et Hardouin-Mansart, elle remplace la terrasse de Le Vau. Le plus impressionnant reste cependant le travail herculéen qui permet l'alimentation de tous les bassins du parc et le fonctionnement des jeux d'eau.

De la dernière campagne enfin, ouverte en 1699, la chapelle demeure la plus spectaculaire réalisation. Désormais, Versailles a pris son visage presque définitif, le rituel monarchique y est réglé, l'image s'en fige pour la postérité. La vieillesse de Louis XIV assombrit si bien ce cadre qu'au lendemain de sa mort, le 1er septembre 1715, l'aristocratie le déserte momentanément pour regagner Paris. Une autre histoire débute, celle d'un Versailles parfois remanié mais à jamais figé dans la mémoire du Grand Siècle.

Un monarque et sa « machine de cour »

C'est vu du jardin dessiné par Le Nôtre que le château affirme son autonomie par rapport au baroque italien. La monotonie de la perspective horizontale, surlignée par la balustrade, est rompue par les avant-corps flanqués de pilastres ioniques ; à l'intérieur, la luxuriance décorative associant le chatoiement des marbres aux dorures des statues ou les ciselures des bronzes au trompe-l'œil des plafonds, renverrait au contraire à l'illusion baroque, n'était cette curieuse association de luxe froid et de volupté qui indique le contrôle de son grand artisan, Le Brun. Tout cela renvoie à l'épisode de la défaite du Bernin (en 1665) pour la colonnade du Louvre, confiée

Château de Versailles, le bassin de l'Automne
1672-1674

La référence aux divinités de la nature. À mi-chemin entre le bassin d'Apollon et le château, quatre bassins symbolisent les saisons, personnifiées chacune par une divinité antique : Saturne, chassé du ciel par Jupiter, est l'Hiver, sculpté par Girardon ; Flore, déesse italique des fleurs et des jardins, est le Printemps, sculpté par Laurent Magnier ; Cérès, déesse des moissons, est l'été, sculpté par P. Hutinot ; quant à l'automne, sculpté par Thomas Regnauldin, c'est un Bacchus porteur de lourdes grappes qui rappellent la référence biblique de Poussin pour sa propre allégorie automnale dans le testament des *Quatre Saisons*.

Château de Versailles, la colonnade du parc
1684

Le choix d'un matériau français. Construite par Hardouin-Mansart en 1684, la colonnade se veut française, y compris par le choix du matériau, un marbre blanc nuancé de bleu et de violet, provenant des carrières du Languedoc, dont Colbert a expressément demandé qu'il remplace le marbre italien. L'ensemble, constitué d'un anneau d'arcades formé de trente-deux colonnes, a été pensé par l'architecte (à la fureur jalouse de Le Nôtre, dit-on!) pour exalter la grandeur du « plus magnifique prince de la terre ». Le fait est qu'il reprend le schéma de ces solennels temples antiques (dits hypètres) dont la cour était trop vaste pour être couverte.

Château de Versailles, le bassin d'Apollon
1668-1671

Le miroir du roi. Le bassin d'Apollon est un point nodal du parc de Versailles ; droit dirigé vers le château, donc vers le roi, il en forme le reflet symbolique par l'allégorie qu'il développe d'un Apollon sur le char du Soleil (lequel, priorité royale oblige, se lève donc à l'ouest !). Le groupe, réalisé en plomb doré, est l'œuvre de Jean-Baptiste Tuby, d'après un dessin initial de Le Brun, lui-même inspiré de son homologue italien, le Guide.

L'alimentation des bassins. Le XVIIe siècle, marqué par le développement de la mécanique et de l'étude du mouvement, s'intéresse aux questions relatives à la pression. Ingénieurs et savants en développent les applications dans le domaine hydraulique. À Versailles l'eau qui alimente les bassins est pompée dans la Seine par la machine géante de Marly, puis amenée par des canalisations sur le site du château.

Château de Versailles, la galerie des Glaces
1678-1686

Un vibrant hommage à la lumière et à la majesté du roi. La Grande Galerie n'a reçu le nom de galerie des Glaces qu'au XIXe siècle. Il est possible qu'elle ait été inspirée par François Mansart, mais la réalisation en revient à Le Brun et à Jules Hardouin-Mansart. En installant ces glaces, selon la mode en vogue depuis le début du siècle dans les demeures aristocratiques, l'architecte privait le peintre de vastes surfaces murales, mais ce dernier a tiré parti des 75 mètres linéaires de la voûte pour donner une fastueuse version du règne de Louis XIV, réconciliant l'Histoire et la mythologie, principe fondateur du « grand genre » pictural classique. Les glaces, placées en vis-à-vis des fenêtres, reflètent tout à la fois les étendues du parc à la lumière du jour et les illuminations de ses fêtes nocturnes.

à Claude Perrault et provoquant équitablement la disparition des saillants ou rentrants italiens et des combles à la française.

Or, il est aisé de vérifier que la venue du Bernin à Paris (juin-octobre 1665) intervient entre les deux premières campagnes de Versailles. Que Le Vau ait admiré son confrère italien, rien de plus vraisemblable ; mais qu'il en ait pour autant modifié ses projets ne peut être sérieusement soutenu. Car Versailles est pensé, dès 1688, comme une énorme « machine de cour », mise au service d'un monarque peu enclin à partager le pouvoir et soucieux d'exercer un contrôle immédiat sur tous les serviteurs de l'État. Tout, du lever du souverain à son coucher, sera soumis à la plus stricte étiquette, aucun écart ne sera toléré, un simple froncement de sourcils royal pouvant y signifier l'exil ! Jusqu'à la mort de Louis XIV, en 1715, l'espace versaillais se présentera ainsi comme la métaphore d'un absolutisme sublimé. De Potsdam à Caserte, de Schönbrünn à Madrid, c'est toute l'Europe qui, un siècle durant, cherchera à en imiter le faste et la grandeur.

Vue du bosquet de la galerie des Antiques dans les jardins de Versailles
Jean-Baptiste Martin, dit Martin des Batailles (1659-1735)
1688
Huile sur toile
2 x 1,4 mètres
Versailles, musée du Château

Des jeux d'eau étonnants et splendides. Cette vision des jardins de Versailles parvenus à une première maturité atteste l'importance considérable (aujourd'hui très atténuée) des jeux d'eau proposés par les bassins et les fontaines dans l'organisation symbolique, voire initiatique, du grand parc, particulièrement les jours de fête au retour de la belle saison.

Des arbres symboles du pouvoir royal. La construction de l'Orangerie ayant été confiée à Jules Hardouin-Mansart, un vaste parterre fut établi devant l'édifice, encadré par les deux escaliers des Cent-Marches (remparts efficaces contre les vents) dont on discerne les extrémités à gauche et à droite de la pièce d'eau circulaire. C'est à l'intérieur de l'Orangerie qu'étaient abritées les 2 000 caisses d'orangers qui attestaient la puissance du souverain, du fait de leur rareté et de leur coût prohibitif, car cet arbre n'avait été introduit en France qu'au début du XVIe siècle. En compagnie, aujourd'hui, des palmiers, ils sont sortis à la saison chaude, couvrant de leurs formes enchanteresses l'esplanade au-delà de laquelle la grande pièce d'eau des Suisses ouvre la perspective sur l'horizon sud de Versailles.

Château de Versailles,
le parterre de l'Orangerie
1684

La France aux pieds du roi. Dans les bassins rectangulaires à angles arrondis du parterre d'Eau, la silhouette du corps central du château (sur la gauche, on distingue la partie haute de la chapelle) se reflète de façon mouvante au gré des heures et des saisons. Les rebords en sont ornés de groupes sculptés figurant les grands fleuves de France, représentés par un homme, et leur principal affluent, illustré par une femme. On trouve ainsi les couples de la Seine et de la Marne, de la Loire et du Loiret, de la Garonne et de la Dordogne, du Rhône et de la Saône.

Château de Versailles,
un bassin du parterre
d'Eau, la Seine
1685-1694

Château de Versailles,
un bassin du parterre d'Eau, la Marne
1685-1694

La sculpture, ornement indissociable de Versailles. La statuaire du parterre d'Eau est l'une des grandes réussites de la décoration versaillaise. Elle fut réalisée par Le Hongre qui, après le traditionnel voyage des artistes de l'époque à Rome, s'illustra surtout à Versailles. La position couchée de ces statues inspirées de l'antique aurait été imposée par Hardouin-Mansart, en souvenir de la disposition des frontons classiques. Fille de la Seine, la Marne, est ici symbolisée par cette jeune femme épanouie.

L'hôtel des Invalides de Paris

L'État au secours de ses soldats

Jusqu'au milieu du XVIIe siècle, personne n'avait sérieusement songé au sort des militaires invalides et privés de ressources. À la suite de Richelieu, Louis XIV, roi guerrier s'il en fut, est le premier à ordonner, en 1670, la construction d'un hospice royal destiné à recevoir et loger les officiers et soldats dans le besoin, projet qu'il qualifie lui-même de « grande pensée du règne » et dont il confie la responsabilité à son ministre de la Guerre, Louvois.

Un plan original pour une idée neuve

Le terrain choisi, extérieur à Paris, s'étend sur une vingtaine d'hectares. Huit projets étant soumis au roi, ce dernier désigne celui de Libéral Bruant (1635-1697). Avec ses dix-sept cours et ses seize kilomètres de couloirs, l'hôtel forme, en dépit d'une certaine parenté avec l'Escorial, à Madrid, un tout organique inédit au service d'un dessein neuf, organisé autour de la cour royale, une église étant prévue au flanc sud. La première pierre est posée le 30 novembre 1671, et les premiers hôtes du lieu s'installent, accueillis par le souverain en personne, dès octobre 1674. L'église n'étant pas encore édifiée, les hésitations de Bruant à son sujet lui valent d'être remercié par Louvois au profit de Jules Hardouin-Mansart en 1676. C'est à ce dernier qu'il reviendra de continuer le chantier, définitivement clos en 1750 par Robert de Cotte.

De l'hôtel à l'hôpital

Le plan en damier de Bruant permet l'installation fonctionnelle des trois lieux de vie, dortoirs, réfectoires et ateliers. Dans le même esprit, l'église des soldats est d'un accès aisé depuis la galerie du premier étage de la cour d'honneur. Lorsque Jules Hardouin-Mansart lancera son propre édifice, il lui conférera une solennité, soulignée par le dôme s'élevant à plus de cent mètres, qui en fera plus un lieu de dévotion courtisane que le refuge de malheureux diminués et vieillissants.

Soumis à un strict règlement religieux et militaire, l'hôtel connaît des débuts difficiles, mais son succès ne cesse de grandir, au point que le nombre des pensionnaires passe de 1 500 à 5 000 entre 1676 et 1690. Les hommes de troupe, par définition moins argentés, y sont encadrés par les officiers dans les ateliers de cordonnerie, de calligraphie, de tapisserie ou d'enluminure leur assurant une nouvelle vie sociale. Bientôt copié en Europe, l'hôtel se transformera en hôpital avec la création, sous l'autorité du praticien Morand, d'une école d'anatomie et de médecine opératoire en 1769.

Le temple du souvenir

C'est aux Invalides que s'ouvrira la phase armée de la Révolution, le matin du 14 juillet 1789, par la prise de 32 000 fusils entreposés dans les caves. Rebaptisé « hôtel national

Paris (Île-de-France)
Hôtel des Invalides, façade principale >
XVIIe siècle

Simplicité et grandeur. Précédée de l'esplanade, la majestueuse façade, d'une longueur de 196 mètres, s'étend de part et d'autre du pavillon central, traité comme une entrée triomphale par Libéral Bruant. La grande porte s'en ouvre sur la cour d'honneur, entourée de deux étages d'arcades, fermée par quatre pavillons et agrémentée de l'église des soldats. Cette immense façade, grandiose et quasiment sans ornements, ne contrastait pas encore, lors de son érection, avec l'énorme dôme construit plus tard par Hardouin-Mansart. L'ensemble en est sévère, réglé par le jeu des lignes horizontales et reçoit pour seuls éléments décoratifs les lucarnes du comble et la grande arcade centrale, s'inscrivant ainsi au chapitre des réalisations exemplaires de la doctrine classique régnante — dont Libéral Bruant, entré la même année à l'Académie, reste l'un des plus traditionnels représentants. Les pièces d'artillerie que l'on voit au premier plan proviennent de diverses campagnes, rappelant que la paix ne va pas sans la force.

1664 Le 2 janvier, Colbert est nommé surintendant des Bâtiments du roi 1666 Le 26 janvier, début d'un conflit franco-anglais, conclu par la paix de Breda en 1667 1667 Guerre de Dévolution franco-espagnole, close par le traité d'Aix-la-Chapelle en 1668 1670 En août, l'armée française occupe la Lorraine (jusqu'au traité de Ryswick en 1697) **1671 Le 30 novembre, pose de la première pierre de l'hôpital des Invalides à Paris** 1672 Le 6 avril, Louis XIV déclare la guerre à la Hollande ; il la conclura victorieusement par les traités de Nimègue en 1678-1679.

Réfectoire de l'hôtel royal des Invalides
Paris, musée de l'Armée

Toute faute sera punie. Sur cette image réglée par une rude perspective renvoyant à la discipline militaire du lieu, on distingue le réfectoire des soldats (actuelle salle Vauban). La cohabitation de tant d'hommes meurtris n'est possible qu'au prix d'une l'organisation fondée sur l'obéissance aux règles de l'armée et de l'Église. Au centre, on relève ainsi le détail savoureux de la « table des buveurs d'eau » qui rassemble les pensionnaires soumis à pénitence pour un quelconque manquement au règlement. Petit châtiment, certes, mais dont l'efficacité n'aura probablement jamais été, au moins en France, mise en doute !

des Militaires invalides » par la Constituante en 1791, il sera doté par Napoléon d'un budget prélevé sur les salaires des militaires ; l'empereur y fera recevoir le corps de Turenne en 1800 et le cœur de Vauban huit ans plus tard ; ses propres cendres y entreront le 15 décembre 1840, ses restes y reposent dans un sarcophage de porphyre. L'édifice abrite aussi plusieurs musées historiques dont celui de l'Armée depuis 1898 et celui des Plans-reliefs, partiellement déménagé à Lille il y a quelques années. Du plus humble des fantassins au plus illustre des capitaines de l'Histoire, l'hôtel des Invalides conserve ainsi la mémoire de tous les acteurs ayant contribué, dans le sang et la douleur, à forger la légende guerrière de la France.

PARIS (ÎLE-DE-FRANCE)
HÔTEL DES INVALIDES, ENTRÉE PRINCIPALE
XVIIe SIÈCLE

Le Soleil de la Raison. Le fronton circulaire du porche monumental est orné d'un relief montrant Louis XIV à cheval, encadré par la Justice et la Prudence. De part et d'autre de l'entrée du rez-de-chaussée, les statues de Mars et de Minerve rappellent que même la guerre doit être soumise au règne de la raison. Des mascarons ornés de guirlandes surmontent les deux baies latérales de ce rez-de-chaussée, sous les trois ouvertures régulières de l'étage noble. Sur la grande archivolte sommitale, enfin, tous les trophées convergent vers l'emblème orgueilleux du Soleil, placé juste au-dessus de la tête du souverain. L'ensemble est dû au sculpteur Guillaume Coustou, aîné d'une dynastie d'artistes qui œuvrera surtout au XVIIIe siècle.

Les combles, refuges de la fantaisie décorative. Aux Invalides, pas une lucarne n'est semblable à une autre, mais chacune a été inscrite dans le dessin d'une cuirasse surmontée d'un casque au panache saillant. Ici, ce sont les trophées qui sont accumulés dans un apparent désordre qui n'exclut pas la symétrie. Canons, écus, cuirasses, étendards et lances forment ainsi une pyramide entourée de deux pots à feu rappelant que les pensionnaires de l'établissement sont certes invalides, mais… glorieusement !

PARIS
HÔTEL DES INVALIDES, TROPHÉES DE LA PARTIE SUPÉRIEURE DE L'AILE DU BOULEVARD DES INVALIDES
XVIIe SIÈCLE

L'hôtel de ville d'Arles

La modernisation de la ville

Depuis la fin du gothique, et plus particulièrement au XVIIe siècle, la pratique architecturale semble avoir pour première fonction d'exprimer et d'exalter la grandeur du prince et de ses suivants, structurant ainsi un ordre social réglé par le principe monarchique et encadré par la religion. Les palais de l'aristocratie, les fortifications, les églises et les demeures du clergé semblent ainsi solliciter toutes les forces des bâtisseurs.

En marge de ces programmes soumis à la hiérarchie sociale et à la contingence politique, l'architecture du Grand Siècle commence également à participer du nouvel idéal de rationalisation du pouvoir économique. L'aménagement du territoire national est ainsi conçu de façon organique, ce qui entraîne une réorganisation de la cité en tant qu'entité administrative, commerciale et industrielle. Au cœur de ce nouveau dispositif, l'hôtel de ville ne cesse de gagner en importance, supplantant peu à peu tous les autres édifices en tant qu'insigne de la ville nouvelle. L'hôtel de ville d'Arles (Bouches-du-Rhône), par exemple, bien que largement précédé par celui de La Rochelle (1595), qui se signale, certes, par le soin apporté à son érection, s'inscrit aussi dans le tissu de nombreuses autres réalisations civiles du XVIIe siècle, ponts (Privat, Auray), hôtels de ville et beffrois (Beaucaire, Millau, Soissons), ports et arsenaux (Brest, Lorient, Rochefort et sa célèbre Corderie royale), etc.

Un bâtiment symbolique

C'est dès 1757 que le conseil de ville d'Arles décide la construction de l'hôtel de ville sur le site de la maison commune. La raison en est que, depuis le début du XVIe siècle, la ville connaît d'importantes mutations, comme en témoigne l'édification de son beffroi en 1553-1555. En 1673, à la suite de longues consultations, les architectes locaux Pilleporte et Jacques Peytret recueillent tous les suffrages, mais Jules Hardouin-Mansart, de passage dans la région, étant prié de donner son avis, le nouvel édifice sera finalement le résultat de sa collaboration avec Peytret. Alors âgé de vingt-sept ans à peine, Hardouin-Mansart reçoit à cette occasion l'une de ses premières commandes ; ce bâtisseur de palais et d'églises donnera cependant d'autres plans de bâtiments civils, à commencer par les hôtels de ville de Lyon (pour sa façade) et de Beaucaire (1679).

Doublement symbolique, par sa nature et par sa fonction, l'hôtel de ville d'Arles présente une superbe façade classique, voire versaillaise : refends du rez-de-chaussée, colonnes doubles et pilastres du premier étage, fronton et balustrade couronnant le second, le tout dominé par un beffroi inspiré assez directement du proche mausolée romain de Saint-Rémy ; mais c'est à l'intérieur que se trouve la merveille de l'édifice, l'extraordinaire voûte plate du vestibule, dont l'appareillage manifeste une grande virtuosité. La ville se dote ainsi d'un outil attestant tout à la fois sa puissance du moment et son ambition pour l'avenir.

ROCHEFORT (CHARENTE-MARITIME)
CORDERIE ROYALE
1666-1668

L'architecture utilitaire, signe de la toute-puissance de l'État. Dans la seconde moitié du XVIIe siècle, de grands architectes sont souvent chargés de donner des plans d'ateliers et de manufactures, afin d'en assurer tout à la fois la beauté extérieure — signe de la toute-puissance de l'État — et un parfait fonctionnalisme. C'est ainsi que François Blondel (1618-1686) met en place, en 1666, les surfaces et les volumes de la Corderie royale de Rochefort, réalisée sous la direction de Colbert de Terron en deux ans. Les dimensions de cette bâtisse, exigées par sa fonction, sont d'autant plus impressionnantes qu'elle-même ne forme que l'une des pièces nécessitées par le grand appareil de constructions maritimes (scieries, ateliers de tonnellerie et de mâture, voileries, entrepôts, magasins) qui œuvrent à l'expansion du royaume hors ses frontières.

AURAY (MORBIHAN)
PONT SAINT-GOUSTAN
XVIIe SIÈCLE

Les nécessaires accessoires du développement commercial. À Auray, le quartier Saint-Goustan, cœur commercial du centre portuaire, rappelle une activité maritime qui remonte au XVe siècle. L'ensemble forme un bel ensemble patrimonial que l'on quitte en franchissant le pont de Saint-Goustan, ouvrage de pierre du XVIIe siècle qui, en dépit de quelques remaniements, témoigne de la nouvelle importance alors accordée par l'architecture aux édifices civils liés à l'activité économique. Sous ses arches harmonieuses, de puissantes vannes contiennent la marée, protégeant les terres basses de la petite vallée et régulant le trafic commercial toujours croissant à mesure que se développe l'exploitation des premières colonies.

Arles (Bouches-du-Rhône)
Hôtel de ville,
la voûte plate du vestibule
1673-1675

Une audace architecturale encore exemplaire. Érigé de 1673 à 1675 par Jacques Peytret et Jules Hardouin-Mansart, l'hôtel de ville d'Arles est célèbre pour sa voûte plate sans supports centraux, considérée comme le plus parfait chef-d'œuvre de stéréotomie donné par toute l'architecture civile en France et, pour cette raison, étudiée par des générations de compagnons spécialisés dans la taille et le coupe des pierres de construction. Procédant par système de nefs emboîtées, aux lits de pierre apparents, le plafond retombe sur les chapiteaux et les arcades doriques, plaqués ou engagés dans les murs, dispositif aussi théâtral et démonstratif d'un pouvoir que celui des édifices princiers ou religieux. En filigrane, c'est un pouvoir neuf qui commence à concentrer ses forces, celui des bourgeois parvenus à la veille du siècle des Lumières qui les placera au sommet de la vague de l'Histoire.

1672 En dépit des efforts de Colbert, les finances publiques redeviennent déficitaires **1673 Ouverture du chantier de l'hôtel de ville d'Arles par Jacques Peytret et Jules Hardouin-Mansart** 1678-1679 Par les traités de Nimègue, Louis XIV s'affirme le maître de l'Europe 1682 Le 9 avril, Cavelier de La Salle fonde la Louisiane et en prend possession 1683 Mort de Colbert, le 6 septembre.

Rochefort (Charente-Maritime)
Corderie royale
1666-1668

Les besoins de la marine royale. La construction des grands navires, au XVIIe siècle, impose la culture de forêts de chênes et de hêtres, puis des assemblages permettant de donner aux mâts une hauteur proportionnée à leur voilure. Elle nécessite aussi la création d'édifices de même taille pour la mise en œuvre des systèmes de cordages. Il revient à Colbert d'organiser toute une administration pour transporter et traiter les bois destinés à la construction des navires, ainsi que pour en réaliser les gréements. Ainsi naissent de véritables unités industrielles, le plus souvent à la frontière de sites urbains. De ces ensembles, la plus spectaculaire réalisation reste la Corderie royale de Rochefort, d'une longueur de 374 mètres. Cet immense atelier a fourni les câbles et cordages de la marine royale jusqu'à la Révolution.

La citadelle de Briançon

Vauban, génie des fortifications

Le nom de Vauban fut très tôt attaché à l'art des fortifications. Au point que, de son vivant, la devise « Ville assiégée par Vauban, ville prise. Ville fortifiée par Vauban, ville imprenable » était déjà passée à l'état de proverbe.

L'humanisme d'un homme de guerre

Ingénieur du roi en 1655, Sébastien Le Prestre de Vauban (1633-1707) est chargé en 1662 de fortifier la cité de Dunkerque rachetée aux Anglais. Ayant victorieusement mené les sièges de Douai et Lille (1667), Maastricht (1673), Besançon (1674) et Gand (1678), il est nommé commissaire général des fortifications par Louis XIV en 1678, et recevra en 1703 le bâton de maréchal de France. Vauban a remanié trois cents places anciennes, dont Briançon, Blaye, Brisach, Besançon, et en a construit trente-sept tout en aménageant les ports militaires de Brest, Toulon, Perpignan, Rochefort ou Dunkerque. À cette ceinture de places fortes, les frontières du royaume français devront un siècle d'inviolabilité. Mais Vauban fut aussi un penseur annonçant l'ère des Lumières. Opposé à la révocation de l'édit de Nantes en 1685, désireux de remédier à la misère du peuple par la suppression de la dîme et par une meilleure répartition de l'impôt, il eut toujours le souci d'épargner les vies en cas de conflit, ce qui explique sa recherche d'une dissuasion maximale dans ses entreprises de fortification, mais aussi sa disgrâce en fin de vie !

L'exemple de Briançon

Située au-dessus de la Durance, au point de convergence de trois vallées, Briançon occupe une position stratégique, tout près de l'Italie. Ruinée par les incendies de 1624 et 1692, la cité est reconstruite à partir de 1693, d'après les plans de Vauban, le chantier étant clos en 1722, quinze ans après la mort du grand ingénieur. Pour prendre la mesure de cet énorme appareil défensif, il faut arpenter le chemin de ronde, l'avenue Vauban, découvrir les murailles, tours, bastions, et autres éléments de défense en angles saillants ou rentrants, chargés de décourager les assaillants. En retrait de la porte Dauphine, sur le socle du front occidental, Notre-Dame (1703-1718) dresse sa sévère façade flanquée de tours carrées surmontées de lanternons. À l'extrimité sud, la Durance se crée un passage dans la cluse que franchit l'actuel pont d'Asfeld lancé, après Vauban, en 1734. Au nord, le fort culminant du château domine le beffroi de la cité.

À Briançon, Vauban entoure ses défenses de fossés et talus gazonnés. Surtout, il perfectionne le système des contre-mines et des casemates (constructions souterraines qui ruinent les efforts de l'ennemi pour creuser des galeries tout en offrant un inexpugnable abri). Il réduit les angles morts par son plan en crémaillère dont les crans épousent les caprices de la roche en dents de scie. Est ainsi porté à sa perfection l'art des fortifications rasantes, avec ajout de forts détachés qui assurent une protection éloignée et désenclavent la cité. Si cette architecture suscite l'admiration, c'est en raison de son caractère plus dissuasif qu'agressif, manifeste d'un « droit à la paix » dont Vauban a toujours su qu'il n'est jamais acquis.

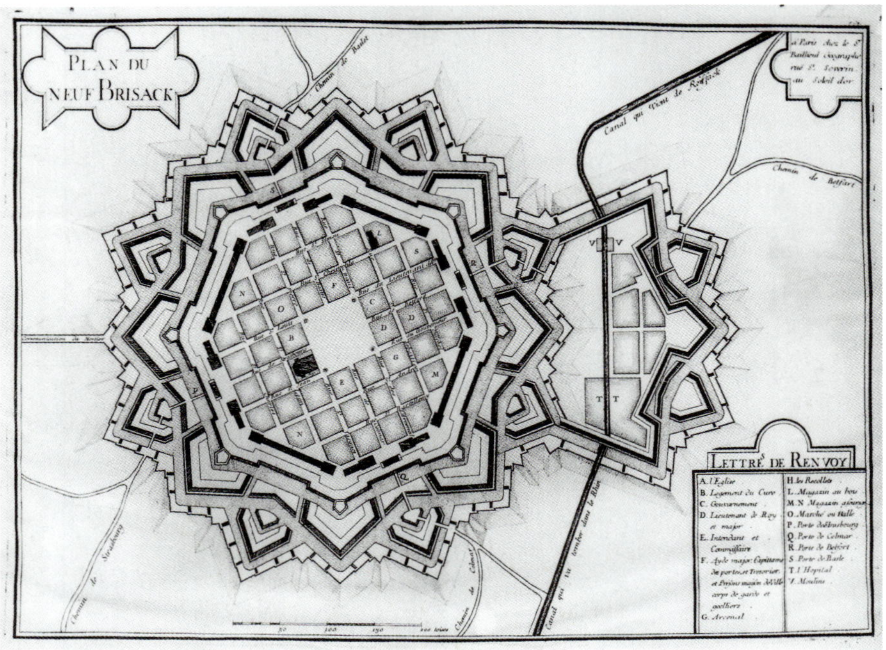

NEUF-BRISACH (HAUT-RHIN)
LES FORTIFICATIONS
FIN DU XVIIe SIÈCLE

La quintessence de l'art de Vauban. Créée en 1698, la ville constitue en quelque sorte l'aboutissement des conceptions de Vauban tout en anticipant sur les fortifications de l'avenir. Ayant étagé les pièces à feu et concentré l'artillerie dans des tours bastionnées et des casemates ouvertes au ras du fossé, il avait assuré jusque-là une protection parfaite de la courtine, protection encore renforcée par le détachement de bastions. À Neuf-Brisach, il améliore ce système en construisant des réduits qui augmentent la profondeur de la défense et en doublant le nombre des canons, par aménagement de redans dans les courtines.

BLAYE (GIRONDE)
LES FORTIFICATIONS
1686-1689

Une ceinture de fortifications imprenable. Au sujet de Blaye, une lettre de Vauban, longue et précise, datée du 4 mars 1691 rappelle que sa citadelle, étendue sur 18 hectares, a été conçue de telle façon qu'une éventuelle attaque soit pour l'assaillant « une affaire très considérable » ! C'est à l'automne 1685, à l'occasion d'une tournée des places fortes de la côte Atlantique, qu'il avait dressé les plans d'une refonte totale de l'ancienne fortification, située sur un promontoire au bord de la Gironde. Commencés dès le printemps 1686, les travaux furent achevés en 1689. Verrou d'accès à Bordeaux, complété dans l'esprit de Vauban par Fort-Médoc sur la rive gauche et Fort-Paté situé sur une île centrale, la citadelle n'a finalement jamais livré bataille.

Briançon (Hautes-Alpes) Citadelle, vue du fort du Randouillet
Fin du XVIIe siècle

Un site exceptionnel. Le site de la citadelle de Briançon a été admirablement exploité par Vauban, qui y a créé l'un de ses chefs-d'œuvre, profitant des étagements naturels pour aménager d'imprenables surplombs. Partiellement enterré, le fort du Randouillet comprend aujourd'hui trois casernes et deux poudrières plus récentes. Son enceinte adopte le principe de la crémaillère en fonction des irrégularités de l'assiette rocheuse. Ses corps massifs sont protégés par un vaste glacis favorisant l'efficacité de son feu défensif.

1685 L'édit de Fontainebleau révoque, en octobre, celui de Nantes et interdit le culte protestant 1688 Début de la guerre de la Ligue d'Augsbourg, conflit européen qui se terminera en 1697 **1692 Vauban dresse les plans de la nouvelle citadelle de Briançon** 1697 Septembre-octobre, traités de Ryswick, qui ramènent la paix en Europe.

Besançon (Doubs) La citadelle
1668-1711

Un rempart contre les envahisseurs de toute origine. Considérée par les spécialistes comme l'une de ses plus hautes réalisations de Vauban, la citadelle bisontine a été construite à partir de 1668, soit au lendemain de la prise de la ville aux Espagnols par les armées de Louis XIV. Sur une surface de 11 hectares, elle surplombe de plus de 100 mètres la cité enserrée dans une boucle du Doubs. Achevée en 1711, elle fournira encore la preuve de son efficacité en 1814-1815 en résistant aux assauts de l'armée autrichienne.

L'abbaye des Prémontrés

Le classicisme au service de la foi

En 1572, le pape Grégoire XIII ordonne la fondation d'une université jésuite pour lutter contre le protestantisme. Les jésuites de Pont-à-Mousson trouvent pour cela un allié précieux, l'ordre des Prémontrés, fondé par saint Norbert en 1121. C'est ainsi que l'ancienne abbaye, Sainte-Marie-aux-Bois, sise à dix kilomètres de la cité, est transférée au début du XVIIIe siècle près de l'université, sur la rive droite de la Moselle.

Une entreprise placée sous le signe du prosélytisme

Le rôle de Servais de Lairuelz, abbé prémontré de Verdun, semble avoir été décisif dans la construction du nouvel édifice. Allié aux jésuites de la ville qui ont fait de leur université — dont la cour d'honneur du lycée Jacques-Marquette est l'unique relief — un bastion du prosélytisme catholique, il sollicite l'architecte Thomas Mordillac et obtient l'appui du duc Léopold Ier. La grande abbaye est entreprise dès 1705.

Terminée par Nicolas Pierson, elle glorifie le nouveau style architectural religieux qui renonce aux fastes baroques et en revient à une économie classique. La solennelle grandeur de l'abbaye, surtout sensible à qui prend la peine la peine d'en découvrir tous les bâtiments, rappelle l'importance que l'Église romaine attache à la valeur édifiante des monuments dont elle se dote pour reconquérir les âmes. Mais la suppression par édit royal de la Compagnie de Jésus, dès la mort du duc Stanislas en 1766 (la Lorraine devenant française) provoque le déclin de l'institution. Après la Révolution, l'abbaye des Prémontrés deviendra siège d'un petit séminaire, propriété de l'État en 1906, de la ville en 1912, hôpital jusqu'en 1944. Désacralisée en 1976, elle accueille aujourd'hui congrès, séminaires et autres manifestations culturelles.

Une architecture avenante

L'église présente une façade tripartite qui ouvre sur l'ample espace intérieur délimité par trois nefs de hauteurs sensiblement égales. Six travées se succèdent jusqu'au transept, lui-même suivi d'une abside profonde. Les colonnes galbées supportent de superbes chapiteaux corinthiens sur lesquels reposent les arcs doubleaux. Installés dans

PONT-À-MOUSSON (MEURTHE-ET-MOSELLE)
ABBAYE DES PRÉMONTRÉS >
1705-1735

Un militantisme bâtisseur. C'est à son architecte en titre, Thomas Mordillac, que l'ordre des Prémontrés demande les plans des six nouvelles abbayes, qu'il fait construire en Lorraine à l'aube du XVIIIe siècle, dont celle de Pont-à-Mousson, érigée pour l'essentiel de 1705 à 1712 et totalement achevée en 1735 par Nicolas Pierson. Vus depuis la rive gauche de la Moselle, les bâtiments conventuels et l'église, répartis autour du cloître, présentent une grande unité. On relève particulièrement les éléments de symétrie et de régularité, ainsi que l'usage presque systématique du rythme ternaire dans la superposition des étages comme dans les divisions opérées en façade par les pilastres. Perçu sous cet angle, le grand édifice se plie aux lois d'un agencement classique qui ne souffre l'altération d'aucun élément décoratif issu du baroque tardif. Une telle conception monumentale symbolise la rigueur spirituelle et la sérénité mystique d'un ordre pleinement inscrit dans les mouvements de son siècle.

PONT-À-MOUSSON
ABBAYE DES PRÉMONTRÉS, FAÇADE DE L'ÉGLISE
1705-1735

Un exemple d'architecture jésuite. Le magnifique avant-corps central à fronton triangulaire de l'abbatiale consacrée à Sainte-Marie-Majeure renvoie à l'architecture jésuite du temps, toute de solennelle simplicité et de régularité rythmique. L'ensemble est formé d'une superposition de trois portiques dominés par un fronton (celui du centre est en lunette) et ouvert d'une grande baie médiane. La décoration est soignée mais parcimonieuse : bandeaux en pierre de taille, guirlandes pendantes des chapiteaux, coquilles, consoles, pots de flammes..., le tout réparti autour d'une distribution rigoureuse de pilastres et de niches aveugles.

PONT-À-MOUSSON
ABBAYE DES PRÉMONTRÉS, ESCALIER OVALE, DIT DE L'ATLANTE
1705-1735

À l'image de la course terrestre. Ce célèbre escalier suit la courbe de l'ellipse si chère aux grands architectes romains du XVIIe siècle baroque (auxquels le grand astronome allemand Johannes Kepler avait révélé, en rupture avec le mythe de la perfection circulaire, le caractère elliptique du trajet de notre planète autour du Soleil). Encore accentuée par la course de la rampe en fer forgé, cette dynamique de l'ovale renvoie, de façon certaine mais marginale, à l'influence ultramontaine.

les niches latérales, des groupes sculptés ornent le chœur. À la droite de l'église, le cloître charmant est entouré des bâtiments conventuels traditionnels (sacristie, salle capitulaire, réfectoire, chapelle, chauffoir). L'architecte a particulièrement soigné les trois escaliers construits sur plans elliptique, circulaire et carré.

Christianisme et classicisme réconciliés

L'architecture religieuse du premier tiers du XVIIIe siècle se signale, au-delà de quelques réussites accomplies (palais épiscopaux de Blois ou de Verdun), par un certain retrait mais aussi par le souci affirmé d'une grandeur classique qui actualise et ennoblit l'exercice religieux, à une époque où l'absolutisme royal demeure la règle. Parmi les symptômes les plus éclatants de cette mutation figure en bonne place, en dépit de son incertaine réussite artistique, la façade de l'église parisienne Saint-Sulpice, cadette lointaine du chef-d'œuvre de Pont-à-Mousson. Il faudra cependant attendre la fin du règne de Louis XV pour assister à l'accomplissement du canon classique en matière de construction dévote, notamment avec l'église Sainte-Geneviève.

1702 Début de la guerre de Succession d'Espagne qui oppose la France et l'Espagne à la coalition anglo-germano-hollandaise **1705 Début de la construction de l'abbaye des Prémontrés, achevée en 1735** 1709-1710 Les hivers provoquent de terribles famines dans tout le royaume 1713-1714 Les traités d'Utrecht et Rastadt mettent fin à la guerre de Succession d'Espagne 1715 Mort de Louis XIV le 1er septembre ; son arrière-petit-fils, Louis, âgé de cinq ans, lui succède sous le nom de Louis XV.

PARIS (ÎLE-DE-FRANCE)
ÉGLISE SAINT-SULPICE, FAÇADE
DÉBUT DU XVIIIe SIÈCLE

Un classicisme défiguré. C'est à la suite d'un concours, en 1732, que la façade de l'église Saint-Sulpice (dont Anne d'Autriche avait posé la première pierre dès 1646) fut confiée à Jean Nicolas Servandoni. Mais l'édifice actuel ne correspond que de très loin à ce qu'avait projeté ce dernier. Ainsi, le fronton qu'il avait dessiné et qui fut construit après sa mort, a été remplacé, après sa destruction au cours d'un orage, par une balustrade due à Chalgrin. De même, les deux tours aux frontons dissemblables (un triangle pour la tour nord qui culmine à 73 mètres, un segment circulaire pour la tour sud qui s'élève à 68 mètres) n'ont vu le jour que longtemps après la mort de Servandoni. Les deux portiques de la façade aux colonnes superposées sollicitent l'ordre dorique au rez-de-chaussée et l'ordre ionique à l'étage.

Le Vieux Bassin de Honfleur

Vers l'ouverture d'un commerce mondial

Dans les premières décennies du XVIIIe siècle, un monde nouveau émerge peu à peu, dominé par une bourgeoisie d'affaires qui ne songera à se débarrasser des règles de l'Ancien Régime que lorsque ces dernières brideront sa dynamique fondée sur un profit matériel exigeant de nouveaux modes de pouvoir.

1715 Le royaume de France compte 22,5 millions d'habitants, soit le quart de l'Europe 1719 La Compagnie des Indes absorbe toutes les autres compagnies de commerce maritime, sous la direction de John Law qui, en outre, obtient le monopole de la frappe des monnaies **1720 Agrandissement du Vieux Bassin de Honfleur, qui prend son visage définitif** 1720-1721 La banqueroute de Law provoque un gigantesque scandale 1724-1725 Une série de famines provoque des émeutes à Paris et en province 1732 Entre Louis XV et le Parlement éclate une grave crise, résolue en décembre.

Symptomatique de cette mutation, le Vieux Bassin de Honfleur a largement précédé ces ouvrages parisiens tout aussi typiques que sont la Halle au Blé ou l'Hôtel de la Monnaie.

Honfleur avant les peintres

Installé sur la rive gauche de l'estuaire de la Seine, Honfleur a peut-être possédé une activité de pêche au temps de la conquête normande. Au XIVe siècle, le port est équipé militairement mais, comme pour nombre de cités françaises, la guerre de Cent Ans fait césure dans son histoire, lui conférant une importance stratégique inattendue. Tour à tour aux mains des Français et des Anglais, la ville aborde le XVIe siècle animée d'un rare esprit d'entreprise et de découverte. Ses marins sillonnent les océans, créent des comptoirs à Terre-Neuve, au Brésil... De 1668 à 1684, sur ordre de Colbert, un nouveau bassin, entouré de magasins, est creusé par Duquesne ; agrandi en 1720 pour atteindre une longueur d'environ 130 mètres sur une largeur de 80 mètres, il forme l'actuel Vieux Bassin. Hélas ! en dépit de nombreuses initiatives, l'envasement persistant du port se conjugue avec l'essor du Havre, sur l'autre rive de l'estuaire, pour briser l'élan de Honfleur, qui renonce à tout projet d'agrandissement et réduit son activité à celle du cabotage. De foyer industrieux, la petite cité normande passera ainsi au statut de site pittoresque, immortalisé par les plus grands artistes du XIXe siècle.

L'ébauche d'un monde nouveau

Des anciennes fortifications du XVIe siècle, il ne reste que la porte de Caen, devenue la Lieutenance en 1684, lorsqu'elle fut affectée au logement du lieutenant royal détaché à Honfleur. Ses deux poivrières, ses murailles, qui s'ouvrent par un passage voûté, et son appareil massif rappellent sa vocation défensive, cependant qu'une plaque décorative et un buste de Champlain rendent hommage à celui qui fonda Québec en 1608 avec un équipage local. Tout autour du Vieux Bassin, point de souvenirs monumentaux d'une aristocratie nantie ou d'un clergé florissant, mais ceux d'une bourgeoisie entreprenante, fondant sa future puissance sur le commerce et la spéculation. Ainsi s'alignent ces hautes façades distribuées entre navigateurs intrépides et armateurs avisés, propriétaires par ailleurs d'hôtels particuliers au cœur du bourg.

PARIS (ÎLE-DE-FRANCE) HALLE AU BLÉ

AQUATINTE DE HILL D'APRÈS UN DESSIN DU PEINTRE ANGLAIS JOHN CLAUDE NATTES (1865-1922) VERS 1805

Les nécessités du commerce du blé. Sur l'emplacement d'un hôtel dont Catherine de Médicis avait ordonné la construction en 1571, l'architecte Le Camus de Mézières érige en 1767 une énorme construction circulaire faisant office de halle au blé. L'éloignement des campagnes compliquant les opérations de transport, de conservation et de commercialisation des céréales, l'édifice est avant tout fonctionnel et construit en appareil cyclopéen autour d'une cour sur laquelle sera lancée, en 1783, une charpente, puis une coupole de fer couverte de feuilles de cuivre, œuvre de François-Joseph Bélanger.

PARIS (ÎLE-DE-FRANCE) BOURSE DU COMMERCE

1767-1885

De la halle au Blé à la bourse du Commerce. Le caractère le plus remarquable de la bourse du Commerce tient à son ancienneté puisque cet édifice n'est jamais qu'un remaniement de la halle au blé de 1767. L'architecte Henri Blondel, qui conduisit les travaux à partir de 1885, se contenta d'en améliorer l'éclairage par l'ouverture de grandes surfaces vitrées en couverture, d'alléger les murs extérieurs en en réduisant l'épaisseur, de creuser un sous-sol et d'ajouter à l'ensemble des éléments décoratifs. Les doubles fenêtres et doubles pilastres qui courent sous la balustrade confèrent une élégance inattendue à ce monument dédiée au grand souverain des Temps modernes, le commerce.

Si la beauté du Vieux Bassin de Honfleur est universelle, le mérite en revient pourtant moins à ceux qui l'ont construit, architectes et ingénieurs, qu'aux peintres qui en ont restitué l'apparence. C'est qu'à Honfleur, indépendamment du prestige des Boudin, Jongkind, Courbet, Monet, Sisley, Dufy..., une nouvelle façon de penser la peinture verra le jour dans la seconde moitié du XIXe siècle : une perception neuve de la lumière, la rencontre fusionnelle de la mer, de la terre et du ciel... tous éléments permettant aux historiens d'y situer une étape initiale — et capitale — de l'impressionnisme.

HONFLEUR (CALVADOS)
VIEUX BASSIN
1668-1720

Le témoignage d'une activité florissante. Du quai de la Lieutenance, le regard embrasse l'ensemble du célèbre bassin, si souvent exalté par les peintres. Creusé dès 1668, c'est au XVIIIe siècle, plus particulièrement à partir de 1720, qu'il a pris son visage définitif. Les hautes façades du quai — jusqu'à sept étages avec les combles ! — créent un décor d'une enchanteresse originalité. L'étroitesse de ces façades vient pour une part du lotissement de parcelles très réduites effectué au XVIIe siècle, mais également de l'importante déclivité existant entre le quai et la rue de l'arrière, particularité qui a contraint les architectes à construire en hauteur. L'extraordinaire impression dégagée par cet alignement vient aussi de l'hétérogénéité des matériaux utilisés (ardoise, brique, bois, pierre), des couleurs (du blanc au noir) et des formes (encorbellements plus ou moins saillants).

PARIS (ÎLE-DE-FRANCE)
HÔTEL DE LA MONNAIE
1771-1777

Une solennité grandiose. Louis XV ayant exigé la construction d'un nouvel hôtel des Monnaies en 1668, Jacques Denis Antoine (1733-1801) triomphe du concours ouvert à l'occasion et entreprend, trois ans plus tard, la construction d'un bâtiment monumental et parallèle au quai de la Seine ; sur une longueur de 117 mètres, la façade développe une rangée de 27 fenêtres par étage. Rez-de-chaussée à refends, étage noble, attique et toit plat proposent une magnifique ordonnance ; au centre, pas de fronton mais un avant-corps de six colonnes ioniques reposant sur un soubassement de cinq arcades et soutenant un attique agrémenté de six statues allégoriques (Prudence, Force, Justice, Commerce, Abondance, Paix). C'est en partie postérieure que sont situés, autour d'une cour en hémicycle, les ateliers de monnayage et autres espaces fonctionnels. Il est significatif qu'en cette fin de XVIIIe siècle la frappe de la monnaie s'offre ainsi un temple d'une éclatante solennité.

L'hôtel de Soubise à Paris

Décoration et art de vivre dans les hôtels particuliers

« La décoration est devenue à présent une part considérable de l'architecture. » Extraite de son *Livre d'architecture*, cette formule revient à Germain Boffrand, génial concepteur des appartements de l'hôtel de Soubise, publié en 1745, c'est-à-dire au moment même où l'architecte mène à terme la campagne décorative de cet hôtel particulier commandée par Hercule Mériadec de Soubise.

1732 **Réaménagement complet de l'hôtel de Soubise par Germain Boffrand et conception d'un décor intérieur totalement neuf à partir de 1736** 1733 Guerre de Succession de Pologne, close par la paix de Vienne en 1738 1738-1739 Famines et soulèvements populaires en diverses parties du royaume 1741 Guerre de Succession d'Autriche, terminée par le traité d'Aix-la-Chapelle en 1748.

Souper du prince Louis François de Conti, palais du Temple
Ollivier Michel Barthélemy (1712-1784)
1766
Huile sur toile, 56 x 71 cm
Versailles, musée des Châteaux de Versailles et de Trianon

Les plaisirs de l'aristocratie. Sur cette toile, Ollivier Michel Barthélemy a réuni tous les éléments contribuant à l'œuvre du plaisir, prélude au bonheur selon les préceptes du XVIIIe siècle : bonne table, cadre enchanteur, accompagnement musical recherché, volupté tactile des tentures... tout cela reflété dans l'immense miroir qui ajoute au troublant effet d'illusion théâtrale. Une société raffinée s'offre son propre spectacle, indifférente aux troubles du temps, l'année même qui voit le Parlement de Paris se solidariser avec celui de Rennes dans sa critique radicale d'un absolutisme éloignant irrémédiablement l'aristocratie omnipotente d'un peuple assujetti et accablé par les guerres et famines locales.

Désormais, la décoration ne relève plus seulement de l'embellissement du cadre de vie, elle participe directement d'une nouvelle façon de penser la vie, privée et mondaine. Au lendemain de la vieillesse et de la disparition (1715) de Louis XIV, les hôtels particuliers se multiplient dans Paris qui retrouve une clientèle jusque-là éblouie par la splendeur versaillaise. De nombreuses autres résidences voient également le jour en province à la même époque, à l'image de l'hôtel Villeneuve-Martignan d'Avignon (1742), mais c'est la capitale qui en propose les exemples les plus nombreux (une bonne cinquantaine) et les plus somptueux (ce n'est pas un hasard s'ils abritent si souvent, de nos jours, ministères et ambassades).

De la famille des Guise à celle des Soubise

Non seulement l'édifice que nous connaissons en tant qu'hôtel de Soubise a existé bien avant le XVIIIe siècle, mais il conserve même, en partie latérale, l'une des plus vieilles constructions civiles de Paris, le porche ogival aux deux tourelles coiffées en poivrière qui protégea l'hôtel primitif érigé vers 1375 pour Olivier de Clisson, connétable de France. Passé à la famille des Guise en 1553, remanié par le Primatice et Nicolo dell'Abate, il sera acquis par les Soubise en 1700 et à nouveau métamorphosé. Cependant, si le gros œuvre — notamment l'aménagement de la cour d'honneur par Alexis Delamair — est entamé dès 1705, il faut attendre 1732 pour assister à la mutation décisive de la somptueuse habitation. Remarié cette année-là, le nouveau prince de Soubise, demande aussitôt à Germain

Paris (Île-de-France)
Hôtel d'Albret
1740-1744

L'importance des ouvertures. L'hôtel d'Albret a été entièrement repris par les architectes Vautrain et Courtonne de 1740 à 1744, soit avec un faible temps de retard sur les travaux de Boffrand à l'hôtel de Soubise. Sur ce document, on distingue l'ouverture vers le rez-de-chaussée par une grande arcade à pilastres La stricte égalité des baies et leur ampleur confèrent un éclairage maximal à ce haut lieu de convivialité, totalement restauré de 1983 à 1989 et siège, aujourd'hui, de la direction des Affaires culturelles de la Ville de Paris. L'une des curiosités de l'hôtel d'Albret tient à l'ancienne disposition de son sous-sol à demi enterré, qui abritait les offices et les cuisines cependant que la vie mondaine se projetait à l'extérieur par les multiples surfaces vitrées.

Boffrand un réaménagement complet de l'intérieur. L'architecte, ayant commencé par unifier l'ensemble des bâtiments par l'érection d'un ravissant pavillon ovale, chef-d'œuvre de la conception rocaille, superpose l'appartement du Prince et celui de la Princesse, aux deux niveaux du rez-de-chaussée et de l'étage. Faisant appel aux sculpteurs Adam et Lemoine, aux peintres Boucher, Van Loo, Restout, Trémolières, il confère au premier niveau une grandeur émouvante, mais c'est à l'étage qu'il a réservé les fruits les plus exquis de son imagination, les mieux préservés aussi par le temps. Dans l'appartement de la Princesse, les panneaux de boiserie blanc et or, les corniches armoriées, les médaillons dorés des lambris, les pièces du mobilier et les décorations peintes (surtout celles de Natoire) forment le cadre enchanteur d'un art de vivre exaltant le plaisir et le raffinement ; grâce à sa transformation en musée de l'Histoire de France, c'est désormais au profit de tous que l'hôtel de Soubise fait briller ses feux.

PARIS (ÎLE-DE-FRANCE)
HÔTEL DE SOUBISE,
APPARTEMENT DE LA PRINCESSE
1732-1736

Le chef-d'œuvre de l'architecture de l'intime au temps de la rocaille. On accède à l'appartement de la Princesse par le grand escalier reconstruit en 1840. Succédant à la chapelle, à la grande antichambre et à la salle d'assemblée, les quatre pièces réservées à la vie privée (chambre d'apparat, salon, petite chambre et salle du dais) hissent la décoration à un niveau insurpassable de raffinement délicat et d'harmonie somptueuse : lambris, dessus-de-porte, lustres, médaillons et stucs, tout ici concourt à l'apogée d'une esthétique que la grandeur sévère du néoclassicisme condamnera bientôt à un mélancolique assoupissement.

PARIS
HÔTEL DE SOUBISE, FAÇADE CÔTÉ COUR
1705

Des Guise aux Soubise. Ayant acquis en 1700 l'hôtel des Guise, François de Rohan, prince de Soubise en ordonne immédiatement la transformation complète. Au célèbre Jules Hardouin-Mansart, il préféra curieusement le discret Alexis Delamair qui aménagea cette magnifique cour d'honneur, dont toutes les lignes semblent converger et diriger le regard vers le solennel portique au fronton supporté par quatre doubles colonnes étagées. Cette réalisation princière ne plut pas autant à l'orgueilleux prince que l'avait espéré son malheureux auteur, limogé dès 1709 au profit de Germain Boffrand, prophète de ce génie décoratif qui nuance toute la première moitié du XVIIIe siècle.

L'église Sainte-Geneviève à Paris

Du temple chrétien néoclassique au Panthéon

Par ses proportions monumentales, la nouveauté architecturale qu'elle impose et son obsession de perfection, l'église Sainte-Geneviève semble offrir la métaphore monumentale et pétrifiée de l'*Encyclopédie* dont elle est contemporaine et avec qui elle conduit irrésistiblement les hommes vers les grands tumultes de la Révolution.

La reconstruction de l'église médiévale Sainte-Geneviève remonte au temps de Louis XIV. Mais c'est seulement en 1744, Louis XV ayant fait vœu de construire un nouveau temple pour célébrer sa guérison d'une grave affection, que le projet prend corps. La décision officielle est arrêtée en 1754 et, en janvier 1755, Soufflot est nommé architecte du nouveau bâtiment.

Un architecte hors norme

Jacques Germain Soufflot (1713-1780) s'enthousiasme pour l'architecture et part pour Rome à l'âge de dix-huit ans. Privé de véritable formation, il admire l'antique, le gothique, le Grand Siècle et sait cultiver les amitiés, ce qui lui vaut de réaliser de grands travaux à Lyon, puis d'être désigné mentor de Marigny, frère de la Pompadour et surintendant des bâtiments du royaume, pour un voyage d'étude jusqu'à Paestum. Il n'est donc guère étonnant qu'il parvienne à se faire confier, devant Gabriel, le chan-

tier le plus considérable de la seconde moitié du XVIIIe siècle. Dès 1757, son plan est fixé ; homme des Lumières, il entend exploiter les leçons du passé tout en célébrant les prérogatives de la raison. C'est ainsi que l'idée fondamentale d'une combinaison entre espace gothique et colonnes antiques germe dans son esprit, intuition déjà formulée par deux théoriciens de l'architecture religieuse, le père Laugier et l'abbé de Cordemoy.

Les troubles d'un long chantier

C'est en 1764 que Louis XV pose la première pierre de l'édifice que l'architecte a prévu de couronner par une statue de sainte Geneviève, patronne de Paris. Une première alerte intervient en 1769 lorsque l'architecte Pierre Patte exprime dans un texte polémique la crainte que le dôme ne soit trop lourd pour les supports prévus, contraignant Soufflot à opérer divers remaniements. En 1776, au moment où l'on commence à construire le dôme, de nouvelles fissures apparaissent.

Soufflot en est d'autant plus affecté que la charge de premier architecte du roi, rendue vacante par la mort de Gabriel en 1775, vient de lui échapper au profit de Richard Mique. Il procède aux corrections nécessaires mais, mourant en 1780, ne verra jamais son ouvrage achevé. Ses assistants, Brébion et Soufflot « le Romain », aidés par Rondelet terminent en 1790 l'édifice qui reçoit, un an plus tard, sous l'égide de la révolution, le nom de Panthéon ; Quatremère de Quincy en fait murer les fenêtres, supprimer les clochers et ôter les reliefs extérieurs en 1791.

« Aux grands hommes, la patrie reconnaissante »

L'histoire du Panthéon rebondit. Le 30 juillet 1831, David d'Angers se voit confier la réalisation du fronton remis à

PARIS (ÎLE-DE-FRANCE)
ÉGLISE SAINTE-GENEVIÈVE, INTÉRIEUR
SECONDE MOITIÉ DU XVIIIe SIÈCLE

Une expérimentation limite. À l'intérieur, l'innovation vient de ce que les colonnes ne supportent plus des arcades, mais des linteaux droits, aménagement qu'on ne trouve plus depuis les églises de Brunelleschi (San Lorenzo, Santo Spirito) au début du XVe siècle. Ces colonnes créent un espace gothique, très lisible jusqu'à ce que les nombreuses baies voulues par Soufflot aient été fermées, après sa mort. D'inquiétantes fissures étant apparues en 1806 dans les piliers de la croisée, l'architecte Rondelet ajoute des pilastres et des blocs de maçonnerie pour éviter un écroulement catastrophique.

PARIS
SAINT-PHILIPPE-DU-ROULE, VUE DE LA NEF DEPUIS LE CHŒUR
1774-1784

Une référence à l'architecture du premier christianisme. Ayant donné le dessin de l'église en 1764, Jean-François Chalgrin, futur auteur de l'arc de triomphe (aujourd'hui de l'Étoile) de Paris, en dirige la construction de 1774 à 1784. Loin des modèles gothiques et classiques auxquels se référait Sainte-Geneviève, Saint-Philippe-du-Roule adopte la disposition des basiliques paléochrétiennes, sans toutefois reprendre le principe de la charpente. La nef centrale est couverte en berceau à caissons. Initialement, l'abside était fermée par un mur orné de pilastres mais, en 1846, l'architecte Godde ouvrira un déambulatoire derrière ce mur qu'il fera disparaître, remplaçant les pilastres par de hautes colonnes cannelées. L'ensemble reste le plus bel exemple parisien d'architecture néoclassique puisant aux sources du premier christianisme.

nu par Quatremère de Quincy. Le relief du sculpteur s'organise autour des allégories de la Patrie, de la Liberté et de l'Histoire ; Rousseau, Voltaire, David, plus loin Cuvier, Malesherbes, La Fayette, Carnot, Laplace... forment l'image d'une France régénérée, née avec la Révolution, soucieuse de dispenser ses Lumières. La polémique est rude. Prud'hon s'élève contre la dédicace « aux grands hommes » et David d'Angers rend public son désaccord avec le ministre de l'Intérieur, Montalivet, le 27 juillet 1837, date d'achèvement de l'une des œuvres les plus discutées du patrimoine français.

POSE DE LA PREMIÈRE PIERRE DE L'ÉGLISE SAINTE-GENEVIÈVE PAR LOUIS XV
1764
PIERRE ANTOINE DEMACHY (1723-1807)
Huile sur toile
0,81 x 1,29 m
Paris, musée Carnavalet

Une réalisation controversée. Pour solenniser la pose de la première pierre de l'église Sainte-Geneviève par Louis XV, une immense structure de bois a été dressée, reproduisant fidèlement ce qui doit devenir la plus grandiose entrée d'église de Paris. Avant même l'ouverture du chantier, les premières critiques s'élèvent, contraignant Soufflot à agrandir la crypte prévue, puis à la traiter dans un style toscan assez lourd, contre son choix initial du dorique primitif. Si la vision de Soufflot était aussi neuve que pertinente, ses adversaires surent toujours profiter de ses lacunes techniques pour remettre en question un projet dont il ne vit jamais l'achèvement.

Inventivité personnelle et assimilation des leçons du passé. Jacques Germain Soufflot sait exploiter les acquis de ses prédécesseurs, sans réduire sa propre part d'invention. Ainsi la forme en croix grecque qu'il choisit pour son ouvrage renvoie aux prestigieux précédents de Bramante à Saint-Pierre de Rome et de Wren à Saint-Paul de Londres, tout comme le principe des colonnes isolées à l'église Saint-Vaast d'Arras, construite par Contant d'Ivry. Mais le portique aux vingt-quatre colonnes d'une hauteur de 19 mètres forme la plus solennelle entrée jamais offerte à un temple chrétien. Avec son avancée sur un énorme perron, il suggère même l'idée d'un temple antique autonome, placé devant l'église proprement dite. Quant au fronton monumental, il est destiné à recevoir un immense relief représentant l'élévation de l'hostie.

PARIS (ÎLE-DE-FRANCE)
ÉGLISE SAINTE-GENEVIÈVE
VUE EXTÉRIEURE LATÉRALE
SECONDE MOITIÉ DU XVIIIe SIÈCLE

1744 En août, Louis XV, gravement malade, fait vœu d'ériger une église à sainte Geneviève 1750 Rousseau adresse à l'académie de Dijon son *Discours sur les sciences et les arts* 1751 Début de la publication de l'*Encyclopédie* dirigée par Diderot 1753 Famine en Île-de-France, en Languedoc et en Provence **1757 Soufflot met au net son plan de l'église Sainte-Geneviève** 1763 Le 10 février, le traité de Sept Ans marque la perte des possessions françaises d'Amérique du nord, de l'Inde et du Sénégal au profit de l'Angleterre.

La forge de Buffon

Les débuts de l'architecture industrielle

En France, c'est seulement à partir de 1970 que l'Inventaire commence à inscrire et à classer les bâtiments du patrimoine industriel. On relève ce qui reste des premiers témoins de l'activité manufacturière pour tenter de les préserver. C'est ainsi qu'aux côtés des fonderies du Creusot, la forge (au sens, vieilli, d'usine sidérurgique) de Buffon fait son entrée officielle dans l'héritage monumental de la nation.

Georges Louis Leclerc de Buffon (1707-1788), auteur d'une célèbre *Histoire naturelle* en quarante volumes publiée de 1749 à 1804, se passionne aussi, à partir de 1767, pour la fusion des minerais, ce qui le conduit à en expérimenter les effets en Bourgogne et à monter un projet de complexe industriel alors qu'il vient de mettre au point de nouveaux procédés de fabrication du fer. Ainsi naît, en 1768, la forge qui emploiera jusqu'à 450 ouvriers.

Le symbole de l'industrie naissante

Le site choisi par Buffon est situé à 6 kilomètres au nord-ouest de Montbard (Côte-d'Or), non loin de Tonnerre, Avallon et Vézelay. Pour capter la force hydraulique animant les soufflets nécessaires au fonctionnement du haut fourneau, des marteaux pour la transformation de la fonte en fer, de la fenderie pour les finitions des fers et des lavoirs à minerais, il fait creuser une dérivation de l'Armançon, rivière voisine. La proximité des forêts lui assure l'autre élément (le bois) nécessaire à son projet — alors même qu'il a conscience des qualités supérieures, mais encore peu exploitées, de la houille. Car la sidérurgie consomme une quantité considérable de bois, ce qui ne peut que favoriser des régions comme la Bourgogne, la Franche-Comté ou les Ardennes. Dans ces conditions, la forge devient un symbole industriel, celle de Buffon s'imposant tant par sa parfaite fonctionnalité que par sa beauté formelle, voire décorative.

Ce n'est pas par seule vanité que Buffon implante son usine sur la terre qu'il a acquise en 1732 et dont Louis XV le fera comte en 1772. Indépendamment de ses atouts naturels, le site a un grand avenir, du fait de la prochaine réalisation du canal de Bourgogne (Buffon en connaît parfaitement le tracé, établi depuis une vingtaine d'années). Avisé, il s'assure ainsi un écoulement aisé de ses futurs produits vers les marchés de Paris et de Lyon.

L'embryon de la cité nouvelle

Pour loger le personnel laborieux, le maître des lieux fait dresser des bâtiments six mètres au-dessus de la rivière, c'est-à-dire au même niveau que les habitations des régisseurs, les remises et magasins de fer, qui sont disposés autour d'une cour rectangulaire. On entre sur le site par une entrée monumentale matérialisée par deux grands piliers de pierre supportant des grilles forgées sur place en 1768. Un plan d'une parfaite rigueur s'allie ainsi à une élégante élévation de bâtiments harmonieux. Une même conception, complètement aboutie, gouvernera un peu plus tard la saline d'Arc-et-Senans (Doubs), construite par Nicolas Ledoux.

MONTBARD (CÔTE-D'OR) FORGE DE BUFFON, ROUE À AUBES

MILIEU DU XVIIIe SIÈCLE

Un nouvel usage de l'énergie hydraulique. Dans le projet industriel de Buffon, l'eau était appelée à jouer un rôle de premier plan. En Bourgogne, comme partout ailleurs, les rivières ont très tôt donné aux moulins la puissance motrice indispensable à leur fonctionnement. Le mérite de Buffon sera de passer de leurs activités traditionnelles (farine de blé, pâte à papier, malaxage du drap) au travail, beaucoup plus élaboré, du métal. C'est ainsi qu'en sa forge, il s'ingénie à assurer la meilleure transmission du moulin au soufflet hydraulique des hauts fourneaux. La roue à aubes témoigne, par sa conception dynamique et son ampleur, de l'effort exigé pour la transformation du métal.

1764 Débuts des ravages de la bête du Gévaudan, qui ne sera abattue qu'en 1767 1767 Le 1er juillet, exécution du chevalier de La Barre (dix-huit ans) pour athéisme sacrilège **1768 Début de construction de la forge de Buffon, près de Montbard** 1769 Le 13 août, abolition du monopole de la Compagnie des Indes orientales.

MONTBARD (CÔTE-D'OR) FORGE DE BUFFON, L'ESCALIER MONUMENTAL

MILIEU DU XVIIIe SIÈCLE

Une entreprise titanesque pour l'époque. L'accès à la forge par un escalier aux ferronneries d'une austère élégance ne manqua jamais d'impressionner les visiteurs conviés par Buffon à découvrir cette véritable cérémonie que constituait la coulée de fonte d'une tonne toutes les 12 heures dans un moule de sable. Sur le caractère épique du projet, nous possédons le témoignage admiratif, mais nuancé de frayeur, de l'académicien Vic d'Azir : « Pour estimer la force et la durée des bois, il [Buffon] a soumis des forêts entières à ses recherches, pour obtenir des résultats nouveaux sur les progrès de la chaleur, il a placé d'énormes globes de métal dans des fourneaux immenses ; pour résoudre quelques problèmes sur l'action du feu, il a opéré sur des torrents de fumée et de flamme ! »

MONTBARD (CÔTE-D'OR)
FORGE DE BUFFON
MILIEU DU XVIIIe SIÈCLE

Une véritable profession de foi. Bien que réduite à l'état de ruines silencieuses, la forge de Buffon restitue de façon particulièrement suggestive l'image de ce qui fut l'annonce de la cité industrielle des Temps modernes. Pour fonctionnels qu'ils aient été, les bâtiments n'en ont pas moins toujours possédé une réelle esthétique fondée tout à la fois sur la beauté de la pierre locale utilisée et sur l'agencement harmonieux des volumes réglés par des formes simples. Ce seul soin apporté à la construction permet d'écarter l'hypothèse d'une pure spéculation marchande de la part de Buffon qui, sans les marchés protégés que lui valait sa réputation, aurait d'ailleurs probablement été ruiné par cette étonnante entreprise.

VISITE DE LOUIS XIV
À LA MANUFACTURE DES GOBELINS,
LE 15 OCTOBRE 1667
TAPISSERIE DES GOBELINS,
ATELIER LEBLOND
VERS 1730
3,75 x 5,80 mètres
Versailles, musée des Châteaux de Versailles et de Trianon

Une manufacture royale. Au beau milieu du XVe siècle et à Paris, bien avant Buffon, un autre particulier, le teinturier Jean Gobelin, avait déjà eu l'idée d'installer ses ateliers dans des locaux spécialement aménagés pour son entreprise. Là encore, la présence d'un cours d'eau l'avait emporté sur les autres nécessités, d'où le choix des rives de la Bièvre, rivière qui coulait alors au plein air. Passée aux mains de tapissiers flamands, au début du XVIIe siècle, l'entreprise fut transformée par Colbert, sur ordre de Louis XIV, en Manufacture royale des tapisseries de la Couronne en 1662. Dirigée par Charles Le Brun, enrichie de la Manufacture royale des meubles en 1667, elle sut solliciter les meilleurs artisans et artistes du royaume et plusieurs milliers de tapisseries y furent créées d'après les cartons de Le Brun, Audran, Van Loo, Boucher. La fin du XVIIIe siècle coïncide avec son apogée, mais elle reste en activité au seuil du XXIe siècle.

Le Grand Théâtre de Bordeaux

Expression privilégiée de l'architecture du XVIIIe siècle

C'est à une mutation intellectuelle considérable que l'on doit le retour du théâtre au rang d'édifice public majeur de la vie civile dans le dernier quart du XVIIIe siècle, ainsi que l'attestent les exemples de Bordeaux, Besançon, Paris...

Un retard à rattraper

Dans le domaine des salles de théâtre, la France possède en 1750 en retard très net sur l'Italie, dénoncé par Voltaire dans sa préface à *Sémiramis* : « Je ne puis assez m'étonner ni me plaindre du peu de soin qu'on a en France, de rendre les théâtres dignes des excellents ouvrages qu'on y a représentés... Que nous sommes loin de l'intelligence et du bon goût qui règnent en ce genre dans presque toutes les villes d'Italie. »

Ce retard même favorisera à la fin du XVIIIe siècle une exceptionnelle floraison de théâtres, placée sous le signe de l'innovation visionnaire. Le Grand Théâtre de Bordeaux en constitue un témoignage exemplaire. Déjà, lors du pèlerinage de Marigny en Italie, en 1749, Cochin avait préparé un « Projet de salle de spectacle pour un théâtre de comédie » tandis que Soufflot étudiait les théâtres de Turin et de Parme. Sous Louis XV, quelques théâtres avaient vu le jour, notamment l'Opéra de Versailles ou le théâtre de Metz.

À Bordeaux, une vision neuve et monumentale

Il faut reconnaître à la région de Guyenne une certaine audace lorsqu'elle demande au grand architecte parisien Victor Louis (1731-1802) le plan du théâtre qu'elle a décidé de construire à Bordeaux (Gironde). Louis met au point son projet en 1772 et dirige les travaux de 1773 à 1780. L'inspiration néoclassique apparaît ici avec éclat. Ce n'est évidemment pas le plan du théâtre grec — creusé dans la pente d'une colline et ouvert — que l'architecte reprend, mais celui du temple, dont il supprime cependant nombre d'éléments traditionnels, à commencer par le fronton. Est ainsi signifiée la fonction résolument profane de la

INTÉRIEUR DE LA SALLE DU THÉÂTRE DES VARIÉTÉS AMUSANTES EN 1790
AQUARELLE DE MEUNIER
Paris, Bibliothèque nationale de France

Le théâtre, haut lieu de la mondanité. Inauguré le 15 mai 1790 sous le nom de « théâtre du Palais-Royal », l'édifice est également dû à Victor Louis. Le décor de la salle, tel qu'il apparaît sur cette aquarelle de Meunier, est d'une somptuosité qui dit assez l'importance qu'a prise le théâtre dans l'activité mondaine de la ville. Les loges sont pleines, occupées par une foule élégante et animée, la salle ayant été conçue pour accueillir 2 000 spectateurs. La pièce ici représentée est *le Déserteur* (1769) de Pierre Alexandre Monsigny, opéra-comique sentimental très en vogue à l'époque révolutionnaire.

1770 Le dauphin Louis, seize ans, épouse Marie-Antoinette d'Autriche, quinze ans **1773 Ouverture du chantier du Grand Théâtre de Bordeaux, dirigé par Victor Louis et achevé en 1780** 1774 Le 10 mai, mort de Louis XV : son petit-fils, Louis XVI lui succède.

THÉÂTRE DE BESANÇON
VUE EN PERSPECTIVE GRAVÉE PAR JOSEPH VARIN
Paris, Bibliothèque nationale

L'alliance des nécessités du spectacle et de l'innovation architecturale. C'est en 1778-1784 que Claude-Nicolas Ledoux érige le théâtre de Besançon, complétant les innovations de Victor Louis à Bordeaux. Hélas, le catastrophique incendie de 1958 n'a rien laissé de la belle ordonnance intérieure : l'hémicycle y était prolongé par deux contre-courbes, donnant une forme de lyre à la salle, et les étages y étaient disposés en retraits successifs, de façon à assurer une meilleure visibilité à tous les spectateurs. Surtout, le parterre debout avait été pour la première fois supprimé et remplacé, comme certaines loges, par des gradins, trouvaille favorisant la popularisation du spectacle. Ces préoccupations, en accord avec celles des Lumières, prennent acte, tout en les activant, des mutations du spectacle théâtral renouant avec la conception collective de l'ère antique. C'est ce que rappelle la façade principale, seul élément conservé, conçue comme le portique à six colonnes ioniques d'un temple grec.

grande salle de spectacles, le fronton étant à la même époque conservé par la plupart des églises, par souci d'assimilation du temple chrétien à son homologue antique. À l'intérieur, primauté est donnée à la réception. Le grand escalier, le vestibule et le foyer constituent un somptueux ensemble, prophétique des grandes réalisations à venir du XIXe siècle lorsque l'opéra sera devenu la plus prestigieuse expression de la civilisation européenne en expansion. Charles Garnier reprendra d'ailleurs nombre d'idées de Victor Louis pour l'Opéra de Paris.

Autre caractère remarquable du théâtre de Bordeaux : le soin porté à la qualité acoustique de la salle magnifiquement décorée (guirlandes d'or, plafond peint de la coupole sur pendentifs) aux dépens de la visibilité, mal assurée par la forme en arc outrepassé — disposition que l'architecte reprendra en partie pour le théâtre des Variétés amusantes, devenu théâtre de la Comédie-Française (1786-1790), pourtant exclusivement réservé au théâtre parlé. L'exemple de Victor Louis sera bientôt prolongé par Claude-Nicolas Ledoux à Besançon et à Marseille (où son projet, cependant, n'aboutira pas), voire par les croquis du projet grandiose de Louis-Étienne Boullée pour un « théâtre du Carrousel » au cœur de Paris.

GRAND THÉÂTRE DE BORDEAUX
AQUARELLE DE BASIRE
FIN DU XVIIIe SIÈCLE
Bordeaux, musée des Arts décoratifs

L'empreinte d'une Renaissance antiquisante. La présentation extérieure de l'édifice est celle du temple antique (les colonnes relèvent de l'ordre corinthien) cerné d'un péristyle rectangulaire (88 x 47 mètres) et enrichi d'une façade offrant un alignement de douze colonnes, qui confère à l'ensemble une solennité sans précédent dans l'histoire de l'architecture théâtrale. Pour couronner son bâtiment, Victor Louis a imaginé un entablement rectiligne en lieu et place du fronton classique, triomphe d'une conception horizontale dont la première grande manifestation avait été le chantier historique de la façade du Louvre de Claude Perrault, en 1665. Les galeries latérales marchandes forment un décor qui évoque de façon saisissante celles des Procuraties de Venise, c'est-à-dire un classicisme revu à la lumière de la Renaissance.

Le patronage des Muses. Sur l'entablement se détachent les statues de Minerve, Junon, Vénus et des neuf Muses, signe éclatant de l'attachement de l'architecte à la tradition antique. Car si Melpomène (tragédie) et Thalie (comédie) sont maîtresses en ces lieux, Euterpe (musique) et Terpsichore (danse) ont rang d'invitées, Érato (élégie), Calliope (éloquence) et Polymnie (poésie lyrique), d'intervenantes éventuelles, Clio (Histoire) et Uranie (astronomie), d'étrangères. L'art dramatique est certes à l'honneur mais, dans son insaisissable réalité, il se dissimule derrière le fastueux décorum de la mythologie.

BORDEAUX (GIRONDE)
GRAND THÉÂTRE, BALUSTRADE DE L'ENTABLEMENT
1773-1780

La saline royale d'Arc-et-Senans

Cité idéale et laboratoire de la Révolution

Vers la fin du XVIIIe siècle, le musicien Haydn, le peintre David et le poète Goethe inscrivent leur trajectoire dans les champs du futur. Faute de matériaux neufs, les architectes ne peuvent procéder de façon aussi radicale ; pourtant, les conceptions visionnaires de la cité nouvelle ne leur font pas défaut. Les projets de Louis-Étienne Boullée (1728-1799) et de Claude Nicolas Ledoux (1736-1806) en sont l'illustration.

Le premier conçoit des projets grandioses — dont le célèbre « Cénotaphe de Newton » — qui resteront confinés aux deux dimensions du papier d'étude. Plus heureux, Claude Nicolas Ledoux exprime à l'occasion, surtout avec la saline d'Arc-et-Senans (Franche-Comté), un lyrisme parfaitement maîtrisé au sein de cadres formels associant tradition et innovation.

L'habitude a été prise de regrouper l'œuvre de Ledoux, Boullée et Lequeu sous le label d'« architecture de l'utopie ». Non seulement, c'est faire fi des écarts considérables entre leurs démarches respectives, mais c'est aussi se débarrasser à moindres frais de tout ce qu'il y a eu de visionnaire dans leurs conceptions, c'est-à-dire de réalisable à partir du moment où les conditions historiques

La cité-usine idéale. Loin de former un labyrinthe (étymologiquement, un objet fermé sur soi-même), la saline était le centre autour duquel s'organisait toute une cité pensée par Ledoux et qui rayonnait véritablement sur l'extérieur. Œuvrant à la cité industrielle du futur, qui assure à tous un abri décent et une proximité immédiate du lieu de travail, l'architecte donne une dimension cosmique à son projet ; bridée par la raison, la pensée gouverne. À l'intérieur du cercle, le grand axe est matérialisé par l'enchaînement des bâtiments du sel et de la maison du directeur. Mais le grand projet ne verra que partiellement le jour, l'hémicycle inférieur (sur le plan) ayant seul été réalisé.

Il semble que cet échec ait fort contrarié Louis XVI. Depuis longtemps, en effet, la monarchie s'était assurée la propriété du sel pour la revendre, au prix fort, à ses sujets, selon le principe de la gabelle, créée en 1340 par Philippe VI. Cette ressource majeure du fisc royal était devenue si insupportable au XVIIe siècle que des émeutes sanglantes avaient éclaté, notamment en Bretagne où des greniers à sel avaient été pillés. Si un certain adoucissement intervient au XVIIIe siècle, c'est que la monarchie appauvrie abandonne volontiers à des hommes d'affaires soucieux d'efficacité le soin d'exploiter ce droit régalien... dont elle conserve néanmoins l'essentiel des bénéfices ! Et c'est pour bien marquer le caractère de ce droit monarchique qu'elle exige une ordonnance majestueuse des bâtiments formant l'unité industrielle.

PERSPECTIVE DE LA VILLE DE CHAUX
CLAUDE NICOLAS LEDOUX
1775
Paris, Bibliothèque nationale

Arc-et-Senans (Doubs)
Saline royale
1775

La magnification du pouvoir. Vue depuis le bâtiment des charpentiers, la maison du directeur impose sa puissante silhouette entre les deux colossaux bâtiments des sels. Précédée d'un sévère portique au fronton ouvert par un oculus et soutenu par six colonnes doriques baguées, elle fait appel à des volumes géométriques élémentaires. Son toit à quatre pans supporte néanmoins un élégant lanternon qui allège considérablement ce bloc d'une singulière massivité. Pour comprendre la solennité de cette demeure réservée au directeur de la saline, il faut se rappeler l'importance considérable du sel au cours des siècles passées. Pour subsister durant les mois d'hiver, la salaison des viandes et du poisson était impérative. Toute pénurie grave se serait traduite en termes de catastrophe humaine et économique, d'où l'extrême soin porté à la production, au transport et à la vente de cette denrée précieuse. Dans ces conditions, il est aisé de comprendre la situation considérable du maître de la nouvelle usine royale.

1775 Le 15 avril, bénédiction et ouverture du chantier de la saline d'Arc-et-Senans 1775 Le 11 juin, Louis XVI est sacré à Reims 1777 Necker est nommé directeur général des Finances de Louis XVI ; le 11 avril, La Fayette arrive en Amérique pour aider les Insurgents contre les Anglais.

Arc-et-Senans
Saline royale,
extrémité du côté d'Arc
1775

Avant restauration. La saline est située à mi-chemin entre les villages d'Arc et de Senans. Au premier plan, les habitations des ouvriers encadrent un portique à fronton triangulaire ; à l'arrière, la maison des commis, ornée de colonnes et de refends, prend le visage d'un petit palais, avec sa haute toiture à double pente, à la mansarde (au début, Ledoux avait même songé à une coupole !). Peu à peu abandonnée, frappée par la foudre, dynamitée par endroits pour éviter des effondrements meurtriers, envahie par la végétation, la Saline se présente là dans tout son mélancolique assoupissement avant la brillante restauration des architectes Polti et Jouven qui lui ont redonné son ancienne — et actuelle — apparence.

sont réunies. Ainsi, la ceinture d'octrois parisiens construits par Ledoux n'a pu être le fruit que d'une époque bien particulière, à la veille de la Révolution : une époque marchande et idéaliste, contestataire et passéiste... Quant aux projets de Boullée, s'ils n'ont jamais été réalisés, nombreux sont les chantiers de notre époque qui semblent lui rendre un hommage indirect.

Arc-et-Senans, une cité moins utopique que rationnelle

Dans le panorama architectural de la fin du XVIIIe siècle, rien ne saurait, en matière d'innovation, rivaliser avec la saline commandée à Claude Nicolas Ledoux en 1774, et entreprise en 1775 à Arc-et-Senans. La stupéfiante originalité du projet d'Arc tient à sa conception même d'une cité industrielle salubre, fonctionnelle, rationnelle, apte en un mot à dispenser à tous ses habitants ce qui fut la grande affaire des Lumières : le bonheur ! Le premier plan dressé par Ledoux était carré, mais le schéma circulaire, qui « imite le Soleil dans sa course », fut bientôt jugé mieux adapté à la fonction industrielle.

La maison du directeur occupe une position centrale, qui permet la surveillance de l'ensemble de l'installation. Elle est entourée des bâtiments des sels et fait face à l'entrée dont le bloc renferme le lavoir, la boulangerie... et la prison. De part et d'autre sont disposés les ateliers des tonneliers et des maréchaux, puis les habitations épousant la demi-circonférence réalisée ; les espaces ainsi dégagés favorisent la salubrité de l'air tout en en éloignant les risques d'incendie. Enfin, fait unique, chaque habitation d'ouvrier dispose d'une chambre à cheminée ; il existe même un service médical et une chapelle ! Mais le chantier est interrompu en 1779, et le cercle ne sera jamais refermé ; la ville de Chaux, qui devait rayonner autour de la saline, est abandonnée. L'idée, elle, vit toujours, d'une cité laborieuse et heureuse, telle que la rêvent tant d'architectes contemporains.

PARIS (ÎLE-DE-FRANCE) ROTONDE DE LA VILLETTE
1786

Les apports parisiens de Ledoux. Le long des 24 kilomètres du mur encerclant Paris à la veille de la Révolution, Ledoux a construit, de 1784 à 1787, une soixantaine de bureaux de douane, ou octrois, dont quatre seulement subsistent (Monceau, Nation, Denfert, Villette). Celui de la Villette, devenu par la suite entrepôt et caserne, fut érigé à partir de 1786 par quelque 200 ouvriers.

L'octroi, une barrière douanière. Avec son énorme tambour central et ses lourds portiques à piles carrées, cet édifice restitue admirablement l'idée initiale de Ledoux : donner à la capitale des Lumières de nobles et sévères « propylées ». Il travestissait ainsi habilement le caractère purement mercantile de cette énorme entreprise qui permettait de percevoir un droit pour la circulation des marchandises et offrait un moyen de régulation des personnes en même temps que des biens.

PROJET DE MUSÉUM
LOUIS-ÉTIENNE BOULLÉE (1728-1799)
Paris, Bibliothèque nationale

De la riche demeure privée à l'utopie publique. Louis-Étienne Boullée a commencé sa carrière de façon traditionnelle en construisant des demeures élégantes et raffinées, dans le goût antiquisant, en particulier le château de Chaville dans les environs de Paris et l'hôtel de Brunoy (aujourd'hui disparu). Mais, à partir de 1780, il exploite soudain une veine d'une originalité absolue, élaborant des créations fantastiques bien que parfaitement contrôlées par la raison et presque toujours à usage public, qui lui vaudront, à défaut de celle de son époque, la reconnaissance de la postérité. Stades, théâtres, bibliothèques, cénotaphes, etc. adoptent ainsi, au hasard de ses multiples dessins, des dimensions gigantesques tout en demeurant rigoureusement fonctionnels, préfigurant l'importance croissante des monuments publics.

Paris (Île-de-France)
Pavillon de l'ancienne barrière d'Enfer de l'enceinte des Fermiers généraux en 1938

L'octroi de la place Denfert-Rochereau. La Barrière d'Enfer (dite aussi Bureaux de la porte d'Orléans) est formée de deux bâtiments achevés en septembre 1787. Au rez-de-chaussée, ses linteaux saillants reliant les fortes colonnes baguées qui encadrent les trois arcades constituent un hommage discret à Inigo Jones, disciple anglais de Palladio.
Au premier étage, les cinq baies sont alternativement encadrées de corniches ou simplement ouvertes dans la surface nue du mur. La frise supérieure, enfin, sous l'auvent, met en scène un cortège de danseuses antiques dont la plaisante animation contraste de façon saisissante avec l'austérité de l'appareil mis en œuvre partout ailleurs. La capacité de varier à l'infini sur des données élémentaires, si caractéristique de Ledoux, se lit avec plus de clarté sur ce simple pavillon que dans ses réalisations monumentales.

Arc-et-Senans (Doubs)
Saline royale, colonnes baguées de la maison du directeur
1775

Toutes les ressources architecturales de la géométrie. Indépendamment de l'originalité formelle de ces énormes supports, la superposition de tambours ronds et carrés ne cesse de produire, au gré des heures de la journée et du passage des saisons, de surprenants effets de lumière qui ne contribuent pas peu à l'étrange animation de cette vision figée dans la pierre. Au fond, à gauche, apparaît l'atelier des tonneliers.

Le château de Saverne

Survivances de la grandeur classique

SAVERNE (BAS-RHIN)
CHÂTEAU VU DU PARC

FIN DU XVIIIe SIÈCLE

Une inscription dans un temps naturel. De même que la place Louis-XV à Paris avait privilégié l'ouverture sur les espaces naturels et que le Petit Trianon à Versailles s'était inscrit dans un écrin de verdure, le château de Saverne agrège la végétation du parc, répartie sur de vastes étendues soumises aux transformations cycliques des saisons, à son destin. C'en est fini de la réalité atemporelle de l'architecture, héritée de la Renaissance et magnifiée par le premier classicisme. Désormais, l'homme du XVIIIe siècle finissant a pris conscience, par l'observation scientifique comme par l'effusion poétique, de l'indissociabilité d'un temps et d'un espace dont toutes les mutations disent la précarité des choses humaines, fussent-elles taillées dans la pierre.

La construction à Saverne du château des Rohan, à partir de 1780, atteste, loin de Versailles ou de Paris, la nostalgie d'un monde qui s'efface au moment où les conditions politiques et philosophiques du cycle révolutionnaire sont désormais constituées.

Saverne (Bas-Rhin), fief de l'évêque de Strasbourg du XIIIe siècle à la Révolution, offre peut-être ainsi, à l'écart des grands foyers, l'ultime et grandiose témoignage d'une architecture classique qui persiste à illuminer le soir de l'Ancien Régime.

Du château fort primitif de Saverne à la résidence remaniée par Robert de Cotte au XVIIIe siècle, presque toutes les traces sont perdues, l'édifice ayant été ruiné, en trois jours, par l'incendie de 1779 ; son propriétaire, le cardinal Louis René Édouard de Rohan, généreux usager des deniers de ses contribuables, décide alors la construction d'un nouveau château, plus somptueux que l'ancien. Au beau milieu du chantier, ce singulier homme d'Église se laissera entraîner dans la sombre affaire dite du « collier de la reine », prélude à d'autres mésaventures le contraignant à terminer, en 1803, sa vie en exil.

Un chantier gigantesque mais inachevé

L'architecte, Nicolas Salins de Montfort, est encore jeune lorsque Rohan lui confie la réalisation du palais, mais déjà reconnu comme un maître de l'esthétique néoclassique. Aussi est-ce tout naturellement qu'il propose un ensemble monumental d'une longueur de 140 mètres, avec façade colossale sur le parc. Cette dernière est non seulement un chef-d'œuvre d'architecture, mais aussi l'élément le mieux conservé de l'édifice. Car Salins de Montfort ne pourra terminer son gigantesque chantier ; en 1790, sous la pression des événements, il interrompt la construction du palais, dont il renonce à aménager l'intérieur.

Abandonné, le château de Saverne devra sa survie à Napoléon III, qui le fait achever pour y loger les veuves des hauts fonctionnaires décédés dans l'exercice de leur fonction. Caserne allemande en 1871, française en 1918, le monument, municipal depuis 1952, joue désormais le rôle d'une institution polyculturelle.

1778 Mort de Voltaire (30 mai) et de Rousseau (30 juillet) **1780 Ouverture du chantier du château de Saverne, interrompu en 1790** 1781 Le 19 mai, démission forcée de Necker qui avait attiré l'attention du roi et du public sur l'état désastreux des finances de la nation, due aux dépenses inconsidérées de la cour.

VUE PERSPECTIVE
DE LA PLACE LOUIS XV

GRAVURE DE LOUIS NICOLAS DE LESPINASSE (1734-1808) ET FRANÇOIS DENIS NÉE (1732-1817)

Paris, musée Carnavalet

De la place Louis XV à la place de la Concorde. En 1753, c'est pour installer un groupe équestre représentant le souverain que l'aménagement d'une place Louis-XV est proposé par concours aux membres de l'Académie. Ange Jacques Gabriel opère la synthèse des contributions pour offrir son propre projet, accepté en 1755.
La statue, réalisée par Bouchardon, sera ainsi installée le 23 février 1763 au centre de l'esplanade, elle-même achevée en 1772. Seul le côté nord (à gauche sur la gravure) en est construit, ce qui permet un très large dégagement de la vue vers la Seine et les jardins des Tuileries.
Les deux façades monumentales, dressées en 1766 et 1775, témoignent admirablement d'une esthétique Grand Siècle dont Saverne proposera, quelques décennies plus tard, un dernier avatar. Après la chute de la monarchie, l'esplanade abritera les grandes fêtes révolutionnaires et sera rebaptisée place de la Concorde en 1795.

Une splendeur nostalgique

Ni le parc, aujourd'hui réduit à un simple jardin, ni les appartements, réalisés au Second Empire, ne permettent de juger de l'originalité du château de Saverne. Tout au plus note-t-on, dans l'environnement qu'il s'est donné, la volonté caractéristique du XVIIIe siècle d'associer la nature libre à l'architecture. Du côté sud, l'entrée est dominée par un dôme à quatre pans, mais les retours en aile, qui accroissent son caractère monumental, sont des ajouts ultérieurs. Il faut donc se placer face à la splendide façade côté parc pour découvrir toute la nostalgique grandeur du palais. L'ordre colossal choisi pour relier les étages nobles rompt tout risque de monotonie, au même titre que les deux avant-corps latéraux et que le portique central. Un autre élément d'animation était constitué par les reliefs placés entre les rangées des baies principales ; ils ont été déplacés par Lejeune au XIXe siècle et remplacés par de petites ouvertures. Tel qu'il a survécu, le château de Saverne constitue néanmoins le dernier apport original d'une architecture classique deux fois séculaire.

SAVERNE (BAS-RHIN)
CHÂTEAU, FAÇADE NORD
FIN DU XVIIIe SIÈCLE

Le triomphe du néoclassicisme. Formé à l'école de Versailles, l'architecte Salins de Montfort réalise, au cœur de l'âge néoclassique, un chef-d'œuvre d'harmonie et de majesté. Les analogies avec le grand palais royal sont d'ailleurs frappantes, même si la couleur du matériau, un grès rouge local, tempère quelque peu la majesté de l'ensemble. La façade nord, qui donne sur le parc, superpose quatre étages de trente-cinq baies reliés par de grands pilastres corinthiens. Entre chaque fenêtre, les supports verticalisent l'ordonnance jusqu'à la corniche du dernier étage, lui-même surmonté d'une superbe balustrade. Au centre, un large portique à huit colonnes, également d'ordre corinthien, est dominé de pots-de-flamme et précédé d'un vaste perron qui en complète la conception grandiose.

VERSAILLES (YVELINES)
PETIT TRIANON
1763-1768

Un chef-d'œuvre d'inventivité néoclassique. En 1763, sur une suggestion de la marquise de Pompadour et de son frère Marigny, Louis XV commande un nouveau château dans le parc de Versailles. Ce sera le Petit Trianon, achevé en 1768. Ange Jacques Gabriel réalise là un chef-d'œuvre de sobriété, d'équilibre ornemental raisonné et d'exploitation inventive des canons antiquisants. La rupture avec le style rocaille est éclatante, et l'on en trouve partout les effets, y compris à l'intérieur, dans le décor de lambris d'une élégance rare. Marie-Antoinette s'y plaisant particulièrement, rien n'est épargné pour préserver son intimité et l'exercice de ses plaisirs — un boudoir privé, notamment, est doté de véritables chefs-d'œuvre d'ébénisterie célébrant la nature en fête.

Le hameau de la Reine à Versailles

Douceur de vivre et exotisme

Héritier de la « ferme ornée » de Chantilly, le hameau de Trianon, très vite devenu celui de la Reine, assurera le triomphe de la veine « rustique », cette ultime manifestation du génie sensible de l'ère absolutiste.

Dans les dernières décennies du XVIIIe siècle, une nouvelle sensibilité littéraire et artistique témoigne de cette aspiration à l'ailleurs qui caractérise les fins de régime. La cour n'y échappe pas, agrémentant l'esthétique classique, si conforme au dessein autocrate, de toute une panoplie « grecque », « anglaise », « chinoise »... À ce plaisant fourniment s'ajoute, chantée depuis longtemps par Rousseau, l'exaltation d'une nature champêtre. Le hameau de la Reine, installé dans les jardins de Versailles, en offre la version édulcorée.

Une tradition tenace veut que le « peintre des ruines », Hubert Robert (1733-1808), en ait été le concepteur. Cependant, il est attesté que les plans en sont dus au premier (et dernier) architecte du roi, Richard Mique, qui sera exécuté en 1794.

Une « fabrique » en forme de village

L'usage de la fabrique architecturale remonte à la Renaissance ; dans la majeure partie des cas, il s'agit de l'imitation d'un monument antique, voire médiéval. À Trianon, la fabrique de Mique se présente sous le visage original d'un véritable village aux onze chaumières à fonction bien déterminée : laiterie, grange, moulin, etc. Le tout au milieu de petits potagers et vergers qui sont à l'agriculture des champs ce que sont les boudoirs du Petit Trianon voisin aux chaumières enfumées et aveugles des campagnes !

D'ailleurs, l'une des plus agréables surprises réservées aux privilégiés, invités par Marie-Antoinette à découvrir son beau jouet, n'est autre que le contraste frappant entre le décor « en vétusté » de l'extérieur, à base de fausses fissures, de pans en « bois pourri », de lézardes moussues, et un intérieur tout de soieries précieuses et de marbres polychromes, noblesse oblige ! L'un des plus

AMBOISE (INDRE-ET-LOIRE)
PAGODE DE CHANTELOUP
1775

Exotisme et « chinoiseries ». Non loin d'Amboise, la pagode de Chanteloup, vestige d'un château détruit en 1823, dresse à une hauteur de 44 mètres ses sept étages couronnés par un petit bloc pyramidal. Édifiée en 1775 sur ordre du duc de Choiseul, ministre disgracié du roi Louis XV, qui entendait ainsi marquer sa reconnaissance aux amis l'ayant suivi dans son exil, elle constitue un rare exemple de ces « folies exotiques » en vogue à la fin du XVIIIe siècle. Cette « chinoiserie » (terme qui surprend toujours les touristes chinois !) est entourée d'une pièce d'eau en demi-lune, qui lui assure d'admirables reflets.

1783 **Richard Mique donne les plans du hameau de la Reine** 1785 Affaire du « collier de la reine » 1789 Le 14 juillet, prise de la Bastille ; le 4 août, abolition des privilèges ; le 26 août, Déclaration des droits de l'homme et du citoyen. Débuts de la Révolution française 1793 Sont décapités, le 21 janvier, Louis XVI et, le 16 octobre, Marie-Antoinette 1794 Arrêté le 27 juillet, Robespierre est exécuté le 28 1795 Publication de la Constitution de l'an III qui institue le Directoire 1798 Bonaparte part pour l'Égypte.

ABBEVILLE (SOMME)
CHÂTEAU DE BAGATELLE, FAÇADE
1752-1754

Une « folie » bourgeoise. Située à la sortie d'Abbeville, cette demeure aristocratique a été érigée de 1752 à 1754 sur ordre des Van Robais, famille hollandaise qui, à la demande de Colbert, avait installé localement une manufacture de draps au XVIIe siècle. Abraham Van Robais décide en 1751 la construction d'une « folie », qui marquera le triomphe social de la dynastie bourgeoise dont il est le légataire. Dans son écrin de verdure, le charmant édifice, prévu à l'origine sans étage, est réalisé en brique et harpes de pierre ; à la partie supérieure, on trouve un attique, lointain héritage de Mansart, avec toiture en croupes, décoré de têtes de lion. En luxueux complément, le jardin à la française offre ses statues et ses essences rares au visiteur. Pourtant, cette marque d'éclatante réussite sociale précède de peu le déclin d'une entreprise inadaptée aux exigences nouvelles de l'économie.

violents reproches adressés plus tard à la reine déchue par le tribunal révolutionnaire sera précisément cet amusement fermier par quoi elle distrayait son ennui, mais qui fut ressenti comme un geste de dérision cynique à l'endroit d'une population paysanne frappée par les disettes et les famines.

Un gracieux manège en son écrin

Tout autour des fausses chaumières, le paysage se veut idyllique, transformation de l'ancien jardin anglais sous l'influence d'un romantisme qui ne dit pas encore son nom, mais dont *Julie ou la Nouvelle Héloïse* de Rousseau avait déjà transmis la fièvre à toute l'Europe. Une campagne de poche est inventée en toutes ses facettes, ruisseaux chantants, bosquets obscurs, champs labourés, vallons fleuris... Rien ne manque à cette nature, sinon la nature elle-même, dont le visage est moins aimable, surtout à la saison froide ! L'un des coups de génie de Mique fut d'ailleurs d'ouvrir ici et là de lointaines perspectives sur les campagnes environnantes (authentiques, celles-là !) balisées de clochers et d'arbres unissant les fonds indistincts du sol aux candeurs du ciel vaporeux. Se joue ici le dernier acte de l'une de ces comédies légères que l'on nommait alors « bergeries » ; celle-ci finira mal pour la bergère, faute d'avoir perçu l'appel à rentrer ses moutons avant l'orage dont elle s'obstina à ignorer les grondements avant-coureurs.

VERSAILLES (YVELINES)
HAMEAU DE LA REINE
FIN DU XVIIIe SIÈCLE

Figurants et premiers rôles : à chacun son espace. Les maisons du hameau se répartissent autour de l'étang. Si les laiteries, les tours de la pêcherie et du colombier, les granges ou le moulin sont réservés aux « figurants », domestiques animant l'espace d'une fictive activité, l'ensemble formé par la maison du Billard (à gauche) et la maison de la Reine (à droite) sont exclusivement attribuées à la souveraine et à sa suite. Les deux constructions sont reliées par une pergola qui confère à l'ensemble une majesté inconnue ailleurs. L'influence des architectures régionales (normande, flamande, francilienne) est ici patente, caractéristique qui ne fait qu'ajouter au caractère factice d'une réalisation indéniablement séduisante, surtout depuis son admirable et récente restauration.

ABBEVILLE (SOMME)
CHÂTEAU DE BAGATELLE,
SALON D'HIVER

1752-1754

Du style rocaille à l'économie des formes Louis XVI. Bagatelle offre un ensemble d'une rare unité de boiseries peintes, d'architecture, de mobilier et de décoration de l'époque rocaille, non exempte d'exotisme. Cette délicate demeure, entourée d'un jardin à la française et d'un parc à l'anglaise de 10 hectares, plus tardif, abrite un mobilier aussi raffiné qu'élégant. Dans le salon d'hiver, la pureté des lignes est tout à fait exceptionnelle, qu'elles soient soumises aux lois d'une souple arabesque ou qu'elles se plient au contraire à ce refus de l'excès curviligne qui caractérisera le style Louis XVI.

Les temps contempo

ains

Les temps contempo

Connectées l'une à l'autre, la Révolution française et l'épopée napoléonienne ouvrent les Temps contemporains. La pérennité et le rayonnement universel, jamais démentis, de ces événements « français » occupant tout juste un quart de siècle peuvent surprendre. C'est qu'ils coïncident, en la provoquant, avec la naissance d'un monde nouveau, un monde dont les traits façonnent l'Histoire depuis deux siècles, bien au-delà des frontières de la France ou de l'Europe. Dans le seul champ de la construction, les évolutions sont considérables. L'aménagement de la cité devient une préoccupation majeure : utopie sociale, fonctionnalisme, fièvre scientiste, mutations industrielles... de tout cela, nombre d'édifices français porteront témoignage au XIXe siècle, les données se complexifiant au XXe siècle du fait de la mondialisation progressive des échanges, des conflits et des transmutations esthétiques.

Au XIXe siècle, l'homme « premier servi »

Au XIXe siècle, l'homme travaille plus à sa gloire qu'à celle de Dieu, d'où la multiplication de ces souvenirs insolites, de l'arc de triomphe de l'Étoile, chef-d'œuvre de nostalgie et d'invention, au Palais idéal du facteur Cheval, porteur de tous les rêves d'une population parvenue aux portes du savoir. De cet imaginaire, bien d'autres signes demeurent, dans les parcs notamment, en province comme à Paris, cependant que la nécessité industrielle stimule le génie des bâtisseurs de halles, de ponts, de canaux, etc. L'architecture fonctionnelle est née et avec elle de nouveaux matériaux et de nouvelles techniques, structure métallique, verrière, béton armé : la bibliothèque Sainte-Geneviève, les Halles de Baltard ou la tour Eiffel ne sont que les plus éclatants témoignages de cet avènement qui provoque la floraison de tant d'usines, de gares, de grands magasins, etc.

Et parce qu'il est aussi, pour une part réduite de la population, le temps du loisir, le XIXe siècle se dote, au sein de villes embellies, de tous les établissements — opéras, casinos, thermes, voire musées — pensés pour le seul exercice de ce loisir. Le musée, notamment, a été conçu dès l'époque révolutionnaire comme le foyer d'une véritable religion du savoir universel. Tout au long du XIXe siècle, cette volonté didactique fait surgir, sur la totalité du territoire français, de la Garenne-Lemot (Clisson) à Limoges, en passant par Besançon, Dijon, Marseille, Rouen, Lille, Nantes, etc., un nombre impressionnant d'édifices présentant au grand public des collections jusque-là confinées à l'espace privé, tout comme la naissance du concert public au XVIIIe siècle avait fait sortir la musique du salon mondain ou de l'église.

Dans le même ordre d'idées et selon les mêmes idéaux hérités des Lumières, lorsque la République décide d'universaliser la citoyenneté et le savoir, elle ouvre d'innombrables chantiers dont les écoles et les hôtels de ville — lieux respectifs de l'apprentissage et de l'exercice civique — conservent les plus éminentes empreintes. De ce cycle de métamorphoses, c'est toute la France qui bénéficie. Mais aucun exemple n'est plus démonstratif que celui de sa capitale. Si Paris compte 550 000 habitants en 1801, le cap du million sera franchi dès 1851, signe d'une progression exceptionnelle. Vers 1830, la grande ville est complètement repensée en termes d'urbanisme : les trottoirs sont généralisés, les égouts étendus, le gaz alimente l'éclairage public, les omnibus assurent le transport collectif, les quais de la Seine sont constamment aménagés et les rues systématiquement numérotées (application du principe élaboré en 1805). Même le milieu carcéral bénéficie de ces nouvelles conceptions urbaines, la Maison centrale d'éducation correctionnelle (ou prison de la Petite-Roquette) étant construite de 1825 à 1836 par l'architecte Lebas, selon un double principe : faciliter la surveillance et favoriser la convivialité active des détenus.

La postérité rend rarement hommage à la monarchie de Juillet en matière d'urbanisme ; pourtant, Paris se modifie radicalement de 1830 à 1848. De nombreuses rues sont ouvertes, de grands chantiers achevés, d'anciens ouvrages restaurés. Ainsi de Notre-Dame de Paris, reprise sous toutes ses faces, de la Sainte-Chapelle, remise à neuf, du Palais de justice, agrandi. En 1833, l'arc de triomphe conçu par Chalgrin est achevé par Blouet et le dessin de la colonne

Inauguration de l' Opéra de Paris le 5 janvier 1875
1878
Édouard Detaille
(1848-1912)
Gouache sur papier
66 x 51 cm
Versailles, musée des châteaux de Versailles et de Trianon

Peintre militaire et officiel, illustrant aussi bien les épisodes glorieux de la guerre de 1870 que les funérailles de Pasteur, Édouard Detaille ne pouvait ignorer la grandiose cérémonie d'inauguration du plus grand théâtre du monde, l'Opéra de Paris. Il a choisi un moment particulièrement gratifiant pour l'architecte, Charles Garnier, puisque c'est ce dernier qui reçoit, en personne, le maire de Londres venu rendre hommage au génie monumental de la France post-impériale. Ce n'est pas un hasard non plus si cette cérémonie a lieu dans l'escalier colossal d'entrée, inspirée à Garnier par celui de Victor Louis à Bordeaux, mais encore bien plus impressionnant.

de Juillet, place de la Bastille, définitivement établi le 9 mars. Par ailleurs, est mis en place l'obélisque de Louqsor, place de la Concorde, le 25 octobre 1836, après les travaux d'aménagement de cette place, et notamment l'installation des statues symbolisant les villes de France : Brest, Rouen, Marseille, Lyon, Bordeaux, Nantes, Lille et Strasbourg, tout comme la Madeleine de Vignon est achevée par Huvé en 1842. La gare Saint-Lazare sera inaugurée le 26 août 1837, tandis que la galerie de Minéralogie du Jardin des Plantes, premier exemple d'architecture muséale en France, entreprise le 27 juin 1833 par Charles Rohault de Fleury, verra le jour en 1842.

Au-delà de la variété et de la complexité de toutes ces réalisations, on lit un infléchissement remarquable de l'art monumental vers l'idéal républicain. Rien de plus révélateur en ce sens que la comparaison, en matière d'architecture religieuse, avec la décennie précédente qui avait vu les églises surgir régulièrement du sol parisien : la Chapelle expiatoire (1821), Saint-Pierre-du-Gros-Caillou et Notre-Dame-de-Lorette (1822), Notre-Dame-de-Bonne-Nouvelle et Saint-Denis-du-Saint-Sacrement (1823), Saint-Vincent-de-Paul (1824), Saint-Jean-Baptiste-de-Grenelle (1827) et Sainte-Marie-des-Batignolles (1828). Ces seules données permettent de comprendre que, pour gigantesque et iconoclaste qu'il paraisse devant l'Histoire, le réaménagement du baron Haussmann, à partir de 1853, s'inscrit dans une logique née avec le siècle. L'observation vaut pour les chantiers de la IIIe République, même si la dynamique des Expositions universelles en activera significativement le déroulement.

RUE DE PARIS, TEMPS DE PLUIE
1877
GUSTAVE CAILLEBOTTE
(1848-1894)
Huile sur toile
2,12 x 2,76 m
Chicago, The Art Institute

Peut-être l'élément le plus extraordinaire de ce merveilleux tableau n'est-il autre que le réverbère central qui traverse l'image en son beau milieu, objet familier désormais et prépondérant au cœur de la cité. Soigneusement préparé par de nombreuses esquisses, ce grand tableau de salon est d'un étonnant modernisme par le choix déconcertant du sujet banal de la ville pluvieuse, sujet qui prend une dimension monumentale par sa science de composition et sa complexité linéaire. L'axe horizontal, par exemple, qui passe au pied des grands immeubles haussmanniens est délibérément marqué par la moulure saillante du fût du réverbère ; un monde nouveau surgit, qui génère une nouvelle façon de le percevoir et de le restituer.

Au XXe siècle, l'ère des métamorphoses

Dès sa première décennie, à la suite de l'éclosion de l'Art nouveau, le XXe siècle accorde une place considérable à l'architecture. Les métamorphoses y seront innombrables, des édifices exotiques illustrant la puissance coloniale de la France au lotissement expérimental de Mallet-Stevens, dans la rue parisienne qui porte désormais son nom, de la « machine à habiter » pensée par Le Corbusier aux grands chantiers de reconstruction des frères Perret, au lendemain de la Seconde Guerre mondiale. C'est à Le Corbusier que revient la Cité radieuse de Marseille, destinée à favoriser la cohabitation, dans un seul édifice, d'une population équivalente à celle d'un gros village. D'où la nécessité d'y adjoindre tous les équipements accompagnant le seul espace d'habitation. Si nombre d'illusions ont été perdues dans le domaine de l'habitat collectif, reste que le principe de convivialité urbaine n'a cessé de solliciter — et de façon toujours croissante — la réflexion des bâtisseurs de la cité contemporaine. Personne ne s'avisera, en la matière, de négliger l'apport considérable d'Auguste Perret, moins encore pour ses réalisations monumentales du Havre ou d'Arras que pour le caractère visionnaire et parfois prophétique de ses principes en matière d'aménagement de l'espace citadin.
Le XXe siècle a été tumultueux, violent, en France comme dans le reste du monde. Pas plus que les précédents peut-être, mais notre mémoire, plus fraîche, n'en est que plus vivement meurtrie. Pourtant, plus encore que des terribles ossuaires de l'entre-deux-

Vue du chantier de la Maison de la Radio en 1960

Projetée en 1952, construite par Henry Bernard de 1955 à 1962, la Maison de Radio-France fut inaugurée le 14 décembre 1963 par le Général De Gaulle. Elle se présente sous forme d'une rotonde de 160 mètres de diamètre sur 2 hectares (ancien site de l'usine à gaz d'Auteuil), dominée par une tour de 68 mètres qui semble adresser un signe complice à la tour Eiffel dont la destruction programmée ne fut repoussée qu'en raison de son rôle d'antenne sans rivale ! La structure générale de l'édifice apparaît ici clairement : trois couronnes concentriques cernent la tour centrale ; les bureaux sont sur l'extérieur, les studios en partie médiane, les espaces de diffusion à l'intérieur et les archives dans la tour. Efficacité et gigantisme, tels sont les deux piliers du nouveau pouvoir, celui de l'information filtrée dont les dernières années ont démontré la terrifiante puissance.

guerres, la légende du siècle se nourrit des énormes transformations de l'appareil industriel, notamment dans le domaine du transport — routes, ponts, aéroports. Le pont, en particulier, a certes toujours marqué, dès les temps antiques, un seuil de civilisation, mais les exploits du XXe siècle en la matière ne permettent plus d'en faire le seul outil de franchissement d'un fleuve. Ce qu'exalte, par exemple, la formidable succession des trois grands ponts —Tancarville, Brotonne, Normandie — jetés sur le tronçon terminal de la Seine, c'est la gloire d'artistes-ingénieurs — comme Brunelleschi le fut à Florence — mettant la prouesse technologique au service de la réussite esthétique attestée par la parfaite intégration au paysage. Si, enfin, la spiritualité reste toujours en retrait, en dépit des exemples marginaux de Notre-Dame-du-Haut à Ronchamp ou de la cathédrale d'Évry, foisonnants sont les édifices attestant la naissance de nouveaux pouvoirs et de nouveaux cultes, ceux de l'information ou de la culture – de la Maison de la radio au Centre Georges-Pompidou, de la Cité de la musique à la Bibliothèque nationale de France. Le plus remarquable en l'occurrence demeure peut-être — sous réserve que les générations futures en jugeront ainsi ! — l'importance, la passion, la véhémence et parfois la violence des polémiques publiques ayant accompagné presque tous les grands chantiers parisiens ou provinciaux. Mais il reste que, « ruines futures » ou « mémoire de l'avenir », la Grande Arche de la Défense, le Carré d'art de Nîmes ou le colossal viaduc de Millau participent, quelque avenir que leur prépare la postérité, de ce même effort qui, il y a cinquante siècles, hissait les mégalithes, mémoire pétrifiée des hommes disparus et reflet ultime de leur turbulente destinée.

Hall de la gare TGV de Lyon Saint-Exupéry

Projetée dès 1987, construite sur le site de l'aéroport Satolas de juin 1989 à 1994, selon le plan de l'architecte catalan Santiago Calatrava qui a imaginé pour elle une forme d'oiseau prenant son envol, la gare de l'aéroport de Lyon se signale par son extraordinaire couverture d'acier en treillis qui couvre tout le bâtiment, lequel fait appel au béton armé. Les dimensions considérables de l'édifice (450 mètres de longueur sur 100 mètres de largeur et 39 mètres de hauteur) n'altèrent en rien l'incomparable sentiment de légèreté qu'il dégage, surtout au cœur de son immense hall, légèreté qui en fait le lointain héritier du CNIT.

Les temps contempor

Dates	Histoire, culture, idées	Monuments
1799	Le 9 novembre (18 brumaire), coup d'État de Bonaparte, consul avec Sieyès et Ducos	
1805	Bataille d'Austerlitz ; l'Europe est soumise au joug napoléonien	
1806		**Napoléon ordonne la construction de l'arc de triomphe de Paris →**
1811		**Début de la réalisation du parc de la Garenne-Lemot à Clisson (Loire-Atlantique)**
1815	Abdication de Napoléon le 22 juin, restauration de la monarchie	
1824	Le 16 septembre, mort de Louis XVIII ; Charles X lui succède	
1830	Les 26-27-28 juillet, les Trois Glorieuses contraignent Charles X à l'abdication le 3 août	
1836	Le 30 octobre, coup d'État manqué de Louis Napoléon Bonaparte (futur Napoléon III) à Strasbourg	
1839		**Henri Labrouste est chargé de construire la bibliothèque Sainte-Geneviève à Paris**
1848	Proclamation la République et fin du régime monarchique en France. Le 10 décembre, Louis Napoléon triomphe à l'élection présidentielle	
1851	Le 2 décembre, coup d'État de Louis-Napoléon ; début du Second Empire	**Pose de la première pierre des Halles centrales de Paris →**
1852	Le 2 décembre, rétablissement de l'Empire après le plébiscite triomphal de novembre	
1853		**Haussmann fait démarrer d'énormes travaux de destruction et de reconstruction dans la capitale**
1854	Guerre de Crimée. En hiver, Français et Britanniques assiègent Sébastopol, qui tombera le 8 septembre 1855	
1855		**Début du chantier du musée de Picardie à Amiens (Somme)**
1859		**← Ouverture du chantier du Familistère de Guise (Aisne)**
1861		**Dessin du plan de la gare du Nord à Paris et ouverture du chantier →** **Ouverture du chantier du nouvel Opéra de Paris par Charles Garnier**
1863		**Ouverture du chantier du Grand Casino de Vichy (Allier)↓**
1870	Le 19 juillet, la France déclare la guerre à la Prusse ; le 2 septembre, chute du Second Empire ; le 4 septembre, déchéance de Napoléon III et proclamation de la IIIe République	
1871	Du 18 mars au 28 mai, Commune de Paris	
1873		**Théodore Ballu et Édouard Deperthes remportent le concours pour la reconstruction de l'Hôtel de Ville de Paris** **Auguste Bartholdi décide de construire le lion de Belfort**
1874	Première exposition des « impressionnistes » chez Nadar	
1876	Zola publie *L'Assommoir*	**Extension de la filature de coton Motte-Bossut, à Roubaix (Nord)**

ains

Dates	*Histoire, culture, idées*	*Monuments*
1879		**Ferdinand Cheval entreprend la construction du Palais idéal à Hauterives (Drôme) →** 
1881	Lois Ferry sur l'école primaire municipale et sa gratuité	
1887		**Ouverture du chantier de la tour Eiffel à Paris ↓** 
1895	Première séance cinématographique des frères Lumière, à Paris	
1898	Publication par Zola du manifeste « J'accuse », dans *l'Aurore*	
1900	Exposition universelle de Paris	
1903		**Permis de construire la maison Huot à Nancy (Meurthe-et-Moselle)**
1905	Le 9 décembre, loi de séparation de l'Église et de l'État	
1914-1918	Première Guerre mondiale	
1919	Traité de Versailles signé par la France et l'Allemagne, le 28 juin	
1920	Installation de la tombe du soldat inconnu sous l'Arc de triomphe de l'Étoile à Paris	**Pose de la première pierre de l'ossuaire de Douaumont (Meuse) →** 
1928		**↓ Début de la construction de la villa Savoye à Poissy (Yvelines)** 
1929	Krach boursier de Wall Street (« jeudi noir ») Exposition internationale à Barcelone	
1931	Exposition coloniale à Paris	
1936	Victoire du Front populaire aux élections législatives	**Auguste Perret établit les plans du musée des Travaux publics à Paris, futur siège du Conseil économique et social →** 
1938	Accords de Munich (29-30 / 09) qui marquent le succès de Hitler	
1940	Le 18 juin, appel du général de Gaulle	
1945	Le 8 mai, capitulation de l'Allemagne. Les 6 et 9 août, Hiroshima et Nagasaki sont anéanties par les bombes nucléaires américaines	
1951		**Agrément du plan de Le Corbusier pour Notre-Dame-du-Haut (Haute-Saône)**
1956		**Ouverture du chantier du CNIT dans le quartier de la Défense ↙** 
1958	Élection du général de Gaulle à la présidence de la Ve République	
1962	Le 18 mars, les accords d'Évian mettent fin à la guerre d'Algérie	
1965	Charles de Gaulle réélu président de la République	
1967	Mise au point du supersonique Concorde	
1968	Mouvements sociaux en mai ; dissolution de l'Assemblée nationale	
1969	Georges Pompidou président de la République	
1971		**Renzo Piano et Richard Rogers remportent le concours pour la construction du CNAC Georges-Pompidou (dit « Beaubourg ») →** 
1974	Mort de Pompidou. Giscard d'Estaing président de la République	
1981	François Mitterrand président de la République	
1991		**Début de la construction de la Cité de la musique par Christian de Portzamparc**
1995	Jacques Chirac président de la République	

L'arc de triomphe de l'Étoile

Nostalgie impériale et néoclassicisme

Symbole de l'épopée impériale au début du XIXe siècle, fidèle au modèle de l'arc romain — notamment celui de Titus — dont il amplifie considérablement les dimensions, l'arc de triomphe de l'Étoile a été expressément voulu sous cette forme par Napoléon Ier en personne.

Au lendemain de son triomphe à Austerlitz, l'empereur décide la construction d'un édifice colossal dédié à sa grande armée. Il choisit la partie haute des Champs-Élysées, de façon à fermer « de la manière la plus majestueuse et la plus pittoresque le superbe point de vue que l'on a du château impérial des Tuileries ». Petit cousin du grand monument, l'arc du Carrousel est érigé à la même époque, précisément à l'entrée du château des Tuileries, par Charles Percier et Pierre Fontaine, de 1806 à 1807. Également inspiré de l'arc romain (particulièrement ceux de Constantin et Septime Sévère), il est orné de reliefs figurant la campagne de 1805 et couronné par le quadrige de la paix. Enfin, moins célèbres, mais tout aussi révélateurs des rêves de grandeur antiquisante qui animent cette époque, la rue des Colonnes de Bénard (1797), l'église Sainte-Madeleine de Vignon (1806) et la Bourse de Brongniart (1808) complètent cet imposant corpus impérial.

Le chantier de tous les consensus

En compagnie de Jean-Arnaud Raymond, qui démissionnera bientôt, Jean-François Chalgrin (1739-1811) est choisi pour mener le chantier de l'arc de triomphe. Déjà auteur de l'église Saint-Philippe-du-Roule, il ne réussit à faire définitivement admettre son plan qu'en 1809. Mais lorsqu'il meurt, deux ans plus tard, l'arc ne s'élève qu'à 5,40 mètres et il revient à son élève, Goust, de poursuivre l'entreprise. La chute de Napoléon, en 1815, interrompt toute l'activité du chantier alors que la hauteur de 19,54 mètres est atteinte ! Curieusement, c'est aux rois restaurés que revient le mérite d'ordonner l'achèvement du monument. Louis XVIII relance la construction en 1823, et c'est à une décision de Louis-Philippe, en 1830, que l'on doit tout à la fois l'achèvement, vers 1836, de l'arc de triomphe de Paris et la décoration exaltant — sur ce mémorial de la grandeur impériale terminé par un roi — la gloire des armées de la République !

L'édifice fait appel pour l'essentiel à l'excellente pierre de Château-Landon (Seine-et-Marne) ; en lieu et place des ouvertures latérales (souvenir de la porte fortifiée de la cité antique), il présente quatre reliefs monumentaux, dont *la Marseillaise* de François Rude, symbole d'une France conquérante et porteuse des valeurs révolutionnaires. Les cercueils de Napoléon et de Victor Hugo y ont reçu un suprême hommage, mais l'édifice a peut-être trouvé sa véritable grandeur le jour où la dépouille d'un inconnu tombé sur un champ de bataille y a été inhumée et signalée par une petite flamme qui rappelle que dans les guerres, il n'y a jamais de vainqueurs ; il n'y a qu'une perdante, la civilisation.

PARIS (ÎLE-DE-FRANCE)
ARC DE TRIOMPHE
DÉPART DES VOLONTAIRES DE 1792, DIT LA MARSEILLAISE
HAUT-RELIEF DE FRANÇOIS RUDE
1833-1836

Un hommage vibrant à la patrie. La base de l'arc de triomphe est ornée de quatre reliefs dus à Antoine Etex, Jean-Pierre Cortot et surtout François Rude (1784-1855) qui a taillé *la Marseillaise*. Ce groupe dynamique puise à trois sources : l'épopée, le patriotisme, la veine populaire. Dans l'extraordinaire violence de ces hommes survolés par la grande figure d'une guerrière déchaînée (Rude fit poser sa propre femme en l'adjurant de chanter jusqu'aux limites de ses forces, dit-on), on lit toute la passion qui embrasa l'Europe dans les premières décennies du XIXe siècle.

Romantisme ou néoclassicisme ? Aux commentateurs plaçant ce relief tout de passion et de mouvement sous le label « romantique », il est pourtant aisé de répondre que la maîtrise virtuose des canons classiques en fait tout autant une réussite accomplie d'un néoclassicisme européen — dont l'arc de triomphe demeure la plus célèbre réalisation architecturale — illustré jusque-là par les sculpteurs Thorvaldsen, Canova ou Chantrey, que le brûlot de la subversion romantique.

PARIS
ÉGLISE SAINTE-MADELEINE
DÉBUT DU XIXe SIÈCLE

Un temple à la gloire des armées françaises. Le lieu où se trouve l'actuel monument a été occupé par divers édifices depuis le haut Moyen Âge, mais c'est en 1806 que Napoléon décida, sur le chantier d'une église commencée en 1764 par Contant d'Ivry et par Couture, la construction d'un temple pour rendre hommage à son armée, projet qu'il confia à l'architecte Pierre Alexandre Vignon (1763-1828). Quelques années plus tard, sous la Restauration, l'édifice reviendra au culte traditionnel.
En façade, il apparaît comme un temple posé sur un socle monumental et cerné d'une ceinture de 52 colonnes corinthiennes. Ses dimensions sont impressionnantes : 30 mètres de haut, 108 mètres de long et 42 mètres de large. La pièce extérieure la plus remarquable en est le fronton taillé par Lemaire et représentant le *Jugement dernier*. L'escalier monumental de 28 marches donne accès à un intérieur caractérisé par une nef unique d'une ampleur considérable.

Paris (Île-de-France) L'arc de triomphe vu du ciel

Sur le modèle romain mais dans la démesure. L'arc de triomphe, édifié par Jean-François Chalgrin, possède des dimensions impressionnantes puisque sa hauteur atteint 50 mètres (celle du pont du Gard !) et sa largeur 45 mètres, un record en la matière. Pour glorifier ses armées victorieuses, Napoléon a exigé une amplification monumentale du modèle que propose l'arc de Titus, situé tout près du Colisée, à l'écart du Forum. L'organisation ultérieure des grandes avenues en étoile a beaucoup ajouté à la solennité de l'édifice.

1799 Le 9 novembre (18 brumaire), coup d'État de Bonaparte, consul avec Sieyès et Ducos 1804 Le 2 décembre, Napoléon et Joséphine sont sacrés à Notre-Dame de Paris 1805 Le 2 décembre, bataille d'Austerlitz ; l'Europe est soumise au joug napoléonien **1806 Le 18 février, Napoléon ordonne la construction de l'arc de triomphe de Paris** 1809 Le 16 décembre, divorce de Napoléon et de Joséphine.

Paris Bourse
1808-1826

Le symbole de la toute-puissance de la finance. L'apport d'Alexandre Théodore Brongniart (1739-1813) à l'architecture néoclassique est considérable, du couvent des Capucins de la Chaussée-d'Antin (aujourd'hui lycée Condorcet) à ses nombreux hôtels en passant par ses travaux à l'École militaire ou aux Invalides. Mais son chef-d'œuvre demeure la Bourse, conçue sous forme d'un temple antique cerné d'un péristyle de colonnes corinthiennes, dont 14 en façade. Napoléon en personne avait souhaité que l'on dressât un édifice « noble et magnifique » à la gloire de l'argent. Brongniart avait conçu un simple rectangle mais, ayant disparu en 1813, il n'en vit jamais l'inauguration en 1826 ni, *a fortiori,* la transformation complète — et peu heureuse — à la fin du XIXe siècle par l'adjonction de deux ailes au nord et au sud, sous la direction de l'architecte Cavel.

Le parc de Clisson

Architecture rustique et goût italien

La petite ville de Clisson atteste la volonté très ferme d'embellir le quotidien par l'appel à des sources étrangères, voire exotiques, ainsi qu'en témoignent, à peu près à la même époque, le Jardin turc de Paris, la fontaine des Éléphants de Chambéry ou le jardin Domaine de Luçon.

Napoléon s'est attaché tout au long de son règne à concilier reconstruction économique et renaissance artistique de la France, avec une attention particulière pour les régions de l'Ouest, dévastées par les conflits vendéens. Au sortir des tourmentes révolutionnaires, en 1794, Clisson (Loire-Atlantique) est presque totalement anéantie. Pourtant, il lui faudra moins de vingt ans pour se doter de l'un des plus beaux jardins paysagers d'Europe. Le parc de la Garenne-Lemot s'étend sur les communes de Clisson, Cugand et Gétigné. La fortune du site de Clisson est due aux frères Cacault ; l'aîné, François, rapporte de ses missions diplomatiques en Italie une collection de peintures et sculptures que Pierre, son cadet, installe en 1804 dans un musée construit en 1815-1821 à Clisson. Les artistes parisiens sont conviés à venir découvrir le site ; parmi eux, le sculpteur François Frédéric Lemot (1773-1827) est « surpris et frappé du grand caractère de ce paysage » qui, « par la beauté de sa végétation, de ses rochers, de ses cascades », lui rappelle irrésistiblement celui de Tivoli ! Cela l'incite à acquérir sur-le-champ, en 1805, le bois de la Garenne, ancienne propriété des seigneurs de Clisson.

Le rôle décisif de Lemot

C'est donc à ce sculpteur de grand talent que revient l'idée d'aménager l'ensemble selon le goût italien. Son projet se réfère aux exemples toscans et romains, mais se nourrit également des idées de Jean-Jacques Rousseau sur la grandeur de la nature rédemptrice. Dans son curieux mélange de beautés naturelles et de fabriques néoclassiques, le parc développe tous les paramètres d'un cadre rêvé pour s'évader des contingences. Les travaux sont considérables, tant pour le terrassement des deux rives de la Sèvre que pour le dégagement de l'ancien château de Clisson et son intégration au parc. La massive maison du jardinier renvoie aux exemples sévères du néoclassicisme de la fin du XVIIIe siècle, mais le délicieux petit temple de Vesta est un chef-d'œuvre d'agrégation de l'architecture à son cadre naturel. Clisson devient ainsi, au début du XIXe siècle, la référence suprême en matière d'architecture rustique à l'italienne.

Dans ce contexte, tous les édifices du parc, dont la réalisation s'échelonne de 1811 à 1827, ont une valeur plastique autonome tout en participant de l'unité générale de la composition. La demeure principale, la villa, édifiée à partir de 1824, domine le jardin balisé de groupes sculptés et de fabriques qui renvoient au monde antique, mais aussi à la peinture et à la littérature, à l'image du tombeau à l'antique évoquant celui des *Bergers d'Arcadie* de Nicolas Poussin, ou du rocher Rousseau sur lequel a été gravé un poème de William Shenstone. Devenu modèle pictural et architectural, l'ensemble de Clisson affirme très fortement son caractère italien, notamment avec ses toits à faible pente et l'usage des formes distinctives de la villa toscane.

Le Jardin turc
1812
Jean Pierre Marie Jazet
(1788-1871)
Paris, musée Carnavalet

Turqueries et mondanités. Dans les premières décennies du XIXe siècle, le Jardin turc de Paris fut, avec les Tuileries, le rendez-vous choisi des élégants et élégantes du Marais et du faubourg Saint-Antoine. On y rencontrera toutes les célébrités du temps, mais aussi les aspirants à la gloire soucieux de s'y faire remarquer, aussi bien Juliette Drouet, comédienne débutante, que le jeune Offenbach faisant jouer, en 1836, des valses de sa composition. Le principe du « jardin turc » remonte au XVIIIe siècle ; l'un des plus célèbres, celui de Schwetzingen en Allemagne, fut notamment visité par Mozart et par Voltaire. Mais ici, planté de grands arbres et ornés de superbes parterres, il devient le théâtre mondain d'une population parisienne avide de conjuguer les charmes de la nature avec ceux de la métropole.

Chambéry (Savoie)
Fontaine des Éléphants
1838

Mécénat et exotisme. Constituée de quatre pachydermes adossés, la fontaine des Éléphants, est devenue l'emblème de la cité en dépit de sa singularité relativement aux traditions locales. Elle a été réalisée par le sculpteur Sappey en hommage au général de Boigne, mécène de la ville ; le motif des éléphants a été choisi pour célébrer les exploits — illustrés par les bas-reliefs du monument — de ce militaire assez obscur en Inde, mais on y découvre surtout cette vogue croissante de l'exotisme, de cet appel à l'ailleurs tels qu'ils se manifesteront dans toutes les expressions sensibles du XIXe siècle et dont le parc de Clisson avait été l'avant-courrier.

Clisson (Loire Atlantique) Villa du parc de la Garenne-Lemot
1824

Une villa toscane revisitée. En surplomb au-dessus de la Sèvre nantaise, la villa Lemot — édifiée à partir de 1824 dans le style néoclassique — compose le cœur du parc de la Garenne. Avec ses terrasses ombragées, sa galerie, sa loggia et son belvédère, elle offre, face à Clisson, l'image des grandes demeures italiennes ouvertes sur les irrégularités de la nature. Le grand artiste contemporain François Morellet a profité de la curieuse inclinaison du haut pin jailli devant la colonnade en hémicycle pour installer, en 1989, une « géométree » particulièrement ingénieuse : une simple poutre en acier laqué d'une hauteur de 5 mètres (pour 75 centimètres de côté) qui introduit un curieux effet de désordre dans ce paysage soumis aux règles du goût italien.

Clisson Temple de Vesta
1819

Les charmes bucoliques de la campagne romaine. Ce temple est peut-être la meilleure introduction à la pittoresque vallée de François Frédéric Lemot. Avec sa forme circulaire et ses dix-huit colonnes doriques, il reprend le plan de la tholos périptère de Vesta à Tivoli, illustrant ainsi la filiation avec l'héritage romain. Ornement majeur du parc, l'édifice est probablement dû à Mathurin Crucy (1749-1826), mais ne correspondra que partiellement à son dessein initial ; ainsi, les chapiteaux doriques remplaceront finalement les corbeilles corinthiennes prévues à l'origine. Privé de la statue de marbre qu'il devait abriter et des jeux d'eau qui devaient l'animer, le bâtiment a été achevé en 1822. Son formidable socle de roches naturelles favorise singulièrement son intégration à l'environnement naturel.

1810 Le 2 avril, Napoléon épouse Marie-Louise, fille de l'empereur d'Autriche **1811 Début de la réalisation du parc de la Garenne-Lemot à Clisson ; il sera achevé en 1827** 1815 Abdication définitive de Napoléon le 22 juin, restauration de la monarchie 1821 Le 5 mai, mort de Napoléon à Sainte-Hélène 1824 Le 16 septembre, mort de Louis XVIII ; Charles X lui succède 1828 Expédition de René Caillié à Tombouctou 1830 Les 26-27-28 juillet, les Trois Glorieuses contraignent Charles X à l'abdication le 3 août.

La bibliothèque Sainte-Geneviève

L'union du verre et du métal

Lancé sur la Seine en 1801-1803 pour joindre le Louvre à l'Institut, le pont des Arts (démonté en 1981, et en partie remonté à Nogent-sur-Marne) ouvre l'âge de l'architecture métallique en France et, par la même occasion, l'art industriel qu'un certain humanisme romantique veut mettre au service du peuple : charpente de fer de la Halle au blé en 1806, galerie Vivienne en 1823, etc. Cependant, c'est à la bibliothèque Sainte-Geneviève, conçue dès 1839 par Henri Labrouste, que revient le rôle pionnier de l'utilisation du fer à nu et à échelle monumentale pour un édifice public.

Au XIXe siècle, la France, terre d'écrivains et d'architectes, s'avise qu'elle n'a jamais construit d'édifice destiné à la conservation du fonds de manuscrits et d'imprimés qui, constitué sous Charles V, organisé et enrichi par François Ier, est à peu près sans rival dans le monde. Certes, en 1666, Colbert a installé la Bibliothèque du roi rue Vivienne, institution transférée en 1721 de l'autre côté de cette rue dans le palais édifié par Mazarin en 1635 ; puis des travaux ont donné une relative unité au quadrilatère compris entre les rues Richelieu, Vivienne, Colbert et des Petits-Champs. Mais aucun bâtiment pensé en tant que bibliothèque n'a encore été conçu quand Henri Labrouste (1801-1875) ouvre son chantier sur la partie septentrionale de la place du Panthéon.

Les symptômes d'un monde qui change

Le plus extraordinaire reste peut-être que cet édifice totalement novateur (Labrouste n'a cessé d'affiner son projet au cours de la construction) est fonctionnel dès son ouverture en 1851, ouvrant en soirée et bénéficiant de l'éclairage au gaz. Le fer et la fonte, incombustibles, ne sont plus masqués sous la pierre ou le bois. Bien au contraire, ils se présentent sous les motifs décoratifs les plus attrayants tout en permettant un allégement considérable de la couverture et l'ouverture de grandes baies lumineuses. Des conditions de travail idéales sont assurées à des lecteurs nombreux, symptôme d'une mutation sociale dont la IIIe République accélérera le processus. Extérieurement, le bâtiment présente un moindre intérêt avec son soubassement en bossage et ses hautes arcatures percées de baies dans leur partie supérieure ; sur toute la longueur de la façade (85 mètres) court une guirlande végétale qui évoque la décoration du Panthéon.

Au regard de cette magnifique réussite, Napoléon III réfléchit à l'érection d'une bibliothèque impériale (puis nationale), décidant finalement en 1854 de remanier les bâtiments de la rue Richelieu. Le défi est relevé par Labrouste, qui fait démolir diverses constructions avant d'édifier l'immense salle de travail (environ 350 places) inaugurée en 1868 et les magasins attenants pour les livres ; il érige ainsi une tour à livres à cinq étages, aux planchers formés d'un caillebotis métallique.

Pascal, son successeur, travaillera surtout à assurer la logique de distribution entre les douze départements (imprimés, manuscrits, périodiques, médailles, estampes notamment), d'autres modifications intervenant jusqu'à

1836 Le 30 octobre, coup d'État manqué de Louis Napoléon Bonaparte (futur Napoléon III) à Strasbourg **1839 Henri Labrouste est chargé de construire la bibliothèque Sainte-Geneviève** 1840 Le 15 décembre, retour des cendres de Napoléon.

PARIS (ÎLE-DE-FRANCE)
BIBLIOTHÈQUE NATIONALE,
SALLE DES IMPRIMÉS
1869

Gigantisme et fonctionnalité. Cette salle d'une impressionnante ampleur se signale par les neuf coupoles métalliques formant sa couverture et reposant sur seize colonnettes de fonte d'une hauteur de dix mètres ; ornée de plaques de faïence colorée, chaque coupole est ajourée d'un oculus central assurant un éclairage zénithal. Les murs sont tapissés de livres jusqu'au niveau des lunettes décorées de peintures d'Alexandre Desgoffes (1805-1882) ; au fond, les médaillons en biscuit de Sèvres figurent des écrivains célèbres. Au milieu du mur frontal, un escalier à double volée conduit à la salle des catalogues, en sous-sol.

PARIS
(ÎLE-DE-FRANCE)
BIBLIOTHÈQUE
SAINTE-GENEVIÈVE,
SALLE DE LECTURE
1839-1851

Le métal, nouveau matériau de l'architecture. Ouverte au public le 4 février 1851, la bibliothèque Sainte-Geneviève fut le premier édifice public à utiliser le fer et la fonte de façon apparente. La salle de travail est divisée en deux nefs parallèles, par un enchaînement de seize colonnes de fonte noire à chapiteau corinthien. Deux rangées de rayonnages sont disposées sur les côtés, les tables étant disposées de façon à bénéficier d'un éclairage maximal.

L'œuvre d'un architecte-ingénieur. D'une stupéfiante légèreté, les voûtes en berceau, composées d'un simple treillage métallique couvert de plâtre, reposent sur des arceaux de fonte ouvragée. La salle est orientée est-ouest, de façon à assurer l'arrivée de la lumière sur les tables de travail, et percée de 41 baies en plein centre à intrados orné de caissons en motifs géométriques. C'est ainsi que le fonctionnalisme et l'élégance se mettent mutuellement en valeur grâce à l'ingéniosité de Labrouste.

PARIS
BIBLIOTHÈQUE NATIONALE,
SALLE DES PÉRIODIQUES
1906-1932

Le renouvellement dans la continuité. Due aux architectes Pascal et Recoura, cette salle ovale longue de 45 mètres et haute de 18 mètres a longtemps abrité les périodiques ; leur transfert partiel (publications provinciales et étrangères) lui a permis de conserver cette fonction jusqu'à la construction de la nouvelle Bibliothèque nationale de France. Les architectes ont innové en plaçant au centre de la voûte une verrière plate et en dressant tout autour de la salle une ellipse de hautes arcades dont chacune est surmontée par un oculus.

Paris (Île-de-France)
Le Bon Marché
1869-1872

L'avènement d'une clientèle bourgeoise. La pose de la première pierre du magasin du Bon Marché a lieu le 9 septembre 1869 et les travaux sont terminés dès 1872 malgré l'interruption due aux événements de la Commune. Travaillant pour Boucicaut et Videau, propriétaires de l'entreprise, l'architecte Alexandre Laplanche superpose cinq niveaux dont la distribution est assurée par le grand escalier de marbre du fond, aujourd'hui disparu. Il s'agit de satisfaire dans les meilleures conditions les exigences d'une clientèle qui, enrichie par la révolution industrielle, recherche les commodités et les plaisirs.

l'acceptation en 1989 du plan de la nouvelle Bibliothèque de France qui marquera, pour le site Richelieu, la fin d'un règne trois fois séculaire.

Le triomphe de la nouvelle architecture fonctionnelle

Au XIXe siècle, le triomphe de l'alliance du métal et du verre se manifeste dans tous les secteurs de la construction monumentale. Les gares, musées, entrepôts, phares (avec une mention particulière pour celui de la Garoupe à Antibes), etc. ne restent pas en retrait de cet élan, mais, à Paris, c'est peut-être dans la série des grands magasins que s'y lisent les traces les plus éclatantes.

Ainsi, le magasin du Printemps, détruit par un incendie en 1881, sera reconstruit selon des principes différents, avec un usage abondant du fer autorisant — ce qu'avait démontré Labrouste — l'ouverture de grandes baies. Ainsi, également, la structure métallique soutenant la verrière du Bon Marché sera conçue par Gustave Eiffel, à la demande de l'architecte Boileau, émule de Labrouste chargé de remanier l'édifice en 1872 et en 1887. Nombreux sont les édifices commerciaux qui en suivent l'exemple, exigeant de cette alliance du verre et du fer un éclairage optimal et une utilisation totale des espaces superposés en étages. On voit de la sorte les articles de bonneterie tirer des principes de la nouvelle architecture le même bénéfice que les livres entreposés sur les rayons des bibliothèques ! Et c'est peut-être avec la grande coupole des Galeries La Fayette, en 1906, que cette architecture parviendra à son crépuscule, au moment même où le béton armé ouvrira de nouveaux horizons aux constructeurs de la cité.

Affiche de la Belle Jardinière
XIXe siècle
Paris, musée de l'Affiche et de la Publicité

L'ère des grands magasins. Les grands magasins présentant toutes les nouveautés de la mode apparaissent au début du XIXe siècle. À Paris, Pierre Parissot, mercier de profession, inaugure en 1824, sur le quai aux Fleurs, une enseigne originale, la Maison de la Belle Jardinière. Dans ce magasin, remanié en 1866 et aujourd'hui disparu, toutes sortes de tissus voisinent avec les articles de la dernière mode, la vente adoptant un principe qui sera commun à tous les grands magasins : un prix fixe indiqué pour chaque article.

Paris (Île-de-France)
Galeries La Fayette
1906-1908

Art nouveau et fonctionnalisme. Succédant au magasin fondé par Bader et Kahn en 1894, le grand magasin des rues de la Chaussée-d'Antin, La Fayette, et du boulevard Haussmann, a été érigé par l'architecte Chedanne de 1906 à 1908. De cette réalisation ne reste guère que le grand hall d'entrée surmonté d'une coupole lumineuse, immense demi-sphère de verre blanc parsemé de fleurs en plomb, structurée par dix nervures de verre rouge et bleu qui reposent sur les piliers de la rotonde ; chacun de ces piliers est relié à son voisin par une arcade travaillée en motifs d'or sur fond rouge. La galerie de circulation suit la course galbée du balcon aux ferronneries qui seraient dues à Louis Majorelle, maître de l'école de Nancy.

Paris
Magasins du Printemps
1865

Un nouvel espace pour une nouvelle forme de commerce. Fondé en 1865 par l'astucieux Jules Jaluzot, le premier magasin du Printemps fut logé dans un très bel immeuble dont seuls le rez-de-chaussée, l'entresol et le sous-sol étaient affectés au commerce, les étages étant réservés aux propriétaires et à quelques employés de haut rang.
Le succès commercial de l'institution, immédiat et durable, s'explique par l'application neuve d'un double principe : entrée libre et prix « unique », c'est-à-dire fixe pour chaque article.

NOUVEAUX ÉTABLISSEMENTS DE PARIS : MAGASINS DU PRINTEMPS, RUE DU HAVRE, BOULEVARD HAUSSMANN ET RUE SAINT-NICOLAS-D'ANTIN : VUE EXTÉRIEURE.

Les Halles de Baltard

Les nouveaux matériaux

En 1181, Philippe Auguste fit aménager, en bordure de la rue Saint-Denis, l'esplanade des Champeaux — ou « petits champs » — destinée à la vente des marchandises. Là se situe l'origine du quartier qui, jusqu'à sa récente et radicale mutation, fut le plus vivant de la capitale. Là aussi furent dressées, à partir de 1851, les Halles de Baltard, démolies en 1971-1972.

Les dix « parapluies » du futur Napoléon III

L'idée de ce complexe marchand aurait été inspirée à Victor Baltard (1805-1874) par le prince-président Louis Napoléon... qui l'inaugurera en tant qu'empereur ! Sur une surface de 4 hectares, les hauts pavillons de fer et de verre (le monarque aurait exigé des « parapluies ») n'allaient pas tarder à devenir, sous la plume de Zola, le « ventre de Paris ». La réussite en apparut si éclatante que le modèle fut repris ailleurs en France.

En fait, la genèse de l'ensemble reste assez obscure. Le baron Haussmann, habile courtisan, eut beau soutenir que son maître impérial était à l'origine des Halles de fer, un simple examen des dates fait litière de cette hypothèse. La construction alliant métal, brique et verre était déjà considérée comme la voie de l'avenir au milieu du siècle ; dès 1846, Baltard avait lancé un chantier de huit pavillons en pierre. Et c'est précisément la réalisation du premier de ces édifices, le « fort de la halle », qui en révéla les défauts rédhibitoires, notamment d'aération et d'éclairage et qui incita Baltard à recourir ensuite à d'autres matériaux.

Naissance d'une nouvelle architecture fonctionnelle

Baltard ayant proposé un nouveau plan, plus fonctionnel, substituant le métal et le verre à la pierre, Hector Horeau (1801-1872) fait valoir, non sans de solides arguments, que son confrère peu scrupuleux n'a pas hésité à s'attribuer les idées qu'il vient de développer dans le but de doter la capitale de halles à sa mesure. Même si les plaintes de Horeau sont légitimes, elles pèsent d'un faible poids devant l'Histoire ; car ce qui est en question ici, ce n'est pas la priorité de tel ou tel projet, mais l'immense mutation de l'architecture vers le fonctionnalisme, mutation qui sollicite l'attention de tous les constructeurs du temps, Horeau, Baltard, Hittorff, Labrouste... Quoi qu'il en soit, les nouveaux plans prévoient l'édification de quatorze pavillons. Une dizaine sont achevés en 1870 ; deux autres viendront les compléter un peu plus tard.

La destruction des Halles

En dépit de son gigantisme (près de huit mille tonnes de marchandises par jour !), l'ensemble révèle peu à peu son impuissance à suivre

Les Halles de Baltard en 1857

Un avant-gardiste malgré lui. Grand prix de Rome, particulièrement attaché à la tradition, Baltard se trouva presque par hasard porté à l'avant-garde de la construction monumentale de son temps grâce au chantier des Halles centrales de Paris. Son premier pavillon, réalisé en pierre de taille, ayant été presque aussitôt détruit, il sut dominer cette blessure d'amour-propre et relever le défi de l'architecture métallique, y faisant même preuve d'une rare habileté (dont on trouve une autre trace parisienne au marché Secrétan, construit en 1868). En dépit de la fonction utilitaire de l'édifice, les principes classiques de symétrie des volumes, d'équilibre des formes et d'harmonie des proportions y sont strictement respectés.

Un pavillon transformé en centre culturel. La destruction des Halles de Paris ayant soulevé une immense émotion, la municipalité de Nogent-sur-Marne prit la décision de faire remonter un pavillon sur son territoire. Le chantier fut achevé en 1977. D'autres traces du XIXe siècle (fontaine Wallace, colonne Morris, borne d'incendie, réverbères...) ainsi que l'ancien orgue, gigantesque, du Gaumont Palace y créent une ambiance particulière, propice aux activités culturelles les plus diverses. Surtout, l'extérieur de l'édifice met en valeur les magnifiques structures de fonte et de fer que Baltard n'a pas songé à dissimuler sous la pierre comme il l'a fait à Saint-Augustin.

1846 Le 25 mai, Louis Napoléon s'évade du fort de Ham, déguisé en maçon 1848 À la suite d'émeutes et de la fuite de Louis-Philippe, Lamartine et Ledru-Rollin proclament la République ; fin du régime monarchique en France. Le 10 décembre, Louis Napoléon triomphe à l'élection présidentielle **1851 La première pierre des Halles centrales de Paris est posée.** Le 2 décembre, coup d'État de Louis-Napoléon ; début du Second Empire.

Les Halles de Baltard en 1857

Un gothique revisité. Chaque halle était constituée d'une nef centrale démarquée par des colonnes en fonte, soutenue par un appareil de fermes métalliques et couverte d'un double lanternon. Ainsi, l'architecte restait dans la tradition française de l'espace gothique tout en enfermant un volume immense dans une enveloppe d'une extraordinaire légèreté. Par ailleurs, les conditions d'éclairage et d'aération relevaient du miracle aux yeux des contemporains qui firent un triomphe à l'artisan de ce chef-d'œuvre inédit. Pourtant, s'il eut de nombreux disciples, Victor Baltard aura finalement peu construit à Paris ; outre les Halles et l'église Saint-Augustin (1860-1871), on lui doit les annexes de l'Hôtel de Ville, le temple du Saint-Esprit (1863-1865), divers buffets d'orgue et chapelles.

l'explosion démographique de Paris (1,2 million d'habitants en 1857 ; 2,6 en 1900). Longtemps différée, la décision du transfert des Halles vers le site de Rungis est prise en 1962 et suivie d'effet en mars 1969. En dépit d'une très vive opposition publique, les pavillons de Baltard seront démolis à partir de 1971, mettant une fin définitive à un millénaire d'activité marchande.
Trente ans plus tard, la perplexité reste de mise quant à la redéfinition de ce quartier littéralement déraciné. Aujourd'hui, des réalisations de Baltard, une seule halle demeure : elle a été remontée (à Nogent-sur-Marne) et transformée en centre culturel.

Le Carreau des Halles
Lithographie de Myrbach
1885

Le «ventre de Paris». Peut-être les nouvelles Halles de Paris ont-elles formé le premier vivier d'une convivialité urbaine encore inconnue. Car, du soir au matin et du matin au soir, une foule innombrable de marchands et clients, grossistes et débardeurs, simples badauds, miséreux en quête d'un peu de nourriture à gagner ou à chaparder, étudiants désargentés, provinciaux réunis, fêtards attardés de l'aube, etc. s'y livrent à des activités apparemment très diverses mais qui, à l'instar de celles d'une fourmilière ou d'un port, tendent toute vers l'exercice d'une agitation unitaire et solidaire. La littérature, de Zola à Simenon, ne se privera pas d'exploiter cet extraordinaire terreau de passions vécues au quotidien, à l'ombre tutélaire des grands pavillons de verre et de métal.

Le Paris d'Haussmann

Embellissement des villes et urbanisme

Paris, capitale mondiale d'une certaine idée de l'élégance monumentale, doit l'essentiel de son aspect actuel à Napoléon III ; non seulement l'empereur ordonna le remaniement radical d'une cité qu'il connaissait mal, mais il sut trouver l'homme de la situation avec le baron Haussmann, dont il soutint sans réserve toutes les initiatives.

Mais, au-delà du seul exemple parisien, c'est tout le visage urbain de la France qui se transforme dans la seconde moitié du XIXe siècle, tel qu'on peut le voir à Lille, Lyon ou Marseille.

Un personnage discutable, des chantiers gigantesques

Né en 1809, Georges Eugène, baron Haussmann, préfet de la Seine de 1853 à 1870, transforme complètement le visage de Paris. Au prix d'un travail acharné et d'une inflexible politique d'expropriation, de destruction et de reconstruction, il fait, à partir de 1853, démolir bon nombre de ruelles étroites et insalubres, propices à l'émeute, mais aussi tous les monuments faisant obstacle au chantier : marché des Innocents, hôtel Coligny, tour des Hospitaliers de Saint-Jean-de-Latran, etc.

Une fois le terrain déblayé, Haussmann lance le percement de grands boulevards (Arago, Diderot, Magenta, Malesherbes, Sébastopol, Saint-Germain...) et d'avenues appelées à devenir les plus élégantes de la capitale (Kléber, Friedland, Iéna, George-V...). Annexant les communes de la Chapelle et de Montmartre, peuplées d'ouvriers et d'artisans, il y ouvre d'autres avenues, plus huppées. C'est le début d'une évolution qui s'accélérera jusqu'à nos jours et finira par interdire le territoire de la capitale aux familles les plus modestes. Enfin, Haussmann met en place un réseau de rues complémentaires (Écoles, Réaumur, Rennes, Soufflot...), des espaces verts (bois de Boulogne, de Vincennes, Buttes-Chaumont...) ainsi qu'un réseau de 600 kilomètres d'égouts.

Les pratiques brumeuses du baron — charité bien ordonnée commence par soi-même ! — finissent par provoquer sa chute en 1887 ; le contrôle de ses comptes met en lumière de tels abus que le ministère Ollivier ne peut que demander son renvoi. Reste son glorieux héritage ; le Paris d'aujourd'hui, bien moins étendu que Londres ou Berlin, est sans conteste — écrin de luxe au cœur de banlieues nébuleuses — l'une des plus belles cités du monde, mais seul le temps validera, ou non, son statut de « ville-musée ».

L'« effet Haussmann » en province

De grandes villes françaises ont suivi l'exemple parisien... et l'ont parfois même précédé ! Ainsi, à Lille, c'est dès 1852 que le maire Auguste Richebé développe son projet d'agrandissement de la ville ; parmi les travaux aussitôt engagés pour aérer le nouveau tissu urbain et en rationaliser la voirie, les plus spectaculaires restent la destruction des remparts et le percement des rues Faidherbe et Nationale. À Lyon, le préfet Claude-Marius

PARIS (ÎLE-DE-FRANCE)
PARC DES BUTTES-CHAUMONT
1863

Le jardin du mont « Chauve ». Établi sur la colline du même nom, ce parc, aujourd'hui appelé « des Buttes-Chaumont » a été voulu par Haussmann en 1863 et réalisé par l'architecte J.-C. Alphand. Aidé du jardinier L. Barillet-Deschamps et de l'ingénieur J. Darcel, ce dernier transforma l'ancienne carrière de gypse en un parc accidenté, alimenté en eau grâce à un système de réservoir et de canalisations. Des allées y sont tracées, des falaises consolidées, un lac artificiel créé, des ponts lancés. Planté de nombreuses espèces à partir de 1866, le parc est ensuite agrémenté de bancs, d'escaliers, de passerelles, d'une cascade, prenant son aspect presque définitif en 1867. C'est à l'architecte G. Davioud que l'on doit le petit temple sommital, inspiré de celui de la Sibylle à Tivoli, et auquel on accède par le chemin des Aiguilles qui ne compte pas moins de deux cents marches. Ce petit édifice corinthien domine ainsi un ensemble ouvert au public le même jour que l'Exposition universelle de 1867 et qui, grâce aux restaurations de 1977, a conservé sa plaisante sauvagerie.

MARSEILLE
(BOUCHES-DU-RHÔNE)
AVENUE DE LA CANEBIÈRE

À toutes grandes villes, avenues imposantes. L'étymologie de l'artère la plus connue de Marseille reste très discutée entre les tenants des deux racines latines « cannabis » (chanvre) et « canaba » (grenier, taverne). Une voie existait dès le Haut Moyen Âge, en partie accompagnée par un cours d'eau, le Jarret, depuis détourné vers l'Huveaune, mais l'ouverture officielle de la grande avenue date de 1667. Améliorée à la fin du XVIIe siècle, elle fut, notamment, pavée en 1698, puis plantée de mûriers en 1729. Cependant, c'est à l'occasion des grands travaux d'urbanisme de 1860 qu'elle a pris son visage actuel, caractérisé par la beauté magistrale de ses façades, recevant le nom de Canebière en 1928.

Vaïsse (1799-1864), nommé au printemps 1853, recompose le centre de la ville, assisté de l'architecte René Dardel dont les études étaient prêtes depuis 1843. À Marseille enfin, les travaux d'aménagement de la cité commencent vers 1860 ; la Bourse, la Canebière, les quais du Vieux-Port, etc. subissent des mutations radicales et la rue Impériale (aujourd'hui de la République) est ouverte en 1862.

Refuge pour les piétons qui traversent les boulevards, établi entre le boulevard des Capucines et celui de la Madeleine

1865

Paris, Bibliothèque nationale de France

Les premiers droits des piétons. L'ouverture de grandes avenues rectilignes au milieu d'un maquis de voies diagonales créa rapidement des zones où la déambulation des piétons et la circulation des véhicules ne pouvaient devenir que conflictuelles. Il fut donc décidé d'aménager, au centre des carrefours les plus dangereux, des refuges pour piétons ; l'utilisant comme la pierre d'un gué, ces derniers y marquaient une halte avant de s'élancer vers l'autre rive du boulevard à traverser ! Ici, tout un groupe attend, sur le rond-point salvateur, que se calme le ballet des attelages entre le grand axe de droite formé par l'enchaînement des boulevards de la Madeleine et des Capucines et l'angle, sur la gauche, des rues de Sèze (au fond) et Caumartin.

1852 Le 2 décembre, rétablissement de l'Empire après le plébiscite triomphal de novembre 1853 Le 20 janvier, Napoléon III épouse Eugénie de Montijo. **Le 24 juin, Haussmann est nommé préfet de la Seine. Il fait démarrer dès la même année d'énormes travaux de destruction et de reconstruction dans la capitale.**

Percement de l'avenue de l'Opéra en 1867

La mise en forme d'une ville. Dès l'annonce du projet d'un nouveau théâtre lyrique pour Paris, la démolition de la butte des Moulins et le percement d'une large avenue conduisant en ligne droite au Palais-Royal fut décidé et entrepris. Ce projet reste l'un des plus considérables de tout le plan d'urbanisation d'Haussmann ; au lendemain du démontage de l'échafaudage ayant révélé au public la grandiose façade de l'Opéra, le 15 août 1867, l'avenue n'apparaît encore que sous forme de gravats en tas, d'immeubles éventrés, de façades écroulées, prélude à l'ouverture d'une voie fastueuse, véritable emblème du pouvoir impérial à son apogée.

Le musée d'Amiens

La naissance des musées de province

En marge de l'exemple magistral du Louvre à Paris, se développe en province, au XIXe siècle, une politique d'édification de musées publics. Celui d'Amiens en est l'un des fleurons.

C'est en 1694 et en France, à Besançon, que, pour la première fois dans l'Histoire, une collection privée (celle du moine Boisot) est léguée à une ville au profit de tous ; par ailleurs, les musées d'Arles et de Dijon voient le jour avant même la Révolution. Mais il ne s'agit là que de réalisations annonçant l'éclosion des musées du XIXe siècle. En ce temps de bouleversement industriel, c'est le peuple qui est convoqué dans ces nouveaux palais de la beauté et de l'idéal, utopie née sous les Lumières et reprise par l'aile humaniste du mouvement romantique.

Le musée avait été d'emblée considéré par la Convention comme outil d'éducation : les textes le disent clairement, associant le « rassemblement précieux des richesses » à la préparation de l'« instruction publique » (1792). Cela explique la force d'un encyclopédisme didactique tout au long du XIXe siècle, mais largement évacué par l'ère contemporaine, durant laquelle tous les musées de province se sont attachés à mettre en lumière les spécificités locales de leurs fonds.

L'exemple d'Amiens

Avec les gares, les musées constituent la principale nouveauté architecturale du XIXe siècle ; il ne saurait être question ici de dresser la liste des quelque quarante édifices construits au cours de ce siècle, du musée de la Garenne à Clisson (1815), à celui de Limoges (1900), en passant par les archétypes de Besançon (1838), Dijon (1839), Le Havre (1841), Marseille et Grenoble (1862), Le Puy (1868), Rouen (1873), Châlons-sur-Marne (1877), Lille (1881), Toulouse (1886), Chambéry (1888), Nantes (1891), Bayonne (1892), etc.

Parmi les plus intéressants et les plus anciens, le musée de Picardie se signale par l'ampleur de ses dimensions et par les conditions particulières de sa naissance. Dû aux architectes Henri Parent et Arthur Diet, il a été financé par la Société des antiquaires de Picardie qui en fera don

AMIENS (SOMME)
MUSÉE DE PICARDIE,
VUE INTÉRIEURE
1855

Un fonds constitué au fil des donations. Réputé pour ses collections préhistoriques, antiques et médiévales, le musée de Picardie possède également un fonds prestigieux de peintures des XVIIe et XVIIIe siècles. Le Greco, Zurbarán ou Ribera pour l'Espagne, Rubens, Jordaens ou Hals pour les Flandres, Boucher, Quentin de La Tour ou Fragonard pour la France en disent assez la richesse et l'éclectisme. L'art contemporain n'en est pas pour autant oublié avec Lurçat, Manessier ou Dubuffet. Surtout, l'architecture Second Empire confère à la présentation des œuvres, grâce à de récents et habiles aménagements intérieurs, une chaleur qui fait défaut à tant de jeunes institutions plus fonctionnelles.

AVE PICARDIA NUTRIX
1865
PIERRE PUVIS DE CHAVANNES
(1824-1898)
Peinture à la cire sur toile marouflée
4,50 x 17,50 m
Amiens, musée de Picardie

Des compositions murales très imposantes. Au musée de Picardie, les six grandes compositions décoratives de Puvis de Chavannes ont été restaurées en 1987. Connu pour ses peintures murales décorant les édifices publics, l'artiste s'était très vite orienté vers une conception originale du décor allégorique, parvenant à imposer ses panneaux *Concordia* et *Bellum* au Salon de 1861. Mais sa première commande publique lui vint du musée de Picardie, prélude à d'autres réalisations lui assurant aisance et notoriété : Panthéon (1874-1898), Sorbonne (1880-1889), musée de Lyon (1883-1884), Bibliothèque de Boston (1894-1896) et Hôtel de Ville de Paris (1891-1892).
Le caractère didactique de son art et ses compositions d'une parfaite lisibilité correspondaient aux désirs de ses commanditaires et, plus généralement, du public de l'époque, « honnêtement » cultivé.

à la ville en 1872, après avoir installé ses locaux et ses archives au rez-de-chaussée. Extérieurement, il se présente exactement pour ce qu'il est : le palais d'œuvres qui sont seules à y résider de façon permanente, le temple de fidèles chez qui la culture se substitue discrètement à la religion. Sa façade monumentale est le fruit d'un concours ouvert en 1854 et qui avait proposé des solutions moins traditionnelles et placées sous le label « néo » (classicisme ou Renaissance). En les écartant au profit de ce décalquage assez réussi du Louvre récemment remanié par Visconti dans la tradition de Lescot et Lemercier, les responsables locaux signifiaient clairement leur volonté de sacraliser le bâtiment tout en affirmant sa vocation de lieu public, ouvert à tous les visiteurs. À l'intérieur, la décoration monumentale, le grand escalier, les promenoirs, les salons, les galeries et les balcons complètent cet énorme ensemble et illustrent sa vocation d'accueil et de visite dans les meilleures conditions.

AMIENS (SOMME)
MUSÉE
DE PICARDIE,
FAÇADE
PRINCIPALE
1855

Le glorieux modèle du Louvre. À l'évidence, le musée de Picardie, s'inspirant du Louvre, opère un savant mélange entre les nécessités de l'institution muséale et les fastes de l'appareil palatial. Le pavillon central et son dôme évoquent irrésistiblement la façon de Jacques Lemercier, cependant que la disposition régulière et symétrique des volumes et des baies renvoie à la leçon dispensée à Paris par Visconti. Parmi les détails les plus révélateurs de la conception pompeuse de ce nouveau foyer des arts, on note les balcons ouverts sur les galeries conçues comme de véritables espaces de réception. Si la superposition des deux étages écarte le principe de l'ordre colossal, elle est rythmée par les supports antiquisants de façon à valoriser les grandes baies prolongées par les lucarnes du comble.

1854 Guerre de Crimée. En hiver, Français et Britanniques assiègent Sébastopol, qui tombera le 8 septembre 1855 **1855 À la suite du concours de 1854, le chantier du musée de Picardie est ouvert** 1857 Le 28 décembre, Français et Anglais prennent possession de Canton en Chine.

LILLE (NORD)
MUSÉE DES BEAUX-ARTS,
FAÇADE PRINCIPALE
1881-1896

La théâtralité ostentatoire des lieux de l'art. Construit de 1881 à 1896 par les architectes Bérard et Delmas, le musée des Beaux-Arts de Lille occupe dans la cité une place centrale, sur laquelle l'hôtel de ville avait d'ailleurs, un temps, jeté son dévolu. Assise sur un rez-de-chaussée en bossage, la façade principale de ce nouveau palais des arts est particulièrement impressionnante avec l'animation monumentale des hautes baies de l'étage couronnées de frontons alternativement triangulaires et circulaires, et la déclivité remarquable de ses toits ; la grande place qui s'étend devant lui — et qui le place en vis-à-vis de la préfecture — en accentue encore l'épique théâtralité.

Le Familistère de Guise

Une utopie sans lendemain

GUISE (AISNE)
FAMILISTÈRE,
LE THÉÂTRE
1859-1877

Aux masses laborieuses l'offrande de la culture. En dotant sa cité industrielle d'un théâtre, Godin entendait bien favoriser tout à la fois la vie associative de son entreprise et l'enrichissement intellectuel et moral des ouvriers. Dans cette belle salle, on donna certes des pièces en grand nombre, mais on organisa également toutes sortes de manifestations festives sollicitant la collaboration — notamment musicale — des habitants. Le théâtre devient ainsi un lieu familier à des milliers de spectateurs qui en seraient probablement restés écartés partout ailleurs.

Au milieu du XIXe siècle, la révolution industrielle conduit nombre de théoriciens et philosophes à fonder, à la suite de Charles Fourier (mort en 1837), une nouvelle idée des relations sociales, établie sur l'amélioration des conditions de vie des ouvriers et la naissance d'une solidarité communautaire.

Le Familistère, symbole d'un monde en gestation

Donner aux ouvriers un habitat décent et proche de leur lieu de travail — sans aller toutefois jusqu'à leur permettre d'en devenir propriétaires — exigera une campagne longue et coûteuse. À Guise (Aisne), Godin en confie la réalisation à deux architectes, Calland et Renoir, gagnés, comme lui, aux idées de Fourier. De 1859 à 1877, les trois pavillons (nous dirions aujourd'hui « immeubles locatifs ») du Familistère sont construits ainsi que les annexes principales, qui comprennent, entre autres, des salles d'éducation et d'instruction générale, où les enfants sont accueillis dès l'âge de six ans, les salles de la basse enfance, préfiguration de nos actuelles crèches, les commerces coopératifs, les bains, le théâtre... Au regard de la Cité idéale construite par Nicolas Ledoux à Arc-et-Senans au temps des Lumières, il y a là une préoccupation sociale si avancée que l'ensemble devient le symbole visionnaire d'un monde en mutation. Certes, Godin est partisan d'un ferme ordre moral. Mais c'est précisément cette intransigeance qui le conduit à faire construire l'immense palais social dont les occupants, en échange du confort, de la salubrité et de la sécurité,

GUISE
FAMILISTÈRE, UNE CHAMBRE
1859-1877

Un bel exemple de paternalisme philanthropique. Relativement aux normes de l'habitat ouvrier de l'époque, les appartements du Familistère se signalent par un confort exceptionnel en dépit de l'exiguïté des pièces. Particularité remarquable : le nombre de ces pièces est susceptible de varier en fonction de la taille de la famille, par un système ingénieux de répartition des chambres. Pour être simple, le mobilier est de qualité ; quant aux conditions hygiéniques — chauffage (par un poêle Godin !), aération, lumière, salubrité —, elles atteignent un niveau rare pour l'époque. Si l'on ajoute à cela que Godin avait instauré, de 1846 à 1872, une caisse d'assurance maladie, la gratuité des soins et des médicaments, ainsi qu'une caisse de secours aux invalides du travail, aux veuves et aux orphelins, il faut convenir que le paternalisme qui lui a été reproché est compensé par une philanthropie d'un rare exemple.

se plieront à la loi d'un maître bienveillant. Le plus remarquable en la matière est peut-être ce souci d'éduquer, d'instruire, utopie généreuse à laquelle ont souscrit presque tous les grands esprits du siècle.

Une fécondité incertaine

Si à l'ensemble réalisé de 1859 à 1877 (en 1880, il accueille déjà 1 500 salariés), on ajoute les deux autres bâtiments érigés en 1882 et 1883 dans des quartiers proches, ce ne sont pas moins de 465 logements représentant 1 091 pièces que Godin a fait construire à Guise, chiffre énorme pour l'époque. La réalisation de chaque élément est subordonnée à celle de tous les autres car, en fouriériste convaincu, Godin pense que l'architecture doit prendre en compte tout ce qui fait l'environnement de la vie d'un homme. La femme, notamment, trouve dans cette cité une situation de choix relativement aux mœurs du temps. Par ailleurs, si l'individualisme est proscrit comme source de discorde, la disposition des appartements favorise une intimité familiale qui contribue à l'épanouissement de tous. Mort en 1888, Godin n'aura pas pu vérifier l'éventuelle fécondité de ses intuitions, mais son projet, jusque dans son relatif échec final, dû à la promotion de l'individualisme, hante aujourd'hui nombre de théoriciens de la cité du XXIe siècle.

GUISE (AISNE)
FAMILISTÈRE,
VUE INTÉRIEURE
DE L'AILE GAUCHE
1859-1877,
RECONSTRUITE EN
1920-1922

Une articulation volontariste des espaces privés et des espaces communautaires. Chacun des trois grands bâtiments du Familistère est conçu selon la même disposition. Au sol, une mosaïque animant la surface de la cour au-dessous de laquelle a été creusé un sous-sol, un rez-de-chaussée et trois étages, le tout dominé par une immense verrière qui laisse la lumière couler à flots dans l'enceinte, avec quelques ouvertures pour assurer la circulation de l'air. Le plus original dans cette organisation est peut-être le principe de la rue-galerie ; à hauteur de chaque étage circule un balcon, d'une largeur de 1,30 mètre, mettant en communication directe tous les appartements du même niveau, les différents étages étant par ailleurs reliés par de larges escaliers. À cet ingénieux dispositif (qui n'est pas sans évoquer celui des prisons modernes) se greffe un système de liaison des trois édifices par des passages couverts.

1858 Le 14 janvier, Napoléon III échappe à l'attentat de l'Italien Orsini, qui fait 8 morts. 1859 **Ouverture du chantier du Familistère de Guise** 1860 En octobre, campagne franco-anglaise en Chine ; ouverture de concessions pour les deux puissances européennes.

GUISE
FAMILISTÈRE,
DEUX DES PAVILLONS
1859-1877

Logés par la communauté et fiers de l'être. Le Familistère a été pensé comme un ensemble convivial supposant tout à la fois la proximité et l'autonomie de toutes ses parties. La beauté intrinsèque des bâtiments participe de cette entreprise, d'où l'étagement régulier des grandes baies qui assurent une distribution de la lumière d'autant plus efficace que les appartements sont également ouverts sur la cour éclairée par une verrière. Le fronton central, les élégantes lucarnes et la symétrie des balcons attestent la volonté de faire de cet habitat social un objet architectural digne d'intérêt et éveillant une légitime fierté chez ses occupants, lesquels n'avaient, par surcroît, que quelques dizaines de mètres à parcourir à partir de l'usine pour y revenir, le soir après le travail.

La gare du Nord à Paris

Le temps des gares

C'est au milieu du XIXe siècle qu'apparaît la gare ferroviaire, pièce régulatrice d'un réseau de transport collectif appelé à un développement mondial. Inauguré par le trajet Paris-Saint-Germain, le 26 août 1837, le réseau ferroviaire français s'étoila très vite autour de Paris, à partir des sept grandes gares dont la capitale se dota rapidement, la plus remarquable étant celle du Nord.

Fille de la révolution industrielle, la gare s'impose au cœur de la ville par ses dimensions, son activité, la foule de ses usagers, mais aussi par son décorum et ses innovations technologiques. Elle hante l'imagination des romanciers, éveille l'intérêt des peintres, anime la réflexion des constructeurs. À la différence de presque tous les édifices publics, y compris le musée dont l'éclosion coïncide avec la sienne, la gare n'est ni un lieu de réunion, ni un lieu de séjour. Son usager n'y passe habituellement que pour prendre un train qui la quitte ou pour descendre d'un convoi qui y arrive. La foule qui s'y presse ne s'y connaît pas plus qu'elle ne s'y définit ; aucune détermination catégorielle ne permet de rendre compte de sa totale diversité, de ses constantes mutations.

Aussi devient-elle peu à peu un espace inattendu de liberté, au sein d'une agglomération qui a donné à toutes ses structures des limites privées ou publiques précises. Dans la gare ferroviaire , le caractère passager de la foule autorise toutes les attitudes. Adieux aux partants, accueil aux arrivants, rencontres fortuites, petits trafics et grandes espérances... dans le vacarme des heures de pointe comme dans le silence des moments de pause, la gare devient le miroir des désordres de la métropole naissante.

LA GARE SAINT-LAZARE
CLAUDE MONET (1840-1926)
1877

Huile sur toile
75,5 x 104 cm
Paris, musée d'Orsay

« Il faut être de son temps et faire ce qu'on voit ». Cette revendication, empruntée par Manet à Diderot, ouvre à la peinture de nouveaux horizons. Faisant fi d'un art académique dominé par la peinture d'histoire et ses allégories, les impressionnistes s'attachent à peindre le monde qui les entoure. Plus immatérielle que l'eau, plus féconde en effets lumineux, la vapeur des locomotives fascine Claude Monet, qui vient en guetter et en capturer sur sa toile tous les sortilèges sous la halle de la gare Saint-Lazare, motif de l'une de ses plus admirables séries. « Là est aujourd'hui la peinture », dira Émile Zola, découvrant dans cette toile une « poésie des villes » aussi valide que celle « des fleuves et des forêts ».

1860 Nice et la Savoie sont rattachées à la France, par référendum populaire, le 24 mars
1861 Dessin du plan de la gare du Nord à Paris par Jacob Ignaz Hittorff et ouverture du chantier. Publication, en lien étroit avec le développement du réseau ferroviaire, du premier guide touristique français, *Itinéraire général de la France*.

PARIS (ÎLE-DE-FRANCE)
GARE DE LYON, DÉTAIL DES FRESQUES
1896-1901

Les peintures murales, une invitation au voyage. Aucune gare parisienne n'est plus emblématique de la Belle Époque que celle de Lyon. Le bâtiment actuel date de 1902. Il serait aventureux de chanter sa réussite architecturale, mais sa décoration intérieure fut très soignée et un nombre considérable de peintres sollicités pour exécuter les fresques destinées à orner la totalité des murs. Pour l'essentiel, il s'est surtout agi de représenter les paysages traversés par les lignes partant de cette gare, d'où ce fouillis qui suscita longtemps une ironie amusée, mais apparaît aujourd'hui comme le reflet nostalgique d'un temps disparu.

PARIS (ÎLE-DE-FRANCE)
GARE DU NORD, FAÇADE
1861-1865

Le temple du monde industriel. La façade de la gare du Nord atteint une longueur de 160 mètres. Elle est composée selon le principe classique d'un haut pignon central cantonné de deux hautes galeries le reliant aux pavillons d'angle. À partir de ce schéma, Jacob Ignaz Hittorff a tenté des variations stylistiques néoclassiques et « néomédiévales ». Les premières l'ont emporté, d'où la régularité des éléments de façade, mais aussi son ornement le plus spectaculaire, les 23 statues de villes placées sur les rampants dont elles soulignent la dynamique. Afin d'assurer la validité de ces figures symbolisant les cités desservies, il fut fait appel à treize praticiens ayant pour singularité d'avoir tous été couronnés par le grand prix de Rome !

LA GARE DE L'EST, EMBARCADÈRE DU CHEMIN DE FER DE STRASBOURG
AUTEUR ANONYME
VERS 1850
Paris, Bibliothèque des Arts décoratifs

Le reflet de l'éclectisme du siècle. Commencée en 1847, une année après l'ancienne gare du Nord, la gare de l'Est associa l'ingénieur Pierre Cabanel de Sermet et l'architecte François Duquesney. Achevée en 1852, elle présente une façade constituée d'un pignon central surmonté d'une statue allégorique de la ville de Strasbourg et placé en retrait des deux pavillons d'angle terminant les ailes. La grande demi-rose ouvrant le pignon, les balustres placés au faîte de l'édifice et les arcades donnant sur le hall des voyageurs participent d'une esthétique très éclectique. En 1931, pour élargir cette façade, on se contentera de la doubler, le second pignon recevant à son sommet la statue symbolique de la ville de Verdun.

L'architecte et l'ingénieur

La réussite de la gare du Nord s'explique en partie par l'harmonieuse combinaison de ses deux éléments principaux, le « bâtiment des voyageurs » et la halle couvrant quais et voies. C'est là un point essentiel car, dans la genèse du nouveau monument des temps industriels, il est d'usage que le premier soit commun et la seconde innovante. Quelle que soit, en effet, sa beauté monumentale, la gare du XIXe siècle manifeste le retrait de l'architecte au profit de l'ingénieur. C'est à ce dernier qu'il revient de penser les espaces de l'édifice et d'en régler les articulations, à lui qu'il incombe notamment de dessiner l'immense halle de verre et de métal destinée à abriter l'incessant trafic des arrivées et des départs. D'autant plus qu'il est, par principe, mieux formé que l'architecte au maniement des technologies nouvelles — la verrière, la structure métallique, etc.

De surcroît, l'ingénieur peut lui-même se doubler d'un architecte ; il devient alors un véritable créateur attentif à concevoir plutôt qu'à pasticher, moins soucieux de s'accrocher aux formules du passé qu'à en inventer de nouvelles. C'est le cas de Jacob Ignaz Hittorff qui sera chargé entre 1861 et 1865 de substituer une nouvelle gare du Nord à l'ancienne, ouverte au public en 1846.

Un chantier de l'avenir

C'est en 1857 que la décision de renouveler la première construction avait été prise, le soin d'en dresser les plans ayant été confié aux architectes de la compagnie des Chemins de fer, Ohnet et Lejeune. Les travaux étaient déjà engagés lorsque la banque Rothschild en fit rompre le cours pour solliciter Hittorff, en janvier 1861. Ce dernier ne fit pas que dessiner la nouvelle façade principale et les extérieurs latéraux ; il obtint également, assisté par son fils Charles, de réaliser la grande halle dont l'élégante conception suscite, aujourd'hui encore, une admiration unanime. Mais l'idée d'une portée principale couverte par une ferme de 35 mètres reposant sur deux rangées de colonnes en fonte corinthiennes et encadrée par deux collatéraux de 17 mètres reposant sur des consoles métalliques ne revient pas à Hittorff ; l'architecte Horeau en avait déjà proposé l'agencement en 1849 pour un concours à l'Exposition universelle de Londres.

Achevée en 1865, la gare du Nord présente cette particularité d'être tout à la fois la plus spectaculaire et la plus populaire des grandes gares parisiennes, symbole d'une époque vigoureuse et optimiste, ouverte vers un avenir florissant. Remaniée fréquemment, électrifiée, pourvue de nouveaux quais, d'un terminal pour trains à grande vitesse, d'une station souterraine de RER, elle reste ce qu'elle fut dès l'origine : la rampe de lancement parisienne vers toute l'Europe du Nord.

À Paris comme en province, la multiplication des grandes gares provoque la transformation en profondeur de la mentalité des voyageurs : parcours sécurisés, horaires respectés, etc. L'espace français s'en trouve renouvelé, qu'il s'agisse d'aller peindre à la campagne ou de partir régler un différend commercial.

PARIS (ÎLE-DE-FRANCE)
GARE D'AUSTERLITZ, VERRIÈRE
1865-1868

L'art des ingénieurs. Construite par l'architecte de la Compagnie d'Orléans, Pierre Louis Renaud, l'actuelle gare d'Austerlitz (qui a remplacé un édifice plus petit), se signale par la beauté de sa halle métallique, développée sur une longueur de 280 mètres pour une largeur de 52,50 mètres. Construite sur le système Polonceau (d'après le nom de l'ingénieur qui inventa, pour les halles rectangulaires, un système d'arbalétriers et de tirants en bois ou en fer), elle propose tout un ensemble de lignes perspectives d'une puissante poésie abstraite.

LIMOGES (HAUTE-VIENNE)
GARE DES BÉNÉDICTINS
1925-1929

L'hétérogénéité au service de la grandeur. Cette édifice rassemble toutes les leçons de l'architecture éclectique du XIXe siècle. Édifiée par l'architecte Léon Gonthier en 1925-1929, il suscita une controverse passionnée, point terminal d'une esthétique dont l'hétérogénéité stylistique et formelle ne manque ni d'audace ni de grandeur.

PARIS (ÎLE-DE-FRANCE)
LA GARE D'ORSAY
AU DÉBUT DU XXe SIÈCLE

Une gare pour l'Exposition universelle de 1900. Dernière grande gare parisienne, celle d'Orsay fut construite sur instigation de la Compagnie d'Orléans. Placée dans un quartier aisé, elle fut confiée à l'architecte Victor Laloux en avril 1898. Sa conception, lisible sur ce document, présente une rare originalité : au lieu de les juxtaposer, elle superpose le bâtiment des voyageurs et les quais. Laloux eut d'autant plus de facilité à imposer sa conception d'une basilique ouverte d'arcades, ornée de caissons et illuminée par de grandes verrières que l'électrification des lignes diminua la nuisance des pollutions industrielles. Souvent imitée aux États-Unis, désaffectée en 1939, classée en 1978, la gare d'Orsay est aujourd'hui devenue le premier musée du monde pour l'art du XIXe siècle.

METZ (MOSELLE)
GARE, FAÇADE
1905-1908

Le style néomédiéval. L'architecte Jürgen Kröger érigea cette gare à l'époque de l'occupation allemande en Lorraine. Loin des tentations de l'Art nouveau, il offre, conformément à une esthétique alors largement en vigueur, une copie pâle et affadie en même temps que lourdement germanisée de l'héritage médiéval. La gare ne brille guère par ses qualités esthétiques, mais se révéla très vite d'une surprenante efficacité fonctionnelle.

Le palais Garnier

L'Opéra de Paris, une vitrine du pouvoir

Au XIXe siècle, l'épanouissement du théâtre lyrique provoque une amplification des formes, architecturales et musicales, au nom de la sociabilité et de la reconnaissance sociale. Cette mutation de l'univers théâtral s'inscrit sous le signe de l'hypertrophie, la tendance au monumental parvenant au zénith à Paris, avec la construction de l'Académie nationale de musique par Charles Garnier.

L'importance historique du Paris de Napoléon III et l'apogée du théâtre lyrique coïncident vers 1860 pour donner naissance au plus grand et au plus prestigieux théâtre du monde, un édifice dont les premiers traits seront l'ampleur des dimensions et la somptuosité de la décoration. Vitrine du régime, enjeu politique, lieu de pouvoir et de représentation sociale, cet opéra du Second Empire est le fruit d'un concours remporté, le 29 décembre 1860, par Charles Garnier (1825-1898), ancien prix de Rome, qui triomphe devant un projet de Viollet-le-Duc, pourtant favori de l'impératrice.

Le plus grand théâtre du monde

Le chantier, gigantesque, s'ouvre en 1861. En 1867, le grand échafaudage est retiré cependant que la toiture d'environ 1 500 mètres carrés, soutenue par une formidable structure métallique, est achevée en 1869. À l'intérieur, l'articulation fonctionnelle des volumes provoque l'admiration unanime des contemporains de Garnier, dès l'inauguration du 5 janvier 1875. Les trois grandes missions de l'édifice, réception mondaine, accueil d'un public averti et dispositif scénique performant, sont nettement déterminées. Avec son vestibule, son grand escalier, son foyer et ses balcons à tous les étages, qui assurent la réussite d'une brillante vie sociale, la salle de spectacle satisfait les abonnés par son luxe et son confort ; la scène enfin, très profonde, et les coulisses, immenses, autorisent le déploiement d'un grand spectacle tout à la fois musical et chorégraphique. L'autre salle de Charles Garnier, au Casino de Monte-Carlo (1878), présentera les mêmes caractéristiques, à échelle réduite.

Un symbole ambitieux

Par l'ampleur de ses dimensions, l'Opéra de Paris présente d'évidentes analogies avec le genre musical majeur de son temps, le grand opéra à la française initié par Halévy, Meyerbeer, Adam, et illustré par le génie de Gounod (*Faust*, 1859) et Berlioz (*les Troyens*, 1862). À cette époque, la France, après l'effondrement du Second Empire, s'enivre de son rayonnement culturel au-delà de ses frontières et trouve, avec l'« univers-opéra », l'expression idéale d'une ambition universaliste dont le XXe siècle réduira tristement l'ampleur. Un XXe siècle qui, en dépit de la réussite isolée d'un Debussy (*Pelléas et Mélisande*, 1902) et de la maturité de Puccini ou de Richard Strauss, se signale aussi par l'irréversible déclin du théâtre lyrique, pour des raisons sociologiques (de nouveaux loisirs, le sport, la radio) et artistiques (épuisement du genre). L'inauguration de l'Opéra de la Bastille en 1989 a symboliquement marqué la fin d'un rêve de grandeur dont l'œuvre de Garnier transmet un souvenir qui ne manque pas de panache.

PARIS (ÎLE-DE-FRANCE) PALAIS GARNIER, SALLE ET SCÈNE

Le spectacle de la salle. La salle de l'Opéra peut accueillir 2 158 spectateurs, ce qui est assez peu, relativement à la taille monumentale de l'édifice et à l'énormité de ses dégagements, salons, foyers et autres volumes destinés à la vie mondaine plus qu'à l'activité lyrique ; la Scala de Milan, par exemple, à l'extérieur bien moins imposant, peut en recevoir au moins 2 500. Toute d'or et de rouge, la salle parisienne développe en hauteur cinq étages de loges, d'où la visibilité est très aléatoire dès le second rang. Huit paires de colonnes cannelées et dorées supportent la voûte, célèbre pour son gigantesque lustre et décorée, depuis 1964, par une vaste composition de Marc Chagall. La scène est immense (1 200 mètres carrés) et communique, à l'arrière, avec le foyer de la danse.

CASINO DE MONTE-CARLO 1878-1879

Le rendez-vous des élites. À peine sorti du chantier de l'Opéra de Paris, Garnier se voit confier en 1877 la construction d'une salle de spectacles à l'intérieur du Casino de Monte-Carlo, dont la propriétaire (qui détient aussi la Société des bains de mer) entend attirer ainsi tout le gotha européen ! Commencés le 9 mai 1878, les travaux sont menés à un tel rythme que le nouveau théâtre lyrique est inauguré le 25 janvier 1879 par Sarah Bernhardt. Si la salle n'accueille que 600 spectateurs devant une scène assez restreinte, son prestige tient à sa position exceptionnelle dans le casino le plus huppé d'Europe ; attirés par de fabuleux cachets, les plus grands chanteurs du temps s'y produisent volontiers et des musiciens aussi célèbres que Puccini, Saint-Saëns ou Massenet n'hésitent pas à y faire créer plusieurs de leurs œuvres.

Paris (Île-de-France)
Palais Garnier,
Grand escalier
1861-1869

Temple des Muses, adeptes rentiers. Pièce magistrale et monumentale de l'intérieur, le grand escalier utilise divers marbres colorés pour ses rampes, ses piliers, ses balcons et ses multiples ornements. Fervent d'art lyrique, Charles Garnier, qui se rappelle ici probablement le célèbre précédent de Victor Louis au Grand Théâtre de Bordeaux, a procédé en l'occurrence à une théâtralisation solennelle. La seule conception de cet étonnant dispositif rappelle que, à la fin du XIXe siècle, 90 % des abonnés de l'Opéra se déclaraient « sans profession », c'est-à-dire rentiers !

1860 Le 6 octobre, prise de Pékin par les Français et les Britanniques et sac du Palais d'été **1861 Ouverture du chantier du nouvel Opéra de Paris par Charles Garnier.** Début, sur ordre de Napoléon III, des guerres de Cochinchine et du Mexique.

Paris
Palais Garnier, façade
1861-1869

Une façade d'un souffle tout palladien. Triomphe de l'éclectisme, l'Opéra de Paris présente une façade monumentale, précédée d'un perron colossal qui lui permet de dominer la place et les rues environnantes. Rythmée au rez-de-chaussée par sept grandes arcades en plein cintre ornées de groupes figurant les allégories des arts (dont *la Danse* de Jean-Baptiste Carpeaux), elle développe à l'étage une grande loggia scandée par une colonnade de doubles piliers corinthiens. Aux extrémités, les deux corps latéraux sont dominés par un fronton circulaire ; l'attique orné de guirlandes complète cette ordonnance majestueuse. Les deux groupes dressés dans le ciel au-dessus des frontons symbolisent l'harmonie et la poésie ; ils encadrent le dôme de cuivre, lui-même porteur d'un *Apollon entre la Danse et la Musique* dû à Aimé Millet.

Le Grand Casino de Vichy

Les loisirs de la bourgeoisie

Sous le Second Empire, la bourgeoisie triomphante songe toujours à s'enrichir mais aussi à profiter des loisirs que lui offre cette richesse. Eaux thermales et « bains de mer » font désormais partie du décorum et des signes extérieurs de richesse, et le phénomène se trouve favorisé par le développement des lignes de chemin de fer. Napoléon III se charge de donner lui-même l'exemple, exigeant ici la création d'un casino, là celle d'un parc, ailleurs la construction d'une résidence estivale...

Adepte des séjours en station thermale, l'empereur éprouve une prédilection pour Vichy et Plombières, où il échappe à l'étiquette de cour et mène une vie d'une relative simplicité. C'est à Vichy, par exemple, où il séjourne pour la première fois en 1861, qu'il travaille à son *Histoire de Jules César* (qui semble n'avoir que médiocrement enrichi la littérature historique !). Pour se concilier bienfaits de la nature et protection divine, il ordonne l'aménagement d'un parc et l'érection d'une église, dont les vitraux figurent ses saints patrons sous les traits de ses propres familiers ! Il décrète également l'ouverture de huit routes convergeant vers l'édifice thermal et se fait bâtir, en 1862, une suite de chalets. Amateur de musique enfin, il fréquente la Rotonde, construite en 1845, pour y entendre l'orchestre dirigé par Isaac Strauss.

GRANVILLE (MANCHE)
L'ENTRÉE DU CASINO
VERS 1920

Le fabuleux destin d'un lieu à la mode. Fruit de la mode des bains de mer lancée par le duc de Morny et l'impératrice Eugénie, le premier casino de Granville remplaça la populaire « Cabane » locale, à la suite d'un éboulement de la falaise survenu le 18 juin 1858. Dès le 10 octobre suivant, un plan de reconstruction proposé par l'architecte Mequin fut accepté. Le chantier ayant ouvert en 1859, l'établissement put ouvrir ses portes en 1860. Construit en bois, il se composait d'une enfilade de salons modulables et d'une salle de spectacle. L'entrée en était payante, donc réservée pour l'essentiel à la riche bourgeoisie parisienne, phénomène accentué par l'inauguration, en 1870, de la ligne Paris-Granville. Le casino multiplia les bals, concerts, représentations théâtrales, jeux, fêtes, accueillant de prestigieux invités, dont Jules Massenet. Vétuste et dégradé, l'établissement ne fut pas aménagé comme celui de Vichy, mais purement et simplement abattu en septembre 1910. En lieu et place, a été reconstruit le nouveau casino, inauguré, le 15 juillet 1911.

Un casino au cœur du territoire

Ayant ainsi pu goûter tous les charmes du lieu, Napoléon III ressent alors la nécessité d'y élever un casino, soucieux d'offrir à ses sujets les plus distingués des distractions dignes de leur rang. D'autant plus que, à cette époque, « prendre les eaux » signifie presque toujours se rendre en terre germanique, où ne manquent pas les établissements de luxe qui donnent aux curistes toute satisfaction. Placée au cœur du territoire français, Vichy occupe une position centrale idéale aux yeux de l'empereur, lequel confie aux fermiers de l'État le soin de financer l'entreprise.

Le plan de l'édifice est demandé à l'architecte Charles Badger et la construction débute dès 1863. Réussir le mariage du luxe, de l'élégance et de la commodité, telle est la gageure tenue par Badger, qui conçoit un bâtiment horizontal, propice aux déplacements des personnes fragiles mais exigeantes ! Extérieurement, le risque de monotonie linéaire est écarté par le dessin de trois frontons circulaires disposés de façon symétrique. Et pour parachever ce bel ouvrage destiné à une clientèle nantie, le sculpteur Carrier-Belleuse décore la façade de cariatides tout en ornant le parc d'une allégorie de la déesse des eaux.

MERS-LES-BAINS
(SEINE-MARITIME)
VILLAS DE FRONT DE MER

FIN DU XIXe SIÈCLE

Tourisme et villégiature. Envahie de touristes fortunés dès l'ouverture de la ligne ferroviaire reliant Paris à la Normandie en 1872, Mers-les-Bains est la première ville en France dont un secteur — son front de mer — relevant exclusivement de la seconde moitié du XIXe siècle ait été sauvegardé. Ce long vis-à-vis de hautes façades face à la mer accumule, selon les critères architecturaux de la fin du XIXe siècle en matière balnéaire, pans de bois, balcons, tourelles ou clochetons, le tout rehaussé de vives couleurs et de motifs décoratifs variés. Construites en briques, parfois encadrées de pierres, les quelque cinq cents villas ayant échappé aux destructions de la Seconde Guerre mondiale ont été récemment restaurées avec un soin scrupuleux.

Le succès est rapide, la vie culturelle intense : les troupes de théâtre et d'opéra se succèdent, soutenues par un orchestre de cent musiciens, la foule mélomane se presse autour des kiosques du parc, la clientèle se fait toujours plus nombreuse. Trop exigu pour la foule des curistes, le casino est agrandi en 1905 par les architectes Charles Lecœur et Lucien Woog qui respectent son ordonnance générale et l'enrichissent d'une salle d'opéra à l'italienne avec des sculptures intérieures de Seguin et des peintures de Léon Rudnicki.

VICHY (ALLIER)
LE GRAND CASINO
VERS 1950-1960

Luxe, calme et nature. De l'édifice construit à l'initiative de Napoléon III en 1863, il reste l'ordonnance générale mais surtout le principe de communication directe entre l'intérieur du bâtiment et les frondaisons du parc. Le verre et le métal ont été largement utilisés pour favoriser la pénétration de la lumière et la circulation de l'air dans ce lieu de reconstitution physique et mentale. L'immense auvent de verre placé sous le fronton circulaire crée avec celui-ci un plaisant effet imitatif dont les cintres des baies multiplient l'effet.

1862 Victor Hugo publie *les Misérables* **1863 Ouverture du chantier du Grand Casino de Vichy** 1865 Le 10 mars, mort du duc de Morny, habile politique et maître de la mode 1867 Exposition universelle à Paris, de mai à octobre 1870 Le 19 juillet, la France déclare la guerre à la Prusse ; le 2 septembre, défaite de Sedan, qui provoque la chute de l'Empire : la République est proclamée le 4 septembre.

BIARRITZ (PYRÉNÉES-ATLANTIQUES)
VILLA EUGÉNIE
1854-1855

L'autre lieu de séjour de l'empereur. En 1854, Napoléon achète à Biarritz vingt hectares de terrain pour y faire construire une nouvelle résidence estivale, la villa Eugénie (aujourd'hui hôtel du Palais), dédiée à son épouse qui y avait séjourné en ses jeunes années. Terminés en été 1855, les travaux font surgir de l'éminence sablonneuse qui domine la mer un bâtiment plus pompeux mais moins protocolaire que les châteaux de Compiègne ou de Fontainebleau, ce qui permet d'y recevoir les bourgeois enrichis que l'étiquette aurait écartés ailleurs. C'est ainsi, de la façon la plus artificielle, que la petite cité balnéaire accède au rang de « reine des plages et plage des rois », titre prestigieux qui assurera longtemps sa fortune touristique.

L'Hôtel de Ville de Paris

Mairies et écoles publiques, l'art de la République

La mairie et l'école régissent presque aussi sûrement l'urbanisme de la IIIe République que jadis le temple et le théâtre spécifièrent la cité grecque. Si le XIXe siècle devait être envisagé sous les seuls angles du pouvoir et de la religion, il serait en effet possible d'en présenter les caractéristiques capitales sous forme d'un double déplacement : celui du palais souverain vers l'hôtel de ville, celui de l'église vers l'école.

1870 Le 19 juillet, la France déclare la guerre à la Prusse ; le 2 septembre, défaite de Sedan et chute du Second Empire ; le 4 septembre, proclamation de la République 1871 Du 18 mars au 28 mai, Commune de Paris 1872 Au Havre-Athletic-Club, premières équipes françaises de football et de rugby **1873 Théodore Ballu et Édouard Deperthes remportent le concours pour la reconstruction de l'Hôtel de Ville de Paris brûlé en 1871** 1874 Le 24 janvier, la loi confie au gouvernement la nomination de tous les maires.

Le Second Empire s'est effondré au sein d'une catastrophe provoquant la perte de l'Alsace-Lorraine, et suscitant des émeutes populaires dont la plus célèbre et la plus férocement réprimée reste la Commune de Paris. Ces troubles apaisés, il s'agit moins de reconstruire une nation que d'imaginer une nouvelle société, la IIIe République s'attachant à faire de la France un pays de citoyens (pas encore de citoyennes !) libres d'élire leurs députés et délivrés du malheur de l'analphabétisme. La foi en l'instruction, héritage des Lumières, habite les plus hauts esprits. « Ouvrez des écoles, vous fermerez des prisons », prophétise Hugo ; « De tout ce peuple, les meilleurs étaient peut-être encore ces bons citoyens qu'étaient nos instituteurs », écrira Péguy un an avant sa mort en 1914.

Si, dans ce contexte, le nom de Jules Ferry a pris valeur de symbole, c'est moins pour avoir émis l'idée, déjà ancienne, d'instruction publique, que pour l'avoir fait suivre d'effet en imposant la construction d'écoles municipales sur tout le territoire français, selon des normes hygiéniques et pratiques encore en vigueur de nos jours. Si les écoles étaient presque toujours à construire, les hôtels de ville n'exigeaient le plus souvent que des remaniements, mais la fusion architecturale des deux institutions allait devenir fréquente.

La force du passé

Le cas de l'Hôtel de Ville de Paris est exceptionnel : incendié par la Commune au printemps 1871, il occupe un site marqué par une longue histoire ; dès 1357, Étienne Marcel avait fait de la maison aux Piliers le lieu de réunion de bourgeois et « municipes » administrant la cité. Abattue en 1589, la bâtisse fut remplacée par un édifice conçu par le Boccador dès 1533 et terminé en 1628 ; agrandi par les

Paris (Île-de-France)
Hôtel de Ville, façade principale
1873-1882

Une façade soumise à la tradition de la Renaissance française. La grande façade ouvre sur la place par un avant-corps central et deux pavillons, chacun flanqué d'une tour carrée. L'ensemble respecte l'ancienne ordonnance des XVIe et XVIIe siècles : répartition régulière des pilastres et des baies, lucarnes alternant avec des statues et surmontées d'un fronton triangulaire. Au centre, le cadran d'horloge est encadré par les figures allégoriques du Travail et de l'Instruction et couronné par la grande figure assise figurant la Ville de Paris. Sur la crête du comble, six hommes en armes semblent monter la garde autour du campanile légèrement en retrait.

Bois-le-Roi (Seine-et-Marne)
La mairie et l'école
vers 1910

La République de l'instruction pour tous. Sur la façade de l'Hôtel de Ville de Paris, les figures allégoriques de l'Instruction et du Travail encadraient l'horloge centrale. Dans d'innombrables communes de France, cette alliance de la mairie et de l'école est concrétisée par leur réunion dans un même bâtiment. On en voit ici la parfaite application : de part et d'autre du corps central légèrement en retrait et dont la grande arcade superpose porte d'entrée et pendule, se développent les deux ailes à double étage. L'édifice agrège ainsi le siège de la mairie aux locaux scolaires respectivement réservés aux filles et aux garçons. La belle symétrie des grandes baies assurant l'éclairage intérieur et des cheminées réparties sur le toit — signe des bonnes conditions de chauffage des salles de classe — confère une élégante tenue à ce modeste édifice. Raison, équilibre et harmonie engendrent la structure du temple de cette nouvelle religion qu'est devenue l'instruction publique, répondant ainsi aux normes édictées par Jules Ferry.

Ris-Orangis (Essonne)
Cour de l'école des filles vers 1900

L'école, antichambre de la vie. Cette haute façade d'école repose sur une répartition symétrique des surfaces et des volumes, particulièrement sensible dans la distribution des baies dont la largeur assure l'éclairage et l'aération des salles de classe, éléments indispensables à l'hygiène que l'école républicaine apprend aux enfants des villes et des campagnes. Loin de rigidifier l'image de l'institution, cette belle régularité forme un contraste charmant avec l'assemblée joyeuse des petites filles vêtues de cette blouse démocratique qui assura si longtemps la réduction des différences de classes sociales au temps heureux de l'apprentissage scolaire.

architectes Godde et Lesueur en 1836-1850, brûlé en 1871, il renaît des cendres d'après les plans des architectes Théodore Ballu et Édouard Deperthes, vainqueurs du concours ouvert pour sa reconstruction en 1873. Le conservatisme des façades, soumises à la tradition de la Renaissance française, peut surprendre, mais tout l'aménagement intérieur a été repensé. Inauguré le 30 juin 1882, le nouvel Hôtel de Ville reçoit une décoration dans le goût du siècle, luxueuse et froidement académique ; les salons de réception (d'apparat, des Arcades : Sciences, Arts, Lettres) au deuxième étage en offrent la plus éclatante démonstration avec leur profusion de peintures, médaillons, bustes, cariatides, etc.
C'est du même esprit que procède la salle des Fêtes (quelque 600 mètres carrés sous un plafond qui culmine à 13 mètres). Dans ce contexte, l'ensemble le plus réussi demeure la décoration picturale de Puvis de Chavannes pour le palier de l'escalier du Maire.

Un événement énigmatique. Qui a pris la décision de brûler l'hôtel de ville de Paris, le mercredi 24 mai 1871 ? Selon plusieurs historiens, la responsabilité en revient à Pindy, gouverneur de l'établissement, selon d'autres, elle serait le fait d'un aréopage de communards inquiets de l'avance des divisions versaillaises. Toute une part de mystère entoure cette catastrophe ; totalement inutile, elle démoralisera profondément les gardes nationaux et les civils combattant à leurs côtés, sonnant le glas de la Commune. C'est à dix heures du matin, après évacuation, que l'incendie fut déclenché ; dès midi, le monument n'est plus qu'un immense brasier dont tous les toits et les plafonds s'effondrent, conférant un curieux aspect crénelé aux ruines fumantes. Comme pour exorciser la grande peur et narguer le peuple de Paris – du temps que le peuple vivait à Paris – le bâtiment sera reconstruit à l'identique.

L'Hôtel de Ville incendié au printemps 1871

Le Lion de Belfort

Affirmation de la nation française

En 1870, la France perd la guerre contre l'Allemagne, lors même qu'elle est parvenue à l'apogée de sa puissance internationale. Elle subit une défaite si totale, si désastreuse, que les traces rageuses de son humiliation altèrent une part de sa production intellectuelle et artistique ; de cette névrose, dont elle ne guérira qu'en 1918, le plus imposant symptôme demeure sans conteste le Lion de Belfort, vision prémonitoire d'une revanche à venir.

Habituée à vaincre ses ennemis traditionnels, dont l'Angleterre lors de la guerre de Cent Ans, la France avait bien vu l'Europe mettre en jeu toutes ses forces (y compris celles de l'opposition interne) pour abattre Napoléon, mais en était finalement sortie renforcée. Or là, contre le seul adversaire venu d'outre-Rhin, Mac-Mahon a subi un piteux revers, l'empereur s'est laissé enfermer dans Sedan, Bazaine, fidèle à toute une vie de trahison, s'est à nouveau couvert de honte, mais la cité de Belfort oppose à l'assaillant une résistance désespérée. Alors que le gouvernement capitule le 28 janvier 1871, le colonel Denfert-Rochereau, gouverneur de la ville, ne rend les armes que sur un ordre exprès du ministère de la Défense nationale, le 18 février 1871, après 103 jours de siège. Eu égard à cette glorieuse fermeté, Thiers obtiendra que le territoire de Belfort soit échangé contre un fragment supplémentaire de la Lorraine et haussé au rang de département.

Le monument d'une revanche annoncée

Pour commémorer cet exploit dont l'éclat effaçait utilement les ombres de la défaite, le maire de la ville, Édouard Mény, décide, le 5 décembre 1871, d'ériger un monument célébrant et honorant la mémoire des disparus. Pressenti, le sculpteur Auguste Bartholdi (1834-1904),

Buste en cuivre de *La Liberté éclairant le monde* présenté à l'Exposition universelle de 1878 au Champs-de-Mars à Paris

L'amitié franco-américaine en exergue de l'Exposition universelle. La célèbre statue de Bartholdi est constituée d'une ossature métallique supportant des feuilles de 2,5 millimètres en cuivre martelé. Le sculpteur ayant confié à Viollet-le-Duc le soin de la réalisation, ce dernier fait exécuter la tête qui est présentée à l'Exposition universelle de 1878. À cette occasion, les visiteurs grimpent à l'intérieur de la tête ; bientôt, c'est la statue entière qui domine la ville avant de partir pour l'Amérique, en 270 caisses, à bord de la frégate *Isère*. Avec ses 46 mètres de hauteur (plus de 92 mètres avec le piédestal) et ses 225 tonnes, la figure géante, terminée par Eiffel après la mort de Viollet-le-Duc, renvoie au mythique Colosse de Rhodes. Elle emprunte les traits du visage de la mère de l'artiste. Inaugurée en présence du président Stephen Grover Cleveland, le 28 octobre 1886, elle est vendue sous forme de modèles réduits par Gaget — l'un des auteurs de la tête de 1878 — dont le nom prononcé à l'américaine donnera le mot « gadget » !

1873 **Auguste Bartholdi décide de construire au pied de la citadelle de Belfort un énorme lion dont la taille durera de 1876 à 1880** 1874 Le 15 mai, le traité de Hué place le Tonkin sous le protectorat de la France 1875 Le 16 juin, pose de la première pierre du Sacré-Cœur de Paris. Le 25 novembre, la Grande-Bretagne devient, avec la France, « copropriétaire » du canal de Suez.

La Liberté éclairant le monde (réplique installée en 1889 à Paris)
1889
Auguste Bartholdi (1834-1904)
Renvoi de bons offices. À la proue de l'allée des Cygnes, île artificielle créée en 1825 pour établir un comptoir portuaire sur la Seine, se dresse *la Liberté éclairant le monde*, modèle réduit en bronze du chef-d'œuvre de Bartholdi offert à la ville de New York par la France pour le centenaire de la Déclaration d'indépendance des États-Unis. Haute de 9 mètres (sur un socle de 7 mètres), elle a été installée en 1889, à l'initiative de la communauté américaine de Paris qui a financé le chantier.

hanté dès sa jeunesse par de grandioses desseins, décide, en 1873, de construire un énorme lion au pied de la citadelle. Il songe en premier lieu à un animal accroupi, prêt à bondir, mais choisit, en octobre, de modeler un fauve couché, blessé donc dangereux, rugissant et commençant à se relever. Il le fait tailler dans le grès rouge à partir de mai 1876, ne mettant la dernière main à son projet qu'en 1880. Inauguré quelque temps plus tard, le lion colossal développe une longueur de 22 mètres pour une hauteur de 11 mètres. Sur fond de paroi rocheuse, il domine la ville, mais tourne le dos à l'Allemagne, pour ne point se présenter au vainqueur comme le signe d'une revanche annoncée.

La statue de la Liberté (1886) du même Bartholdi affirmera à quelques années de distance la persistance de cette veine libératrice et la volonté de faire rayonner la grandeur d'une nation qui veut rester foyer de Lumières. Dans le même temps, le Sacré-Cœur de Paris prétend solliciter la protection divine, bien utile dans l'optique d'une revanche, mais flétrit surtout les désordres de la Commune au cours de laquelle l'armée française a livré aux « forgerons devenus des héros » un combat moins périlleux — et victorieux, celui-là ! — que celui perdu face aux soldats allemands !

LE LION DE BELFORT
1876-1880
AUGUSTE BARTHOLDI (1834-1904)
22 x 11 mètres
Belfort (Territoire de Belfort)

L'apologie de la résistance dans un climat de défaite. Emblème du Territoire de Belfort, de la Franche-Comté et, au-delà, de tout ce que la France oppose d'énergie à ceux qui veulent la domestiquer, le *Lion* de Bartholdi se dresse puissamment sur ses pattes antérieures, au pied de la citadelle qui rappelle la vocation militaire de la cité et l'importance stratégique décisive de sa trouée entre les Vosges et le Jura. Une réplique en existe à Paris, place Denfert-Rochereau, d'une hauteur de 4 mètres pour 7 mètres de longueur ; inauguré en 1880, il est magnifiquement encadré par les deux pavillons d'octroi de Claude-Nicolas Ledoux.

PARIS (ÎLE-DE-FRANCE)
LE SACRÉ-CŒUR PENDANT SA CONSTRUCTION
1875-1919

Un monument controversé. Décidée en décembre 1870 pour le « salut de la France », la construction du Sacré-Cœur provoqua de très vives polémiques, nombre de républicains y voyant un signe de « repentance » après l'épisode de la Commune. Une souscription nationale ayant été ouverte, la première pierre est posée le 16 juin 1875, mais les travaux avancent lentement, le sol de la butte Montmartre, creusé de carrières, imposant de profondes fondations. L'énorme pastiche néobyzantin inauguré le 16 octobre 1919 domine toute la cité, célébrant le paradoxal triomphe d'une pensée réactionnaire que la séparation de l'Église et de l'État (1905) vient pourtant de fissurer profondément.

L'usine textile de Roubaix

Souvenirs d'une expansion industrielle périmée

Le paysage français, surtout en périphérie urbaine, est souvent balisé d'immenses édifices, dont l'étrange beauté vient pour une part de leur désaffection ; ce sont des usines, des usines vides, silencieuses, condamnées par l'évolution technologique et les mutations de la vie économique.

Or, de cet inutile et pathétique patrimoine, beaucoup d'esprits se sont récemment avisés qu'ils constituaient tout à la fois une irremplaçable mémoire et un formidable potentiel à vocation essentiellement culturelle.

La mémoire du Nord ouvrier

Le Nord est d'une particulière richesse en la matière, peut-être pour avoir cruellement souffert des grandes restructurations industrielles qui ont grandement ruiné ses activités houillères et textiles. À Roubaix, nombre de bâtiments désaffectés ont ainsi été sauvés d'une destruction programmée grâce à l'énergie des décideurs locaux et à l'ingéniosité des architectes chargés des travaux de rénovation ou de transformation. Tel garage devient le siège d'une compagnie théâtrale, tel bâtiment de conditionnement de la laine se mue en centre culturel, etc. Mais l'exemple le plus démonstratif de cette vaste entreprise reste peut-être celui de l'ancienne filature Motte-Bossut, choisie en 1984 par le ministère de la Culture et la direction des Archives de France pour abriter le tout nouveau Centre des archives du monde du travail.

Le premier bâtiment remontait à 1843. Construit sur ordre de l'industriel Motte-Bossut, il était situé en face de l'actuel édifice ; il n'en reste qu'un fragment de mur. En 1864, lui est adjointe une annexe, qui devient le siège principal d'activité lorsque la grande usine est détruite par le feu en 1866. Jusqu'à 1876, date d'achèvement des travaux, elle se développe pour prendre le visage que nous lui connaissons. Des centaines d'ouvriers y travaillaient tous les jours de l'année, dans des conditions difficiles et pour de faibles émoluments ; or c'est précisément ce souvenir qui est précieux pour la population locale. C'est ainsi que l'usine Motte-Bossut a pu être inscrite à l'inventaire supplémentaire des Monuments historiques en 1978, trois ans avant l'arrêt définitif de son activité. Dès mars 1989, l'architecte Alain Sarfati lançait un chantier de rénovation, évidant tout l'intérieur pour l'adapter à sa nouvelle fonction, mais conservant ses superbes façades.

Anciennes fabriques, nouveaux ateliers

D'innombrables autres exemples de conversion réussie pourraient sans peine être ici cités. Des mines lensoises ou des abattoirs calaisiens sont devenus des lieux de création contemporaine. À Roubaix encore, l'architecte Patrick Bouchain se fait un devoir de transformer d'anciennes fabriques industrielles en nouveaux ateliers culturels, toujours avec le souci que le lieu reste identifiable et ouvert à tous. À Noisiel (Seine-et-Marne), la réhabilitation de bâtiments de même nature a permis à la cité de se doter d'équipements nouveaux, projet favorisé par la beauté architecturale due à la famille Menier, qui chercha tôt à concilier urbanisme et industrie, salariat et

Roubaix (Nord)
Ancienne filature de coton
Motte-Bossut
1876

Fonctionnalité et élégance. L'organisation stricte de la façade de l'ancienne filature n'exclut ni l'élégance, ni la variété des formes. Les trois étages sont ouverts de façon maximale à la lumière grâce à l'ampleur des baies et à la minceur des supports les séparant. Les frontons crénelés qui les surmontent, caractéristiques du nord de la France, sont ornés à leur base d'un oculus qui brise la monotonie des horizontales et des verticales. Au cœur de la ville, l'ancienne filature accueille désormais, grâce à la rénovation conçue par Alain Sarfati, le Centre des archives du monde du travail.

Noisiel (Seine-et-Marne)
Ancienne chocolaterie Menier,
< le moulin, détail de la façade
1872-1924

Une reconversion réussie. La chocolaterie de Noisiel, reconvertie en siège social du groupe Nestlé en 1996, a commencé à grandir avec l'installation de la famille Menier en 1825. C'est à partir des années 1860 que le complexe est conçu comme une entité dont toutes les parties sont organisées en fonction du processus de fabrication, le moulin étant complètement reconstruit en 1872 par l'architecte Saulnier. D'autres mutations interviendront jusqu'en 1924, nécessitées par l'accroissement de la production et régies par le progrès technologique. Mais la préoccupation esthétique n'est jamais absente des projets, ce qui explique la réussite totale de l'édifice.

Des préoccupations esthétiques au cœur de l'utilitaire. Pour être reconvertie en siège social du groupe Nestlé en 1996, l'ancienne chocolaterie Menier a été restructurée par les architectes Reichen et Robert. Le décor, dû à l'architecte Muller, a été rénové et restitué : briques polychromes en motifs géométriques, baies géminées, motifs concentriques, losanges, croix... Une telle prolifération ornementale pour une simple fabrique ne constitue certes pas la règle, mais rappelle que le génie architectural de la révolution industrielle ne s'est pas cantonné aux seules et tristes frontières du fonctionnalisme.

Roubaix
Bâtiment
de conditionnement
de la laine
1901

Un monument classé. Érigé à l'aurore du XXe siècle pour le stockage et le commerce de la laine, cet édifice appartient à la mémoire ouvrière locale, ce qui a conduit les pouvoirs publics à la transformer en un centre culturel aux multiples activités. L'ensemble couvre une surface de quelque 2,5 hectares et ses façades sont inscrites à l'inventaire supplémentaire des Monuments historiques, en raison de la beauté de leur appareil, qui sollicite la polychromie des matériaux sur fond de brique.

vie sociale. Toute proche de la chocolaterie et réhabilitée depuis 1990, la Ferme du Buisson accueille aujourd'hui un Centre d'art contemporain, deux cinémas et un grand théâtre de 800 places.

À Elbeuf (Seine-Maritime), ce sont les anciennes manufactures (les premières remontent au XVIIe siècle et sont si vastes que l'une d'elles, remaniée, est devenue le château des ducs d'Elbeuf) qui, dans les années 1970, ont été transformées, par l'agence Reichen et Robert — déjà active sur le chantier de Noisiel — en logements sociaux. Imaginatifs et scrupuleux, les auteurs du projet ont réussi à lancer une passerelle entre les traits distinctifs de la monumentale architecture industrielle du XIXe siècle et les nécessités sociales, environnementales et culturelles de la nouvelle institution.

À Nantes, l'archaïque biscuiterie LU est devenue, à nouveau grâce à Patrick Bouchain, un espace de création et d'exposition, « Lieu unique », groupant dans son foyer une salle de spectacles, une librairie, un restaurant et même une université populaire...

Désormais l'imposant et complexe patrimoine industriel du XIXe siècle s'inscrit tout à la fois dans la mémoire collective en tant qu'espace d'un labeur dont les conditions ont été fort heureusement améliorées, et dans une perspective culturelle dont l'ambition est favorisée par l'ampleur et la souplesse d'utilisation de ses espaces intérieurs.

ELBEUF (SEINE-MARITIME) ANCIENNE MANUFACTURE TEXTILE
FIN DU XIXe SIÈCLE

Les filatures et leurs nécessités. Dès le début du XIXe siècle, les commandes de drap pour l'armée et de nouveaux procédés mécaniques sont à l'origine d'une croissance rapide de l'activité textile d'Elbeuf. L'une des premières caractéristiques de l'architecture industrielle du textile consiste dans le développement des surfaces vitrées, le bon éclairage des espaces de travail répondant à une nécessité. D'où la présence de ces façades majestueusement ouvertes de grandes baies appareillées de pierre.

PARIS (ÎLE-DE-FRANCE)
SOCIÉTÉ URBAINE D'AIR COMPRIMÉ
1891

Quand architecture métallique rime avec qualité esthétique. Unité de la Compagnie d'air comprimé qui alimentait les ascenseurs et les horloges de Paris, la Société urbaine d'air comprimé (SUDAC) a été construite par l'ingénieur Joseph Leclaire. Cette halle possède une structure métallique remarquable par les croix de Saint-André latérales qui contreventent l'armature principale. Le mur de façade présente une haute façade éclairée de baies cernées de remplissages en brique ; par la qualité de son architecture métallique et l'harmonie de ses formes, cette halle dominée par une cheminée de brique est l'un des fleurons de l'architecture industrielle de la seconde moitié du XIXe siècle en Île-de-France.

1876 **Extension de la filature de coton Motte-Bossut, à Roubaix, après la destruction de l'ancienne usine par un incendie en 1866 .** Jules Guesde fonde le premier journal socialiste *l'Égalité*, Zola publie *L'Assommoir* 1877 Charles Cros invente le phonographe et Thomas Edison le téléphone 1878 Premier éclairage électrique à Paris.

NANTES
(LOIRE-ATLANTIQUE)
USINE LU
1909

Des locaux industriels au moule de l'Art nouveau. C'est à la fin de la première décennie du xxe siècle que l'architecte Auguste Bluyssen a construit l'usine LU (fabrique de biscuits, Lefèvre & Utile). Le principal ornement en était formé par les deux tours de style Art nouveau, détruites pendant la Seconde Guerre mondiale ; celle de gauche a été reconstruite à l'identique par l'architecte Jean-Marie Lépinay. Récemment, la biscuiterie, désaffectée, a été transformée en lieu culturel, ce qui a exigé une rénovation complète des quatre niveaux du bâtiment.

Le style « troubadour » appliqué à des bâtiments fonctionnels. Sur les rives de l'Andelle se dresse cet étonnant bâtiment néogothique, exemple rarissime en France d'édifice industriel « troubadour », avec ses ogives, ses arcs brisés, ses hautes tours... La première filature implantée sur le lieu remonterait à 1792, mais c'est en 1822 qu'Édouard Levavasseur racheta le bâtiment pour y installer sa fabrique. Entre 1857 et 1859, son fils Charles y fait édifier ce monument de 100 mètres de long, sur 25 mètres de large, pour une hauteur de 38 mètres. Évoquant les ruines d'un édifice religieux, la filature normande s'inscrit dans une tradition qui ne relève pas du seul fonctionnalisme.

PONT-SAINT-PIERRE
(EURE)
FILATURE LEVAVASSEUR
1857-1859

Le Palais idéal du facteur Cheval

Le rêve vêtu de pierres

Pour donner corps à la vision surgie lors d'un rêve nocturne de 1867, Joseph Ferdinand Cheval (1836-1924), facteur à Hauterives (Drôme), a voué trente-trois années de sa vie à assembler, avec de la chaux et du ciment, les trouvailles récoltées sur le chemin de ses tournées. Cette extraordinaire entreprise, qui échappe à toutes les catégories de l'architecture, n'a pas d'équivalent dans l'histoire, hors peut-être l'ensemble – de moindre ampleur – sculpté par un autre rêveur tourmenté, l'abbé Fouré, dans la pierre des rochers de Rothéneuf (Ille-et-Vilaine).

La personnalité du facteur Cheval ne constitue pas l'élément le moins fascinant de l'histoire du Palais idéal. Peu de vies semblent avoir été plus marquées par la mort que la sienne ; fils de paysans, orphelin de mère à onze ans, veuf après quinze ans de mariage, il verra mourir ses trois enfants (âgés de un, quinze et quarante-six ans) et perdra sa seconde épouse. Cependant, l'instruction publique naissante lui aura permis d'échapper à l'illettrisme (il gravera nombre de maximes « morales » dans la pierre de son palais) puis de se hisser au rang de facteur rural à l'âge de trente et un ans.

Le rêve du facteur

Muté à Hauterives en 1869, il y entame le parcours chimérique le conduisant vers les féeries de ce palais dont il produit les images continues au hasard des 32 (!) kilomètres de sa tournée quotidienne. Un palais qui relèverait de l'hallucination si ses rêves nocturnes n'en dessinaient les formes au gré d'un prodigieux cycle de métamorphoses.
La méticulosité de l'agencement décoratif, l'éclectisme des styles et l'ampleur des dimensions feront de cet inhabitable monument l'emblème d'un art, prétendu naïf, qui sollicite équitablement la lumière des contrées exotiques et l'obscurité des désordres intimes.

HAUTERIVES (DRÔME)
PALAIS DU FACTEUR CHEVAL, DÉTAIL DU LABYRINTHE SUD
1896

Une création qui échappe à son auteur. L'étrange appariement de l'ours et du cèdre renvoie aux utopies nébuleuses du facteur Cheval. Ils sont comme les souvenirs transfigurés de l'enfant ayant découvert sur les bancs de l'école communale le monde et ses lointains mirages. Rien n'est plus révélateur à cet égard que les altérations orthographiques et syntaxiques du vieil homme cherchant à déchiffrer la nature des élans ayant gouverné sa prodigieuse chimère : « Dans cette hécatombe on y trouve une foule de variétés que j'ai sculpté et façonné moi-même, rappelant assez les temps anciens tels que : cèdres, ours, éléphants, bergers des landes, cascades. » Tenus en 1911, ces propos renvoient à un univers très proche, celui du douanier Rousseau disparu l'année précédente, lui aussi porteur d'aspirations universelles qu'il sut peindre sans jamais pouvoir en donner les clefs.

HAUTERIVES
PALAIS DU FACTEUR CHEVAL
1879-1912

Un défi insolite à tous les canons esthétiques. Le Palais idéal suscite tout aussi bien la fascination que la répulsion, l'émotion que l'agacement. Mais quelle que soit la réaction du spectateur, elle repose toujours sur ce constat que se trouve là un objet unique, fabriqué par un homme et pourtant impensable avant son surgissement.

HAUTERIVES (DRÔME)
LE FACTEUR CHEVAL DEVANT
SON « PALAIS IDÉAL » EN 1905

La « pierre d'achoppement »

Tout se déclenche un jour d'avril 1879, à la suite d'un hasard dont il notera lui-même le récit. « Pour distraire mes pensées, je construisais en rêve un palais féerique. [...] J'avais alors dépassé depuis trois ans ce grand équinoxe de la vie qu'on appelle quarantaine. Cet âge n'est plus celui des folles entreprises et des châteaux en Espagne. Or, au moment où mon rêve sombrait peu à peu dans les brouillards de l'oubli, un incident le raviva soudain, mon pied heurta une pierre qui faillit me faire tomber, je voulus voir de près, ma pierre d'achoppement ; elle était de forme si bizarre que je la ramassais et l'emportais » (*Cahier*, 1911).

C'est l'illumination, le déclic capital ! La mémoire du facteur a-t-elle embelli l'incident (dans d'autres versions, il n'a pas seulement trébuché, mais « roulé quelques mètres plus loin ») ? Peu importe, le merveilleux demeure, qui a confié à la pierre « de forme si bizarre » le soin de ranimer le grand rêve qui s'ensommeillait. Cheval découvre que

« L'œuvre d'un paysan », un monument classé depuis 1969. C'est à André Malraux, alors ministre de la Culture, que revient la décision de classer monument historique, en 1969, l'œuvre du facteur Cheval : « Qu'est-ce que le Palais idéal ? C'est le seul exemple en architecture de l'art naïf. [...] Il serait enfantin de ne pas classer quand c'est nous, Français, qui avons la chance de la posséder, la seule architecture naïve du monde. »

Une démesure visionnaire. « La Façade Est mesure 26 mètres de longueur, la façade Ouest également 26 mètres, celle du Nord 14 et celle du Sud 12... la hauteur varie suivant les endroits de 8 à 12 mètres. » Ces précisions, Ferdinand Cheval (1836-1924) a jugé bon de les consigner par écrit sur le tard, en 1911. Elles témoignent de ce que le maçon inspiré avait conscience du caractère démesuré de son édifice et des motifs irrationnels ayant engendré cette démesure : « Lorsque j'ai commencé, je ne pensais pas arriver à des proportions pareilles, mais je trouvais toujours quelque chose de nouveau dans mes rêves et je construisais à mesure », écrit-il à un correspondant, en janvier 1905.

Hauterives (Drôme)
Palais du facteur Cheval, façade ouest
1902

Un projet universaliste. De part et d'autre de la principale porte de la façade sont alignées les constructions traduisant la volonté du maître d'ouvrage d'inscrire toutes les expressions monumentales du monde dans son projet : de gauche à droite, abrités dans des niches, se succèdent le Temple hindou, le Chalet suisse, la Maison blanche et la Maison carrée d'Alger… occasion de rappeler que Ferdinand Cheval est fils du XIXe siècle (tout comme Marx, Jules Verne ou Rimbaud), c'est-à-dire d'une époque qui a appelé les hommes à « transformer le monde », à « changer la vie », démarche favorisée par la généralisation de l'école gratuite et obligatoire. Notre facteur ne s'y trompe pas, qui avouera s'être soucié beaucoup moins d'archéologie que de fusion cosmique de toutes ses visions : « Est-on dans l'Inde, en Chine, en Suisse ; on ne sait car tous les styles sont confondus et mêlés » (1911).

son palais n'habite pas les sphères de l'inaccessible, qu'il gît au sol rugueux et inégal, sous la forme pulvérisée ou roulée par les flots de ces milliers de pierres qu'il lui faudra désormais assembler et unir par le mortier. Il déchiffre enfin, lointain héritier des romantiques, le grand livre de la Nature. D'ailleurs, avant que l'édifice n'ait été baptisé « Palais idéal » par le poète Roux-Parassac en 1904, Cheval n'a-t-il pas appelé son œuvre « temple de la Nature » ?

Un tiers de siècle pour fixer le mirage dans la pierre

Ayant acheté un terrain, Cheval — tout nouveau père d'une petite Alice — ramasse chaque jour des pierres qu'il assemble en figures où l'étrange le dispute au monumental. S'agit-il d'art naïf, brut, populaire ? Tout cela pèse d'un faible poids au regard du caractère unique de cette aventure. Ayant creusé un bassin (l'eau joue un rôle décisif dans l'animation du palais), l'apprenti maçon ne cesse d'évoluer dans ses projets, mû par une logique proliférante. La façade est ayant vu le jour après le « Temple égyptien », il s'avise que son lopin est trop petit, achète une parcelle à son voisin (lequel, profitant de sa « folie », en exige un prix exorbitant !). Les années passent, la petite Alice meurt en 1894 ; pour lutter contre son chagrin, Ferdinand Cheval, les mains brûlées par la chaux, le corps malmené par sa tâche surhumaine, construit la

La vision de l'abbé Fouré. Désigné en son temps comme « l'Ermite », frappé d'hémiplégie, l'abbé Fouéré, dit Fouré (1839-1910), ancien directeur du collège de Saint-Malo, occupa sa solitude et se consola de ses infirmités durant un quart de siècle en sculptant après 1880 les rochers du littoral de Rothéneuf. Habité de visions intérieures, il inventa, en marge de son temps et de l'histoire, la légende des Rothéneuf, famille de pirates et de contrebandiers, et s'obstina, mû par une exigence irrationnelle qui évoque celle du facteur Cheval, à dresser une armée de sentinelles pétrifiées face à l'océan, dans un cadre d'une poignante sauvagerie. Ses quelque trois cents créatures surgies du socle de pierre ont été baptisées par ses soins « Lucifer », « Gargantua, l'« Égyptien »… Figé dans une pose énigmatique, on distingue ici le « dernier des Rothéneuf », testateur d'un message dont le sens reste obscur, mais dont chacun ressent intuitivement la bouleversante profondeur.

Rothéneuf (commune de Paramé, Ille-et-Vilaine)
Rochers sculptés

« Villa Alicius », termine le « Temple hindou », érige les « Trois Géants » (César, Vercingétorix et Archimède) en 1895 et la galerie du Labyrinthe (1896), achève les façades nord et sud en 1897, celle de l'ouest en 1902. Les visiteurs affluent, les premières cartes postales sont tirées et vendues. En 1912 enfin, alors que disparaît son dernier enfant, le facteur inspiré clôt le chantier mythique. Pour cet humble orgueilleux (« Tout ce que tu vois passant est l'œuvre d'un paysan », a-t-il gravé sur un mur), l'aventure n'est pourtant pas terminée. Puisqu'on lui refuse l'inhumation dans son palais, il érige, tout aussi fantastique et encore plus fascinant du fait de sa fonction et de l'âge de son créateur, son propre mausolée dans le cimetière du village, de 1912 à 1922 ; il disparaît deux ans plus tard.

1870 Le 4 septembre, déchéance de Napoléon III et proclamation de la IIIe République 1874 Première exposition des « impressionnistes » chez Nadar 1878 Édition du *Tour de France par deux enfants*, livre de lecture pour l'école élémentaire **1879 Le 19 avril, Ferdinand Cheval bute sur le chemin contre une pierre et décide sur-le-champ de commencer la construction du Palais idéal** 1881 Lois Ferry sur l'école primaire municipale (28 mars) et sa gratuité (16 juin) 1882 Le 28 mars, Jules Ferry rend la scolarité laïque et obligatoire de six à treize ans.

HAUTERIVES (DRÔME)
PALAIS DU FACTEUR CHEVAL,
FAÇADE NORD, ANGLE EST ;
DÉTAIL DE LA FAÇADE NORD,
ANGLE OUEST
1879-1912

Le grand temple de la Nature. La minutie des détails est symptomatique des formidables désordres qui agitent l'imagination du bâtisseur illuminé, mais leur prolifération témoigne de l'implacable logique le menant à une fusion des règnes qui met à nu l'essence des choses et des êtres : le minéral, le végétal, l'animal, l'humain s'agglomèrent et s'interpénètrent dans un ballet fantastique de formes pullulantes.

La tour Eiffel

Les expositions universelles, vivier architectural

Construite à titre provisoire pour l'Exposition universelle de 1889, honnie des écrivains et des artistes (à la notable exception de Georges Seurat), la gigantesque tour métallique, dressée par Gustave Eiffel en deux ans, est tout simplement devenue le monument le plus célèbre du monde, celui dont la silhouette connaît la plus universelle popularité.

Singulière destinée pour une réalisation à qui était promise la triste destinée de la monumentale galerie des Machines, édifiée en même temps qu'elle mais anéantie deux décennies plus tard.

Une conception initiale collective

Ayant donné son nom à ce symbole de la modernité qui constitue l'apogée de la construction métallique du XIXe siècle et annonce le gratte-ciel du XXe, Gustave Eiffel (1832-1923) n'était certes pas novice lorsque le chantier lui fut confié. Son prodigieux viaduc de Garabit (Cantal), construit en 1884, la structure interne de la statue de la Liberté et quelques autres chantiers d'envergure avaient déjà prouvé sa virtuosité dans le maniement du fer. Pourtant, quelques doutes subsistent quant à son véritable rôle dans la genèse de ce qui deviendra rapidement le symbole de Paris. Car c'est à deux ingénieurs de son cabinet, Kœchlin et Nouguier, assistés de l'architecte Sauvestre, que l'on doit le plan initial, en 1884, d'un pylône métallique haut de trois cents mètres et dont les arcs monumentaux auraient formé la porte triomphale de l'Exposition. Le génie d'Eiffel est de comprendre aussitôt l'intérêt d'un projet relevant de l'utopie et d'en assurer la réalisation. Dans ce dessein, il commence à acheter le brevet à ses collaborateurs, puis sollicite par étude appliquée toutes les possibilités du matériau.

Légèreté et souplesse

Sur quelles fondations poser un tel colosse ? Eiffel se persuade rapidement que la seule solution est d'alléger au maximum son œuvre ; même avant d'être délestée par de récents travaux, la grande tour n'a jamais dépassé le poids de 10 000 tonnes, soit une pression de 4 kilos par centimètre carré, à peine celle qu'exerce un adulte assis sur un siège ! Quant au problème de la résistance au vent, il est résolu de soi-même par l'usage de la structure métallique qui n'offre aucune vraie prise à l'air, ce qui explique la faiblesse de l'oscillation de la tour (une douzaine de centimètres) en cas de puissante rafale.

Aussi, lorsque le concours d'attribution du chantier est ouvert en 1886, Eiffel est tellement en avance sur ses 700 concurrents que sa victoire ne fait pas de doute. Ayant réuni les fonds nécessaires, il commence le travail

PARIS (ÎLE-DE-FRANCE)
LA TOUR EIFFEL VUE DU CIEL

Une perspective vertigineuse. Dominant l'immensité du panorama parisien, reine incontestée de cette multitude d'édifices célèbres, la tour Eiffel semble narguer leur massivité plaquée au sol selon les préceptes du baron Haussmann. Son premier étage se situe à 57 mètres (une hauteur supérieure à celle du pont du Gard !), le second à 115 mètres. Au sommet de la flèche vertigineuse, aujourd'hui hissée à 320,75 mètres par l'adjonction de la tour de télévision, Eiffel avait fait aménager un appartement où il venait travailler ; il aimait à y recevoir ses invités, ne leur infligeant pas toujours l'escalade des 1 802 marches dont les ascenseurs avaient tôt prouvé l'héroïque inutilité !

1883 Le 19 octobre, fondation d'un Conseil supérieur des colonies
1885 Le 1er juin, funérailles nationales de Victor Hugo
1887 Ouverture du chantier de la tour Eiffel, le 28 janvier ; elle sera inaugurée en mars 1889
1893 Eiffel et de Lesseps condamnés au procès du « scandale de Panama »
1895 Le 28 décembre, première séance cinématographique des frères Lumière, à Paris
1898 Publication par Zola du manifeste « J'accuse », dans *L'Aurore*
1900 Exposition universelle de Paris.

PARIS
VERRIÈRE DU GRAND PALAIS
1897-1900

Un monument consacré par la République « à la gloire de l'art français ». Le Grand Palais, qui s'étend sur une surface de 4,5 hectares à quelques mètres des rives de la Seine, a été construit par une équipe d'architectes dirigés par Charles Girault sur le plan d'un « H » aux branches divergentes. L'immense hangar de métal et de verre a été enfermé dans un corset de pierre, ce qui ne rend que plus impressionnante la découverte du hall vitré formé de deux nefs croisées – et bordées de galeries métalliques – qui se rencontrent sous le grand dôme central.

le 16 janvier 1887; dès le 31 mars 1889, l'édifice est achevé ! Les protestations sont d'une rare violence mais, là encore, Eiffel fait preuve d'une grande habileté. Reprenant l'antique idée que « les véritables fonctions de la force sont toujours conformes aux conditions secrètes de l'harmonie », il observe qu'il y a « dans le colossal une attraction, un charme propre, auxquels les théories d'art ordinaires ne sont guère applicables » ! Quel visiteur des grandes métropoles du XXe siècle ne saluerait aujourd'hui la nature prophétique d'un tel discours ?

À l'assaut du ciel

Jusqu'en 1930, date d'érection du Chrysler Building à New York, la tour Eiffel restera le plus haut édifice du monde. Elle constitue un puzzle géant n'ayant pas demandé moins de 12 000 pièces unies par 2 500 000 rivets. Eiffel tient d'une part à ce que tous les éléments soient calculés au millimètre pour éviter tout incident et à assurer une sécurité maximale aux 300 ouvriers placés sous la direction des « anciens » ayant travaillé à Garabit et élevant son ouvrage à une vitesse effarante, atteignant parfois quinze mètres dans la journée.

Le succès de curiosité, immense durant la construction, ne se dément pas après l'inauguration le 30 mars 1889.

PARIS (ÎLE-DE-FRANCE)
PETIT PALAIS,
FAÇADE PRINCIPALE
1897-1900

Un palais pour l'art français. Auteur du Grand Palais, Charles Girault a érigé en même temps le Petit Palais, qui lui fait face, pour présenter l'art français au cours de l'exposition de 1900. Sa façade principale est marquée par son entrée colossale, surmontée par une archivolte qui abrite un tympan d'un groupe décoratif, dû à Injalbert et figurant la Ville de Paris protégeant les arts ; elle est dominée par une balustrade ponctuée de vases, elle-même soutenue par des colonnes ioniques sur un fort soubassement. À droite, le merveilleux ensemble *la Seine et ses affluents* revient au sculpteur Ferrary. Au centre, le grand dôme rappelle celui des Invalides, mais ceux des pavillons d'angle adoptent un plan plus original, sur plan rectangulaire.

Exposition Universelle de 1900
ND Phot

Conçue pour recevoir 10 000 personnes, la tour est nantie au premier étage de quatre restaurants dont les seules recettes assurèrent une rentabilité inespérée à l'édifice, en dépit d'un moindre succès à l'Exposition de 1900, dont les vedettes seront le Grand et le Petit Palais.

Cependant, ses ennemis n'ayant pas désarmé, le projet de sa destruction revient en force dès 1910, date d'expiration de la concession. Une fois encore, Eiffel mystifie ses adversaires en démontrant l'utilité scientifique d'un observatoire météorologique (antenne ou phare au besoin !) sans rival dans le monde. En 1983, la tour a été allégée, rénovée, repeinte ; son nouvel éclairage nocturne achève de révéler aux spectateurs du monde entier son « charme propre au colossal ».

Paris (Île-de-France)
Pylônes de la galerie des Machines
1889

Hommage à la machine. Construit au pied de la tour Eiffel pour offrir un espace célébrant la puissance des machines industrielles à l'Exposition universelle de 1889 à Paris, l'immense hangar adoptait une structure en fer forgé, avec un toit en treillis en arc à trois articulations. D'une longueur de 420 mètres pour une largeur de 115 mètres et une hauteur maximale de 43,50 mètres, il présentait une grande façade de verre illuminant son espace. Triomphe de l'« art des ingénieurs », la galerie des Machines ne survivra pas, hélas, à la rage de destruction du XXe siècle, tombant sous les coups des démolisseurs en 1909.

Paris
Place des Invalides
< vue du pont Alexandre III lors de l'Exposition universelle de 1900

Les derniers feux d'une époque. L'échec relatif des dernières expositions universelles du XXe siècle permet mal de mesurer le faste de ces cérémonies à la fin du XIXe siècle. Ici, c'est au cœur des architectures proliférantes du quartier des nouveaux palais des beaux-arts que déambule une foule élégante ; au premier plan, le pont Alexandre III projette vers l'avant une perspective jaillie de l'esplanade des Invalides dominée par le dôme de Jules Hardouin-Mansart. Sur cet immense théâtre se jouent les dernières scènes d'un monde que la Première Guerre mondiale fera bientôt sombrer dans le passé.

Paris
< Le pont Alexandre III et le Grand Palais lors de l'Exposition universelle de 1900

Le témoignage d'un rapprochement franco-russe. Le pont Alexandre III, chef-d'œuvre d'architecture métallique, a été construit de 1897 à 1900 sous la direction de l'ingénieur Jean Résal et de plusieurs collaborateurs. Symboliquement, la pierre en avait été posée le 7 octobre 1896, en présence du tsar Nicolas II (fils d'Alexandre III) et du président Félix Faure. Symbole de l'amitié franco-russe, il relie les deux rives d'une seule portée de 109 mètres pour une largeur totale de 40 mètres. Deux pylônes carrés de 17 mètres de hauteur marquent l'entrée du pont, chacun surmonté d'un groupe équestre en bronze doré symbolisant Pégase tenu par la Renommée. Sur le parapet, candélabres et vases florentins forment une frontière élégante au-dessus des eaux du fleuve.

La maison Huot à Nancy

Emblème de l'Art nouveau

Surgi à la fin du XIXe siècle, l'Art nouveau fait aujourd'hui figure d'épisode décisif dans la genèse de la sensibilité contemporaine. Né officiellement à Paris et Munich en 1896, date d'ouverture de la galerie « Art nouveau » par Bing et par la fondation de la revue *Jugend*, il a été précédé par divers signes avant-coureurs à travers toute l'Europe.

L'Exposition universelle de 1900 marque l'apogée de l'Art nouveau à Paris. En est pourtant absent Hector Guimard (1867-1942), jeune architecte de génie qui nous a laissé notamment ses entrées de métro traitées en fantaisistes motifs floraux. Apôtre de l'œuvre totale, soucieux du moindre détail, Guimard, négligé de son vivant, restera peut-être le plus grand créateur d'un mouvement frappé de nullité dès 1910. Démodé, raillé, l'Art nouveau devra en effet attendre l'exposition parisienne « les Sources du XXe siècle », en 1960, pour enfin retrouver l'adhésion d'un large public.

Le cas particulier de l'école de Nancy

L'étonnante fortune artistique de la Lorraine restée française après 1870 doit beaucoup à l'esprit de reconquête — au moins intellectuelle et artistique — qui anime alors, au-delà de cette seule province, la nation humiliée. Dans cette chronique de la revanche, l'exposition d'art décoratif et industriel lorrain de 1894 joue un rôle décisif, marquant le véritable début d'une architecture dont l'absolue nouveauté n'aura d'équivalent que la puissante fécondité.

En 1901, Émile Gallé (1846-1904), passionné de science botanique et d'art extrême-oriental, réunit plusieurs artistes locaux, Louis Majorelle, Antonin Daum, Eugène Vallin, fondant ainsi l'école de Nancy, que dirigera ensuite Victor Prouvé. Architecture et décoration mobilisent l'essentiel des forces, mises au service d'une esthétique délicate et raffinée. Entre strict rationalisme et effusion naturaliste s'élabore ainsi une esthétique exclusive dont la maison Huot, due à l'architecte Émile André, plus que toute autre, témoigne.

La maison Huot, une nouveauté emblématique

La maison Huot est en fait un ensemble de deux maisons jumelles, commandées au printemps et en juin 1903 par un jeune rentier, Frédéric Huot, à l'architecte Émile André. Les travaux sont menés à une vitesse remarquable, la maison étant louée dès 1904 à un universitaire de Nancy. Au-dessus du portail de gauche, une plaque associe le nom de l'architecte à celui de l'entrepreneur, Alexis Geny. En façade, le principe de symétrie est globalement respecté ; de part et d'autre du refend central prolongé par la cheminée, les aisselles de l'avant-toit et les soupiraux de la cave sont placés en strict miroir, baies, portes et balcons étant équitablement mais non systématiquement distribués. Chaque extrémité est dominée par une lucarne-pignon, aux devants variés mais parents. C'est ainsi à son équilibre dans le mouvement, à sa variété dans l'unité que la maison Huot doit d'être rapidement devenue l'emblème de l'architecture Art nouveau au sein du brillant foyer nancéien.

PARIS (ÎLE-DE-FRANCE)
ENTRÉE DE LA STATION DE MÉTRO PORTE DAUPHINE

Les entrées du Métropolitain, passeport pour la renommée. Les entrées décoratives de la première ligne de métro parisienne, inaugurée pour l'Exposition universelle de 1900, furent confiées à Hector Guimard, à la suite d'un concours auquel il n'avait pourtant pas participé ! Après avoir choqué, elles furent si bien adoptées par le public que 141 autres accès furent réalisés par l'architecte jusqu'en 1913. Aujourd'hui, hélas ! beaucoup de ces édicules ont disparu, ainsi que plusieurs petites gares. Mais le souvenir en est transmis par les entrées de la station Abbesses — remontée en 1976 — et de la porte Dauphine, l'auvent de verre de cette dernière formant une composition aérienne qui se marie admirablement avec la subtile structure métallique, dans la conception esthétique placée sous le label « style métro ».

NANCY (MEURTHE-ET-MOSELLE)
BRASSERIE EXCELSIOR
1910-1911

L'art pour tous. Construite par Lucien Weissenburger et Alexandre Mienville, la brasserie Excelsior a conservé sa vaste salle de 25 sur 12 mètres à cinq larges travées sous une voûte dite en arc de cloître et largement décorée de motifs en feuilles de fougère. Les vitraux aux motifs végétaux ornant le pourtour des baies sont de Jacques Gruber, le mobilier en acajou de Louis Majorelle. L'éclairage vient de lampes intégrées aux poutres de soutien et de lustres en fer forgé à quatre branches porteuses de corolles en verre blanc. Les lambris et les confortables banquettes confèrent une ambiance de luxe intime mais convivial à cette dernière grande salle commune de l'architecture nancéienne, reflet particulier d'une Belle Époque à son crépuscule.

NANCY
(MEURTHE-ET-MOSELLE)
MAISON HUOT

1903-1904

L'association de tous les matériaux au service d'une seule cause. Ici, la façade de gauche apparaît dans son intégralité, dans la variété de ses formes et de ses matériaux, la pierre, le bois, la céramique, le verre, le métal... La porte cochère est remarquable par sa couverture en anse de panier sous deux ouvertures lenticulaires ; la décoration de pommes et d'aiguilles de pin rappelle l'amour profond des praticiens de Nancy pour la nature, qui reste leur première inspiratrice. La baie voisine, en fer à cheval, est ceinturée par une couronne de petits vitraux, elle-même doublée par une bande bleue de briques émaillées. Au-dessus d'elle, le balcon s'abrite sous la saillie de l'avant-toit, élément « balnéaire » pittoresque dans cette région où l'hiver est rude et l'été brûlant. Le pignon de la lucarne, seule référence explicite à la tradition, reprend, en le variant, le dessin du gâble traditionnel du portail médiéval.

1900 Exposition universelle de Paris 1902 Le « bloc des gauches » remporte les élections législatives en avril-mai **1903 Publication de l'autorisation de construire la maison Huot** 1905 Le 9 décembre, loi de séparation de l'Église et de l'État 1907 Le 31 août, la France, la Grande-Bretagne et la Russie signent la Triple Entente

CABOURG (CALVADOS)
LE CHALET BLANC EN 1923

L'unité de tous les arts. Conçu par Hector Guimard et construit avenue des Dunes à Cabourg pour Léon Nozal en 1903, le Chalet blanc a été agrandi en 1907, prenant à cette occasion le nom de « la Surprise ». Toute la typologie balnéaire se retrouve dans cet édifice aux diverses facettes dont le jeu volumétrique est accentué par la diversité des matériaux. Le soin porté à chaque détail est extrême et la rencontre, par exemple, entre les structures métalliques des fenêtres asymétriques et des portants à volutes en bois met en lumière la force d'une conception unitaire. On voit ainsi les toits des deux grandes parties du chalet opérer une chute fusionnelle sur l'auvent du balcon.

L'ossuaire de Douaumont

Mémoire de la Grande Guerre

Peut-être du fait de l'énormité des pertes, la Première Guerre mondiale invitera les survivants à ne pas laisser, selon l'usage antique, la plupart des disparus du conflit sans sépulture. C'est donc dans la paix d'immenses cimetières militaires que s'opérera, tardive mais nécessaire, la réconciliation symbolique des peuples martyrs.

Dès 1915, la Croix-Rouge crée un comité de recensement des tombes dont le but est de traiter tous les disparus, sans distinction de nationalité, de grade, de sexe ou de cause du décès. La guerre finie, un accord international intervient : chaque disparu sera commémoré par une stèle, une tombe, une simple inscription. Trait le plus tragique de cette entreprise, les sépultures seront souvent symboliques, nombre de dépouilles n'ayant jamais été retrouvées ou identifiées. Parallèlement, chaque commune française érigera un monument aux morts déclinant le nom de toutes les victimes locales selon l'ordre alphabétique.

L'horreur du génocide jusqu'à l'os

De quelque sentiment qu'il soit animé vis-à-vis de l'ordre militaire et du désordre guerrier, le visiteur de l'ossuaire de Douaumont (Meuse) ressent une émotion que les mots ne peuvent traduire.

Tout au long de l'épouvantable bataille de Verdun en 1916, le fort de Douaumont fut l'enjeu de combats dont les quelque 300 000 sépultures de l'ossuaire rendent un compte sinistre. L'offensive avait été déclenchée par le général Von Falkenhayn, qui entendait « saigner à blanc » l'armée française, les troupes allemandes dussent-elles subir des pertes équivalentes. À la suite de l'offensive allemande du 21 février et de la prise de Douaumont le 25, les renforts affluent par la « Voie sacrée », de Bar-le-Duc à Verdun ; le printemps et l'été déroulent le scénario d'une horreur interminablement sanglante. En automne, l'initiative revient aux Français, mais la totalité du terrain perdu au début ne sera récupérée qu'en décembre 1917. La bataille de Verdun est un échec pour l'Allemagne, mais surtout l'un des plus atroces épisodes de l'histoire européenne : 360 000 Français et 330 000 Allemands y ont perdu la vie, sans compter les blessés et mutilés.

Construire un mémorial

Le 22 août 1920, l'ouverture du chantier de l'ossuaire de Douaumont marque la naissance du concept de « devoir de mémoire ». Les travaux se poursuivent avec célérité, mais la tâche est immense ; réunir les restes de centaines de milliers de victimes crée des difficultés d'autant plus considérables qu'aucun État ne les avait encore affrontées. Le 17 septembre 1927, cinquante-deux cercueils représentant tous les secteurs de la bataille de Verdun sont transférés de leur local provisoire à l'ossuaire définitif. Le chantier est dirigé par Léon Azéma (1888-1976), prix de Rome, en 1921, futur architecte de la ville de Paris au Palais de Chaillot. Assistés par Edrei et Hardy, il mène à bien la construction de l'ossuaire, inauguré le 7 août 1932 par le président de la République Albert Lebrun. Depuis, ce sont des millions de visiteurs qui se sont succédé dans ce sanctuaire du silence, officiellement classé par arrêté du 2 mai 1996.

PLOZÉVET (FINISTÈRE)
MONUMENT AUX MORTS
1922

Une charge émotionnelle intense. La commune de Plozévet est devenue célèbre grâce à l'étude menée par le sociologue Edgar Morin en 1965-1966. Son église paroissiale date, pour ses parties les plus anciennes, de la fin du XIIe siècle et du début du XIIIe. C'est dans son enclos que l'on trouve, au milieu de l'ancien cimetière, un très beau sanctuaire dont le fleuron est le monument aux morts qui transmet la mémoire des deux guerres mondiales. Devant un menhir aux formes tourmentées et au cœur d'un amas de pierres tombées, se dresse, taillée par le sculpteur René Quillivic, la silhouette pétrifiée, main gauche sur le cœur, chapeau ôté, d'un Plozévétien dont la famille fut décimée par la guerre.

Une arche du souvenir dominant la plaine. En Picardie, la bataille de la Somme (juillet 1916) causa la mort de 125 000 soldats. Situé sur une crête surplombant l'ancien champ de bataille, le Mémorial de Thiepval commémore le souvenir de 72 000 disparus. De 1928 à 1932, l'architecte Edwin Luytens conçut cette arche de 45 mètres reposant sur 16 piliers, sur lesquels les noms des victimes ont été gravés. Les paysages qui cernent le Mémorial, grandes plaines vallonnées et parcourues de longues files d'arbres, se signalent par une horizontalité fortement tranchée par la masse verticale du mémorial. Témoignage de fraternité, celui-ci associe dans son hommage les soldats venus de toutes les terres du Commonwealth et tombés aux côtés de leurs frères d'infortune français ou allemands. Le mémorial fut inauguré le 31 juillet 1932 par le prince de Galles et le président de la République, Albert Lebrun. Chaque année, une cérémonie du souvenir y est organisée le 1er juillet.

THIEPVAL (SOMME)
MÉMORIAL
1928-1932

Douaumont (Meuse)
Ossuaire et cimetière (Mémorial de Verdun)

1920-1932

La lanterne des morts du xxe siècle. Haute de 46 mètres, la tour de l'ossuaire est une réminiscence de la lanterne des morts médiévale. Au premier étage, le musée de Guerre propose des vues stéréoscopiques du champ de bataille, ainsi que de nombreuses armes du temps. Au rez-de-chaussée, le cloître s'étire sur 137 mètres, la flamme du souvenir y symbolise le refus de l'oubli. L'ensemble, dont la construction fut décidée en 1919, devait comprendre un ossuaire, un sanctuaire catholique et trois édifices cultuels, protestant, israélite et musulman (qui ne furent pas réalisés). L'ossuaire, construit en béton armé, prend la forme d'une voûte gigantesque de 137,50 mètres de long et 14 mètres de large. Il rassemble les ossements de 300 000 morts, à côté d'un cimetière qui comporte lui-même quelque 15 000 croix. La statuaire est due à Berthe Giradet et Élie-Jean Vezien, les vitraux à Georges Desvallières.

1914-1918 Première Guerre mondiale 1919 Traité de Versailles signé par la France et l'Allemagne, le 28 juin 1920 **Le 22 août, pose de la première pierre de l'ossuaire de Douaumont.** Installation de la tombe du soldat inconnu sous l'Arc de triomphe de l'Étoile 1922 Mussolini prend le pouvoir en Italie

Fourmies (Nord)
Monument aux morts de Fourmies

1921-1922

L'enfer de la guerre. Fourmies est plus célèbre pour avoir inauguré le congé du 1er mai en France que pour son monument aux morts. Cette œuvre ne manque pourtant pas d'intérêt ; elle est due au sculpteur maubeugeois Bertrand Boutée, surtout célèbre jusque-là pour sa participation au monument parisien dédié à Horace Wells (1910). La valeur allégorique de ce groupe relève de l'évidence. On songe au célèbre « Debout, les morts ! » qui galvanisa les malheureux combattants de l'enfer des tranchées. Ici, le drapeau est sali, déchiré, les hommes épuisés et sans illusions... où donc est passée la guerre fraîche et joyeuse des ministères, des salons et des états-majors ?

Le Palais des colonies

Le sanctuaire d'une mémoire mouvante

Entre les deux guerres, plusieurs édifices « exotiques » voient le jour dans la capitale. Le cinéma Louxor, la pagode de la rue de Babylone, l'Institut d'art et d'archéologie et les temples bouddhiques du bois de Vincennes (anciens pavillons du Togo et du Cameroun de l'Exposition de 1931) participent de cet engouement dont le fleuron demeure le Palais des colonies, situé à l'extrémité de l'avenue Daumesnil.

Certes, l'exotisme n'est pas une donnée neuve, puisque l'on trouve dès le premier livre des *Essais* de Montaigne (1580) une réflexion pénétrante sur ce qui fonde les valeurs des différentes civilisations, mais c'est au tournant des XIXe et XXe siècles que l'exotisme littéraire et artistique — du Sacré-Cœur aux romans de Pierre Loti — a vraiment pris son essor en France, un exotisme nuancé d'orientalisme du fait que l'islam règne sur une bonne partie de l'empire colonial français. Le Palais des colonies ne constitue donc que le dernier maillon d'une tradition dont la Seconde Guerre mondiale et la décolonisation épuiseront le cours.

Un bâtiment plusieurs fois rebaptisé

Construit en trois ans, de 1928 à 1931, sur les plans de Léon Jaussely et Albert Laprade, commandités par le maréchal Lyautey, commissaire général de l'Exposition coloniale de 1931 (laquelle a pour but de justifier l'effort de colonisation en exaltant les réussites de l'empire français), ce curieux bâtiment est d'emblée conçu comme un musée permanent des colonies. Complètement réaménagé pour devenir, de 1935 à 1960, le musée de la France d'Outre-Mer, il devient, après l'indépendance des colonies, musée des Arts africains et océaniens, sur décision d'André Malraux, moins pour perpétuer le souvenir de l'empire disparu que pour dévoiler des trésors artistiques jusque-là considérés comme exotiques, c'est-à-dire secondaires, hors la sphère de la véritable création. Avec ses hauts supports sous corniche saillante lui conférant la silhouette d'un sanctuaire, le palais des colonies attesta d'emblée l'importance que la France métropolitaine accordait à ses possessions d'outre-mer, et cela avec d'autant plus d'éclat que le principe même de la colonie était déjà combattu, en deçà et au-delà des frontières hexagonales.

Le colossal relief qui couvre la façade principale, mais également celles des deux ailes en retour, met en scène les terres et les mystères de l'Asie et de l'Afrique, des îles de l'Atlantique et du Pacifique. À l'intérieur, les trois départements des arts d'Océanie, du Maghreb et de l'Afrique subtropicale ont été déménagés vers le nouveau musée des Arts premiers, quai Branly, mais on trouve toujours l'aquarium tropical d'origine et tout un ensemble de fresques asiatiques, grilles en fer forgé ou candélabres, mosaïques d'inspiration indo-khmère et meubles en bois de palmier achevant de donner à ce bâtiment un cachet et un charme irremplaçables. Peut-être cette réussite dans l'agrégat d'éléments si divers vient-il de ce qu'Albert Laprade, auteur de plusieurs plans urbains pour diverses cités d'outre-mer, connaissait bien cet univers des colonies dont il a ainsi contribué à restituer le souvenir le plus fidèle.

PARIS (ÎLE-DE-FRANCE)
LE LOUXOR
1921

L'égyptomanie de l'entre-deux-guerres. L'état de dégradation du cinéma Louxor (170 boulevard Magenta) est d'autant plus regrettable qu'il s'agit du dernier reflet de la mode égyptienne de l'entre-deux-guerres à Paris. Construit en 1921 par l'architecte H. Ripey, il présente une curieuse figure d'angle incurvé, superpose deux corniches à gorge caractéristiques de l'Ancien Empire et remplace la toiture par la terrasse de rigueur sur les rives du Nil ! Réalisée par le décorateur Tibéri, sa façade fait office d'enseigne en elle-même avec l'accumulation des papyrus, lotus, ibis… renvoyant à l'imaginaire pharaonique. Sur ce document ancien, on distingue l'auvent remanié en 1981 à la demande des Monuments historiques afin de respecter le dessin originel. Profondément altérée par la « modernisation » de 1970, la salle a été fermée au public en 1979, puis transformée un temps en maison de disques ! C'est à sa façade que le Louxor doit d'avoir échappé à la pioche des démolisseurs en 1985.

1926 Fondation en France de l'Étoile nord-africaine, « anticolonialiste et prolétarienne » **1928 Ouverture à Paris du chantier du Palais des colonies** 1930 La France célèbre le centenaire de la conquête de l'Algérie 1931 Le 6 mai, ouverture de l'Exposition coloniale à Vincennes et inauguration du Palais des colonies.

PARIS (ÎLE-DE-FRANCE)
INSTITUT D'ART
ET D'ARCHÉOLOGIE
1927

Construit un an avant le Palais des colonies par l'architecte Paul Bigot, cet énorme édifice de brique rouge, à vocation universitaire, occupe le coin de l'avenue de l'Observatoire (d'où il est ici photographié) et de la rue Michelet. Dressées comme une protestation historiciste contre les courants contemporains de l'architecture, ses arcades sont scandées par de hauts pilastres fortement saillants qui reposent sur un socle porteur d'une frise célébrant les grandes œuvres du passé. Au-dessus, le mur, orné d'un simple treillis de croix en relief, supporte une rangée de merlons en rangée de flammes dont on distingue tout juste la base dans le coin supérieur droit du document.

PARIS (ÎLE-DE-FRANCE)
MUSÉE DES ARTS AFRICAINS
ET OCÉANIENS (ANCIENNEMENT
PALAIS DES COLONIES)
1928-1931

La silhouette d'un sanctuaire. Sur une longueur de 88 mètres (pour une largeur de 64 mètres), l'édifice repose sur un soubassement massif, allégé cependant par les plans d'eau qui le précèdent. La colonnade haute de 14 mètres apparente le palais de béton aux temples antiques, sentiment accentué par la présence centrale d'un haut portique encadré de quatre colonnes et auquel on accède par un monumental escalier. Derrière les colonnes, un immense relief (1 300 mètres carrés) taillé, sur un dessin d'Alfred Janniot, dans une doublure de pierre jaune couvre toute la surface, hors les baies ornées de ferronneries. On distingue dans cette foisonnante composition tous les traits distinctifs des colonies asiatiques et africaines : faune, flore, travail des hommes...

PARIS (ÎLE-DE-FRANCE)
LA PAGODE
1895-1930

Un pavillon d'origine mystérieuse. Bien connu de tous les amateurs éclairés, le cinéma du 57 bis rue de Babylone reste pourtant l'une des plus mystérieuses constructions parisiennes. A-t-il été démonté en Extrême-Orient sur ordre d'un certain Morin, directeur du Bon Marché désireux de l'offrir à son épouse, ou construit en France avec des matériaux importés par l'architecte Alexandre Marcel, en 1895 ? Cette seule incertitude dit assez la réussite exotique de ce merveilleux pavillon, devenu officiellement salle de cinéma en 1930, tout de boiseries, statues, verres et parois évoquant irrésistiblement le Céleste Empire, les terres du Soleil levant, voire le pays du Matin calme !

La villa Savoye

Les nouvelles « machines à habiter »

En pleine Première Guerre mondiale naît en Europe, dans divers pays, une conception neuve de l'architecture, établissant des liens très étroits entre la fonction de l'édifice, son plan et son intégration au niveau urbain, mais spéculant aussi sur une nouvelle distribution de la lumière. Ne se contentant plus de révéler l'édifice au regard, cette dernière contribue aussi à son unité structurelle.

Si Auguste Perret, Franck Lloyd Wright ou Ludwig Mies van der Rohe travaillent par-delà les frontières à cet épanouissement de l'architecture moderne, l'une des réalisations les plus significatives demeure la villa Savoye, construite par Le Corbusier à Poissy, non loin de Paris. Archétype de la nouvelle « machine à habiter », cet édifice annonce lointainement le développement monumental de la « Cité radieuse » que Le Corbusier construira à Marseille, en 1946, pour la collectivité et non plus pour un particulier fortuné.

POISSY (YVELINES)
VILLA SAVOYE,
INTÉRIEUR
1928-1931

La force de la lumière. C'est peut-être de l'intérieur que l'usage des pilotis surélevant le bâtiment et l'ouverture des larges fenêtres situées à fleur de façade pour accueillir la lumière apparaissent dans toute leur efficacité. L'influence de la villa Savoye sera immédiatement internationale, plus importante encore que celle de son exact contemporain, le pavillon de l'Allemagne réalisé par Mies van der Rohe pour l'Exposition internationale de Barcelone en 1929.

Une commande au destin aléatoire

Richissime assureur, Pierre Savoye, probablement incité par son épouse, commande cette villa à Le Corbusier (et à son cousin Pierre Jeanneret), approuvant son plan en 1928. Le nom choisi, « les Heures claires », est déjà un programme en soi, d'autant plus que les Savoye ont prévu d'habiter leur nouvelle maison de façon permanente. La construction dure trois ans, de 1928 à 1931, non sans difficultés ; aussi le devis est-il dépassé et le projet incomplètement exécuté. Comble de malchance, dès la fin de la construction, des problèmes d'étanchéité se posent, d'autant plus difficiles à résoudre que la terrasse sommitale et les vastes baies sont mal adaptées au climat humide de la région parisienne. Lassés et découragés, les époux Savoye quitteront bientôt leur villa, la condamnant à un abandon qui la conduira au seuil de la ruine. Son classement au titre de monument historique, le 16 décembre 1965, la sauvera d'un effondrement annoncé et autorisera son éclatante restauration.

MARSEILLE
(BOUCHES-DU-RHÔNE)
LA CITÉ RADIEUSE,
AMÉNAGEMENT
INTÉRIEUR
1946-1952

Une ruche intégrant des espaces de loisirs. L'aménagement intérieur de l'immeuble a été conçu et organisé en cellules formant des blocs en duplex, multipliant le principe du pavillon de l'Esprit nouveau que Le Corbusier avait présenté à Paris en 1925. Chaque salle de séjour se développe sur une hauteur de deux étages et chaque appartement bénéficie d'un balcon. Les principes résidentiels mis en œuvre dans l'ensemble de l'unité rappellent à nouveau — en moins élitiste ! — ceux de la villa Savoye, avec le détachement en hauteur des pièces et le principe de couverture par un espace récréatif. Le Corbusier avait publié dès 1935 sa vision de *la Ville radieuse* et en 1943 *la Charte d'Athènes* ; malheureusement, sa conception de l'habitat collectif sera complètement altérée par l'urbanisme sauvage des tristes tours d'H.L.M.

Lumière et dynamique spatiale

Né à La Chaux De Fonds, Charles-Édouard Jeanneret s'installe à Paris en 1917 et adopte le pseudonyme de Le Corbusier en 1919. Auteur du pavillon de l'Esprit nouveau à l'Exposition internationale des Arts décoratifs de Paris, en 1925, il prendra la nationalité française en 1930. Âgé d'une quarantaine d'années à l'ouverture du chantier, il peut enfin concrétiser ses « cinq points pour une architecture nouvelle » : les pilotis qui libèrent l'espace au niveau du sol, le toit-jardin humanisant la maison, le dégagement des murs porteurs, l'ouverture de longues baies et l'indépendance de la façade relativement à la structure.

L'ossature de béton armé permet de creuser un large vide sous le bâtiment et les murs deviennent de simples éléments de remplissage autorisant l'ouverture d'espaces complexes. Fondamentalement, l'édifice forme un cube dans lequel s'inscrivent le jardin suspendu et la terrasse. Les étages sont reliés à l'extérieur et à l'intérieur par une rampe douce. Les pilotis, les lignes courbes et sa rampe centrale constituent autant d'éléments qui seraient disparates sans la force d'une lumière envahissante et unitaire. Les différentes salles, qui font alterner les fonctions d'accueil et de service, sont unies par un système d'escaliers et de rampes, notamment du jardin suspendu au toit. L'homme s'invente ainsi un habitacle dont la modernité surprend aujourd'hui encore.

Poissy (Yvelines)
Villa Savoye,
vue extérieure
1928-1931

Une révolution architecturale. Le Corbusier exprime ici une esthétique radicalement nouvelle du volume architectural, pensé en termes de surfaces juxtaposées. L'apparente simplicité de sa villa vient d'une exploitation intelligente des anciens schémas formels du temple grec, avec l'enchaînement de ses fines colonnes d'acier régulièrement disposées et sa recherche d'un évident effet théâtral. La villa Savoye se détache curieusement du sol grâce au vide formalisé par les pilotis supportant l'espace de la bâtisse dominée par un jardin à ciel ouvert ; de la même façon, le temple classique, soigneusement étudié par Le Corbusier en Grèce, enfermait dans sa ceinture périptère le pronaos, la cella et l'opisthodome, en volumes inégaux mais logiquement enchaînés pour une « promenade architecturale » d'une tout autre nature.

1927 Gratuité de l'enseignement dans les collèges et réduction à un an du service militaire **1928 Plan définitif de la villa Savoye et début de la construction** 1929 Krach boursier de Wall Street (« jeudi noir ») et crise économique mondiale ; Exposition internationale à Barcelone 1931 Exposition coloniale à Paris.

Marseille (Bouches-du-Rhône)
La Cité radieuse
1946-1952

La « machine à habiter ». Entreprise en 1946 et inaugurée le 14 octobre 1952, l'unité d'habitation de Marseille offre à Le Corbusier l'occasion de réaliser son idéal en matière de « machine à habiter ». Sa Cité radieuse (devenue localement la « Maison du fada ») porte à son maximum d'efficacité le principe de la structure en charpente sollicitant le béton armé. D'une hauteur de 56 mètres, elle superpose dix-neuf niveaux qui peuvent abriter 1 600 personnes. Le bâtiment ne groupe pas que des appartements, mais aussi une crèche et une école, des magasins, des zones de loisir, un jardin en terrasse agrémenté d'un restaurant et d'un gymnase. À la base, les pilotis sont conçus de façon à créer un effet de légèreté dont le principe avait déjà été esquissé à la villa Savoye. Le béton a délibérément été laissé brut de décoffrage.

Le Conseil économique et social

Les lettres de noblesse du béton armé

Saluant les pionniers du béton armé (Baudot, Tony Garnier), Le Corbusier cite surtout Perret, «honni de ses confrères lui contestant jusqu'au titre d'architecte». Inventé presque par hasard en 1868 par le Français Joseph Monier, le béton armé aura transformé, au cours du XXe siècle, l'idée que les hommes se faisaient de l'architecture. Économique, efficace, ce matériau assurera en France comme dans le reste de l'Europe la rapide reconstruction des grandes cités ruinées par la Seconde Guerre mondiale.

De tous les maîtres du béton armé, Auguste Perret (1874-1954) demeure peut-être celui qui a su le mieux concilier précocité, invention et rationalisme. Fils d'un tailleur de pierre communard exilé à Bruxelles, associé à ses deux frères, auteur dès 1903 d'un immeuble de rapport à Paris (25 bis rue Franklin), c'est dans ses dernières années qu'il sera chargé de reconstruire Le Havre. Toute son action aura contribué à orienter la construction contemporaine vers l'alliance logique de la structure portante et des zones de remplissage (claustras).

Le Conseil économique et social à Paris

Lorsque Perret entreprend la construction, place d'Iéna à Paris, du musée des Travaux publics (devenu en 1958 le siège du Conseil économique et social), il a déjà démontré à plusieurs reprises sa capacité à mettre le béton au service de l'invention : le théâtre des Champs-Élysées (1910-1913), Notre-Dame du Raincy (1922-1923), le Mobilier national (1934-1936)... Considéré comme le père du classicisme structurel, il destine son nouvel édifice à l'Exposition universelle de 1937. Son plan est arrêté : une rotonde dont le péristyle, relayé à l'intérieur par les colonnes qui étayent les structures portantes, soutiendra la toiture. Le bâtiment est ajouré de larges baies sous panneaux de remplissage, en bande continue qui évoque le principe du bossage ; l'intérieur se signale par une élégante vigueur dont le fleuron est l'escalier central. Une grande salle hypostyle se développe selon le principe d'une trame plaçant toutes les colonnes à distance égale (6 mètres sur 6). Chef-d'œuvre fonctionnel et artistique, l'édifice justifie à lui seul la renommée de Perret en même temps qu'il donne au béton armé de nouvelles lettres de noblesse.

Des villes à reconstruire

En 1945, au lendemain de la Seconde Guerre mondiale, plus de 500 000 bâtiments ont été détruits par les bombardements (allemands en 1940, anglo-américains en 1944-1945) et presque deux millions sont endommagés. Face à ce désastre, total comme à Brest ou au Havre, l'État sollicite ses architectes, au premier rang desquels Perret. Celui-ci, soucieux d'éviter les erreurs de la reconstruction de

1935 Le 13 janvier, la Sarre décide par plébiscite son rattachement à l'Allemagne **1936 Auguste Perret établit les plans du musée des Travaux publics à Paris, futur siège du Conseil économique et social** 1936 Victoire du Front populaire aux élections législatives 1938 Accords de Munich (29-30 septembre) qui marquent le succès de Hitler 1939 Le 1er septembre, mobilisation générale en France 1940 Le 18 juin, appel du général de Gaulle sur les ondes de la radio britannique (BBC).

AMIENS (SOMME)
TOUR PERRET
1948-1954

Le plus haut immeuble d'habitation d'Europe de son époque. Haute de 104 mètres, la tour Perret, érigée de 1948 à 1954, prouesse de béton armé, constitue la pièce maîtresse du quartier de la gare, reconstruit par Perret après les destructions dues aux terribles bombardements de la Seconde Guerre mondiale. Sur toute la longueur des vingt-huit étages, la conception des ouvertures rappelle que Perret fut l'un des grands théoriciens de la fenêtre au XXe siècle. Tout récemment, une vive polémique a opposé partisans et adversaires de l'«achèvement» de la tour.

PARIS (ÎLE-DE-FRANCE)
CONSEIL ÉCONOMIQUE
ET SOCIAL, GRAND ESCALIER
1936-1939

Un escalier central, conçu comme une œuvre à part entière. Le grand escalier intérieur à double circonvolution est certainement l'un des chefs-d'œuvre d'Auguste Perret. Privé de tout appui intermédiaire, il développe sa spirale d'un prodigieux dynamisme dans l'ample espace aménagé par le principe des colonnes supportant la poutraison du plafond à caissons. Dans les intervalles ainsi dégagés, de grands panneaux de chêne créent une ambiance plus chaleureuse que celle produite par l'usage du matériau brut ou plâtré. Le plus fascinant, dans cette étonnante réalisation, est peut-être le soin qu'a pris son concepteur de donner à la sous-face de l'escalier une perfection formelle égale à celle des éléments plus immédiatement visibles.

1919, encouragé par Raoul Dautry, ministre de la Reconstruction et de l'Urbanisme, fait surgir de nouveaux quartiers, dont celui de la gare à Amiens, et se lance dans l'étonnante aventure de faire renaître Le Havre. Cet immense chantier est reconnu depuis peu à sa juste mesure (le premier Colloque international des villes reconstruites s'est tenu à Brest en 1983). Car, loin d'avoir spéculé sur la « table rase », Auguste Perret a fondé tout son projet sur une mémoire parfois transfigurée mais jamais trahie.

PARIS (ÎLE-DE-FRANCE)
CONSEIL ÉCONOMIQUE ET SOCIAL, ROTONDE INTÉRIEURE
1936-1939

Une coupole en pavés de verre. La magnifique rotonde intérieure reçoit la pleine lumière de la coupole sommitale constituée de nervures rayonnantes entre lesquelles ont été aménagées des rangées de pavés de verre, principe du mur de lumière qui gouvernait déjà les parois de l'église Notre-Dame du Raincy. Ici, les nervures reposent sur une poutre supportée tout à la fois par la colonnade intérieure et par les colonnes du péristyle, effilées à la base. Ainsi, Auguste Perret opère le paradoxal exploit de conférer à cet écrin convivial la dimension d'un macrocosme ouvert sur l'infini du monde.

LE HAVRE (SEINE-MARITIME)
PLACE DE L'HÔTEL-DE-VILLE
1945-1954

Traitement d'urgence pour une ville meurtrie. Le Havre a presque totalement disparu de la carte après les bombardements anglo-américains de septembre 1944. À partir de 1945, c'est à Auguste Perret que revient l'énorme tâche de reconstruire la ville, à la tête d'une équipe d'architectes travaillant selon ses directives. Âgé de soixante et onze ans lorsque débutent les travaux, il disparaîtra en 1954 sans en avoir vu l'achèvement. Au Havre, sa principale préoccupation est de concilier l'avenir d'une population meurtrie avec un long passé effacé en quelques jours. Il ouvre de larges perspectives sur la mer, amplifie les principales avenues, éclaire aumaximum toutes les unités d'habitation et conçoit une ample esplanade devant l'hôtel de ville.

Notre-Dame-du-Haut à Ronchamp

Les lieux de la dévotion moderne

Lorsque la Commission d'art sacré de Besançon sollicite l'architecte Le Corbusier, en 1950, c'est pour lui demander moins la construction d'une chapelle nouvelle sur le site de Ronchamp (Haute-Saône) que le foyer nouveau d'un ancien pèlerinage. Du sommet de la colline boisée, Le Corbusier prend quelques croquis, laisse mûrir son projet plusieurs mois avant d'en réaliser le dessin, transmis à ses collaborateurs et à l'archevêque de Besançon qui l'agrée au début de l'année 1951. L'inauguration du bâtiment a lieu le 25 juin 1955.

Un édifice antérieur existait déjà sur le site, dressé en 1924 mais rasé par la Seconde Guerre mondiale ; totalement obsolète dans sa conception, il coïncidait pourtant presque exactement avec l'église Notre-Dame du Raincy, érigée en 1922-1923 par Auguste Perret, à l'égard de qui Le Corbusier ne cacha jamais sa dette.

Une nouvelle unité structurelle

Extérieurement, la chapelle présente, sous un grand toit en pente se fondant avec les horizons vallonnés entre trois hautes tours, quatre façades courbes d'une surprenante diversité. L'entrée principale est située au sud contrairement à la tradition qui la place presque toujours à l'ouest. Cette façade sud, bordée à son extrémité gauche par la solennelle colonne claire d'une chapelle secondaire, développe sous le fuselage d'un énorme voile de béton un mur blanc percé d'une constellation de petites ouvertures inégalement quadrangulaires. À l'est, le voile de béton couvrant est encore plus impressionnant ; il abrite l'autel et la chaire destinée aux cérémonies en plein air, fléchissant légèrement vers l'aile ouest. De cette dernière, aveugle et très simple, jaillit une gargouille projetant les eaux de pluie vers le bassin aménagé au pied de l'édifice. La façade nord, enfin, se signale par l'escalier qui la traverse en diagonale et par le complexe des deux chapelles secondaires adossées à son extrémité droite. Le principe constellant des ouvertures y est repris et varié. L'unité d'un tel ensemble ne vient plus alors des mutations structurelles, mais de la prolifération de formes disparates au sein d'un organisme qui fait bloc contre tout ce qui risquerait d'en altérer la cohérence.

Lumière et culte sous le signe de la paix

À l'intérieur en revanche, Le Corbusier semble renouer avec le principe de l'édifice sacré médiéval unifié par une lumière que la Renaissance a mise au service d'une théâtralité du culte à la suite d'Alberti. Dans la pénombre

1945 Le 8 mai, capitulation de l'Allemagne ; les 6 et 9 août, Hiroshima et Nagasaki sont anéanties par les bombes nucléaires américaines 1949 Le 4 janvier, signature du Pacte atlantique ; le 29 avril, Congrès international pour la paix organisé par le Kominform **1951 Le 21 janvier, agrément du plan de Le Corbusier pour Notre-Dame-du-Haut** 1954 Le 20 juillet, accords de Genève entre la France et le viêt-minh, qui créent un Viêt Nam du Nord et un Viêt Nam du Sud dont l'affrontement s'internationalisera jusqu'en 1975.

RONCHAMP (HAUTE-SAÔNE)
CHAPELLE, FAÇADE EST >
1951-1955

Une chapelle de pèlerinage. Devant cette façade orientale, Le Corbusier a pensé l'espace pour une cérémonie en plein air qui n'aurait rien d'improvisé, mais s'accorderait au principe collectif du pèlerinage, vocation très ancienne du lieu. L'autel se dresse sous l'aile protectrice du grand auvent en forme de nef et la chaire, située sur la droite, constitue la tribune idéale pour la délivrance d'un message spirituel en osmose avec la beauté de ce paysage inspiré. Sur l'esplanade, plusieurs milliers de personnes peuvent prendre place, quand le temps le permet, signe d'une dévotion de groupe contemporaine pour laquelle l'architecte a imaginé le plus pertinent des décors, entre terre et ciel.

RONCHAMP (HAUTE-SAÔNE)
CHAPELLE
NOTRE-DAME-DU-HAUT,
OUVERTURES DE LA FAÇADE SUD
1951-1955

La liberté dans la rigueur. Le calcul des mesures et des proportions atteste que Le Corbusier a usé du Modulor (principe de mesure réglant les dimensions de toutes les parties de l'édifice, qu'il avait lui-même inventé et fait breveter) pour placer ses ouvertures, mais avec une telle liberté inventive que leur répartition extérieure semble beaucoup plus relever du jeu de hasard que de la spéculation mathématique. Sur les rugosités de la matière, la lumière semble buter, rebondir et concentrer toutes ses forces pour se précipiter, source de vie spirituelle, vers l'intérieur du bâtiment sacré.

irradiée d'infinies nuances, le recueillement devient en soi prière, quête d'une paix assortie à tous les aménagements de l'espace, de la rusticité des bancs au mouvement de vague de la voûte, en passant par la nudité du mur de l'autel. De cette paix, l'architecture religieuse contemporaine n'offre peut-être comme seul autre exemple que la chapelle de Vence conçue par Matisse ; presque un demi-siècle plus tard, Mario Botta en cherchera également le secret à la cathédrale d'Évry (1991), si déroutante aux yeux de certains visiteurs, croyants ou agnostiques.

ÉVRY (ESSONNE)
CATHÉDRALE, INTÉRIEUR
1991-1993

Une esthétique minimaliste proche de l'ascétisme. Créé le 9 octobre 1966, le diocèse de Corbeil-Essonnes (aujourd'hui Évry-Corbeil-Essonnes) décide dès 1984 de se doter d'une cathédrale sise au centre de la ville nouvelle. Le choix de l'architecte suisse Mario Botta est justifié par sa maîtrise de la brique — qui habillera intérieurement et extérieurement l'édifice — et son projet de cylindre taillé en biseau est aussitôt approuvé. Bien que les trois premières pierres traditionnelles soient posées en 1991, le chantier n'ouvre réellement qu'en juillet 1992, la seule cathédrale française du XXe siècle étant consacrée le 2 octobre 1993. La nef apparaît sous forme d'un cylindre de 29 mètres de diamètre, aux murs couverts de briques géométriquement disposées. Au sommet, l'espace vitré compris entre le toit et les parois assure un éclairage naturel modulable à l'aide de volets télécommandés. On peut y retrouver l'ancien principe de la claire-voie médiévale illustrant le passage de la mort terrestre à la vie éternelle.

Le CNIT de Paris

Arches et ponts : la recherche de l'exploit technologique

En 1958, l'État décide de doter Paris d'un quartier de bureaux à l'extrémité de l'axe unissant l'arc de triomphe de l'Étoile au quartier de la Défense. L'EPAD (Établissement public d'aménagement de la Défense) suit les préceptes de la charte d'Athènes : pas de rues, érection de tours, couvrement des voies de circulation par une dalle piétonne cernée d'une autoroute.

De cette première génération de la Défense, l'emblème demeure le CNIT, prouesse technologique qui ouvre le règne d'une architecture fonctionnelle et monumentale : Arche de la Défense, ponts normands, etc.

L'idée de développer l'axe unissant l'Arc de triomphe de l'Étoile au quartier de la Défense (ainsi nommé en raison de la statue du même nom érigée en 1883), en empiétant sur les communes de Courbevoie, Puteaux et Nanterre, était apparue au lendemain de la Première Guerre mondiale. Vers 1930, Le Corbusier et Perret présentèrent leurs projets, refusés pour cause de crise économique. Il fallut attendre les années 1950 pour que le projet resurgisse.

Un gigantesque hall d'exposition

Avec sa voûte de béton de 230 mètres de portée, le CNIT (Centre des nouvelles industries et technologies), construit entre 1956 et 1958, est une prouesse technique. Ne relevant pas de la seule préoccupation architecturale, il est d'emblée conçu en tant que vitrine de la renaissance industrielle d'après-guerre. Le site retenu se trouve à l'extrémité de la voie royale tracée par Le Nôtre dans le prolongement du Louvre. Les architectes Camelot, de Mailly et Zehrfuss (tous trois prix de Rome !) proposent une couverture de béton à double coque, séparée par un vide, supportée par trois points d'appui. C'est à l'ingénieur Nicolas Esquillan que revient le mérite d'en avoir permis la réalisation, en retournant la coque inférieure, affinant ainsi toute la structure, qui devient un voile maintenu au sol par trois culées reliées par d'énormes tirants. Le permis de construire est accordé le 7 mai 1955, les travaux commencent un an plus tard.

Installés à quelque distance dans une usine réservée au chantier, les ingénieurs procèdent de façon empirique, résolvant les problèmes à mesure qu'ils surgissent, usant largement de la préfabrication, notamment pour les premières structures portantes qui, touchant directement au sommet, permettent de réduire les échafaudages. Les fuseaux de la voûte, déployés en éventail à partir de chaque culée, sont coulés en béton en trois phases, des premières ondes nodales jusqu'aux bordures de façade. Le décoffrage des fuseaux s'effectue à l'aide de vérins énormes, Jean Prouvé installe ses façades vitrées ; près de cinquante ans plus tard, la solidité de cette conception géniale n'est plus à démontrer.

Du CNIT à la Grande Arche

À la fin des années 1960, les tours de la deuxième génération (GAN, FIAT) connaissent un insuccès si net (nombre de bureaux restent vides alors qu'on en manque cruellement partout ailleurs dans Paris) qu'elles semblent signer la faillite de l'architecture contemporaine. Une troisième

1955 Premier vol de la Caravelle, merveille de l'industrie aéronautique **1956 Ouverture du chantier du CNIT dans le quartier de la Défense** 1958 Le 21 décembre, élection du général de Gaulle à la présidence de la Ve République 1962 Le 18 mars, les accords d'Évian mettent fin à la guerre d'Algérie 1965 Le 19 décembre, réélection de Charles de Gaulle à la présidence de la République 1967 Le 11 décembre, mise au point du supersonique franco-britannique Concorde.

La Défense (Hauts-de-Seine)
CNIT, intérieur >
1956-1958

Une restructuration réussie. Bien que l'intérieur du CNIT ait été repensé en 1987-1989 pour créer des espaces multiples, l'ampleur de son volume intérieur reste très impressionnant, tant les architectes Andrault, Parat, Lamy et Torrieri — chargés du réaménagement et conseillés par Bernard Zehrfuss — ont respecté son originalité au cœur de la futaie des tours environnantes. Les millions de visiteurs annuels attirés par les manifestations qu'il abrite disent assez la réussite de cette restructuration.

La Défense
CNIT, façade
1956-1958

Une performance technologique collective. Œuvre des architectes Robert Édouard Camelot, Jean de Mailly et Bernard Louis Zehrfuss mais aussi des ingénieurs Nicolas Esquillan pour la coque en béton armé et Jean Prouvé pour les façades de verre, le CNIT lance son voile sur trois points d'appuis distants de 218 mètres, ce qui lui permet de couvrir un espace unitaire de 22 500 m², idéal pour sa fonction initiale de palais des congrès, mais qui était impossible à occuper (donc à rentabiliser) tout au long de l'année.

génération voit pourtant le jour au début des années 1980, avec l'aménagement de la « Tête-Défense » et la construction de la Grande Arche ; placée dans l'axe de l'arc de Triomphe, qui prolonge lui-même celui du Louvre, et inaugurée le 18 juillet 1989, la Grande Arche est le fruit d'un concours organisé en 1982 après divers projets refusés. Son vainqueur, le Danois Johan Otto von Spreckelsen propose un cube haut d'environ 110 mètres, ouvert comme une fenêtre sur l'horizon. Par ailleurs, l'esplanade est balisée de sculptures en plein air et l'église Notre-Dame-de-la-Pentecôte (2001) intègre une dimension spirituelle à ce quartier complexe.

Les grands ponts normands

Parmi les réussites les plus impressionnantes de l'architecture contemporaine mariant le béton et le métal figurent les trois ponts normands franchissant la Seine après Rouen. Celui de Tancarville, ouvert en 1959, mesure 1 410 mètres. La technique du pont suspendu est fondée sur un système de câbles porteurs répartissant le poids du tablier (relié par des suspentes) sur les pylônes et les ancrages d'extrémités. Les deux câbles du pont (la restauration de 1998 en a porté le nombre à quatre) sont constitués de 60 torons (assemblages de gros fils tordus ensemble), chacun composé de 169 fils de 4,7 millimètres de diamètre. Au-delà de son ingéniosité et de son utilité, ce pont s'inscrit harmonieusement dans l'espace qu'il franchit. Pour celui de Brotonne, plus tardif (1977), les constructeurs imaginent un système d'éventail unissant les câbles au tablier. Enfin, celui de Normandie, mis en service en 1995, a une longueur de 2 141 mètres ; sa portée de 856 mètres lui assurait un record mondial jusqu'à l'inauguration du pont de Tatara au Japon en 1999.

La Défense
CNIT, vue latérale
1956-1958

L'alliance de la beauté et de l'audace. La couverture du CNIT est due à l'ingéniosité de Nicolas Esquillan qui a dessiné une voûte d'arêtes constituée de deux voiles minces (6 centimètres) de béton, superposés et reliés, fuseau par fuseau, par des tympans de béton. Invisibles depuis la construction de la dalle, les culées d'une profondeur de 12 mètres sont les trois seuls points d'appui — reliés par des câbles d'acier — de cette structure qui reste sans égale dans le monde, un demi-siècle après sa conception.

Caudebec-en-Caux (Seine-Maritime) Pont de Brotonne

1974-1977

Exploit technologique et réussite artistique. Le tablier bombé est creux, par souci d'allégement, et relié aux pylônes par un système de haubanage en éventail. Le béton (armé et précontraint) a été utilisé pour les supports, l'acier pour les câbles. La longueur totale du pont est de 1 278 mètres pour une largeur de 19,20 mètres et il passe à plus de 50 mètres au-dessus des flots pour permettre le passage des navires remontant à Rouen. Entre les deux piles, la travée atteint une longueur de 320 mètres.

Une parfaite intégration au paysage. Si le pont de Tancarville a d'abord amélioré le trafic entre les rives de la Seine, il a rapidement connu une saturation conduisant les responsables locaux à prévoir un second franchissement de la Seine. Le site de Caudebec-en-Caux étant retenu, la Direction départementale de l'équipement lance un appel d'offres en 1973. Sous la direction de son concepteur, Jean Muller, et des architectes Arsac et Fraleu, les travaux commencent en avril 1974 ; le pont est mis en service le 9 juillet 1977. Bien que détenant alors le nouveau record mondial de portée des ouvrages en béton, il use de deux piles centrales très fines car, plantées sur les rives, elles n'ont pas à craindre d'être percutées par des bateaux dans le brouillard.

La Défense (Hauts-de-Seine)
Arche de la Défense
en bas : le Nuage
1985-1989

Une gigantesque fenêtre ouverte. Entre socle et plate-forme supérieure, les deux immeubles biseautés aux façades couvertes de marbre de Carrare, qui forment les faces verticales de cet immense cube creux, présentent un double système de baies : en alvéoles pour les 29 étages de l'intérieur, en paroi lisse pour les 35 de l'extérieur. Désaxée de 6° 30 par rapport à la ligne Champs-Élysées - avenue de la Grande-Armée, non par souci esthétique mais pour répondre à des impératifs d'ordre technique liés à l'encombrement du sous-sol, la Grande Arche est une merveille d'équilibre et de légèreté en dépit de ses 300 000 tonnes et de son austérité formelle. Disparu en 1987, son architecte, le Danois Johan Otto von Spreckelsen, ne l'aura pas vue terminée, mais trouvera en Paul Andreu un successeur de talent.

Un titre emblématique. Le Nuage, qui associe dans sa conception les architectes Spreckelsen et Andreu à l'ingénieur Peter Rice, humanise l'espace cubique formé par le socle et les parois tout en protégeant les piétons des intempéries. La surface abritée par cette structure arachnéenne en Téflon, suspendue par câble, est un peu inférieure à celle de la membrane (2 300 mètres carrés), du fait de la déclivité de cette dernière.

Tancarville (Seine-Maritime)
Pont de Tancarville
1955-1959

Un nouveau pont sur la Seine. La décision de jeter un pont sur la Seine pour remplacer le bac du Hode-Berville remonte au 7 décembre 1933 ! En 1951, un concours est ouvert, un projet choisi ; commencé le 15 novembre 1955 et inauguré le 2 juillet 1959, l'ouvrage, construit par la Chambre de commerce et d'industrie du Havre, se présente sous la forme d'un pont suspendu à trois travées ; sa longueur totale est de 1 410 mètres, le tablier culmine à 51 mètres, les pylônes en béton armé à 125 mètres (record mondial à l'époque) et la largeur de la chaussée atteint 12,5 mètres, autorisant quatre files de circulation et des trottoirs.

Le Centre Georges-Pompidou

Ouverture sur la culture contemporaine

Dans le champ architectural, l'œuvre emblématique des années 1970 demeure le Centre national d'art et de culture Georges-Pompidou. Inaugurée en 1977, cette mégastructure expérimentale s'est rapidement imposée comme le premier centre culturel du monde, par l'étonnant et persistant afflux des visiteurs (25 000 par jour !) ainsi que par la pertinence de son cadre aux activités les plus diverses et ouvertes à tous.

L'édifice abrite, en effet, le musée national d'Art moderne, des salles de spectacle et de conférences, une bibliothèque publique, le CCI (Centre de création industriel) et l'IRCAM (Institut de recherche et de coordination acoustique musique). Plus modestes, mais porteurs des mêmes ambitions, d'autres centres culturels surgiront en France, comme ceux du Havre, de Nîmes, etc.

Un nouveau concept du centre culturel

Rassembler des espaces aussi différents n'aurait pas été concevable dans un bâtiment existant déjà. C'est pourquoi Georges Pompidou, parvenu à la présidence de la République en 1969, fit acquérir par l'État le terrain du plateau Beaubourg avant de lancer un concours international pour la réalisation d'un projet qui lui tenait à cœur depuis longtemps. Vainqueurs surprenants, le Britannique Richard Rogers et l'Italien Renzo Piano ne cachent point leur volonté d'en finir avec l'image traditionnelle du bâtiment culturel. Comme tous les grands chantiers de la seconde moitié du XXe siècle, celui-ci déclenchera de vigoureuses polémiques ; aujourd'hui, tout le monde s'accorde sur le double succès, de curiosité et de convivialité, d'un établissement qui — pour avoir donné corps à l'utopie de la « culture pour tous » — reste toujours sans équivalent dans le monde. L'affluence record de la Bibliothèque publique d'information (14 000 personnes par jour) et du musée d'Art moderne (3 700 visiteurs par jour) est d'autant plus remarquable que la politique institutionnelle de Beaubourg est loin de faire l'unanimité parmi les amateurs d'art, lesquels notent souvent que le plus riche musée d'art contemporain du monde pratique, à l'endroit de nombre d'artistes, une impitoyable politique d'exclusion.

Le pouls urbain de l'art contemporain

Les adversaires initiaux de Beaubourg brocardaient l'établissement qu'ils qualifiaient, péjorativement, d'« antimonument », non seulement du fait de la disparition des murs opaques, mais surtout par sa façon d'agréger, de façon paradoxale, l'extérieur à sa matérialité. L'objectif avoué était de désacraliser cette institution culturelle que l'on qualifiait volontiers alors de « bourgeoise » et de s'ouvrir à un public très large, c'est-à-dire issu des couches de la population traditionnellement écartées du vivier culturel. Fermée pendant trois ans pour d'énormes restaurations, la grande institution a rouvert ses portes début 2000, avec un succès public qui ne semble pas devoir ralentir, bien que les conditions d'accès ne soient plus aussi faciles qu'à l'origine. Dans de nombreuses villes françaises, l'exemple en est d'ailleurs suivi, avec des fortunes diverses, mais toujours sous le signe de l'ouverture et de l'optimisme.

PARIS (ÎLE-DE-FRANCE)
CENTRE GEORGES-POMPIDOU, DÉTAIL DE LA FAÇADE POSTÉRIEURE
1971-1977

« C'est un bâtiment qui fait semblant, c'est une parodie de la technologie. » Cette déclaration de Renzo Piano s'applique particulièrement bien à la façade postérieure. Le long des cinq étages de verre et de poutrelles métalliques, courent les coursives, les tuyaux et les couloirs d'aération, régis par une palette aux teintes éclatantes : vert pour l'eau, bleu pour l'air, jaune pour l'électricité, rouge pour les ascenseurs, gris pour les passages, blanc pour la structure. En dépit des charges financières écrasantes que suppose le simple entretien de cette structure, personne ne peut contester qu'une telle disposition a facilité l'accès de tous au nouveau siège de la culture universelle.

NÎMES (GARD)
CARRÉ D'ART
1993

Légèreté et transparence. Confronté à la difficulté de construire un édifice contemporain face à l'antique Maison carrée de Nîmes, l'architecte Norman Foster a choisi de ne pas faire mystère de son attrait pour l'art romain, sans pour cela en accepter la moindre directive. Achevé en mai 1993, le Carré d'art se présente ainsi sous les traits élégants d'un édifice de verre, de béton et d'acier, destiné à abriter les collections d'art contemporain de la ville et sa médiathèque. Classique en ceci qu'il ne joue jamais sur la surprise, le bâtiment cultive la transparence et la légèreté. À l'exemple de son illustre aîné parisien, ce foyer de culture vivante a suscité, en termes d'adhésion ou de refus, un évident regain d'intérêt pour l'art du IIIe millénaire naissant.

1968 Mouvements sociaux en mai ; le 30, dissolution de l'Assemblée nationale 1969 De Gaulle écarté, Georges Pompidou est élu président de la République le 15 juin **1971 Renzo Piano et Richard Rogers remportent le concours pour la construction du CNAC Georges-Pompidou (dit « Beaubourg »)** 1974 Le 2 avril, mort de Pompidou ; le 19 mai, élection de Valéry Giscard d'Estaing 1975 Fin de la guerre du Viêt Nam.

PARIS (ÎLE-DE-FRANCE)
CENTRE GEORGES-POMPIDOU,
FAÇADE PRINCIPALE
1971-1977

Un fonctionnement rendu visible. Haut de 42 mètres, long de 166 mètres et large de 60 mètres, le Centre national d'art et de culture Georges-Pompidou rejette à l'extérieur toutes les infrastructures techniques et les systèmes de circulation de l'édifice. La façade principale est surtout caractérisée par son grand escalier qui serpente de palier en palier, tube transparent animé par les sous-faces d'un rouge vif. En fait, le bâtiment se résume pour l'essentiel à une immense structure métallique constituée de quatorze portiques sur lesquels prennent appui les longues poutres qui soutiennent les plateaux horizontaux des niveaux intermédiaires. L'apparence du bâtiment s'efface au profit de son essence structurelle.

LE HAVRE (SEINE-MARITIME)
MAISON DE LA CULTURE
1981

Loger la culture chez l'habitant. Sur ce qui fut l'ancienne place Louis XVI, puis l'emplacement du grand théâtre du Havre (détruit par les bombardements anglo-américains de 1944), le célèbre architecte brésilien Oscar Niemeyer a imaginé un complexe comprenant deux salles de spectacles et une salle de cinéma. Cet ensemble, qui privilégie la fonction culturelle ouverte à tous, se compose de deux bâtiments dont les courbes, évoquant les formes d'un volcan, tranchent singulièrement avec la rectilinéarité architecturale de la cité reconstruite par Auguste Perret. En cette occasion, c'est à nouveau le problème de l'adéquation des formes et des structures de l'urbanisme moderne aux aspirations des habitants de la cité qu'un grand praticien s'efforce de résoudre, avec une indéniable inspiration.

La Cité de la musique

Les nouveaux temples culturels de la nation

Au cours des deux dernières décennies du xxe siècle, d'énormes chantiers publics à vocation culturelle se sont ouverts en France, particulièrement à Paris. Parmi ces témoins de l'importance nouvelle que les pouvoirs publics accordent à la culture et à sa diffusion, la Pyramide du Louvre, l'Institut du monde arabe ou la Bibliothèque nationale de France attestent le caractère monumental de l'entreprise. Mais c'est peut-être avec la Cité de la musique, construite en 1991 par Christian de Portzamparc, que cette nouvelle politique parvient à son accomplissement.

Avec cet édifice placé au cœur du site de la Villette animé par d'innombrables réalisations — dont les célèbres « Folies » de Bernard Tschumi —, Portzamparc a réalisé un chef-d'œuvre esthétique et fonctionnel. Tout y est remarquable, du Conservatoire national de musique au musée,

1981 Élection de François Mitterrand à la présidence de la République, le 10 mai 1986 Jacques Chirac désigné comme Premier ministre par François Mitterrand, le 20 mars 1989 Fêtes du bicentenaire de la Révolution française dans le monde entier **1991 Construction de la Cité de la musique par Christian de Portzamparc** 1995 Élection de Jacques Chirac à la présidence de la République, le 7 mai.

PARIS (ÎLE-DE-FRANCE)
CITÉ DE LA MUSIQUE,
LA GRANDE SALLE DE CONCERT
1991

Une conception révolutionnaire. Au sein de la Cité, la salle de concert forme un dispositif particulier, parfaitement intégré à l'ensemble mais selon un mode de fonctionnement d'une totale nouveauté. Elle s'inscrit dans une enceinte elliptique autour de laquelle l'architecte a disposé une conque élégante, grâce à l'usage de matériaux dont la légèreté n'a d'égale que la solidité. La beauté de cette ellipse vient de la mise en évidence délibérée du caractère infini de sa course et de ses axes différents propices à la variété des configurations.

de la résidence étudiante à la salle de concert, en passant par le Centre d'organologie.

Dans sa partie ouest, la Cité de la musique regroupe les structures réservées aux étudiants, le Conservatoire qui ne compte pas moins de 200 salles de travail, plusieurs plateaux d'orchestre propices à toutes les expérimentations, une médiathèque destinée à l'enrichissement culturel des aspirants musiciens et trois salles de concert ouvertes aux futurs compositeurs. Tout cet ensemble s'ouvre autour d'un cloître profane et se développe selon le principe d'un refus de superposition des plans. Dans cet ensemble visionnaire sont ainsi reconstituées les conditions d'un apprentissage idéal, renouvelant l'idée classique de l'Académie en tant que lieu de formation, mais aussi en tant qu'espace de création et de débat.

Une salle révolutionnaire pour la nouvelle musique

Destinée au Conservatoire voisin et à l'Ensemble intercontemporain, la grande salle de concert de la Cité peut recevoir de 800 à 1 200 auditeurs, selon différentes configurations en fonction du répertoire, ce qui induit *de facto* une conception nouvelle du concert. Un plateau rectangulaire et modulable en constitue l'élément central, autour duquel diverses dispositions sont possibles, constituant autant de dispositifs scénographiques. Cette conception permet tout à la fois des options acoustiques très différentes grâce aux rideaux mobiles du fond des loges et des panneaux réversibles du plafond, et une large gamme de dispositions scéniques grâce à la mobilité des éléments. Techniciens de l'acoustique et scénographes

PARIS
(ÎLE-DE-FRANCE)
CITÉ DE LA MUSIQUE,
LA RUE MUSICALE
1991

L'œuvre musicale d'un praticien du visuel. Le contraste est frappant entre la cour située à l'ouest de la Cité de la musique et la rue musicale dans la partie est. L'architecte, Christian de Portzamparc, n'a laissé aucune équivoque quant au rôle de la musique dans cette conception : « C'est à l'est la fédération dynamique d'objets hétérogènes autour de la rue musicale qui se conclut sur le foyer de la grande salle, espace en enroulement spiral, trompe, forme spatiale qui est en elle-même un phénomène sonore, un diffuseur de son tourné vers le parc. C'est une architecture pour le son. Et c'est une architecture que je n'aurais pu penser sans la musique » (Portzamparc, 1995).

PARIS
PARC DE LA VILLETTE,
UNE DES « FOLIES »
DE BERNARD TSCHUMI
1983

Entre tradition classique et postmodernisme. Pour le promeneur attiré par l'ensemble de la Villette (Grande Halle, Cité de la musique...), la moindre surprise n'est pas l'ensemble des structures qui animent le parc situé sur les rives du canal de l'Ourcq. Datant de 1983, ces « Folies » dues à Bernard Tschumi font plaisamment référence aux folies du XVIIIe siècle, maisons de plaisance souvent construites dans un style extravagant. Bernard Tschumi s'inscrit ainsi joyeusement au cœur du mouvement postmoderne.

La défiance vis-à-vis du style international. Fondées sur la figure d'un cube de 10,8 mètres de côté, en béton revêtu de tôle émaillée rouge vif, les « Folies » de Tschumi témoignent de la volonté de rupture qui anime la jeune école d'architecture se réclamant d'un déconstructivisme qui ruine la tyrannie du style international en revenant aux sources du constructivisme soviétique du début de siècle. Les structures et formes élémentaires, externes et internes, sont désarticulées, l'unité n'étant assurée que par le paroxysme de la tension et par le renvoi de chaque réalisation à toutes les autres.

Paris
Pyramide du Louvre
1983

La pyramide du pouvoir. Dans nombre de civilisations (sur les rives du Nil comme dans l'aire amérindienne), la pyramide a constitué un formidable symbole politique. Il n'est donc pas surprenant que le choix des pouvoirs publics se soit porté sur cette forme lorsque la nécessité s'est imposée d'une entrée solennelle du Louvre, emblème de la puissance culturelle montante. Construite de 1983 à 1988, haute de 21,65 mètres, la pyramide de Ieoh Ming Pei est formée de 793 losanges et triangles de verre montés sur une structure d'acier savante dont le poids total atteint 95 tonnes. Deux pyramidions la bordent, tandis qu'à l'arrière-plan les contours du Louvre rappellent que ce prodige de la construction contemporaine introduit au plus grand musée du monde. Comme pour les gares du siècle précédent, la nécessaire collaboration de l'architecte et des ingénieurs a fait merveille ; les seconds ont fourni au premier un verre tout à la fois léger, à peu près inaltérable et totalement transparent. À l'extérieur, le bassin de granit qui isole la pyramide tout en offrant son reflet aux regards est animé de jeux d'eau rappelant les fastes du Grand Siècle — allusion soulignée par la statue, voisine, de Louis XIV.

Paris
Institut du monde arabe
1984

Un symbole éclatant de coopération culturelle. La façade courbe est constituée d'un mur-rideau formant une sorte d'immense store vénitien aux lisses resserrées dans la partie supérieure. Parmi ses curiosités, on relève le reflet dessiné des grands édifices parisiens. Plus austère, le bloc de la bibliothèque est entièrement vitré et protégé par des barres d'aluminium.
À l'instar de la Cité de la musique, l'Institut du monde arabe, conçu par Gilbert Lézénès, Jean Nouvel et Pierre Soria, avec le soutien de l'agence Architecture Studio, chante les nouvelles valeurs du monde contemporain, le savoir, la mémoire, l'échange.

ont travaillé sur la nature du plafond pour obtenir une efficacité sonore maximale en même temps qu'une multiplicité de sources lumineuses créant l'animation visuelle de l'espace.

Particularités internes d'une merveille d'ingéniosité

Ce qui frappe d'emblée le visiteur de cette salle, c'est sa hauteur inaccoutumée pour un espace de concert, une bonne quinzaine de mètres sous plafond. La seconde surprise vient de la platitude du sol, favorisant un grand nombre de dispositions et créant, selon le vœu le plus cher de l'architecte, un nouveau rapport entre les exécutants groupés à l'orchestre et le public réparti sur les gradins. Un système mobile de sièges et de podiums ouvre une gamme de configurations jusque-là inimaginable.

PARIS (ÎLE-DE-FRANCE)
INSTITUT DU MONDE ARABE, DÉTAIL DE LA FAÇADE DONNANT SUR LE PARVIS
1984

La tradition islamique au cœur du monde contemporain. L'Institut du monde arabe allie innovation technique occidentale et tradition orientale, notamment dans la conception de ces parois en diaphragmes qui couvrent la façade donnant sur le parvis. Celles-ci reprennent le principe des moucharabiehs du monde arabe, destinés à atténuer la lumière du soleil comme à permettre aux femmes de voir sans être vues. Composées d'éléments mobiles, elles sont équipées d'un mécanisme permettant de faire varier la quantité de lumière favorable à la conservation des œuvres et des livres. Par ailleurs, le caractère hétérogène des éléments ici réunis attire l'attention sur l'efficacité structurelle de la charpente d'acier.

Depuis l'inauguration, un public très vaste a ainsi pu juger de l'excellence de ses effets pour l'exécution du répertoire contemporain. Car cette architecture inédite vise moins à satisfaire les habitudes de mélomanes chroniques qu'à proposer et anticiper les conditions d'une nouvelle pratique du concert. La beauté du volume intérieur ne doit pas masquer l'ingéniosité de son agencement. Ainsi, les parois latérales sont évidées pour y recevoir soit les espaces annexes, soit les niches suivant la course de l'ellipse, sous la galerie qui fait office de promenoir. Si l'œil est enchanté par les variations de la lumière en fonction des sources, l'oreille est tout aussi satisfaite par les effets acoustiques que génèrent ces variations sur l'ellipse.

Une nouvelle idée du concert public

Du strict point de vue de l'architecture, un problème redoutable posé à Portzamparc n'était autre que la rencontre obligée de la forme cylindrique mère et de son extrémité conique. Or, loin de dissimuler le point de rencontre obligé des deux masses, il l'a signalé par une ligne courbe qui ceinture le grand volume. Porté par la vague d'une pratique innovante, l'architecte satisfait sans difficulté aux exigences de la musique la plus récente. Situant par ailleurs sa contribution dans la continuité d'une grande tradition classique, il offre au public de son temps un espace dans lequel s'entendent avec le même bonheur la musique récente et celle des siècles passés. Les trois grandes occurrences du concert traditionnel (symphonique, central, latéral) se fondent ainsi avec naturel dans le nouveau schéma spatial, cependant que les dispositions réclamées par la musique contemporaine sont mises en place avec une étonnante facilité. Là gît le secret de la réussite : conçue pour servir l'idée propre à l'action musicale publique, la salle en transforme les conditions d'écoute, donc la notion même de concert public, qu'elle élargit à l'infini.

Partage du savoir et échanges culturels

La Pyramide du Louvre (1983), l'Institut du monde arabe (1984) et la Bibliothèque nationale de France (1989) présentent plusieurs traits communs, à commencer par la polémique provoquée par leur construction et le rôle d'échange culturel qui leur est dévolu. La première, si prégnante que soit sa forme, a été habilement intégrée par Ieoh Ming Pei, spécialiste des structures en verre, à l'ample décor de la cour du Grand Louvre, cependant qu'à l'intérieur, des volumes pyramidaux renversés varient sur ce thème.

L'Institut du Monde arabe est né aussi par volonté politique, la France, partenaire de nombreux pays arabes, ayant pensé dès 1974 à fonder un établissement interculturel. En dépit de l'accord signé dès 1980 entre Paris et vingt pays arabes, il faudra attendre l'année 1984 pour assister à l'ouverture du chantier confié aux architectes Gilbert Lézénès, Jean Nouvel et Pierre Soria. Enfin, si de nombreuses critiques ont parfois accablé la Bibliothèque nationale de France de Dominique Perrault, elle n'en est pas moins devenue peu à peu un outil de recherche performant tout en attirant un public renouvelé. Là encore, il se vérifie que l'idée de culture collective, d'accès universel aux sources de l'érudition, s'est partout transformée dans le dernier quart du XXe siècle. Il n'en est que plus remarquable que les fruits architecturaux les plus spectaculaires de cette mutation aient vu le jour à Paris, redonnant à la capitale française une avance culturelle qu'elle avait apparemment perdue.

PARIS
PYRAMIDE DU LOUVRE, ACCÈS AU MUSÉE ET AUX GALERIES MARCHANDES
1983

Carrefour de la culture et du commerce. Une rampe hélicoïdale, au centre de laquelle est installé un ascenseur cylindrique, donne accès au hall d'entrée souterrain du musée. Une médiathèque, un amphithéâtre de 400 places, une librairie et divers espaces commerciaux assurent l'animation permanente de cet espace culturel, qui forme un large quadrilatère aux lignes dont les mouvances n'excluent pas une parfaite sobriété.

PARIS
BIBLIOTHÈQUE NATIONALE DE FRANCE
1989

D'innombrables ressources offertes à la consultation. En rupture avec l'usage traditionnel des livres, la nouvelle institution propose la consultation, sur écran, de microfilms ou autres documents, en connexion directe avec d'autres bibliothèques du monde entier. C'est dire qu'au-delà des douze millions d'ouvrages imprimés qui sont conservés sur place, un immense patrimoine sonore et audiovisuel est à la disposition des lecteurs et des chercheurs.

PARIS (ÎLE-DE-FRANCE)
BIBLIOTHÈQUE NATIONALE DE FRANCE
1989

Les tours du savoir. C'est à l'issue du concours de 1989 que le projet de l'architecte Dominique Perrault fut choisi, pour remplacer la Bibliothèque nationale de la rue de Richelieu, aux locaux trop exigus et mal adaptés au nouveau principe de consultation des sources. Quatre tours de 80 mètres de haut, placées aux coins d'un socle, abritent les bureaux et quelque 400 kilomètres de rayonnages. L'esplanade centrale est agrémentée d'un jardin entouré de deux niveaux réservés respectivement aux chercheurs (2 000 places) et au grand public (1 600 places).
L'entrée dans les tours est assurée par un vestibule largement éclairé, qui n'est pas sans rappeler la partie antérieure du temple classique avec ses hauts piliers et ses marches menant au niveau des espaces intérieurs, comme si le savoir était à son tour devenu une divinité chargée de dissiper les ténèbres de l'obscurantisme.

Guide des monuments

Chaque monument (à l'exception des édifices parisiens, trop nombreux) est ici désigné par un numéro associé à un pictogramme. Le numéro renvoie aux rubriques des pages 302 à 310 qui donnent, de façon très libre, diverses suggestions relatives à la découverte du site (environnement historique ou naturel, saisons et heures favorables, etc.).
Le pictogramme indique systématiquement la destination originelle du monument ; nombre d'édifices publics sont ainsi signalés comme « édifices privés », tel l'hôtel de Cluny, à Paris, devenu musée national du Moyen Âge.
Un seul regard jeté sur cette carte met en lumière une certaine disparité dans la répartition des sites, en dépit du soin apporté à « couvrir » le territoire français. À cela, deux raisons :
— la première tient à l'absence d'édifices en certaines régions (dans les Landes, par exemple) ;
— la seconde est liée au principe de primauté chronologique qui gouverne cet ouvrage, écartant, *de facto*, telles riches cités d'art (Lyon, Dijon...) ou départements (Jura, Corse...). Cependant, ces lieux apparaissent dans le texte général par la mention de leurs plus belles réalisations.

- Édifice religieux
- Fortifications (cité médiévale, forteresse, remparts)
- Château
- Vestiges antiques (aqueduc, arc, pont, théâtre, etc.)
- Mégalithe
- Édifice public (bibliothèque, hôpital, hôtel de ville, musée, pont, théâtre, etc.)
- Édifice privé
- Édifice industriel
- Gare
- Divers (monument aux morts, parc, place, statue, etc.)

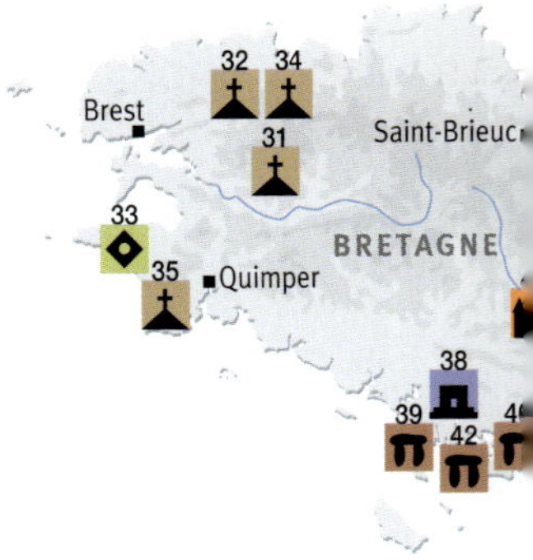

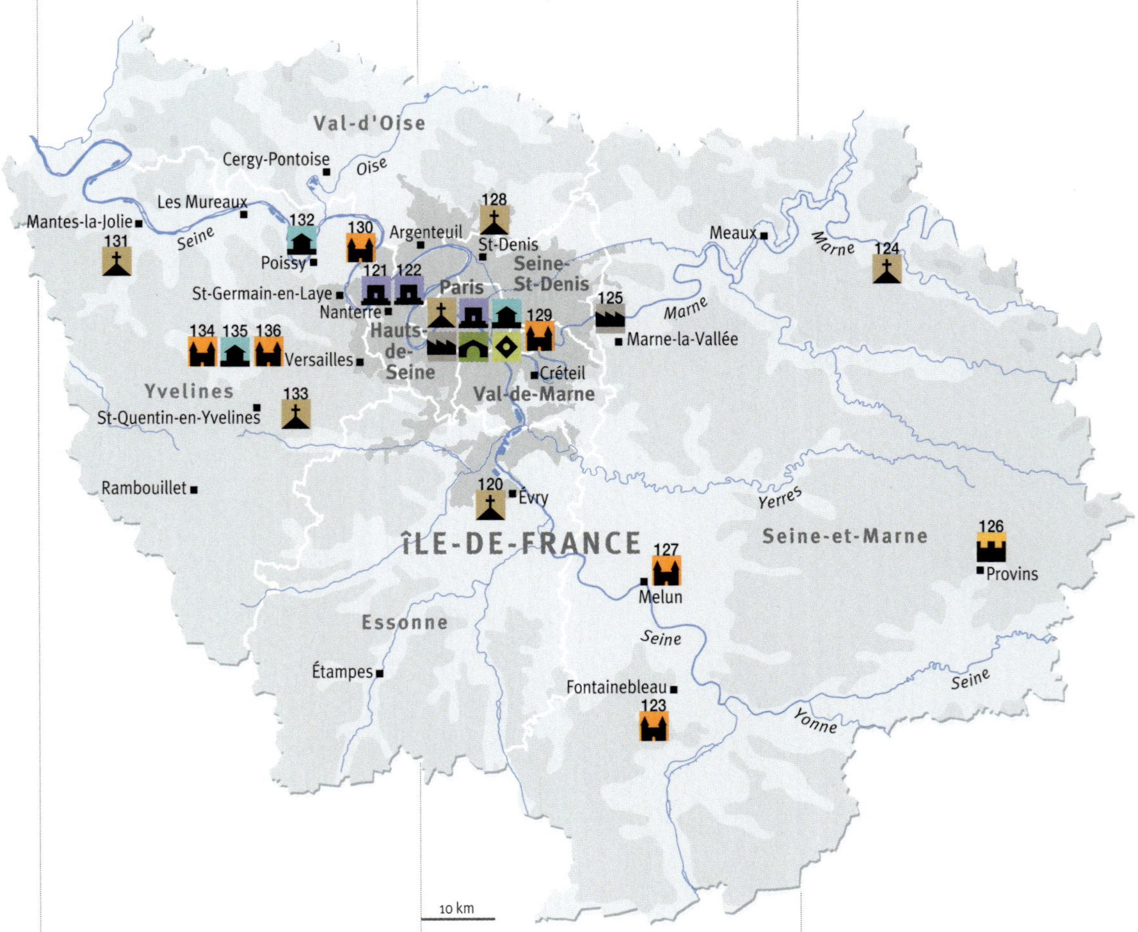

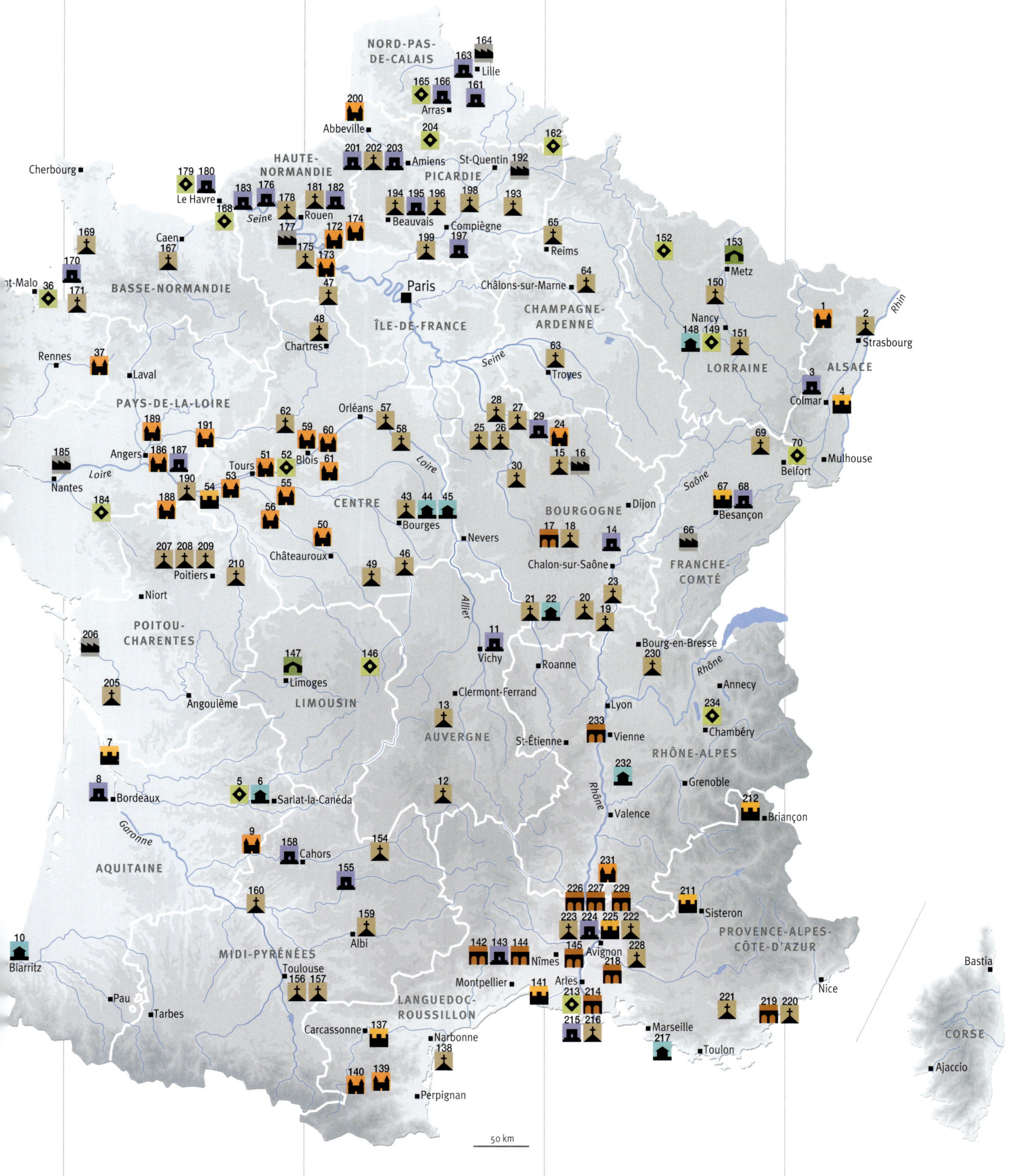
NORD-PAS-DE-CALAIS
Lille
Arras
Abbeville
Amiens
St-Quentin
PICARDIE
HAUTE-NORMANDIE
Cherbourg
Le Havre
Seine
Rouen
Beauvais
Compiègne
Caen
BASSE-NORMANDIE
nt-Malo
Paris
ÎLE-DE-FRANCE
Reims
Châlons-sur-Marne
CHAMPAGNE-ARDENNE
Metz
Nancy
LORRAINE
Strasbourg
Rhin
ALSACE
Colmar
Mulhouse
Belfort
Chartres
Troyes
Rennes
Laval
PAYS-DE-LA-LOIRE
Orléans
Angers
Tours
Blois
Loire
Nantes
CENTRE
Bourges
Nevers
BOURGOGNE
Dijon
Saône
Besançon
FRANCHE-COMTÉ
Chalon-sur-Saône
Châteauroux
Poitiers
Niort
POITOU-CHARENTES
Limoges
LIMOUSIN
Angoulême
Allier
Vichy
Roanne
Bourg-en-Bresse
Rhône
Annecy
Chambéry
Clermont-Ferrand
AUVERGNE
St-Étienne
Lyon
Vienne
RHÔNE-ALPES
Grenoble
Valence
Briançon
Bordeaux
Sarlat-la-Canéda
Garonne
AQUITAINE
Cahors
Sisteron
PROVENCE-ALPES-CÔTE-D'AZUR
Biarritz
MIDI-PYRÉNÉES
Albi
Toulouse
Nîmes
Avignon
Montpellier
Arles
LANGUEDOC-ROUSSILLON
Pau
Tarbes
Carcassonne
Narbonne
Perpignan
Marseille
Toulon
Nice
Bastia
CORSE
Ajaccio
50 km

301

Tous les monuments portent les mêmes numéros que sur la carte et sont classés dans l'ordre alphabétique des régions, des départements et des villes.

ALSACE
Bas-Rhin
Saverne
Office de tourisme : 03 88 91 80 47

1. Château des Rohan (pages 224-225)
03 88 91 06 28
Hors le château qui abrite le musée Louise-Weiss et un musée archéologique, tous les édifices intéressants de la très belle ville de Saverne sont regroupés dans un petit périmètre : ancien cloître des Récollets du XIVe siècle, église paroissiale au beau clocher-porche du XIIe siècle, maisons de bois du XVIIe siècle et le Vieux Palais, qui ajoute une touche Renaissance à la palette locale.

Strasbourg
Office de tourisme : 03 88 52 28 28

2. Cathédrale Notre-Dame (page 109)
Construite en grès rose des Vosges, la cathédrale est située au cœur de la vieille ville qui se développe entre les bras de l'Ill et recèle de belles maisons à colombages ; elle est entourée d'édifices anciens dont la pharmacie du Cerf (XIIIe siècle) et la maison Kammerzell aux magnifiques colombages. Puisque marché de Noël il y a à Strasbourg, autant en profiter pour y découvrir, à la tombée de la nuit, l'immense silhouette illuminée du colosse qui règne sans partage sur la grande cité depuis plus de sept siècles. Si, par chance, la neige se met de la partie, la révélation visuelle se place alors sous le signe d'une féerie de couleurs et de lumières.

Haut-Rhin
Colmar
Office de tourisme : 03 89 20 68 92

3. Ancienne Douane (Koïfhus) (pages 140-141)
Située au cœur du centre historique, l'Ancienne Douane est l'un des fleurons de Colmar, universellement célèbre pour le musée d'Unterlinden qui abrite le merveilleux retable d'Issenheim dû à Mathias Grünewald. Au hasard des rues voisines, le promeneur admirera le remarquable patrimoine architectural de la cité (façades de la Petite Venise, quartier des Tanneurs, églises Saint-Matthieu et Saint-Martin, etc.), signe d'une prospérité très ancienne.

Neuf-Brisach
Office de tourisme : 03 89 20 68 92

4. Citadelle (page 206)
Porte de Belfort - Musée
03 89 72 56 66
À 15 kilomètres de Colmar, Neuf-Brisach est une sorte de cité-jouet qui enchante par la simplicité de sa conception et la clarté de son plan. Dommage qu'elle ait été conçue pour jouer à la guerre ! Suivre la promenade des remparts (environ 2,4 kilomètres) est un bon moyen de découvrir la forteresse.

AQUITAINE
Dordogne
Sarlat-la-Canéda
Office de tourisme : 05 53 31 45 45

5. Lanterne des morts (page 92)
La fonction de cette construction du XIIe siècle reste mystérieuse. Contemporaine, la petite chapelle romane de Temniac présente un visage tout aussi séduisant, et moins énigmatique, de la première architecture locale. Quant à la cathédrale Saint-Sacerdos, ses remaniements ont été si nombreux qu'il faut se rendre à son chevet pour en découvrir au mieux la version primitive.

6. Hôtel La Boétie (page 152)
Cet hôtel du XVIe siècle est l'un des édifices les plus remarquables qui occupent le quartier historique de la ville. De la même époque, l'hôtel de Gisson et celui de Vienne (dit aussi de Maleville) se signalent aussi par la sûreté des proportions, l'invention décorative et la monumentalité intérieure. À citer encore, le curieux Présidial aux deux grandes baies superposées, coiffé d'un lanternon octogonal posé sur béquilles.

Gironde
Blaye
Office de tourisme : 05 57 42 12 09

7. Citadelle (page 206)
Située à une quarantaine de kilomètres au nord de Bordeaux, la citadelle offre un éventail complet du génie de Vauban. La tour de l'Aiguillette surplombant la falaise, embrasse l'estuaire de la Gironde. À Blaye, il est un coin reculé, occupé par un château médiéval dont l'histoire vaut d'être rappelée. C'est là, en effet, que vit le jour l'illustre troubadour Jaufré Rudel, qui orienta définitivement la chanson courtoise vers les sphères raffinées de l'amour impossible et des rêves inaccessibles. Un peu de poésie dans ce bloc guerrier !

Bordeaux
Office de tourisme : 05 56 00 66 00

8. Grand Théâtre (pages 218-219)
05 56 00 85 95
Ordinairement, Bordeaux est connue pour ses vins, ses footballeurs et ses maires. Elle mérite beaucoup mieux, au regard de toutes les splendeurs qu'elle recèle, notamment en son centre, et dont le Grand Théâtre avec sa façade à l'antique et son escalier monumental forme en quelque sorte le couronnement.

Lot-et-Garonne
Bonaguil
Office de tourisme de Villeneuve-sur-Lot : 05 53 36 17 30

9. Château fort (pages 142 à 145)
05 53 71 90 33
Bonaguil est plus qu'un château fort : c'est, d'une certaine façon, la concrétisation de l'idée même de forteresse médiévale, telle que la rêvent tous les enfants – et les adultes ! Impression encore renforcée par la découverte de l'édifice *in situ*.

Pyrénées-Atlantiques
Biarritz
Office de tourisme : 05 59 22 37 10

10. Villa Eugénie (page 259)
Ce sont ses rochers et les récifs de Biarritz qui ont fait sa fortune, dès leur découverte par l'impératrice Eugénie. Depuis, ses trois grandes plages, ses jardins-promenades et ses sentiers tracés dans les rochers ne désemplissent pas. L'hôtel du Palais, grand bâtiment de brique et de pierre, occupe l'ancienne villa Eugénie.

AUVERGNE
Allier
Vichy
Office de tourisme : 04 70 98 71 94

11. Grand Casino (pages 258-259)
Selon que l'on est curiste ou non, Vichy offre des perspectives bien différentes. Les traces architecturales du Second Empire et de l'époque coloniale y sont nombreuses : anciens palaces néobaroques, le grand établissement thermal néomauresque, les jardins anglais qui occupent des terrains récupérés sur le lit de l'Allier après la construction de la digue par Napoléon III. Concerts, spectacles, galas se déroulent chaque saison dans l'édifice bâti en 1863 à l'initiative de Napoléon III.

Cantal
Saint-Flour
Office de tourisme : 04 71 60 22 50

12. Cathédrale Saint-Pierre (page 121)
C'est par les hivers glacials de la petite cité auvergnate qu'il faut remonter ses rues, en rasant les murs, jusqu'à la place close par la cathédrale Saint-Pierre qui abrite le Beau Dieu noir, seul Christ noir de France. La rudesse du climat est en harmonie avec celle du matériau de ce sévère édifice qui domine les plaines environnantes.

Puy-de-Dôme
Saint-Nectaire
Office de tourisme : 04 73 88 50 67

13. Chapiteau de l'Apocalypse de Saint-Nectaire-le-Haut (page 64)
Saint-Nectaire est peut-être la pièce la plus parfaite de l'extraordinaire ensemble formé par les églises romanes d'Auvergne : Saint-Saturnin, Saint-Austremoine d'Issoire, Notre-Dame du Port à Clermont-Ferrand, Brioude, Orcival... tous édifices réunis dans un petit périmètre et le plus souvent encadrés par une nature encore sauvage.

BOURGOGNE
Côte-d'Or
Beaune
Office de tourisme : 03 80 26 21 34
Musée de l'Hôtel-Dieu : 02 80 24 45 00

14. Hôtel-Dieu (pages 132 à 135)
La splendeur de l'Hôtel-Dieu paraît moins étonnante lorsqu'on découvre les autres richesses de la ville. L'hôtel des ducs de Bourgogne, qui abrite le musée du Vin, remonte au XVe siècle, ce qui en fait le contemporain de l'hôtel de Saulx et de la magnifique maison du Colombier, ornée d'une élégante tourelle d'angle.

Fontenay
Office de tourisme de Montbard : 03 80 92 03 75

15. Abbaye (pages 82-83)
03 80 92 15 00
Situé à environ 5 kilomètres de Montbard, le cadre naturel de Fontenay est l'un des plus parfaits qui se puissent imaginer pour une abbaye cistercienne : un lieu retiré, un vallon discret, un ruisseau murmurant au cœur de la forêt... toutes les conditions réunies pour l'exercice spirituel le plus rude. Quant au droit de visite, son montant est probablement justifié par l'impeccable entretien des bâtiments !

Montbard
Office de tourisme : 03 80 92 03 75
Musée Buffon : 03 80 92 50 42

16. Forge de Buffon (pages 216-217)
03 80 92 10 35
Personne ne songera plus à traiter Buffon de vieil emplumé, tout juste bon à fatiguer les rayons d'une bibliothèque, après avoir visité sa forge. Dans ces ruines superbes, il semble qu'on entende encore gronder les moteurs fous de ce visionnaire qui conçut les embryons de la future cité industrielle.

Saône-et-Loire
Autun
Office de tourisme : 03 85 86 80 38
Musée Rolin : 03 85 52 09 76

17. Porte Saint-André (page 22)
Un miracle que la parfaite intégration de cette forteresse aux maisons qui l'entourent et sont ses cadettes d'environ quinze siècles. Le même phénomène d'osmose joue pour toute l'antique Autun, son autre porte, son théâtre, etc.

18. Cathédrale Saint-Lazare (pages 60-61)
La cathédrale d'Autun n'est jamais plus belle que par temps de pluie, quand il faut accepter de méditer sous le déluge face aux visions eschatologiques du monumental portail, avant de remonter les nefs obscures dans une fraîcheur humide qui inspire paradoxalement un puissant sentiment de protection et de réconfort. La célèbre *Ève couchée* est conservée au musée Rolin.

Berzé-la-Ville
Office de tourisme de Mâcon : 03 85 21 07 07

19. Fresques de la chapelle du château des Moines (pages 64-65)
De tous les édifices présentés dans cet ouvrage, la chapelle des Moines est peut-être celui auquel la photographie rend le moindre hommage. Dans ce petit enclos sacré, le Christ immense vibre d'une existence presque palpable, bouleversante, encore plus intense dans la pénombre glaciale des mélancoliques journées de l'hiver bourguignon. La maison de Lamartine n'est pas loin.

Cluny
Office de tourisme : 03 85 59 05 34

20. Abbaye (pages 56 à 59)
Hors les vestiges de la grande abbatiale, Cluny reste une petite cité étonnamment riche et homogène, présentant notamment un bel ensemble de maisons romanes (rues Mercière, Lamartine, de la République...). Une mention particulière pour l'hôtel de ville Renaissance et pour la porte médiévale Sainte-Odile, à l'extrémité d'un quartier si calme que le temps semble s'y être figé depuis le crépuscule du Moyen Âge.

Paray-le-Monial
Office de tourisme : 03 85 81 10 92

21. Basilique du Sacré-Cœur (page 59)
C'est de la rive opposée de la Bourbince, sur le miroir de laquelle se reflète son altière silhouette, que la basilique de

Paray-le-Monial offre son plus plaisant visage, particulièrement aux soirs d'été lorsque la lumière faiblissante joue sur les irrégularités des murs, mettant en valeur leur belle diaprure dorée.

22. Maison Jayet (page 152)
Au sortir de la basilique de Paray, but ordinaire des visites touristiques, la rue des Écoles mène directement à l'hôtel de ville, sis dans l'une des plus belles demeures du XVIe siècle français, la maison Jayet. Rien ne témoigne mieux de la grande mutation humaniste, que ce bref trajet menant de la maison de Dieu à celle des hommes.

Tournus
Office de tourisme : 03 85 27 00 20

23. Saint-Philibert (pages 44 à 47)
Ne jamais quitter Saint-Philibert sans être monté à la chapelle Saint-Michel, qui donne une vue inoubliable sur la nef, et sans être descendu méditer dans la crypte. Quant au couvent des Bénédictines, admirable édifice du XVIIe siècle qui abrite le musée Greuze, il offre l'occasion de redécouvrir un grand artiste maltraité par l'Histoire.

Yonne
Ancy-le-Franc
Office de tourisme de Tonnerre : 03 86 55 14 48

24. Château (page 169)
03 86 75 14 63
Les goûts français et italiens réunis, deux siècles avant que cette synthèse ne devienne une mode gouvernant le goût européen.

Auxerre
Office de tourisme : 03 86 52 06 19
Abbaye Saint-Germain : 03 86 51 09 74

25. Cathédrale Saint-Étienne (pages 104-105)
Aucune cathédrale gothique n'est parvenue à un état d'achèvement total ; en façade, l'absence d'une tour, particulièrement, est fréquente. Mais à Auxerre, cet inachèvement relève de l'irréparable déchirure, ce qui confère à cet édifice, par ailleurs magnifique, un cachet d'une troublante et singulière humanité.

26. Crypte de l'abbaye Saint-Germain (page 36)
Les abus de la restauration et de la « mise en valeur » du patrimoine sont trop fréquents pour qu'on ne salue pas, ici, un travail de sauvegarde d'une admirable minutie. D'où, peut-être, la certitude que l'essentiel a été conservé de cette émotion et de cette foi qui dirigèrent, il y a dix siècles, la main des œuvriers du temple attachés à chanter la gloire de Dieu et la grandeur du sacrifice. L'ancien dortoir des moines de l'abbaye abrite un musée d'Art et d'Histoire.

Pontigny
Office de tourisme : 03 86 47 47 03

27. Abbaye (page 84)
Située à une quinzaine de kilomètres d'Auxerre, la « cathédrale au milieu des blés » n'est jamais plus belle... qu'au milieu des blés ! Il faut la quitter par le petit cimetière adjacent, s'éloigner dans les champs et regarder le grand vaisseau – dont la toiture a été récemment intégralement refaite – s'élever au-dessus de la houle des épis dansants à la veille du temps des moissons. Rien ne permet mieux de saisir intuitivement tout ce qui sépare et rapproche l'homme médiéval de son homologue contemporain.

Sens
Office de tourisme : 03 86 65 19 49
Palais synodal : 03 86 64 46 22

28. Cathédrale Saint-Étienne (page 79)
Le charme de la ville de Sens tient à sa situation frontalière entre deux régions d'une notable richesse, l'Île-de-France et la Bourgogne. La cathédrale en demeure le plus éclatant symptôme, par son exceptionnelle précocité, la grande beauté de tous ses éléments et, surtout, sa parfaite intégration au tissu urbain.
Le palais synodal abrite un musée et le trésor de la cathédrale.

Tonnerre
Office de tourisme de Tonnerre : 03 86 55 14 48

29. Hôtel-Dieu (pages 116-117)
03 86 54 33 00
Avec son hôpital, mais aussi son hôtel de ville, son ancien lavoir de la Fosse-Dionne, l'église Saint-Pierre qui la domine, Tonnerre illustre à la perfection le concept, si cher aux touristes étrangers, de cité d'art et d'Histoire. L'hôpital lui-même vient d'être totalement restauré et réaménagé.

Vézelay
Office de tourisme : 03 86 33 23 69

30. Église de la Madeleine (pages 53 et 60)
Vézelay en hiver est une merveille. L'unique grande rue est désertée, balayée par un vent glacial qui ajoute à la rudesse de l'escalade de la colline sacrée. À bout de souffle, le voyageur découvre soudain la silhouette tourmentée de la curieuse basilique, dont l'extérieur laisse mal deviner les sublimes complexités de l'aménagement interne.

BRETAGNE
Finistère
Brasparts

31. Calvaire (page 173)
Au cœur des monts d'Arrée, un bel exemple de calvaire du XVIe siècle.

Guimiliau

32. Calvaire (pages 170 à 173)
Un des enclos paroissiaux les plus célèbres avec son arc triomphal et ses deux cents personnages.

Plozévet

33. Monument aux morts (page 278)
D'une fatalité acceptée, le monument aux morts de Plozévet offre un témoignage plus récent que les calvaires mais tout aussi poignant.

Saint-Thégonnec

34. Église et calvaire (pages 171 à 173)
Célèbre pour la tour-clocher de l'église, son arc triomphal et la mise en scène de la Passion du Christ, cet ensemble doit figurer sur tout circuit des enclos paroissiaux.

Tronoën

35. Calvaire (page 172)
Rien de plus étonnant que l'unité dans la diversité de tous les calvaires bretons, taillés dans le granit local, érigés au cœur de villages minuscules, parfois simplement au bord d'un champ.

Ille-et-Vilaine
Paramé
Office de tourisme de Saint-Malo : 02 99 56 64 48

36. Rochers sculptés de Rothéneuf (page 270)
« Ce n'est pas l'art qui imite la nature, mais la nature qui imite l'art », écrivait Oscar Wilde n'a pas connu l'abbé « fou » de Rothéneuf, mais de son célèbre paradoxe, il eût probablement été enchanté de découvrir une si brillante application.
À partir de la pointe de la Varde, on peut longer la côte jusqu'aux quelque 300 créatures sculptées par l'abbé Fouré.

Vitré
Office de tourisme : 02 99 75 04 46

37. Château (pages 54-55)
02 99 75 04 54
Vitré constitue l'exemple accompli d'une cité aux multiples richesses architecturales éclipsées par la plus importante d'entre elles, le château. Tout autour, et tout proches, on pourra découvrir les magnifiques remparts de la promenade du Val, les églises Notre-Dame et Sainte-Croix, la place du Marchix, de beaux hôtels Renaissance, etc. En un mot, une cité qui justifie l'importance de la forteresse qui la protège.

Morbihan
Auray
Office de tourisme : 02 97 24 09 75

38. Pont Saint-Goustan (page 204)
Du pont Saint-Goustan, le trajet est bref jusqu'à la place Notre-Dame et, de là, jusqu'à l'église Saint-Gildas. Elle vaut assurément le détour, avec la rugueuse beauté de sa façade en pierre de Bretagne et la sobre distribution de ses volumes, caractéristiques de l'architecture religieuse bretonne.

Carnac
Office de tourisme : 02 97 52 13 52

39. Mégalithes (pages 20-21)
Rançon de la gloire et de l'importance nouvelle du patrimoine, tout est désormais aseptisé et programmé. Plus d'herbes folles, plus d'escalades interdites des plus hauts blocs, même plus moyen de sortir des allées qui quadrillent le site.
En revanche, rien n'interdit d'errer sur les petites routes voisines à la découverte des menhirs ou dolmens isolés au bord d'un champ, dans une clairière, au bout d'un sentier...

Gavrinis

40. Dalles gravées (page 20)
Cet énigmatique site funéraire et cultuel du golfe du Morbihan est à voir de préférence au crépuscule et, pourquoi pas ? sous une bruine glacée qui ajoutera beaucoup au sombre charme de l'endroit.

Josselin
Office de tourisme : 02 97 22 36 43

41. Château (pages 144-145)
02 97 22 36 45
On se demande si le château de Josselin pourrait se trouver ailleurs qu'en Bretagne, tant la sévérité de son matériau et son altière massivité renvoient à ses très lointains et incertains ancêtres, les mégalithes disséminés dans les campagnes environnantes.

Locmariaquer

42. Allée couverte (page 20)
02 97 57 37 59
À l'entrée du golfe du Morbihan, ce haut lieu de la préhistoire est à ne manquer sous aucun prétexte, à regarder, à toucher, bref à confronter à son propre corps. Ensuite, un salut aux illuminés qui ont dressé ce colosse à une époque où le treuil élévateur relevait encore, dans la plus optimiste hypothèse, du rêve brumeux !

CENTRE
Cher
Bourges
Office de tourisme : 02 48 23 02 60

43. Cathédrale Saint-Étienne (pages 98-99)
02 48 65 49 44
Inscrite sur la Liste du patrimoine mondial de l'UNESCO, la cathédrale est un chef-d'œuvre d'architecture gothique. Plus ancienne, l'église Saint-Pierre-le-Guillard est à découvrir, avec sa voûte sexpartite et son élévation à deux étages, tout comme, un peu plus loin, l'église Notre-Dame, quasiment détruite par l'incendie de la cité en 1487, mais qui conserve de belles traces de décoration gothique et renaissante.

44. Palais Jacques-Cœur (pages 136 à 139)
02 48 24 06 87
Le soubassement de la façade postérieure du palais Jacques-Cœur repose sur l'ancien rempart gallo-romain. L'occasion est bonne de rappeler ici la fière devise de la cité noté par Tite-Live, *Summa imperii penes Bituriges* (« Le pouvoir souverain est aux mains des Bituriges » – des Berrichons).

45. Hôtel des Échevins (page 140)
02 48 24 75 38
Bourges abonde en édifices civils anciens et somptueux qui constituent autant de buts de visite : hôtel des Échevins (qui abrite la donation du peintre Maurice Estève) hôtel Lallemant, d'une splendide facture Renaissance, maison Pelvoysin, aux larges baies à arcs surbaissés, maison de la Reine Blanche, aux arcades en accolade, hôtel Cujas, aux tourelles en encorbellement, etc.

Saint-Amand-Morond

46. Abbaye de Noirlac (pages 80 à 85)
02 48 62 01 01
Comme presque toutes les abbayes cisterciennes, fondues dans la nature, c'est à l'automne que Noirlac présente son plus attrayant visage, foyer paisible au cœur des frondaisons rougeoyantes. Un autre de ses attraits tient à la qualité exceptionnelle de son acoustique intérieure que l'on peut découvrir début août pendant son festival.

Eure-et-Loir
Anet

47. Chapelle du château (page 157)
02 37 41 90 07
Le château d'Anet déçoit régulièrement ceux qui n'ont pas pris la peine de se renseigner sur ce qui en reste ! Mais n'en resterait-il précisément que sa chapelle

et sa magnifique coupole, les amateurs d'architecture continueraient d'y affluer avec le même enthousiasme.

Chartres
Office de tourisme : 02 37 18 26 26

48. Cathédrale (pages 94 à 97)
Sa cathédrale est l'une des plus grandes de France et l'une des mieux conservées, mais Chartres possède bien d'autres richesses. Pour les seules églises, il faut au moins signaler Saint-Pierre, Saint-André et Saint-Aignan. La première possède des vitraux qui rivalisent de splendeur avec ceux de Notre-Dame, la seconde, massive et austère, relève d'un roman sévère ; quant à Saint-Aignan, œuvre de transition, elle associe les traces du gothique finissant à celles de la Renaissance et du classicisme naissant. Le musée des Beaux-Arts présente une belle collection de sculptures religieuses.

Indre
Vicq-Exemplet
Office de tourisme de La Châtre : 02 54 48 22 64

49. Fresques de Saint-Martin de Vicq (page 64)
Il existe, dans la suite des fresques de la petite église romane de Vicq, un dynamisme dramatique et une intensité pathétique que l'illustration est bien en peine de restituer. Il faut donc d'autant moins songer à faire l'économie d'un voyage au cœur du pays de George Sand.

Villegongis
Office de tourisme de Châteauroux : 02 54 34 10 74

50. Château (page 165)
Le château de Villegongis est beaucoup plus petit que celui de Chambord... et infiniment moins visité ! Deux raisons pour s'y précipiter, à l'écart des sentiers battus, mais au cœur du patrimoine français dans ce qu'il a de plus profond.

Indre-et-Loire
Amboise
Office de tourisme : 02 47 57 01 37

51. Château (pages 144-145)
02 47 57 00 98
Étrange assemblage que celui réalisé par le château d'Amboise ! Forteresse et palais luxueux, héritage médiéval et ouverture sur la Renaissance, ombres du pouvoir et lumières du génie... tout cela en léger retrait d'une Loire paisible qui, pour une fois, arrose le pied de l'un de ces châteaux qui lui sont si généreusement affiliés. Non loin de là, le Clos-Lucé est le petit manoir où Léonard de Vinci vécut à partir de 1516, invité par François Ier, et mourut.

52. Pagode de Chanteloup (page 226)
Office du tourisme de Montrichard :
02 54 32 05 10
Les seuls touristes étonnés quand on leur présente la pagode de Chanteloup comme un hommage à l'art chinois... sont les Chinois !

Azay-le-Rideau
Office de tourisme : 02 47 45 44 40

53. Château (page 161)
02 47 45 42 04
Admirablement dépeints par Balzac qui vécut à environ 10 kilomètres de là – au château de Saché –, les bords de l'Indre et l'élégance romantique du château d'Azay et la basse vallée de la rivière méritent sans nul doute un voyage.

Chinon
Office de tourisme : 02 47 93 17 85

54. Forteresse (page 100)
02 47 93 13 45
Peu de sites s'expliquent plus aisément par leur position géographique. En avait déjà conscience le grand Rabelais, fils illustre de la petite cité, chez qui l'on trouve ce curieux quatrain : « Chinon, Chinon, Chinon / Petite ville, grand renom / Assise sur pierre ancienne / Au haut, le bois, au pied, la Vienne ».

Chenonceaux
Office de tourisme de Montrichard :
02 54 32 05 10

55. Château de Chenonceau (pages 158 à 161)
02 47 23 90 07
Très tôt le matin et un jour de léger brouillard, la visite du parc et du château de Chenonceau relèvera de l'enchantement.

Loches
Office de tourisme : 02 47 91 82 82

56. Château (page 55)
02 47 59 01 32
Loches ne vaut pas que par son château et son impressionnant donjon. La collégiale Sainte-Ourse aux deux tours couronnées de toitures pyramidales, le Logis royal qui abrite le gisant d'Agnès Sorel ou l'oratoire finement ouvragé d'Anne de Bretagne constituent autant d'heureux compléments à la visite de la forteresse, elle-même prolongée par la double enceinte de la partie haute de la cité.

Loiret
Germigny-des-Prés

57. Oratoire de Théodulf (page 36-37)
02 38 58 27 97
La visite de l'église de Germigny-des-Prés est trop souvent négligée au profit de Saint-Benoît-sur-Loire, voire des proches châteaux de la Loire. Ce vestige des temps carolingiens parvient pourtant, au travers de toutes les vicissitudes ayant réglé sa destinée, à transmettre le souvenir rare d'une époque dont il reste le seul témoin de conséquence en France.

Saint-Benoît-sur-Loire
Office de tourisme : 02 38 35 79 00

58. Abbatiale (pages 51 à 53)
02 38 35 72 43
Nulle époque de l'année n'est plus propice à la découverte de Saint-Benoît que le printemps, particulièrement aux premières heures de la journée. La lumière se glisse peu à peu sous le porche dont elle éclaire progressivement les figures fantastiques, hiératiques et impassibles, témoins d'un génie dont les traces écrites sont presque toutes englouties dans le passé.

Loir-et-Cher
Blois
Office de tourisme : 02 54 90 41 41

59. Château (pages 150-151)
02 54 90 33 33
De considérables et récents travaux ont redonné à la cour centrale un aspect plus en rapport avec son passé prestigieux. De notables efforts ont par ailleurs été consentis en matière de documentation et de présentation ; la visite de Blois devient ainsi une vraie leçon d'histoire.

Chambord
Office de tourisme de Blois : 02 54 90 41 41

60. Château (pages 162 à 165)
02 54 50 40 00
Aux courageux, on conseillera la visite de Chambord en hiver. Ils comprendront peut-être pourquoi, en dépit des clotets de tapisserie et des troncs entiers qui brûlaient dans les cheminées, le souverain qui l'a fait construire a si peu occupé ce château !

Cheverny
Office de tourisme de Chaumont-sur-Loire :
02 54 20 91 73

61. Château (page 185)
02 54 79 96 29
Cheverny est une demeure privée. On ne la visite donc pas complètement, mais la partie ouverte au public présente un intérêt considérable, d'autant plus que les grandes demeures du XVIIe siècle ne sont pas si fréquentes en pays de Loire.

Vendôme
Office de tourisme : 02 54 77 05 07

62. Trinité (page 130)
Bien que la ville de Vendôme soit surtout célèbre pour son abbaye de la Trinité dont la façade est un chef-d'œuvre du gothique flamboyant, elle possède une autre merveille avec le château des comtes et ducs de Vendôme. C'est une puissante forteresse, installée sur une position escarpée et dominée par son donjon, la tour de Poitiers, lui-même couronné d'une tourelle d'observation.

CHAMPAGNE-ARDENNE
Aube
Troyes
Office de tourisme : 03 25 82 62 70

63. Église de la Madeleine (page 146)
Troyes possède un trésor architectural qui a peu d'équivalent en France, et même en Europe : églises Saint-Jean, Saint-Nicolas, Saint-Nizier, Sainte-Madeleine, hôtel de Mauroy, hôtel de Vauluisant, abbaye Saint-Martin-ès-Aires... sans compter l'étonnant musée de l'Outil et de la Pensée ouvrière et le magnifique musée d'Art moderne !

Marne
L'Épine
Office de tourisme de Châlons-en-Champagne :
03 26 65 17 89

64. Basilique Notre-Dame-de-l'Épine (pages 130-131)
L'histoire de ce lieu de culte prestigieux fut pleine de rebondissements ; son isolement rend plus spectaculaire encore la virtuosité décorative de sa façade.

Reims
Office de tourisme : 03 26 77 45 25

65. Notre-Dame (pages 102 à 105)
La cathédrale de Reims a été martyrisée par les bombardements anglo-américains de la Seconde Guerre mondiale, mais, de l'intérieur, elle conserve une rare capacité d'envoûtement. Surtout lorsque, par temps ensoleillé, le voyageur parvenu à la croisée du transept se retourne pour admirer le flamboiement des grands vitraux qui ouvrent complètement la façade à la lumière.

FRANCHE-COMTÉ
Doubs
Arc-et-Senans
Office de tourisme : 03 81 57 43 21

66. Saline royale (pages 220 à 223)
03 81 54 45 45
Ceux qui ont connu la saline il y a une trentaine d'années risquent de ne plus la reconnaître aujourd'hui. La restauration a été spectaculaire. Certes, la poésie des herbes folles en a disparu, mais la beauté des bâtiments, admirablement présentés par le centre de documentation, a justifié définitivement ce digne effort.

Besançon
Office de tourisme : 03 81 80 92 55

67. Citadelle (page 207)
03 81 87 83 33
Besançon est une cité attachante, discrète et riche de reliefs qui remontent à l'occupation romaine. On lui doit le premier musée français, une cathédrale étonnamment originale, bien d'autres particularités. En conséquence, toute hâte exclue, le voyageur s'enchantera d'en parcourir les rues, d'en ouvrir les portes et d'en explorer les cours.

68. Théâtre (page 218)
C'est à Besançon, encore, qu'est né le premier théâtre inspiré par la pensée des Lumières, un théâtre pensé pour un public équitablement traité, dans lequel chacun voit la scène et se voit offrir un siège. Il n'en reste, hélas ! que le portique monumental.

Haute-Saône
Ronchamp

69. Notre-Dame-du-Haut (pages 286-287)
03 84 20 65 13
Ronchamp n'est pas une église, c'est un lieu dont la spiritualité est matérialisée par cette église. Ceux qui en doutent n'ont qu'à s'arrêter à quelques kilomètres de Notre-Dame et la rejoindre à pied par les champs et les bois. Inoubliable !

Territoire de Belfort
Office de tourisme 03 84 55 90 90
Belfort

70. Le Lion (pages 262-263)
Musée d'Art de d'Histoire et le Lion
03 84 54 25 51
Belfort doit son nom au rocher de 67 mètres de hauteur qui se dresse sur la rive gauche de la Savoureuse ; la nature en ayant fait une position stratégique de premier ordre, elle conserve un monumental appareil défensif dû à Vauban et s'est peu préoccupée de s'embellir, en dépit de son intéressante église Saint-Christophe et de son bel hôtel de ville en grès rose.

ÎLE-DE-FRANCE

Paris

Office de tourisme : 08 92 68 31 12

71. Arc de triomphe de l'Étoile (pages 236-237)
Heureusement, la pluie est fréquente et le froid parfois très vif à Paris. Pour peu que les deux conditions soient réunies, la visite du monumental trophée devient passionnante, tant au sein de ses sinistres entrailles mal éclairées que sur la terrasse battue par les intempéries.

72. Barrière Denfert-Rochereau (page 223)
Ce singulier édifice n'est pas seulement l'un des quatre derniers témoins de la grande ceinture d'octrois. C'est aussi le point de départ des catacombes de Paris. Pour rester dans l'ambiance, écoutez le troisième tableau, lugubre et merveilleux, de *la Bohème*; la mélancolie naturelle du grand Puccini n'a jamais trouvé cadre plus adéquat à son expression.

73. Bibliothèque nationale (site Richelieu) (pages 241-242)
De la grande salle des Imprimés, comme de celle des Périodiques, des Cartes ou des Estampes, nombre de lecteurs garderont à jamais le souvenir de lieux propices à une studieuse et bienfaisante somnolence dans l'attente d'ouvrages qui n'arrivaient jamais !

74. Bibliothèque nationale de France (pages 298-299)
On a dit tellement de mal de cet établissement qu'il est devenu sympathique à tout le monde. Au-delà des querelles esthétiques et politiques, bien naturelles au regard de l'énormité du projet, le débat a surtout porté sur l'efficacité de ce nouvel outil de recherche dont Paris se dotait alors même que Londres y renonçait partiellement.

75. Bibliothèque Sainte-Geneviève (pages 240 à 243)
La plus avenante des bibliothèques parisiennes. Elle restait ouverte si tard dans la nuit que les étudiants pouvaient y commencer leurs révisions quelques heures avant l'examen. Elle ne fermait ses portes ni durant l'année scolaire, où personne ne songeait à aller y travailler, ni pendant les vacances, pour le plus grand bonheur des sages venus s'y réfugier aux heures de grosse chaleur !

76. Bourse (palais Brongniart) (page 237)
L'Argent méritait bien ce temple. La visite en est autorisée, et même conseillée, à certaines heures de la journée. La découverte des mécanismes de cette curieuse maison est d'ailleurs édifiante, notamment pour les naïfs qui en sont restés aux rêves de M. Guizot. À quelques pas de là, la petite rue des Colonnes demeure la plus étonnante réalisation de l'utopie néoclassique de la fin du XVIIIe siècle.

77. Bourse de Commerce (page 210)
Une curiosité mal connue de l'édifice n'est autre que la grande peinture de la coupole réalisée par quatre artistes, Clairin, Laugée, Lucas et Luminais. Symbolisant le commerce dans les quatre parties du monde, elle a été splendidement restaurée en 1997.

78. Centre Georges-Pompidou (pages 292-293)
La magie de Beaubourg joue surtout la nuit. Mais le meilleur conseil qui puisse être donné, c'est encore d'avoir quelque chose à y faire : une langue à apprendre, un livre à étudier, une carte à consulter, un panier de diapositives à visionner, un internaute à contacter...

79. Chapelle de la Sorbonne (page 187)
Juste devant le perron de la chapelle, la cour de la Sorbonne déploie ses pavés traversés de bandes colorées qui matérialisent les fondations du tout premier établissement universitaire animé par Robert de Sorbon au XIIIe siècle.

80. Cité de la musique (pages 294 à 299)
La réussite accomplie de la Cité ne s'explique pas en dehors de son contexte urbain. L'Est parisien a longtemps été si méprisé que le terrain était neuf lorsque Portzamparc y a lancé son grand projet. La grande halle de la Villette, les Folies du parc, la Géode, etc. constituent l'environnement idéal de cet établissement qui renoue avec les utopies de l'Académie antique.

81. Collège des Quatre-Nations (Institut de France) (pages 194-195)
Au sein de cet immense complexe, la bibliothèque Mazarine est ouverte à tous les lecteurs qui en sollicitent l'accès. On y accède par un élégant escalier de la Restauration (1824) ; la salle est décorée d'admirables boiseries et rythmée par des colonnes corinthiennes. Le plus bel écrin du savoir à Paris.

82. Conseil économique et social (pages 284-285)
Un édifice parisien peu connu du grand public. Est-ce dû à sa position excentrée, au voisinage pléthorique de la « colline des Muses », à son architecture très belle, mais aussi très datée ? En tout cas, l'occasion pour les esprits curieux de réfléchir à la façon dont le monde songeait à se construire et à se reconstruire au cœur du XXe siècle.

83. Église de la Madeleine (page 236)
Pour comprendre la grandeur antique de cet énorme pastiche, il faut se rappeler que Napoléon voulut en faire un temple à la gloire de ses armées avant de le restituer au culte à la fin de son règne. Les amateurs de musique se délecteront des sonorités du grand orgue que touchèrent notamment Saint-Saëns et Fauré.

84. Gare d'Austerlitz (page 254)
La plus discrète des grandes gares parisiennes ne manque pas d'un certain charme désuet. Ayant perdu bon nombre de ses destinations depuis l'avènement du TGV, elle présente un hall démesuré relativement à son actuelle activité, mais sa probable intégration au nouveau réseau national du TGV lui donnera assurément un second souffle.

85. Gare d'Orsay (actuel musée d'Orsay) (page 255)
Pour avoir été beaucoup discuté, l'aménagement du plus grand musée du monde consacré au XIXe siècle a fini par s'imposer tant il a contribué à une transformation complète du regard ordinairement porté sur la production artistique de ce siècle qui vit naître, en France, la photographie, l'aviation et le cinéma !

86. Gare de l'Est (page 253)
Depuis que la nouvelle ligne E du RER a été ouverte, la gare de l'Est est déchargée d'une bonne partie du trafic banlieusard, ce qui favorise une observation plus tranquille de sa grande halle. En attendant l'ouverture du réseau TGV Est qui devrait relancer l'activité de cette antichambre de l'Europe continentale.

87. Gare du Nord (pages 252 à 255)
Depuis que le TGV a placé Bruxelles et Londres dans la banlieue parisienne, la gare du Nord a pris une dimension insoupçonnée. La campagne de travaux menée de 1976 à 1982 en a modifié l'agencement intérieur de façon radicale.

88. Grand Palais (pages 272 et 274-275)
Aucun lieu parisien ne peut revendiquer un si riche héritage culturel et scientifique. Depuis sa construction, le Grand Palais a abrité le salon des Indépendants, un département universitaire, les salons de l'automobile ou des arts ménagers, la FIAC, le salon des antiquaires, celui du Livre, l'Exposition internationale des arts et techniques en 1937, le palais de la Découverte, etc. sur les quelque 4,5 hectares de sa surface au sol !

89. Halles de Baltard (pages 244-245)
À Paris, il ne reste plus rien de l'immense ensemble construit par Baltard. La seule halle sauvée n'a jamais eu vocation à conserver l'esprit du « ventre de Paris ». C'est sur les berges coquettes de la Marne qu'elle dresse sa silhouette bleue, à quelques encablures d'un autre relief de l'architecture métallique du XIXe siècle, la passerelle des Arts, partiellement reconstituée.

90. Hôtel d'Albret (page 212)
Les façades impeccablement restaurées de l'hôtel d'Albret, en 1983, et le caractère contemporain des aménagements intérieurs dus à l'architecte Christian Germanaz offrent un contraste intéressant. Le bleu et le rouge, couleurs de Paris, s'y affirment avec une crudité parfois plaisante. L'édifice abrite depuis 1989 la direction des Affaires culturelles de la Ville de Paris.

91. Hôtel de Cluny (page 139)
Cet admirable bâtiment n'est pas seulement le témoignage du génie de la construction civile gothique. Connecté aux thermes de Lutèce, il abrite l'un des plus beaux musées d'art médiéval du monde, conservant notamment l'exceptionnelle tenture de la *Dame à la Licorne*.

92. Hôtel de la Monnaie (page 211)
Derrière sa façade quelque peu rébarbative, l'hôtel de la Monnaie dissimule une cour qui reçoit régulièrement de brillantes manifestations artistiques, particulièrement des concerts, car l'acoustique de ce lieu ouvert est exceptionnelle.

93. Hôtel de Sens (page 138)
La bibliothèque Forney, abritée dans le corps principal du bâtiment, possède un fonds très divers, d'une richesse exceptionnelle en matière d'arts du spectacle. Là encore, un riche passé explique peut-être qu'un certain esprit continue d'y souffler, l'hôtel ayant abrité diverses messageries, maisons de roulage et autres entreprises variées, une verrerie, une confiturerie, etc.

94. Hôtel de Ville de Paris (pages 260-261)
À l'époque où il était possible de se promener dans les salles et les couloirs de l'hôtel de ville de Paris sans être contrôlé à chaque instant, on pouvait y découvrir un formidable conservatoire de la peinture officielle du second XIXe siècle. L'occasion de vérifier, à lire les noms de Lerolle, Marchal, Duez, Lefebvre, etc. que la reconnaissance du Prince n'est pas toujours un gage pour la postérité !

95. Hôtel des Invalides (pages 202-203)
La quasi-totalité des visiteurs du bâtiment viennent pour le tombeau de Napoléon. Les cendres de ce dernier, rapportées en grande pompe en France en 1840, ont été déposées dans un sarcophage de porphyre rouge de Finlande dont le monumental effet dramatique est encore accentué par la fosse ronde de la crypte.

96. Hôtel Soubise (pages 212-213)
La particularité culturelle de l'hôtel de Soubise est d'accueillir, grâce à un ingénieux système de mécénat, des artistes dont les mérites sont attestés mais la réputation encore à établir. Une façon originale de sortir des circuits classiques de la vie artistique parisienne.

97. Institut du monde arabe (pages 296-297)
Hors ses qualités architecturales, l'Institut du monde arabe s'est signalé depuis sa création par la richesse de son activité en matière d'expositions et autres manifestations à caractère artistique ou scientifique. Toujours sous le signe d'une exceptionnelle ouverture d'esprit.

98. Institut d'art et d'archéologie (page 280)
Effroyable ou sublime, le grand édifice de brique rouge ne laisse personne indifférent. Du temps où les serrures étaient faciles à crocheter, on pouvait rejoindre sans difficulté la terrasse supérieure d'où l'on jouissait d'une vue agréable sur le jardin de l'Observatoire et les quartiers environnants.

99. Magasin du Bon Marché (page 242)
Les Londoniens aiment à affirmer qu'à Piccadilly Circus, il suffit de disposer d'un laps de temps suffisamment long pour voir défiler le monde entier. La clientèle du Bon Marché d'aujourd'hui est nettement moins variée mais rien n'empêche d'y entrer pour observer ce qui reste des aménagements du XIXe siècle.

100. Magasin du Printemps (page 243)
Si le commerce a ses temples, voici son Parthénon ! On y vient du monde entier, pour acheter sans doute, mais surtout pour se pénétrer d'un certain climat de luxe, s'enchanter d'un décor perpétuellement renouvelé, etc.

101. Notre-Dame (pages 88 à 91)
Au visiteur déçu d'une Notre-Dame dont la première activité – avant le service du Seigneur ! – semble être devenue le commerce de dépliants, gadgets et cartes postales, il reste à en découvrir bien d'autres. Celle du concert d'orgue de la soirée dominicale par exemple, celle, surtout, du jeune Victor Hugo qui, dans son singulier roman, en a fait le miroir des formidables désordres de l'homme à la quête furieuse d'un ciel inaccessible.

102. Observatoire de Paris (page 195)
C'est par les jardins limités par le boulevard Arago qu'il faut approcher l'Observatoire de Paris. Au milieu d'ateliers d'artistes ayant découvert là une retraite étonnamment paisible, le grand édifice prend une dimension fascinante.

103. La Pagode (page 281)
01 45 55 48 48
Classé Monument historique depuis 1986, ce chef-d'œuvre architectural de la rue de

Babylone est un haut lieu du cinéma d'art et d'essai. En 1952, Jean Cocteau y donna la première de son *Testament d'Orphée* et dans les années 1960, la programmation contribua beaucoup à la découverte des artistes de la Nouvelle Vague. Doté en 1973 d'une seconde salle en sous-sol et d'un salon de thé, le cinéma a dû fermer en 1997 pour des raisons de sécurité ; grâce à la mobilisation de nombreux habitués et au soutien d'une association de sauvegarde, il a pu rouvrir ses portes en 2000.

104. Palais des Colonies (actuel musée des Arts africains et océaniens) (pages 280-281)
Les grands reliefs de la façade mêlent les images du rêve colonial dont la France s'est réveillée dans les années 1960. Par grand froid, on peut entrer regarder les poissons de l'aquarium ou, si on ne craint pas la mélancolie, faire un tour au Zoo, tout proche.

105. Petit Palais (page 273)
Siège ancien des collections nationales, le Petit Palais conserve un fonds tout à fait original puisque partiellement fondé sur les refus des institutions qui lui ont succédé (jusqu'à Beaubourg). On y découvrira donc une surprenante quantité de chefs-d'œuvre placés par l'Histoire en marge des phénomènes de mode.

106. Place des Vosges (pages 182-183)
Le plus remarquable dans l'histoire de la place des Vosges tient à sa tradition élitaire. Conçue pour accueillir la cour en mal de distraction, devenue un temps populaire – du temps où Paris n'avait pas encore chassé son peuple – elle a retrouvé depuis une vingtaine d'années sa fonction première.

107. Pyramide du Louvre (pages 296 et 298)
Comme pour presque toutes les réalisations récentes, ce sont les insultes dont elle a été accablée qui ont rendu sympathique la pyramide de Pei.

108. Rotonde de la Villette (page 222)
Massive, presque hostile, murée dans les secrets qui présidèrent à sa construction, la Rotonde de la Villette appartient à cette catégorie très rare de l'architecture qui se signale – à l'image du *Tempietto* de Bramante, également sur plan circulaire – par son atemporalité. Une invention pure, un coup de génie ? Certes, mais aussi, bien mieux que cela, la réponse à un défi de l'Histoire dont seule la postérité aura pu mesurer la pertinence.

109. Sacré-Cœur (page 263)
Simenon se plaît souvent à évoquer ces personnages repoussants qui, loin de se dissimuler aux regards, font exprès de s'afficher à tout instant en tout lieu. De même, du haut du sommet de Paris, la grande basilique s'exhibe face à ses contempteurs.

110. Saint-Étienne-du-Mont (pages 146 à 149)
Cadrée au fond de la place par les murs sévères de la bibliothèque Sainte-Geneviève et par les murailles du colossal Panthéon, Saint-Étienne-du-Mont se signale par la plaisante fantaisie d'une façade qu'on prend trop rarement le temps de lire, à mi-chemin entre admiration et perplexité. Pourtant, rien ne prépare mieux que ce long examen à l'entendement de son merveilleux jubé ; démonstration que l'intelligence des formes en précède la réalisation et l'accomplissement unitaire.

111. Saint-Paul-Saint-Louis (pages 188-189)
Il faut pouvoir entrer dans l'une des cours voisines du grand édifice, pas nécessairement celles qui le jouxtent, monter jusqu'au dernier palier, trouver une fenêtre... Dominant tous les toits, le colossal ensemble du dôme et des toits témoigne plus éloquemment que n'importe quel discours de la puissance conquérante des jésuites au XVIIe siècle.

112. Saint-Philippe-du-Roule (page 214)
Peu engageant, l'extérieur de Saint-Philippe-du-Roule ne laisse rien deviner de la beauté de sa nef et de son abside ; à défaut d'avoir réussi à imiter les édifices paléochrétiens, Chalgrin a puisé à la même source de ferveur et d'intuition que ses lointains devanciers de l'Empire romain finissant.

113. Saint-Séverin (page 149)
Toujours discrète, l'église Saint-Séverin a récemment bénéficié d'un nettoyage qui a mis en valeur sa silhouette, au plein cœur du Quartier latin. À la différence de nombreux autres centres cultuels, elle n'est pas barricadée en permanence. On la visite librement et l'on peut flâner dans son déambulatoire aux colonnes tourmentées.

114. Saint-Sulpice (page 209)
Huysmans n'est pas pour Saint-Sulpice ce que fut Hugo pour Notre-Dame. Mais, après avoir lu *Là-bas*, nul ne verra de la même façon cette énorme façade, ce temple de la transformation spirituelle, ce théâtre de discussions philosophiques sur la liturgie chrétienne, son esthétique, sa symbolique.

115. Sainte-Geneviève (Panthéon) (pages 214-215)
Le Panthéon a de nombreux voisins prestigieux, à commencer par la Sorbonne et le Val-de-Grâce. Il suffit de déambuler autour de lui – la promenade est plus longue qu'on ne l'imagine ! – pour se persuader qu'il n'en a cure. C'est, de tous les édifices parisiens, le plus irréductible à notre histoire personnelle ou collective, une sorte de monstrueuse statue de l'île de Pâques modelée selon l'esthétique des Lumières, mais au génie à peu près aussi indéchiffrable.

116. Société urbaine d'air comprimé (SUDAC) (page 266)
Enfin un bâtiment du patrimoine qui n'épargnent ni le vacarme, ni la poussière, ni le désordre d'activités industrielles et commerciales annexes ! Avec cela, désaffecté et promis à un avenir sans rapport avec le projet initial de sa construction.

117. Statue de la Liberté (page 262)
L'occasion de découvrir la troisième île de Paris, la plus agréable. Pas une voiture, les rumeurs assourdies de la grande cité, le murmure du fleuve, au long de cette rectiligne allée des Cygnes qui la constitue tout entière.

118. Tour Eiffel (pages 272 à 275)
La tour Eiffel est comme la *Cinquième Symphonie* de Beethoven. Chacun croit la connaître par cœur, mais la redécouvre à chaque rencontre, pour la recréer selon l'humeur du moment et les troubles de la vie. Sinon, comment serait-elle devenue – en seulement un peu plus d'un siècle – l'édifice le plus universellement connu à travers le monde ?

119. Val-de-Grâce (pages 186 à 189)
Au sortir de la visite de l'église, le beau jardin à la française qui descend doucement vers le boulevard de Port-Royal apporte une touche rafraîchissante après celle des bâtiments claustraux du XVIIe siècle.

Essonne
Évry

120. Cathédrale (page 287)
Là aussi, la polémique a fait rage autour du nouveau chantier. Reste que la cathédrale existe, qu'elle remplit son rôle, qu'elle a pris sa place dans le patrimoine contemporain et qu'elle possède peut-être des valeurs d'anticipation qui ne peuvent qu'échapper à ses contemporains.

Hauts-de-Seine
La Défense

121. Palais du CNIT (pages 288 à 291)
Une chance, le CNIT est un lieu public. Donc, pas de problème pour la visite.

122. Grande Arche (page 291)
01 49 07 27 27
Les détracteurs de la Grande Arche n'ont sans doute pas pris la peine de s'asseoir par une belle journée de printemps au sommet des marches du socle et de laisser leur regard glisser sur les façades resplendissantes du grand édifice.

Seine-et-Marne
Fontainebleau
Office de tourisme : 01 60 74 99 99

123. Château (page 166 à 169)
01 60 71 50 70
Le château et la forêt de Fontainebleau ne doivent pas occulter le charme tranquille de la petite ville qui compte de belles demeures (Bellevue, Polignac, Conti, Aligre) et l'église Saint-Louis, caractéristique du XVIIe siècle par son appareillage de pierre et de brique.

Jouarre
Office de tourisme : 01 60 22 64 54

124. Crypte (pages 34-35)
La préservation de la crypte de Jouarre, dont la datation est controversée, surprend même les historiens. Pour en comprendre l'un des secrets, il suffit d'errer dans les campagnes environnantes. À une vingtaine de kilomètres de Meaux, au creux des vallons et des bois, dans l'immensité des champs, règne une paix qui est de tous les temps, à l'écart des cités pleines encore des vacarmes de la guerre et de la paix.

Noisiel

125. Ancienne chocolaterie Menier (page 264)
Non seulement, la chocolaterie est une merveille, admirablement restaurée, mais elle se situe au sein d'un cadre enchanteur, sur les rives de la Marne, à deux pas du château de Champs-sur-Marne, lui-même cerné de parcs et de bosquets.

Provins
Office de tourisme : 01 64 60 26 26

126. Remparts (page 111)
À Provins, un effort exceptionnel a été fait pour organiser des spectacles médiévaux « son et lumière », à grands renforts de rapaces domestiqués et de figurants déguisés en manants ou en seigneurs ! Les énormes constructions de la cité y sont ainsi repensées à l'échelle de l'homme.

Vaux-le-Vicomte

127. Château (pages 190 à 193)
01 64 14 41 90
Moins vaste que celui de Versailles, qu'il a préparé, le parc de Vaux-le-Vicomte dégage, avec le jeu régulier de ses lignes finissant aux horizons de l'infini, cette nostalgie de l'inaccessible qui caractérise le grand classicisme français.

Seine-Saint-Denis
Saint-Denis
Office de tourisme : 01 55 87 08 70

128. Basilique (pages 78-79)
01 48 09 83 54
La basilique n'est pas seulement un lieu de culte. Elle accueille nombre de manifestations culturelles, notamment musicales, auxquelles elle confère une dimension spirituelle. À quelques pas de là, le musée d'Art et d'Histoire de Saint-Denis offre un fonds d'une richesse rare et présenté avec un soin didactique exceptionnel.

Val-de-Marne
Vincennes
Office de tourisme : 01 48 08 13 00

129. Château (pages 122-123)
L'immensité du château de Vincennes, dont le célèbre donjon n'est qu'une pièce limitrophe, surprend. Car Vincennes se voulut dès l'origine une cité dans la cité, non le simple refuge de la suite royale ; c'est à la mesure du pas humain, non par la seule étude des documents, que cette vérité prend tout son sens.

Yvelines
Maisons-Laffitte

130. Château de Maisons (pages 184-185)
01 39 62 01 49
L'intérêt de Maisons est avant tout d'ordre esthétique. L'édifice a été pensé pour être beau. Mais il reçoit le secours inattendu d'une nature qui lui offre le cadre d'une forêt magnifique traversée de larges allées.

Mantes-la-Jolie
Office de tourisme : 01 34 77 10 30

131. Collégiale (page 89)
Dans le proche voisinage de l'impressionnante collégiale, Mantes possède un autre édifice remarquable, la tour Saint-Maclou qui dresse ses deux étages étayés de contreforts Renaissance et percés de hautes fenêtres en tiers point. Le bâtiment le plus ancien de la cité est à l'écart du centre ; c'est la petite église romane de Gassicourt dont le clocher remonte au XIIe siècle.

Poissy
Office de tourisme : 01 30 74 60 65

132. Villa Savoye (pages 282-283)
01 39 65 01 06
Puisque Le Corbusier s'est inspiré du temple antique pour le plan de sa demeure révolutionnaire, il serait dommage de quitter Poissy sans aller jeter un regard sur la collégiale du bourg. Sa chronologie est incertaine, ses restaurations discutables, mais elle conserve un charme indéniable.

Port-Royal-des-Champs

133. Abbaye (page 189)
01 30 43 74 93
Depuis quelques années, un effort remarquable a été effectué par les

occupants du site dont il reste si peu de chose. Grâce à la documentation réunie sur place, il est possible d'imaginer les bâtiments au sein desquels s'élabora le jansénisme immortalisé par Pascal. Une visite du musée national des Granges de Port-Royal sera un bon complément.

Versailles

Office de tourisme : 01 39 24 88 88

134. Château et parc (pages 196 à 201)

01 30 84 74 00

Si la visite du château se monnaie en espèces sonnantes et trébuchantes, l'accès au parc est libre tout au long de l'année. Toutes les saisons y sont belles, tous les bosquets y cachent des surprises, toutes les essences s'y épanouissent. Il faudra cependant attendre quelques années pour que soient totalement dissipés les catastrophiques effets de la tempête de décembre 1999.

135. Hameau de la Reine (pages 226-227)

Il est bien difficile de comprendre les réticences parfois marquées ici et là quant à la splendide et scrupuleuse restauration du Hameau de la Reine. Il faut avoir vu cet ensemble quasiment ruiné, il y a un quart de siècle, pour saluer le travail des artisans de cette renaissance.

136. Petit Trianon (page 225)

Le Petit Trianon s'accommode allègrement du voisinage de son gigantesque et royal voisin et de la proximité immédiate de l'autre Trianon, le Grand. C'est dire à quel point le seul document photographique est impuissant à restituer ce qui fait la magie de ce joyau de l'architecture classique.

LANGUEDOC-ROUSSILLON

Aude

Carcassonne

Office de tourisme : 04 68 10 24 30

137. Cité médiévale (pages 110-111)

Le prestige de la cité fortifiée est tel que les touristes négligent souvent la ville basse. À l'église Saint-Vincent, par exemple, on découvrira une statue exceptionnelle, portrait en pied de Saint Louis, du vivant du souverain, ou encore, place Carnot, la fontaine de Neptune du XVIIIe siècle.

Narbonne

Office de tourisme : 04 68 65 15 60

138. Cathédrale Saint-Just (page 113)

04 68 32 09 52

La basilique Saint-Paul, le cimetière paléochrétien, en partie enfoui, ou le palais des Archevêques – dont les étages sont desservis par de grands escaliers médiévaux à balustres classiques – et le musée d'Art et d'Histoire disent tout autant que Saint-Just la richesse de la cité narbonnaise. Une ville enchanteresse par son climat, ses berges du canal de la Robine...

Peyrepertuse

139. Château (pages 115-116)

04 68 45 40 55

« Tuez-les tous, Dieu reconnaîtra les siens. » Bien que cité de façon erronée et attribué à tort à Simon de Montfort, ce mot qu'aurait prononcé le légat pontifical Arnaud Amaury, le 22 juillet 1209 au siège de Béziers, illustre assez bien la violence fanatique qui anima la répression de l'hérésie cathare. Contre ce déchaînement, les murailles les plus solides, les fortifications les plus reculées ne servirent qu'à retarder la tragique échéance.

Puilaurens

140. Château (pages 115-116)

Grâce au moine cistercien Césaire de Heisterbach, nous connaissons assez bien la chronologie du drame cathare. Vaincus malgré leur héroïque défense et leurs imprenables forteresses, les Parfaits expièrent leur crime sur le bûcher, le dernier d'entre eux étant brûlé à Villerouge, petit village des Corbières, en 1321.

Gard

Aigues-Mortes

Office de tourisme : 04 66 53 73 00

141. Fortifications (pages 122-123)

Au cœur de la cité ceinte d'immenses remparts, l'église Notre-Dame-des-Sablons se signale par l'austérité de son gothique primitif, mais elle a subi de nombreuses restaurations et plusieurs ajouts.

Nîmes

Office de tourisme : 04 66 58 38 00

142. Arènes (page 27)

04 66 76 72 77

Au cœur de la ville moderne, les arènes sont régulièrement animées par des manifestations dont on peut discuter la nécessité, voire la légitimité, mais qui confèrent à l'ensemble une présence que l'on serait bien en peine de découvrir dans les lieux à pure vocation patrimoniale.

143. Carré d'Art de Nîmes (page 292)

04 66 76 35 70

Quand l'architecture contemporaine simplifie et prend le risque de mettre à nu ses formes, ses structures et ses systèmes d'articulation ! Une réussite d'autant plus convaincante qu'elle se double d'une efficacité fonctionnelle indiscutable.

144. Maison carrée (page 28)

04 66 36 26 76

Le singulier petit édifice ! Aucun de ses éléments n'en paraît remarquable, mais tous concourent à une séduction immédiate.

Vers

145. Pont du Gard (pages 24-25)

Au pied du grand pont, un centre culturel et documentaire a été récemment ouvert. Il a coûté très cher et les résultats de son exploitation sont loin d'être à la hauteur des espérances initiales. Peut-être les limites d'une exploitation jugée abusive du patrimoine ?

LIMOUSIN

Creuse

Aubusson

Office de tourisme : 05 55 66 32 12

146. Tour de l'Horloge (page 155)

Pour charmante que soit son horloge, Aubusson peut revendiquer bien d'autres centres d'intérêt, à commencer par ses célèbres ateliers de tissage qui en font la capitale mondiale de la tapisserie.

Haute-Vienne

Limoges

Office de tourisme : 05 55 34 46 87

147. Gare (page 254)

La question n'est pas de savoir si la gare de Limoges est une œuvre d'art. Elle témoigne avant tout d'un univers transformé par le développement du transport ferroviaire dans la France du XIXe siècle finissant. Et c'est à ce titre qu'elle mérite toute l'attention de l'historien attentif.

LORRAINE

Meurthe-et-Moselle

Nancy

Office de tourisme : 03 85 35 22 41

148. Maison Huot (pages 276-277)

Les voyageurs arrivant à Nancy par le train découvrent la maison Huot juste avant l'arrêt en gare. Il serait dommage qu'ils en limitent là leur vision et ne reviennent pas jusqu'à sa façade par le quai Le Lorrain. Avant de partir à la recherche de toutes les autres façades Art nouveau..., et d'aller visiter le musée de l'École de Nancy.

149. Place Stanislas (page 183)

Assurément l'une des plus belles places d'Europe, de jour comme de nuit, mais aussi un lieu de vie culturelle dans le même temps, avec un superbe musée des Beaux-Arts et l'un des théâtres lyriques les plus actifs de France.

Pont-à-Mousson

Office de tourisme : 03 83 81 06 90

150. Abbaye des Prémontrés (pages 208-209)

03 83 81 10 32

Sur la même rive que l'abbaye, l'église Saint-Martin, érigée aux XIVe et XVe siècles, domine la Moselle de ses deux tours asymétriques. En franchissant le pont Gelot, aux arches basses mais élégantes, on rejoint la rive gauche, celle de l'église Saint-Laurent, de l'hôtel de ville, place Duroc. Partout, jolies cours, belles façades et autres portails ou balcons ouvragés illustrent la variété du patrimoine de Pont-à-Mousson.

Saint-Nicolas-de-Port

Office de tourisme : 03 83 46 81 50

151. Église (page 130)

Sans doute ce chef-d'œuvre de l'ère gothique en Lorraine ne dispose-t-il pas encore de la gloire qu'il mériterait au regard de son éclatante originalité.

Meuse

Douaumont

Office de tourisme de Verdun : 03 29 86 14 18

152. Ossuaire (pages 278-279)

03 29 84 54 81

C'est encore sous la pluie et dans le froid, lorsque la nature semble compatir, que l'ossuaire présente son visage le moins tragique. Mais sous le grand soleil de l'été...

Moselle

Metz

Office de tourisme : 03 87 55 53 76

153. Gare (page 255)

La gare, certes ! Mais tout le reste ? Car Metz n'en finit pas de distribuer ses richesses, de sa cathédrale qui rivalise de hauteur de voûte avec celle d'Amiens à l'extraordinaire espace contemporain de l'Arsenal en passant par son hôtel de ville, témoignage trop rare du talent supérieur de Blondel, par la porte des Allemands, le théâtre du XVIIIe siècle, etc.

MIDI-PYRÉNÉES

Aveyron

Sainte-Foy de Conques

Office de tourisme : 05 65 72 85 00

154. Abbatiale (pages 48 à 52)

Conques se mérite ! En retrait des grandes routes modernes, la prestigieuse abbatiale exige une longue approche à travers des paysages sauvages. La rudesse de la contrée entretient l'esprit des exigences qui conduisirent jadis des hommes à s'écarter des villes terrestres pour se rapprocher de la cité de Dieu.

Villefranche-de-Rouergue

Office de tourisme : 05 65 45 13 18

155. Pont-Vieux (page 119)

Si Villefranche est une ville relativement récente (sa fondation remonte au XIIIe siècle), elle a su se doter d'un joli patrimoine architectural : collégiale Notre-Dame, chapelles Saint-Jacques, Émilie-de-Rodat et des Pénitents-Noirs, maison Dardenne, tours-escaliers du XVe siècle, fontaine du XIVe, etc. Un puzzle dont le Pont-Vieux reste l'une des plus belles pièces.

Haute-Garonne

Toulouse

Office de tourisme : 05 61 11 02 22

156. Église des Jacobins (page 149)

Ce choix de l'église des Jacobins est révélateur de l'objectif que s'est assigné ce livre : la découverte progressive d'édifices balisant les siècles et non le relevé de toutes les pièces les plus importantes du patrimoine de France. Une simple promenade dans les quartiers proches des Jacobins atteste que Toulouse mérite, à elle seule, plusieurs livres...

157. Saint-Sernin (page 52)

L'exercice cultuel ajoute beaucoup à l'intérêt de cet édifice. Durant les cérémonies, le visiteur veillera à respecter la solennité du moment, tout en guettant les surprises sonores et visuelles, voire olfactives sinon tactiles, que dispense, en toutes ses parties, ce chef-d'œuvre de l'architecture romane.

Lot

Cahors

Office de tourisme : 05 65 53 20 65

158. Pont Valentré (pages 118-119)

Une fois franchi le pont Valentré, Cahors se présente comme l'une des plus belles cités médiévales de la France, par l'extraordinaire homogénéité que forme l'association de ses toits et de ses murs. Une image idéale de la ville.

Tarn

Albi

Office de tourisme : 05 63 49 48 80

159. Sainte-Cécile (pages 115-116)

À l'inverse de ses homologues de Reims ou Amiens, cités affreusement bombardées, la cathédrale Sainte-Cécile règne toujours sur une ville médiévale qui s'est développée autour du Tarn, comme Rome autour du Tibre. Tout est beau à Albi, les maisons, les ponts, le palais de la Berbie (siège du musée Toulouse-Lautrec).

Tarn-et-Garonne

Moissac

Office de tourisme : 05 63 04 01 85

160. Église Saint-Pierre (pages 62-63)
Les épicuriens et les tourmentés s'accommoderont équitablement des merveilles du cloître de Moissac. Aux premiers on recommandera une visite estivale, dans la bienfaisante fraîcheur des arcades, aux seconds une déambulation hivernale.

NORD-PAS-DE-CALAIS

Nord

Douai

Office de tourisme : 03 27 88 26 79

161. Beffroi (page 140)
Outre son beffroi qui abrite l'un des plus beaux carillons d'Europe, Douai possède quelques églises d'un grand intérêt et fort mal connues. Saint-Jacques fait appel à l'ordre classique du précoce XVIIIe siècle, Saint-Pierre obéit au canon ionique alors que Notre-Dame, essentiellement gothique, a subi nombre de remaniements. Quant à la chartreuse de Douai, c'est de la Renaissance qu'elle se réclame.

Fourmies

162. Monument aux morts (page 278)
Les monuments aux morts avaient une double fonction d'hommage aux disparus et de mise en garde contre les horreurs de la guerre. D'ailleurs, celle de 1914-1918 n'était-elle pas la « der des der » ?

Lille

Office de tourisme : 03 20 21 94 21

163. Musée des Beaux-Arts (page 249)
03 20 06 78 17
Magnifiquement restauré, le musée de Lille possède un des plus beaux fonds de France. Il faut cependant savoir s'en arracher pour partir à la découverte de la cité, vivante et chaleureuse, véritable capitale d'un Nord dont les Français ignorent trop souvent la richesse humaine et artistique.

Roubaix

Office de tourisme : 03 20 65 31 90

164. Usine textile (pages 264 à 267)
Il y a seulement un quart de siècle, l'idée d'agréger une unité industrielle au patrimoine artistique de la France eût semblé extravagante. Aujourd'hui, c'est une banalité.

Pas-de-Calais

Arras

Office de tourisme : 03 21 51 26 95

165. Grand-Place (page 182)
Très endommagée au cours des deux guerres mondiales, Arras a retrouvé dynamisme et vitalité, qui se traduisent notamment par le développement de nouveaux quartiers autour du noyau ancien. Mais le vrai cœur de la ville demeure la place, où il fait bon flâner le soir, au retour de la belle saison.

166. Hôtel de ville (page 155)
Sa facture qui renvoie au Moyen Âge flamand tardif ne doit pas abuser. L'hôtel de ville d'Arras est le centre d'une active politique, notamment culturelle. En témoigne le prestigieux centre Noroît, l'un des plus grands espaces de présentation de l'art contemporain en France.

NORMANDIE (BASSE-)

Calvados

Caen

Office de tourisme : 02 31 27 14 14

167. Abbaye-aux-Hommes (page 58)
L'ancienneté de l'abbatiale si intimement liée au souvenir de Guillaume le Conquérant se signale d'autant plus à Caen que presque tout le centre de la ville ancienne a été ruiné par les bombardements anglo-américains de 1944.

Honfleur

168. Vieux Bassin (pages 210-211)
Rien n'y fait. Ni la saturation iconographique du lieu, ni la nouvelle occupation anglaise qui transforme la ville en dortoir entre les week-ends et les vacances, ni l'activité toujours plus artificielle du port… Honfleur reste magique, un lieu élu, un de ces endroits qui justifient encore un voyage plus long que le séjour !

Manche

Coutances

Office de tourisme : 02 33 19 08 10

169. Cathédrale (pages 104-105)
Si aucun monument de Coutances ne peut sérieusement rivaliser avec sa cathédrale, chef-d'œuvre du gothique normand, la ville mérite néanmoins d'être parcourue pour les belles façades de la rue Saint-Pierre, la tour-lanterne de l'église Saint-Pierre, l'ensemble paysager des Unelles, voire les trois belles arches gothiques de son aqueduc…

Granville

170. Casino (page 258)
Office de tourisme : 02 33 91 30 03
Musée du Vieux Granville 02 33 50 44 10
C'est dans l'appareil défensif de la Grand'Porte à pont-levis que se trouve le musée du Vieux Granville qui retrace l'histoire de la cité, de l'église Notre-Dame construite en granit à la villa Christian-Dior. On n'en oubliera pas pour autant d'aller admirer le fabuleux panorama de la pointe du Roc, dominée par le phare, à l'extrémité du promontoire.

Mont-Saint-Michel

Office de tourisme : 02 33 60 14 30

171. Abbaye (pages 66 à 71)
À l'image de tous les chefs-d'œuvre jalonnant l'aventure de l'homme sensible, le Mont-Saint-Michel est réapproprié par chacun de ses hôtes, à toute heure, en toute saison, agrégé à l'histoire personnelle de chacun dont il projette le regard vers l'infini.

NORMANDIE (HAUTE-)

Eure

Château-Gaillard

Office de tourisme des Andelys : 02 32 54 41 93

172. Château (pages 100-101)
02 32 54 04 16
Au pied de la formidable forteresse de Richard Cœur de Lion, on distingue la silhouette des deux églises des Andelys, Saint-Sauveur et Notre-Dame. La première, gothique, possède un élégant chevet auréolé d'arcs-boutants à pinacles ; quant à Notre-Dame, elle est intéressante autant pour ses vitraux du XVIe siècle que par son flanc sud qui présente tous les signes distinctifs du gothique flamboyant le plus raffiné.

Gaillon

Office de tourisme des Andelys : 02 32 54 41 93

173. Château (page 150)
Bien que le château n'ait guère conservé que son châtelet d'entrée, il reste une grande démonstration de la mutation stylistique entre gothique et Renaissance. Son portique est visible à l'école des Beaux-Arts de Paris.

Gisors

Office de tourisme : 02 32 27 60 63

174. Château (pages 54-55)
02 32 55 59 36
En quittant le château fort, l'occasion est belle de découvrir l'une des plus remarquables églises de Normandie, Saint-Gervais-Saint-Protais, en retrait de la rue de Vienne, artère principale de la ville. Toits d'ardoise en décrochements sur le chevet, grand portail Renaissance, Vierge à l'Enfant du portail sud, gargouilles gothiques, clefs pendantes et vitraux chatoyants… tout ici concourt à séduire et à surprendre.

Louviers

Office de tourisme : 02 32 40 04 41

175. Notre-Dame (page 146)
La « route de Louviers » méritait bien d'entrer dans le cycle immémorial de la chanson enfantine. Avant même de pénétrer en ville, la beauté des paysages a préparé le voyageur à celle de la ville, particulièrement de son altière et discrète église, si finement décorée. Quelques maisons à pans de bois témoignent encore de l'ancienne richesse des drapiers.

Seine-Maritime

Caudebec-en-Caux

Office de tourisme : 02 32 70 46 32

176. Pont de Brotonne (page 290)
Au sortir du grand pont, une halte s'impose à Caudebec : pour cet exceptionnel vestige que constitue la maison des Templiers (XIIIe siècle), pour les reliefs de ses remparts et tours fortifiées, pour son musée de la Marine de Seine, mais surtout pour l'église Notre-Dame, chef-d'œuvre du gothique flamboyant dont la grande tour est surmontée d'une flèche restaurée à la fin du XIXe siècle.

Elbeuf

Office de tourisme : 02 35 77 03 78

177. Manufacture textile (page 266)
Patrie d'André Maurois, Elbeuf possède certes quelques édifices religieux intéressants (Saint-Jean, Saint-Étienne). Mais elle reste avant tout le grand centre drapier et textile qui, pour les besoins de cette industrie, a construit nombre d'édifices dont la manufacture est probablement le fleuron.

Jumièges

Office de tourisme : 02 35 37 28 97

178. Abbaye (page 58)
02 35 37 24 02
Les ruines de Jumièges sont belles en toutes saisons. Mais elle gagnent encore à être découvertes lorsque l'automne s'installe. Par ailleurs, a été récemment mis en place un système de documentation et d'animation du lieu qui aide à imaginer la grandeur passée de l'édifice.

Le Havre

Office de tourisme : 02 32 74 04 04

179. Place de l'hôtel de ville (page 285)
Au Havre, on respire bien. Non seulement à cause de la proximité de la mer, mais aussi du fait de la largeur des places et des rues. Une ville qui laisse sa trace dans la mémoire, vers laquelle on aime revenir, dans laquelle on se plaît à flâner. En saluant au passage la mémoire des frères Perret.

180. Maison de la culture (page 293)
Peu de projets auront provoqué, à Paris comme en province, autant de polémiques. Pourtant, que d'invention et de simplicité dans l'aménagement de cet espace culturel créé par Oscar Niemeyer !

Rouen

Office de tourisme : 02 32 08 32 40

181. Abbatiale Saint-Ouen (page 148)
On connaît bien mieux la cathédrale de Rouen que l'abbatiale Saint-Ouen, et c'est dommage pour toutes les deux, tant elles semblent se compléter dans leurs divergences esthétiques comme dans leur monumentale convergence. On ira de l'une à l'autre en traversant les vieux quartiers aux innombrables maisons à pans de bois.

182. Palais de justice (page 154)
L'une des plus étonnantes constructions surgies du génie gothique à son crépuscule. De nombreuses études lui ont été consacrées ; beaucoup insistent sur son luxe et son raffinement lors même qu'il n'a plus pour fonction de psalmodier la gloire de Dieu, mais d'exalter ce que l'homme possède en soi de meilleur, l'idée de justice.

Tancarville

183. Pont (page 291)
Il a été dépassé par les réalisations prestigieuses de Brotonne et de Normandie, mais il reste, et de loin, le mieux intégré à son merveilleux environnement naturel.

PAYS DE LA LOIRE

Loire-Atlantique

Clisson

Office de tourisme : 02 40 54 02 95

184. Parc de la Garenne-Lemot (pages 238-239)
02 40 54 75 85
Tout est conçu à Clisson pour recevoir le visiteur dans des conditions optimales. La beauté des bâtiments, l'intérêt des pièces présentées, la volonté de se mettre en phase avec la création contemporaine, tout cela ajoute beaucoup à la splendeur naturelle du site.

Nantes

Office de tourisme : 02 40 20 60 00

185. Usine LU (page 267)
Pour les fêtards, aucun problème ! Pour les autres, il faudra fournir un petit effort afin de se mettre au diapason de cet étrange complexe qui navigue entre culture et loisir, à mi-chemin entre la MJC rêvée par Malraux et le local nocturne pour citadins en mal de convivialité.

Maine-et-Loire

Angers

Office de tourisme : 02 41 23 51 11

186. Château (page 101)
02 41 87 43 47
Le château d'Angers abrite l'un des chefs-d'œuvre de la tapisserie médiévale, *l'Apocalypse* due à Hennequin de Bruges. Elle se présente comme un hallucinant damier à fond rouge ou bleu, faisant défiler sous le regard attentif de saint Jean, les visions convulsives de son extraordinaire récit qui forme le dernier livre de la Bible.

187. Hôpital Saint-Jean (pages 92-93)
Dans la salle des malades sont exposées les tapisseries du *Chant du monde* de Jean Lurçat, l'une des plus monumentales réalisations des arts plastiques au XXe siècle, avec ses quelque 340 mètres carrés. Les visions cosmiques de l'artiste se détachent sur un fond noir qui en accentue la tragique vigueur.

Montreuil-Bellay

188. Château (page 142)
02 41 52 33 06
On y découvrira les signes de la grande mutation qui conduit l'homme médiéval à s'entourer d'un cadre ne renvoyant plus qu'à sa condition terrestre. Une condition à laquelle il s'efforcera désormais de donner tous les agréments de son industrie et de son ingéniosité décorative !

Plessis-Bourré (Le)

189. Château (page 142)
02 41 32 06 01
C'est surtout pour sa décoration intérieure que l'on visite le château de Plessis-Bourré. Le raffinement exceptionnel de cette décoration renvoie à ce que le génie français peut produire de meilleur en la matière.

Saumur

Office de tourisme : 02 41 40 20 + 60

190. Chapelle des Ardilliers (page 188)
Peu d'édifices amènent autant à réfléchir à l'idée du conflit stylistique. En l'occurrence, il s'agit moins de déterminer un style, issu du baroque, du classique, que de s'interroger sur les outils analytiques avec lesquels nous appréhendons l'édifice et ses formants, si possible hors de toute perspective historique.

Sarthe

Lude (Le)

Office de tourisme : 02 43 94 62 20

191. Château (page 160)
02 43 94 60 09
Curieux théâtre que ce château du Lude ! Les acteurs s'y nomment France et Italie, Moyen Âge et Renaissance, Guerre et Paix... Et les touristes ne s'y pressent pas encore !

PICARDIE

Aisne

Guise

Office de tourisme de Saint-Quentin : 03 23 67 05 00

192. Familistère (pages 250-251)
03 23 61 35 36
Certes, le Familistère présente quelques analogies troublantes avec certains établissements pénitentiaires. Mais c'est seulement dans l'orientation humaniste des nouvelles institutions carcérales que l'on peut déceler quelques parallèles. Le visiteur du musée du Familistère aura tout intérêt à se documenter sur la réalité de l'habitat ouvrier du temps. Pour comparer !

Laon

Office de tourisme : 03 23 20 28 62

193. Notre-Dame (pages 86-87)
Pour qui ne s'est jamais rendu à Laon, il est difficile de restituer le prodigieux effet produit par le jaillissement de la cité sur l'énorme butte qui domine les plaines environnantes. Cette particularité a aidé Laon à conserver son étonnant patrimoine. Chapelle des Templiers, église Saint-Martin, palais épiscopal, fortifications... permettent ainsi de comprendre quelques-uns des plus insaisissables mystères de la grande cathédrale.

Oise

Beauvais

Office de tourisme : 03 44 15 30 30

194. Cathédrale Saint-Pierre (pages 112-113)
La gloire éclatante de Saint-Pierre nuit au reste du patrimoine de Beauvais. C'est dommage pour l'hôtel de ville, aux colonnes ioniques et chapiteaux en guirlandes, ou pour le palais épiscopal, aux baies admirablement encadrées, mais surtout pour l'église Saint-Étienne, romane mais enrichie d'un superbe chœur au temps du gothique flamboyant.

195. Maladrerie (page 117)
La maladrerie (ou léproserie) recueillait les infortunés frappés par un mal qui terrorisa l'Antiquité avant le Moyen Âge. Dans *Génie du christianisme*, Chateaubriand a rappelé l'origine orientale, sous le patronage de saint Lazare, de ces premières « maisons de refuge », toujours construites à l'écart des lieux habités.

196. Notre-Dame de la Basse-Œuvre (pages 36-37)
Juxtaposée à son orgueilleuse cadette, la première église de Beauvais se présente comme le reliquaire de secrets disparus, ultime reflet d'un haut Moyen Âge.

Compiègne

Office de tourisme : 03 44 40 01 00

197. Hôtel de ville (pages 152 à 155)
Résidence royale et impériale, Compiègne, célèbre pour son hôtel de ville, possède bien d'autres constructions prestigieuses, à l'exemple de son château. On en admirera surtout l'immense façade classique, côté parc ; elle superpose deux étages de baies et une balustrade, renvoyant à l'illustre exemple de Versailles.

Noyon

Office de tourisme : 03 44 44 21 88

198. Cathédrale (page 86)
Petite cité attestée dès le IIIe siècle, Noyon fut le siège de l'une des premières cathédrales gothiques, a vu naître Calvin, s'est dotée d'un magnifique hôtel de ville au XVIe siècle, conserve dans sa bibliothèque du chapitre des manuscrits d'une inestimable valeur. Un écrin idéal pour l'évasion d'une journée.

Senlis

Office de tourisme : 03 44 53 06 40

199. Cathédrale (pages 89-90)
Si la cathédrale de Senlis illustre en soi une longue plongée à travers les siècles, le visiteur peut singulièrement l'approfondir en se rendant au proche amphithéâtre gallo-romain. Au détour d'une allée bordée de jardins ouvriers, il découvrira cette étonnante ellipse de quelque 41,5 mètres pour son grand axe, chef-d'œuvre de son genre au nord de la Loire.

Somme

Abbeville

Office de tourisme : 03 22 24 27 92

200. Château de Bagatelle (pages 226-227)
03 22 24 02 69
Le château de Bagatelle est à l'écart d'une ville qui compte quelques pures merveilles, à commencer par la façade flamboyante de Saint-Vulfran qui semble moins ressortir à l'architecture qu'à la sculpture monumentale... mais aussi le beffroi du XIIIe siècle, l'Argenterie du XVe et, bien sûr, la manufacture royale des Rames des Van Robais.

Amiens

Office de tourisme : 03 22 71 60 50

201. Musée de Picardie (pages 248-249)
03 22 97 14 00
La superbe décoration murale du musée de Picardie n'a rien qui puisse surprendre l'historien puisque, contrairement à certains préjugés, la peinture murale vit une sorte d'apogée au XIXe siècle, dans toute l'Europe. Une curiosité vient de ce que ces peintures, lorsqu'elles sont réussies (c'est le cas à Amiens) risquent d'entrer en concurrence avec les œuvres conservées par le bâtiment dont elles ne constituent que le décor intérieur !

202. Notre-Dame (pages 106 à 109)
Ce n'est pas un hasard si la cathédrale d'Amiens domine une plaine dont elle a longtemps été l'unique sommet. Nulle part plus qu'ici, en effet, le visiteur ne mesure mieux quelle folie de Dieu conduisit l'homme médiéval à s'élancer à sa rencontre, à se précipiter littéralement à l'assaut du ciel.

203. Tour Perret (page 284)
La tour Perret ne rivalise pas avec la flèche de la cathédrale. Elle ne participe ni du même projet, ni du même univers spirituel ou mental. Mais, comparée à son illustre devancière du XIIIe siècle, elle permet de vérifier l'admirable mot de Teilhard de Chardin : « Tout ce qui monte converge. »

Thiepval

Office de tourisme d'Amiens : 03 22 71 60 50

204. Mémorial (page 278)
L'immense mémorial de Thiepval fait partie du circuit du Souvenir de la bataille de la Somme et commémore le souvenir de ses quelque 72 000 victimes.

POITOU-CHARENTES

Charente-Maritime

Rioux

205. Église (page 63)
Rares sont les bâtiments qui s'inscrivent avec un tel bonheur dans l'écrin naturel qui leur sert de cadre. À observer, dans cette atmosphère qui doit autant à la mer qu'à la campagne, les perpétuelles nuances qui animent les matériaux de l'église, le flâneur vigilant mesure la portée historique de la révolution impressionniste quant à la captation et à la restitution du monde sensible.

Rochefort

Office de tourisme : 05 46 99 08 60

206. Corderie royale (pages 204-205)
Célèbre pour sa Corderie, Rochefort possède également la Vieille Paroisse, église romane transformée en bourse puis en musée, la monumentale fontaine de la place Colbert, un Musée naval et, surtout, la merveilleuse maison de Pierre Loti, dont l'aménagement exotique a été conçu et réalisé par l'écrivain voyageur.

Vienne

Poitiers

Office de tourisme : 05 49 41 21 24

207. Baptistère (pages 32-33)
On visite beaucoup moins le baptistère de Poitiers pour sa beauté intrinsèque que pour y éprouver, de façon tangible, que des hommes y ont œuvré il y a longtemps, si longtemps que les traces documentaires en ont disparu. Seule certitude, celle des pierres qui énoncent à jamais le silencieux message d'une solidarité non encore tranchée par le fil de l'Histoire.

208. Hypogée des Dunes (pages 34-35)
Peu d'édifices – pour autant que l'on puisse user de cette terminologie pour un espace creusé – s'inscrivent avec autant de force sous le signe d'un lointain inconnaissable dont ils ne constitueraient qu'un fragment échappé par aventure au saccage des siècles.

209. Notre-Dame-la-Grande (page 63)
Ce qui frappe au premier regard posé sur Notre-Dame-la-Grande, c'est sa petite taille ! Ensuite, sa proliférante décoration. Enfin, la décoration bariolée de l'intérieur, en partie sauvée, en partie disparue, en partie restaurée !

Saint-Savin-sur-Gartempe

210. Fresques de l'église (pages 64-65)
05 49 48 66 22
Bien sûr, la découverte des fresques *in situ* est source de joies multiples, renouvelées à mesure que se déroule le grand récit peint. Mais la reconstitution de la voûte au musée des Monuments français, à Paris, en permet une lecture beaucoup plus aisée et documentée, pour le plus grand bonheur des amoureux de la peinture romane.

PROVENCE-ALPES-CÔTE-D'AZUR

Alpes-de-Haute-Provence

Sisteron

Office de tourisme 04 92 61 36 50

211. Citadelle (pages 174-175)
04 92 61 06 00
Située à environ 40 kilomètres de Manosque, la citadelle de Sisteron couronne le formidable étranglement de la Durance au niveau du rocher de la Sainte-Baume. Sisteron ne semble constituée que de ruelles, d'escaliers et d'andrônes (passages voûtés souvent chantés par Paul Arène), à l'exception de sa magnifique et originale cathédrale, Notre-Dame des Pommiers.

Hautes-Alpes

Briançon

Office de tourisme : 04 92 21 08 50

212. Citadelle (pages 206-207)
04 92 20 29 49
À 1 321 mètres d'altitude, Briançon est l'agglomération la plus haute d'Europe et l'une de ses plus impressionnantes citadelles. Mais la petite cité alpestre a su opérer une harmonieuse répartition de ses fonctions, évitant de préserver l'ancien au détriment des quartiers périphériques, beaucoup plus actifs.

Bouches-du-Rhône

Arles

Office de tourisme : 04 90 18 41 20

213. Les Alyscamps (pages 30-31)
Le charme insondable des Alyscamps tient moins à ce que montre l'allée sacrée qu'à tout ce qu'elle révèle au promeneur attentif aux reflets et échos de la grande nécropole disparue. En automne, dans le précaire flamboiement de ses frondaisons, la nature se met à l'unisson de la nostalgie qui semble couvrir les sarcophages vides de son manteau compatissant.

214. Arènes, théâtre et thermes (pages 26-27)
L'état de conservation des grands reliefs romains surprend souvent, et pourtant la restauration n'y joue qu'un rôle secondaire, au rebours de ce qui s'est produit pour nombre d'édifices intégralement reconstruits. À quoi cela tient-il, sinon au fait qu'Arles a bénéficié d'une succession d'heureux hasards historiques lui permettant de rester un foyer actif et protégé au hasard de tous les siècles qu'elle a traversés ?

215. Hôtel de ville (pages 204-205)
C'est à l'heure de l'éclairage maximal, au cœur d'une belle journée estivale, qu'il faut franchir la porte de l'hôtel de ville, laisser peu à peu l'éblouissement du regard se dissiper. Surgissent alors, ondulants et fascinants, les étranges remuements de cette voûte de pierre, la plus extraordinaire de France, témoignage suprême d'une virtuosité disparue avec un passé auquel elle avait été nécessaire.

216. Saint-Trophime (page 62)
Il arrive que le voyageur soit déconcerté par la façade de Saint-Trophime. C'est qu'il y cherche en vain la marque chrétienne qui nuance, infiniment diverse mais soumise au dogme unitaire, le visage du temple chrétien. Or, nulle part plus qu'ici, le signe antique ne façonne et n'organise autant les formes solennelles du seuil de la maison de Dieu.

Marseille

Office de tourisme 04 91 13 89 00

217. La Cité radieuse (pages 282-283)
Il est curieux que, plus d'un demi-siècle après sa construction, la « maison du fada » continue d'alimenter toutes sortes de polémiques, parfois sans rapport immédiat avec elle. Preuve que l'idée même d'habitat urbain ne sait encore sur quel socle se fonder. En ce sens, la réalisation de Le Corbusier reste visionnaire.

Saint-Rémy-de-Provence et Glanum

Office de tourisme : 04 90 92 05 22

218. Arc municipal et le mausolée des Julii (pages 22-23)
Une simple halte sur l'esplanade porteuse de l'arc et du mausolée des Julii est tout à fait insuffisante pour en retrouver fugitivement la grandeur passée ; il faut, bien au contraire, traverser la voie moderne et s'engager dans les ruines de Glanum d'où les deux grands reliefs prennent alors leur dimension symbolique et monumentale.

Var

Fréjus

Office de tourisme : 04 94 51 83 83

219. Aqueduc (page 24)
C'est à la saison chaude que l'aqueduc de Fréjus se découvre sous son plus beau jour, non seulement en raison de la beauté de la nature odorante de pins, de lauriers et de lavandes sauvages à travers lesquels il chemine, mais aussi du fait même de sa fonction disparue ; une belle canicule d'été aide à comprendre l'effort de l'homme antique en quête d'eau fraîche.

220. Baptistère (pages 32-33)
La pénombre protectrice, le parfum des matières rugueuses, le silence paisible, la fraîcheur bienfaisante... tout dans le baptistère de Fréjus invite à une méditation exacerbée par la mystérieuse ancienneté de ce sanctuaire dont ne nous est parvenue que l'enveloppe de pierre.

Le Thoronet

221. Abbaye (page 85)
04 94 60 43 90
Irrégulier, massif, le cloître du Thoronet est l'un des plus saisissants de tout l'univers médiéval.

Venasque

Office de tourisme de Carpentras : 04 90 63 00 78

222. Baptistère (page 33)
À Venasque, l'imagination, la culture et la mémoire sont exigées, sous peine d'une cruelle désillusion. Car ce qui reste de l'édifice original n'est pas défini et, de toute façon, très minoritaire. Mais enfin, la trace de la cuve a traversé presque deux millénaires. Là, des hommes ont fait le choix du baptême, là ils ont placé leur foi au-dessus de leur vie...

Vaucluse

Avignon

Office de tourisme : 04 32 74 32 74l

223. Palais des Papes (pages 120-121)
Ayant perdu sa fonction pontificale, l'édifice est devenu un formidable conservatoire des arts du XIVe siècle (et des suivants !). À l'exception de la période du festival, toutes les saisons sont propices à sa visite.

224. Pont Saint-Bénezet (pages 92-93)
Une fois traversé le pont sur lequel, comme dit la chanson, « on danse », rien n'est mieux venu qu'un détour par l'admirable musée Calvet, installé dans le plus bel édifice civil de la cité, l'hôtel Villeneuve-Martignan.

225. Remparts (page 116)
Les remparts font le tour d'une vieille ville labyrinthique. Il faut errer dans ce dédale, suivre les courbes de la rue des Teinturiers, le long de la Sorgue, sous les platanes, marquer une halte devant la chapelle des Pénitents-Gris, remonter la rue Peyrollerie creusée à flanc de roche, etc. jusqu'à la place de l'Horloge, ancien forum romain.

Orange

Office de tourisme : 04 90 34 70 88

226. Arc de triomphe (pages 22-23)
Il est regrettable que la fureur patrimoniale n'ait pas frappé d'interdiction de séjour et de passage les innombrables véhicules qui bourdonnent ou rugissent en permanence autour du colosse.

227. Théâtre antique (page 29)
Peut-être parce qu'il reste l'un des derniers et le plus colossal des théâtres romains inspirés de l'exemple grec, l'édifice renvoie à l'idée première du théâtre : un peuple assemblé sur des gradins et dont le regard percute le mur colossal, miroir des désordres de la cité qui s'y donne son propre spectacle.

Sénanque

Office de tourisme de Gordes : 04 90 72 02 75

228. Abbaye (page 85)
L'image de la célèbre abbaye provençale est si bien imprégnée des couleurs et du parfum de la lavande qu'il semble presque incongru de la visiter une fois l'été disparu. Pourtant, c'est seulement quand l'hiver a dévêtu la nature environnante que le voyageur a quelque chance de retrouver l'austère grandeur de son premier âge.

Vaison-la-Romaine

Office de tourisme : 04 90 36 02 11

229. Cité romaine (pages 24, 26, 28)
Aucun ensemble en France ne restitue si parfaitement l'idée même de la cité antique, victoire programmée de l'homme sur une nature indifférente à sa destinée. Loin d'en sortir affaibli, l'effet en sera prolongé par une longue déambulation dans les rues, ruelles et cours de la petite cité provençale qui en forme l'écrin.

RHÔNE-ALPES

Ain

Bourg-en-Bresse

Office de tourisme : 04 74 22 49 40

230. Église abbatiale de Brou (pages 156-157)
04 74 22 83 83
Brou, si splendides qu'en soient les tombeaux, n'a pas vocation à faire oublier Bourg-en-Bresse, situé à 1 kilomètre. L'hôtel-Dieu, la collégiale Notre-Dame, le palais de Justice, l'hôtel de la Teyssonnière, etc. disent assez la richesse patrimoniale d'une ville dont le centre a été intelligemment rénové, notamment en ce qui concerne les couleurs des enduits.

Drôme

Grignan

Office de tourisme : 04 75 46 56 75

231. Château (page 160)
04 75 46 51 56
Qui ignore encore qu'ici vint vivre, loin de sa mère, madame Sévigné junior, devenue Grignan ? Inutile donc de songer à faire l'économie des lettres de la célèbre marquise dont la méchanceté ingénieuse et la captivante malveillance continuent d'enchanter tous ses lecteurs !

Hauterives

232. Palais idéal du facteur Cheval (pages 268 à 271)
04 75 68 81 19
Du Palais idéal, tout est désormais connu, archivé, commenté. Aussi le visiteur en quête de sensations originales a-t-il tout intérêt à diriger ses pas vers le cimetière, pour y méditer devant le tombeau de l'illustre facteur. Mieux encore : tous les guides locaux donnant l'itinéraire de sa tournée quotidienne (30 kilomètres !), les courageux s'assureront six à sept heures de grand rêve solitaire sur les traces lumineuses de notre héros !

Isère

Vienne

Office de tourisme : 04 74 53 80 30

233. Temple d'Auguste et de Livie (page 29)
Est-ce la proximité de Lyon ? Le fait qu'elle se situe dans un goulet d'étranglement du couloir rhodanien dont les voyageurs seraient pressés de sortir ? Toujours est-il que Vienne ne dispose pas de la réputation que devraient lui valoir tous ses trésors, à l'image du temple d'Auguste et de Livie.

Savoie

Chambéry

Office de tourisme : 04 79 33 42 47

234. Fontaine des Éléphants (page 238)
Certes, la fontaine des Éléphants fait figure d'emblème de la cité mais, pour se pénétrer de la beauté de cette dernière, le voyageur remontera la rue de la Croix-d'Or aux belles façades et parcourra les « allées couvertes » maillant le centre ou flânera sur la place Saint-Léger bordée de porphyre rose. Architecturalement, le chef-d'œuvre local reste le château du XIVe siècle, érigé sur une butte.

Bibliographie

Les ouvrages sélectionnés dans cette bibliographie sont présentés dans leur relation aux chapitres et dans l'ordre selon lequel monuments et édifices sont étudiés à l'intérieur de chaque chapitre. Les chiffres qui suivent le pictogramme «livre ouvert » renvoient aux pages concernées.

Préhistoire, Antiquité, haut Moyen Âge

20, 21

P. R. Giot, J. L'Helgouac'h, J.-L. Monnier, *Préhistoire de la Bretagne*, Rennes, Ouest-France Université, 1979.

« L'Art des mégalithes peints et gravés », *les Dossiers d'archéologie*, n° 230, Dijon, février 1998.

22, 23

R. Bianchi Bandinelli, *Rome, la fin de l'art antique*, Paris, Gallimard, « l'Univers des formes », 1970.

Anne Roth-Congès, *Glanum, de l'oppidum à la cité*, Paris, Monum, Éditions du Patrimoine, 2001.

Alain Rebourg *et alii*, *Autun antique*, Paris, Monum, Éditions du Patrimoine, 2002.

24, 25

G. Fabre, J.-L. Fiches, P. Leveau, J.-L. Paillet, *le Pont du Gard*, Paris, CNRS, 1992.

Isabelle Béraud *et alii*, *Fréjus antique*, Paris, Monum, Éditions du Patrimoine, 1998.

C. Goudineau, Y. de Kisch, *Vaison-la-Romaine*, Paris, Errance, 1991.

« Comment construisaient les Grecs et les Romains », *les Dossiers d'archéologie*, n° 25, Dijon, novembre-décembre 1977.

26 à 29

H. Bazin, *Arles gallo-romain, guide du touriste archéologue*, Nîmes, Lacour, 1990.

J. Boulle, *Orange, Vaison-la-Romaine, Carpentras, le Mont-Ventoux*, Paris-Genève, Aubanel, 1980.

J. Boulle, *Vienne*, Paris, Nouvelles Éditions latines, 1978.

R. Amy, *la Maison carrée de Nîmes*, Paris, CNRS, 1979.

30,31

N. Duval, *les Premiers Monuments chrétiens de la France*, Paris, Picard, 1995.

Arles : musées, monuments, promenades, Paris, Éditions du Patrimoine, 2001.

34, 35

A. Grabar, *l'Europe des invasions*, Paris, Gallimard, « L'Univers des formes », 1967.

« Jouarre », *l'Archéologue*, n° 29, avril-mai 1997.

« Les Francs », *Connaissance des Arts*, hors série, 1997.

36, 37

Ch. Sapin, *Peindre à Auxerre au Moyen Âge*, Auxerre, Paris, CTHS, 1999.

L'âge roman

44 à 47

Paul Gauthier, *l'Église Saint-Philibert de Tournus*, Villeurbanne, Golias, 1998.

48 à 53

Marie Renoue, Renaud Dengreville, *Conques*, Rodez, Éditions du Rouergue, 1997.

François Aynard, *l'Abbaye de Saint-Benoît*, Paris, Éditions du Huitième jour, 2001.

Jean Rocacher, *Saint-Sernin de Toulouse, basilique romane*, Toulouse, Privat, 1993.

Véronique Rouchon Mouilleron, *Vézelay*, Paris, Flammarion, 1997.

54, 55

Édouard Frain, *Histoire de Vitré*, Paris, Res Universis, 1992.

J.-L Magnier, *Gisors, le château médiéval*, Luneray, Bertout, 1999.

Jean Mesqui, *Châteaux forts et fortifications en France*, Paris, Flammarion, 1997.

P. Garrigou Grandchamp *et alii*, *la Ville de Cluny et ses maisons*, Paris, Picard, 1997.

56 à 59

Dominique Vingtain, *l'Abbaye de Cluny*, Paris, CNRS éditions, 1998.

« Cluny ou la puissance des moines », *les Dossiers d'archéologie*, n° 269 Dijon, 2001.

Jacques Le Maho, *l'Abbaye de Jumièges*, Paris, Monum, Éditions du Patrimoine, 2001.

Raymond Oursel, Jean-Noël Barnoud, *Paray-le-Monial, les 900 ans d'une basilique*, Besançon, Éditions de la Manufacture, 1992.

Thierry Leprévost, *l'Épopée des ducs de pierre : l'art roman en Normandie*, Condé-sur-Noireau, Corlet, 1988.

60 à 63

Denis Grivot, *la Sculpture du XIIe siècle de la cathédrale d'Autun*, Colmar, SAEP, 1976.

Meyer Schapiro, *la Sculpture de Moissac*, Paris, Flammarion, 1985-1987.

Marie-Thérèse Camus *et alii*, *Notre-Dame-la-Grande de Poitiers, l'œuvre romane*, Paris, Picard, 2002.

Jean-Pierre Dufoix, *le Portail de Saint-Trophime, naissance et renaissance d'un grand portail roman*, Arles, Actes Sud, 1999.

64, 65

B. Craplet, *Auvergne romane*, Zodiaque, La-Pierre-qui-Vire (Yonne), 1972.

Robert Favreau *et alii*, *Saint-Savin, l'abbaye et ses peintures murales*, Poitiers, CPPPC, 1999.

Fernand Nicolas, *les Peintures murales de la chapelle des Moines de Berzé-la-Ville*, Mâcon, Académie de Mâcon, 1998 (réédition).

66 à 70

Maryse Sargis, *le Mont Saint-Michel*, Paris, Ellébore, 2000.

Civilisation gothique

78, 79

Michel Bur, *Suger*, Paris, Perrin, 1991.

A.M. Romero, *Saint-Denis*, Paris, CNRS, 1992.

Denis Cailleaux, *la Cathédrale de Sens*, Paris, Nouvelles éditions latines, 1988.

80 à 85

Henri Gaud, François Leroux-Dhuys, *les Abbayes cisterciennes*, Paris, Place des Victoires, 1998.

« Cîteaux, l'épopée cistercienne », *les Dossiers d'archéologie*, n° 229, Dijon, décembre 1997, janvier 1998.

« Cîteaux, à la découverte de 64 sites en France », *les Dossiers d'archéologie*, n° 234, Dijon, juin-juillet 1998.

86, 87

Lucien Broche, *la Cathédrale de Laon*, Marseille, Éditions Jeanne Laffitte, 1980.

Alain Saint-Denis et alii, *Laon, la cathédrale*, Paris, Zodiaque, 2002.

Inventaire général..., *la cathédrale Notre-Dame de Noyon*, Amiens, AGIR Pic, 1997.

88 à 91

Alain Erlande-Brandenburg, Caroline Rose, *Notre-Dame de Paris*, Paris, Nathan-CNMHS, 1991.

Marie-Louise Thérel, *le Triomphe de la Vierge-église : à l'origine du décor du portail occidental de Notre-Dame de Senlis*, Paris, CNRS, 1985.

Robert Bailly, *la Collégiale Notre-Dame à Mantes-la-Jolie*, Mantes, Boilly, 1979.

92, 93

Dominique Vingtain (dir.), *Avignon : guide des musées et des monuments*, Paris, Éditions du Patrimoine, 2000.

94 à 97

Anne Prache, Françoise Jouanneaux, *Chartres, la cathédrale Notre-Dame*, Paris, Éditions du Patrimoine, 2000.

Colette Manhes-Deremble, *les Vitraux narratifs de la cathédrale de Chartres : étude iconographique*, Paris, Léopard d'or, 1993.

Collectif, *Monde médiéval et société chartraine*, Paris, Picard, 1997.

98, 99

Jean-Yves Ribault, *Un chef-d'œuvre gothique : la cathédrale de Bourges*, Arcueil, Anthèse, 1995.

100, 101

Michel Bur, *le Château*, Louvain, Brepols Turnhout-Belgium, 1999.

Jean Mesqui, *le Château d'Angers*, Paris, Monum, Éditions du Patrimoine, 2001.

Émile Bogros, *Histoire de Château-Chinon*, Paris, Res Universis, 1991.

102 à 105

Patrick Demouy, *Notre-Dame de Reims*, Paris, CNRS Éditions, 2001.

Michel Leblond, *Coutances, un prêtre raconte sa cathédrale*, Paris, Éditions de l'Atelier, 1999.

106 à 109

Anne Egger, *Amiens, la cathédrale peinte*, Paris, Perrin, 2000.

Carnet de Villard de Honnecourt, Paris, Stock, 1986 (présentation collective).

Collectif, *Chantiers médiévaux*, Paris, Zodiaque, Desclée de Brouwer, 1996.

Benoît Van den Bossche, Claude Sauvageot, *Strasbourg, la cathédrale*, Paris, Zodiaque, 1997.

110, 111

J.-P. Panouillé, *Carcassonne*, Paris, CNRS, 1992.

P. L. Rifaux, *Provins médiéval*, Provins, Lézarde, 1996.

G. O. de la Roncière, *Montélimar au temps des Adhémar*, Montélimar, Plein-Cintre, 1990.

112, 113

Judith Förstel et Aline Magnien, *la Cathédrale Saint-Pierre de Beauvais*, Paris, Éditions du Patrimoine, 1998.

114, 115

Marie-Anne Sire, *Cathédrale Sainte-Cécile d'Albi*, Paris, Éditions du Patrimoine, 2002.

Michel Roquebert, *Histoire des cathares*, Paris, Perrin, 2002.

116, 117
Jean Fromageot, *Tonnerre et son comté*, Paris, Le Livre d'histoire, 2000.

118, 119
Maurice Scelles, *Cahors médiéval, ville et architecture au Moyen Âge, XIIe- XIVe siècles*, Paris, Éditions du Patrimoine, 1999.

120, 121
Dominique Vingtain, *Avignon, le palais des Papes*, Paris, Zodiaque, 1998.
Joël Fouilleron, *la Cathédrale de Saint-Flour*, Paris, Nouvelles Éditions Latines, 1966.

122, 123
Frédéric Pleybert Vingtain, *Paris et Charles V*, Paris, Action artistique de la Ville de Paris, 2001.
Michel-Édouard Bellet, *la Cité d'Aigues-Mortes*, Paris, Monum, Éditions du Patrimoine, 2001.

Gothique flamboyant et Renaissance française

130, 131
Albert Chatelet, Roland Recht, *Automne et Renouveau*, Paris, Gallimard, collection « L'Univers des formes », 1988.
André Couffrant, *l'Abbaye de la Trinité de Vendôme*, Vendôme, Cherche-Lune, 2000.
Michel Mazerand, *Saint-Nicolas de Port*, Metz, Serpenoise, 1994.

132 à 135
« Le Faste des Rolin », *Dossier de l'art*, nº 49, Dijon, juillet 1998.
Roland Narbonne, *Hôtel-Dieu, Beaune*, Paris, SER, 1995.

136 à 139
Jean Favière, *l'Hôtel Jacques-Cœur à Bourges*, Paris, CNMHS–Picard, 1992.
Claudine Chevrel, *Hôtel de Sens*, Paris, Société des amis de la bibliothèque Forney, 1983.

140, 141
Roland Recht, *Connaître Colmar*, Mulhouse, Alsatia, 1978.
Victor Bufquin, *Histoire de la ville de Douai*, Paris, Office d'édition du livre d'histoire, 1997.

142 à 145
Philippe Lauzun, *le Château de Bonaguil en Agenais : description et histoire*, Nîmes, Lacour-Ollé, 2002.
Antoinette de Rohan, *Château de Josselin, Rennes*, Ouest-France, 2002.
Raoul Bérenguier, *le Château d'Amboise*, Paris, Nouvelles éditions latines, 1972.

146 à 149
Jean-Marie Pérouse de Montclos, *le Guide du Patrimoine*, Paris, Hachette, 1994.
Jean Colson (dir.), *Dictionnaire des monuments de Paris*, Paris, Hervas, 1997.
Jean-Michel Leniaud, *Fallait-il achever Saint-Ouen de Rouen ?*, Rouen, ASI Communication, 2002.

150, 151
Thierry Crépin-Leblon, *le Château de Blois*, Paris, Monum, Éditions du Patrimoine, 2002.

152 à 155
Marie-Claire Coste, *Compiègne*, Paris, Monum, Éditions du Patrimoine, 2000.
Jean-Luc Aubarbier, *Sarlat*, Rennes, Ouest-France, 1998.

156, 157
Marie-Françoise Poiret, Marie-Dominique Nivière, *Brou, Bourg-en-Bresse*, Paris, CNMHS, MC éditions, 1990.
Daniel Leloup, *le Château d'Anet : l'amour de Diane de Poitiers et d'Henri II*, Paris, Belin / Herscher, 2001.

158 à 161
Jean-Pierre Babelon, *Chenonceau*, Paris, Adam Biro, 2002.
Ivan Cloulas, *les Châteaux de la Loire au temps de la Renaissance*, Paris, Hachette, 1999.
Le Château d'Azay-le-Rideau, Paris, Monum, Éditions du Patrimoine, 2001.
Le Château de Grignan, Paris, Scala, 2002.

162 à 165
Christian Trézin, *Château de Chambord*, Paris, Monum, Éditions du Patrimoine, 1999.

166 à 169
Françoise Bourdon, Jean Blécon, *le Château de Fontainebleau de François Ier à Henri IV*, Paris, Picard, 1998.
Jules Veuillot, *Histoire d'Ancy-le-Franc*, Paris, Res Universis, 1993.

170 à 173
Gwenc'hlan Le Scouëzec, *le Guide des calvaires bretons*, Spezet, Coop Breizh, 1999.

174, 175
Édouard de La Plane, *Histoire de Sisteron tirée de ses archives*, Marseille, Éditions Jeanne Laffitte, 1974.

De l'absolutisme aux Lumières

182, 183
Alain Mazeran, *Place des Vosges*, Paris, Imprimerie nationale, 1996.
Inventaire général... : *les Places d'Arras*, Lille, Dieudonné, 1998.
Bernadette Labadie, *Place Stanislas*, Nancy, Sarreguemines, Pierron, 1998.

184, 185
Claude Mignot, *le Château de Maisons*, Paris, Éditions du Patrimoine, 1998.

186 à 189
Claude Mignot, *le Val-de-Grâce : l'ermitage d'une reine*, Paris, Éditions du CNRS, 1994.
Collectif, *le Rayonnement de Port-Royal*, Paris, Champion, 2001.
Jean de Viguerie, *Notre-Dame des Ardilliers à Saumur*, Paris, Guibert Œil, 1986.
Ouvrage collectif, *Saint-Paul-Saint-Louis, les jésuites à Paris*, Paris, musée Carnavalet, 1985.

190 à 193
Jean-Marie Pérouse de Montclos, *Vaux-le-Vicomte*, Paris, Éditions Scala, 1997.

194, 195
Cyril Bordier, *Louis Le Vau, architecte*, Paris, Éditions L. Laget, 1998.
« Louis Le Vau au collège Mazarin : Rome à Paris ? », Communication de Jean-Pierre Babelon, président de l'Académie des inscriptions et belles-lettres, Institut de France, séance du 25 avril 2000.
Yvonne Letouzey, André Thouin, *le Jardin des Plantes à la croisée des chemins...*, Paris, Muséum national d'Histoire naturelle, 1989.

196 à 201
Pierre-André Lablaude, *Jardins de Versailles*, Paris, Scala, 1998.
Jean-Marie Pérouse de Montclos, *Versailles*, Paris, Place des Victoires, 2001.
Bruno de Cessole *et alii*, *Versailles*, Paris, Chêne, 2002.
Larc Saltet, *Vingt Ans chez le Roi-Soleil*, Paris, Philéas Fogg, 2002.
Jean-Pierre Babelon, *Jardins à la française*, Paris, Imprimerie nationale, 1999.

202, 203
Bertrand Jestaz, *l'Hôtel et l'église des Invalides*, Paris, Picard, CNMHS, 1990.

204, 205
Odile Caylux, *Arles*, Paris, Monum, Éditions du Patrimoine, 2001.
Erik Orsenna, *Rochefort et la Corderie royale*, Paris, CNMHS, 1995.

206, 207
Anne Blanchard, *Vauban*, Paris, Fayard, 1996.

208, 209
Pierre Lallemand, *les Prémontrés, Pont-à-Mousson*, Sarreguemines, Pierron, 1990.

210, 211
Pierre Thomas, *Histoire d'Honfleur*, Paris, Res Universis, 1989.
Jean-Marie Darnis, *la Monnaie de Paris*, Levallois, Beaucour, 1989.

212, 213
Jean-Pierre Babelon, *Deux Joyaux du Marais, les hôtels de Soubise et de Rohan* (catalogue du musée de l'Histoire de France), Paris, Archives nationales, 1987.

214, 215
Pierre Chevalier et Daniel Rabreau, *le Panthéon*, Paris, CNMHS, 1977.
Allan Braham, *l'Architecture des Lumières : de Soufflot à Ledoux*, Paris, Berger-Levrault, 1982.

216, 217
Agnès Veyssière-Pernot, *la Grande Forge de Buffon*, Éditions Grande Forge de Buffon (Côte-d'Or), 2000.

218, 219
Ch. Taillard, *le Grand Théâtre de Bordeaux*, Paris, CNRS, 1993.

220 à 223
Daniel Rabreau, *Claude-Nicolas Ledoux (1736-1806) : l'architecture et les fastes du temps*, Éditions Centre Ledoux, Université de Paris I, 2001.
Daniel Rabreau, *la Saline Royale d'Arc-et-Senans - Un monument : allégorie des Lumières*, Paris, Belin, « les Destinées du patrimoine », 2002.
Jean-Marie Pérouse de Monclos, *Étienne-Louis Boullée*, Paris, Flammarion, 2002.

224, 225
C. G. Klein, *Saverne et ses environs*, Paris, Res Universis, 1991.

226, 227
Gérald Van der Kemp, *Versailles, le Petit Trianon et le Hameau de Marie-Antoinette*, Paris, Éditions Albert (Morancé), 1966.
Les Jardins de Versailles et de Trianon : d'André Le Nôtre à Richard Mique, Paris, RMN, catalogue d'exposition, 1992.

Jean de Cayeux, *Hubert Robert et les jardins*, Paris, Herscher, 1987.
Le Château de Bagatelle à Abbeville, Paris, Éditions de la Morande, 1995.
François-César Louandre, *Histoire d'Abbeville*, Paris, Le Livre d'histoire, 1998.

Les temps contemporains

236, 237
Dominique Fernandes, Gilles Plum, Isabelle Rouge, *l'Arc de triomphe de l'Étoile*, Paris, Monum, Éditions du Patrimoine, 2000.
Alexandre Théodore Brongniart, Paris, musée Carnavalet, catalogue d'exposition, 1986.
Patrice de Mancan, *les Grands Boulevards de Paris, de la Bastille à la Madeleine*, Paris, Éditions du Mécène, 2002.

238, 239
Jean-Jacques Couapel, Anne Duflos, *Voyage italien à Clisson et dans ses environs*, Nantes, L'Inventaire, Images du Patrimoine, 1991.
Jean-Olivier Viout, Claude Fachinger, *Chambéry intime*, Saint-Cyr-sur-Loire, A. Sutton, 2002.
Jardins en France, 1760-1820, Paris, CNMHS, catalogue d'exposition, 1978.

240 à 243
Jean-Michel Leniaud, *Des palais pour les livres : Labrouste, Sainte-Geneviève et les bibliothèques*, Paris, Maisonneuve & Larose, 2002.
Mireille Pastoureau, *Bibliothèque nationale*, Paris, Musées et monuments de France, 1992.
Jean-Claude Renard, *l'Âge de la fonte*, Paris, Éditions de l'Amateur, 1985.
Bernard Marrey, *les Grands Magasins*, Paris, Picard, 1979.
Émile Zola, *Au Bonheur des dames*, 1883

244, 245
Pierre-François Large, *Des Halles au Forum*, Paris, L'Harmattan, 1992.
Victor Baltard, Maxime Du Camp, *Baltard, les halles de Paris*, Paris, Éditions de l'Observatoire, 1994.
Émile Zola, *le Ventre de Paris*, 1873

246, 247
Patrice de Mancan, Claude Heurteux, *le Paris d'Haussmann*, Paris, Éditions du Mécène, 2002.
Marseille, atelier du Patrimoine : Architectures de la Canebière à Marseille, Aix-en-Provence, Edisud, 1992.

248, 249
Chantal Georgel, *la Jeunesse des musées, les musées de France au XIXe siècle*, Paris, RMN, catalogue d'exposition, 1994.

250, 251
Guy Delabre, Jean-Marie Gautier, *Godin et le Familistère de Guise*, Laon, Imprimerie du Courrier de l'Ain, 1986.

252 à 255
Collectif, *le Temps des gares*, Paris, Centre national d'art et de culture Georges-Pompidou, catalogue d'exposition, 1978.
L'Espace du voyage, « Les Monuments historiques », n° 6, Paris, décembre 1978.

256, 257
Gérard Fontaine, *Palais Garnier, Opéra national de Paris*, Paris, Monum, Éditions du Patrimoine, 2001.
Martine Mari, *l'Opéra de Monte-Carlo, 1879-1998*, Paris, Honoré Champion, 1991.

258, 259
Pascal Chambriard, *Aux sources de Vichy*, Saint-Pourçain-sur-Sioule, Bleu auteur, 1999.
Alexandre de la Cerda, *Napoléon III, Eugénie et la chapelle impériale de Biarritz*, Biarritz, CBR, 1998.
Michel Hébert, *les Stations balnéaires de Granville au Mont-Saint-Michel*, Condé-sur-Noireau, Corlet, 1999.

260, 261
Arthur Conte, *la Mémoire de l'hôtel de ville de Paris*, Paris, Daurat, 1989.
Collectif, *la Maison d'école au XIXe siècle*, Paris, INRP, 1993.

262, 263
Stéphane Ceccaldi, *le Lion de Belfort, un monument pour l'avenir*, Caen, Citedis, 1999.
Bertrand Lemoine, *la Statue de la Liberté*, Sprimont (Belgique), Mardaga, 1986.
Rodolphe Trouilleux, *le Sacré-Cœur*, Paris, Biotop, 2001.

264 à 267
Jean-Pierre Lambot, Jean-Pierre Trousson, *la Réhabilitation de l'architecture industrielle*, « Les Cahiers de l'architecture », Sprimont, Mardaga, 1994.
Leonardo Benevolo, *Histoire de l'architecture moderne — 1. La révolution industrielle*, Paris, Dunod, 1998.
Inventaire général..., *Noisiel, la chocolaterie Menier (Seine-et-Marne)*, Paris, Association pour le patrimoine d'Île-de-France, 1994.
Sylvie Capocci, *le Lieu Unique*, Nantes, Paris, Scala, 2001.

268 à 271
Jean-Pierre Jouve, Claude et Clovis Prévost, *le Palais idéal du facteur Cheval : quand le songe devient réalité*, Hédouville, Arié, 1994.
Frédéric Altmann, *l'Ermite de Rothéneuf : 1839-1910*, Nice, Éditions AM, 1885.

272 à 275
Bernard Marrey, *la Tour Eiffel*, Paris, Monum, Éditions du Patrimoine, 2001.
Gilles Plum, *le Grand Palais, l'aventure du Palais des Beaux-Arts*, Paris, RMN, 1993.
Collectif, *Paris 1900 dans les collections du Petit Palais*, Paris, Paris-Musées, 2002.
Catalogue d'exposition, *la Belle Europe : le temps des expositions universelles, 1851-1913*, Bruxelles, Naba, 2001.

276, 277
Francis Roussel, *Nancy, architecture 1900*, Metz, Éditions Serpenoise, 1992.
Collectif, *Guimard, colloque international*, Paris, RMN, 1994.

278, 279
Airy Durup de Baleine, *le Fort de Douaumont, mémoires d'une forteresse*, Caen, Citadis, 2000.
Jacques Bouillon, Michel Petzold, *Mémoire figée, mémoire vivante : les monuments aux morts*, Caen, Citadis, 1999.

280, 281
Le Palais des colonies : histoire du musée des Arts d'Afrique et d'Océanie, Paris, RMN, 2002.
Coloniales, 1920-1940, catalogue d'exposition, Boulogne-Billancourt, Musée, 1989-1990.

282, 283
Guillemette Journel, Jean-Christophe Ballot, *la Villa Savoye : Poissy, Yvelines*, Paris, Monum, Éditions du Patrimoine, 1998.
Jacques Sbriglio, *l'Unité d'habitation de Marseille*, Le Corbusier, Marseille, Parenthèses, 1992.

284, 285
Joseph Abram, *Encyclopédie Perret*, Paris, Monum, Éditions du Patrimoine, 2002.
Danièle Woldman, *la Reconstruction des villes françaises de 1940 à 1954 : histoire d'une politique*, Paris, L'Harmattan, 1997.

286, 287
René Bolle Redda, Marc Paygnard, *le Corbusier à Ronchamp*, Nancy, L'Est Républicain, 1986.
Emma Lavigne, *Évry, la cathédrale de la Résurrection*, Paris, Monum, Éditions du Patrimoine, 2000.

288 à 291
Bernard Marrey, *Nicolas Esquillan*, Paris, Picard, 1992.
Gilles Ragot, *Robert Camelot, architecte du palais de la céramique et du CNIT*, Sprimont (Belgique), Mardaga, 1987.
Johan Otto von Spreckelsen, Paul Andreu, *la Grande Arche Tête Défense*, Paris, Éditions du Demi-Cercle, 1989.
François Chaslin, Virginie Picon-Lefebvre, *la Grande Arche de la Défense*, Paris, Electa, 1989.
Bernard Marrey, *les Ponts modernes, XXe siècle*, Paris, Picard, 1995.
« Le Pont de Brotonne », dans *Annales des Ponts-et-Chaussées*, n° 4, Paris, 1977.

292, 293
Renzo Piano et Richard Rogers, *Du plateau Beaubourg au Centre Georges-Pompidou*, Paris, Éditions du Centre Pompidou, 1987.
« Construction de l'espace Niemeyer », CDDP de Seine-Maritime, 1978-1982.
Daniel Treiber, *Norman Foster*, Paris, Hazan, 1994.

294 à 299
« La Cité de la Musique », *Connaissance des arts*, n° 66 spécial hors série, Paris, 1995.
Frédérique Gravelaine, Jean de Lebrat, *le Grand Louvre, de la Pyramide à l'Orangerie : un parcours architectural exceptionnel*, Paris, Éditions du Moniteur, 1999.
Lionel Guyon, François Mitterer, *l'Institut du monde arabe*, Paris, Institut français d'architecture, 1987.
Collectif, *Bibliothèque nationale de France, 1989-1995 : Dominique Perrault*, Bâle, Birkhäuser, 1995.

Index des noms et des

Les folios en romain maigre renvoient à une mention dans le texte, en romain gras à un développement principal ; les folios en italique maigre renvoient à une mention sous illustration, en italique gras à la légende de l'illustration.

M

N

O

P

Q

R

S

Crédits photographiques

p. 13 Ph. © F. Achdou / Urba Images - p. 16 Ph. © J. Schormans / RMN - p. 17 Ph. Coll. Archives Larbor - p. 20 ht Ph. © B. Galeron / Scope - p. 20 bas Ph. © E. Lessing / AKG, Paris - p. 21 ht et reprise p. 18 Ph. © E. Lessing / AKG, Paris - p. 21 bas Ph. © Roger-Viollet - p. 22 ht Ph. Coll. Archives Larbor - p. 22 bas Ph. © S. Chirol - p. 23 ht et reprise p. 18 Ph. © J. Guillard / Scope - p. 23 bas Ph. © J. Guillard / Scope - p. 24 ht Ph. © J. Guillard / Scope - p. 24 bas Ph. © S. Chirol - p. 25 et reprise p. 18 Ph. © S. Chirol - p. 26 ht et reprise p. 18 Ph. © J. Guillard / Scope - p. 26 bas Ph. © S. Chirol - p. 27 ht et reprise p. 18 Ph. © Ph. Guignard / Urba / Air Images - p. 27 bas Ph. © S. Chirol - p. 28 ht Ph. © J.L. Barde / Scope - p. 28 bas Ph. © S. Chirol - p. 29 ht Ph. © J. Guillard / Scope - p. 29 bas Ph. © S. Chirol - p. 30 ht Ph. © N. Hautemanière / Scope - p. 30 bas Ph. © G. Simon / Scope - p. 31 et reprise p. 19 Ph. © J. Guillard / Scope - p. 32 ht Ph. © S. Chirol - p. 32 bas Ph. © M. Ogier / Scope - p. 33 ht et reprise p. 19 Ph. © J. Guillard / Scope - p. 33 bas Ph. © S. Chirol - p. 34 ht © Ph. Musées de Poitiers Ch. Vignaud - p. 34 bas © Ph. Musées de Poitiers Ch. Vignaud - p. 35 ht Ph. © Photos12.com-ARJ - p. 35 bas et reprise p. 19 © Ph. Musées de Poitiers Ch. Vignaud - p. 36 ht et bas Ph. © J. Guillard / Scope - p. 37 ht et reprise p. 19 Ph. © Ph. Blondel / Scope - p. 37 bas Ph. © Ph. Blondel / Scope - p. 40 Ph. © S. Chirol - p. 41 Ph. © S. Chirol - p. 44 ht et bas Ph. © S. Chirol - p. 45 Ph. © S. Chirol - p. 46 ht et bas et reprise p. 42 Ph. © S. Chirol - p. 47 Ph. © S. Chirol - p. 48 Ph. Coll. Archives Nathan - p. 49 et reprise p. 42 Ph. © S. Chirol - p. 50 ht et bas Ph. © S. Chirol - p. 51 ht et reprise p. 42 Ph. © S. Chirol - p. 51 bas Ph. L. Joubert © Archives Larbor - p. 52 ht Ph. © S. Chirol - p. 52 bas Ph. © SCOPE - p. 53 ht et bas Ph. © S. Chirol - p. 54 Ph. © S. Chirol - p. 55 ht et reprise p. 42 Ph. © S. Chirol - p. 55 bas g et d Ph. © S. Chirol - p. 56 Ph. Coll. Archives Larbor - p. 57 ht Ph. Coll. Archives Larbor - p. 57 bas et reprise p. 43 Ph. © S. Chirol - p. 58 ht Ph. © S. Chirol - p. 58 bas Ph. © J. Guillard / Scope - p. 59 ht et bas Ph. © S. Chirol - p. 60-61 ht et reprise p. 43 Ph. © S. Chirol - p. 60 bas Ph. © S. Chirol - p. 61 bas et reprise p. 43 Ph. © S. Chirol - p. 62-63 ht Ph. © S. Chirol - p. 62 bas Ph. © S. Chirol - p. 63 bas g et d Ph. © S. Chirol - p. 64 ht et bas Ph. © S. Chirol - p. 65 ht et bas Ph. © S. Chirol - p. 66 ht Ph. Coll. Archives Larbor - p. 66 bas Ph. © S. Chirol - p. 67 Ph. R. Noury / Scope - p. 68 Ph. © S. Chirol - p. 69 et reprise p. 42 Ph. © S. Chirol - p. 70 ht Ph. © S. Chirol - p. 70 bas Ph. © Collection Viollet - p. 71 ht Ph. © J. Guillard / Scope - p. 71 Ph. © N. Hautemanière / Scope - p. 74 Ph. © S. Chirol - p. 75 Ph. R. Lalance © Archives Larbor - p. 78 ht et bas Ph. © S. Chirol - p. 79 ht et reprise p. 76 Ph. © S. Chirol - p. 79 bas Ph. © S. Chirol - p. 80 ht Ph. Coll. Archives Larbor - p. 80 bas Ph. © R. Nourry / Scope - p. 81 Ph. © S. Chirol - p. 82 ht Ph. © S. Chirol - p. 82 bas Ph. H. Josse © Archive Larbor - p. 83 ht et bas Ph. © S. Chirol - p. 84 ht et bas Ph. © S. Chirol - p. 85 ht Ph. © S. Chirol - p. 85 bas Ph. © J. Guillard / Scope - p. 86 ht et reprise p. 76 Ph. © S. Chirol - p. 86 bas Ph. © S. Chirol - p. 87 ht et bas Ph. © S. Chirol - p. 88 Ph. © S. Chirol - p. 89 ht et reprise p. 76 Ph. © S. Chirol - p. 89 bas Ph. © S. Chirol - p. 90 ht et bas Ph. © S. Chirol - p. 91 ht et bas Ph. © S. Chirol - p. 92 ht Ph. © L. Juvigny / Scope - p. 92 bas © Musées d'Angers - p. 93 ht et reprise p. 76 Ph. © S. Chirol - p. 93 bas © Musées d'Angers - Ph. Pierre David - p. 94 Ph. Coll. Viollet - p. 94 bas Ph. © S. Chirol - p. 95 Ph. © J. Guillard / Scope - p. 96 ht et bas Ph. © S. Chirol - p. 97 ht g et d et bas Ph. © S. Chirol - p. 98 ht Ph. © S. Chirol - p. 98 bas Ph. © S. Chirol - p. 99 ht et reprise p. 76 Ph. © Balzer / Scope - p. 99 bas Ph. © S. Chirol - p. 100 ht et bas Ph. © S. Chirol - p. 101 ht et reprise p. 76 Ph. © S. Chirol - p. 101 bas Ph. © S. Chirol - p. 102 ht Ph. © R. Nourry / Scope - p. 102 bas Ph. © S. Chirol - p. 103 ht Ph. H. Josse © Archives Larbor - p. 103 bas et reprise p. 76 Ph. © S. Chirol - p. 104 ht et bas Ph. © S. Chirol - p. 105 ht et bas Ph. © S. Chirol - p. 106 ht Ph. Coll. Archives Nathan - p. 106 bas et reprise p. 77 Ph. © S. Chirol - p. 107 Ph. © S. Chirol - p. 108 ht Ph. © R. Nourry / Scope - p. 108 bas Ph. © S. Chirol - p. 109 ht Ph. Coll. Archives Larbor - p. 109 bas Ph. © S. Chirol - p. 110-111 ht et reprise p. 77 Ph. © S. Chirol - p. 110 bas Ph. S. Chirol - p. 111 m et bas Ph. © S. Chirol - p. 112 ht et reprise p. 77 Ph. © S. Chirol - p. 112 bas Ph. © J. Guillard / Scope - p. 113 ht et bas Ph. © S. Chirol - p. 114 ht Ph. © J.L. Barde / Scope - p. 114 bas Ph. © L. Audoubert / Scope - p. 115 Ph. © J.L. Barde / Scope - p. 116 ht et reprise p. 77 Ph. © J. Guillard / Scope - p. 116 bas Ph. © Ph. Guignard / Urba / Air Images - p. 117 ht Ph. © Jacques Maurel - p. 117 bas Ph. © J. Guillard / Scope - p. 118 Ph. Coll. Archives Larbor - p. 118 ht et p. 119 et reprise p. 77 Ph. © J.L. Barde / Scope - p. 119 bas Ph. © J.L. Barde / Scope - p. 120 ht et bas Ph. © S. Chirol - p. 121 ht et reprise p. 77 Ph. © S. Chirol - p. 121 bas Ph. © J.L. Barde / Scope - p. 122 ht Ph. Coll. Archives Nathan - p. 122 bas Ph. © S. Chirol - p. 123 ht et reprise p. 77 Ph. © S. Chirol - p. 123 bas Ph. © S. Chirol - p. 126 Ph. Coll. Archives Larbor - p. 127 Ph. Coll. Archives Larbor - p. 130 ht Ph. © S. Chirol - p. 130 bas Ph. © S. Chirol - p. 131 ht et reprise p. 128 Ph. © S. Chirol - p. 131 bas Ph. © S. Chirol - p. 132 ht Musée de l'Assistance publique Ph. Coll. Archives Nathan - p. 132 bas Ph. © Hospices Civils de Beaune - p. 133 et reprise p. 128 Ph. © E. Lessing / AKG - p. 134 Ph. © Hospices Civils de Beaune - p. 135 ht Ph. Hubert Josse © Archives Larbor - p. 135 bas Ph. © Hospices civils de Beaune - p. 136 ht et reprise p. 128 Ph. © S. Chirol - p. 136 bas Ph. © S. Chirol - p. 137 Ph. © S. Chirol - p. 138 ht Ph. © S. Chirol - p. 138 bas Ph. © S. Chirol - p. 139 ht Ph. © S. Chirol - p. 139 bas Ph. © S. Chirol - p. 139 m g Ph. © S. Chirol - p. 140 bas Ph. © J. Guillard / Scope - p. 141 ht et reprise p. 128 Ph. © Balzer / Scope - p. 141 bas Ph. Coll. Archives Nathan - p. 142 ht Ph. © S. Chirol p. 142 bas Ph. © S. Chirol - p. 143 ht et reprise p. 128 Ph. © S. Chirol - p. 143 bas Ph. Coll. Archives Larbor - p. 144 ht d Ph. © J. Guillard / Scope - p. 144 bas Ph. © S. Chirol - p. 145 ht Ph. © S. Chirol - p. 145 bas Ph. © S. Chirol - p. 146 ht Ph. © S. Chirol - p. 146 bas Ph. © S. Chirol - p. 147 et reprise p. 128 Ph. © S. Chirol - p. 148 ht et bas Ph. © S. Chirol - p. 149 ht et bas Ph. S. Chirol - p. 150 ht et reprise p. 129 Ph. © S. Chirol - p. 150 bas Ph. © S. Chirol - p. 151 ht et reprise p. 129 Ph. © S. Chirol - p. 151 bas Ph. © S. Chirol - p. 152 ht Ph. © L. Juvigny / Scope - p. 152 bas Ph. © S. Chirol - p. 153 Ph. © N. Pasquel / Scope - p. 154 ht Ph. © S. Chirol - p. 154 bas Ph. © J. Guillard / Scope - p. 155 ht Ph. © J.L. Barde / Scope - p. 155 bas Ph. © S. Chirol - p. 156 bas d et g Ph. © S. Chirol - p. 157 ht et bas Ph. © S. Chirol - p. 158-159 haut et reprise p. 129 Ph. © S. Chirol - p. 158 bas © Musée des Beaux-Arts, Rennes - p. 159 bas Ph. © S. Chirol - p. 160 ht et bas Ph. © S. Chirol - p. 161 ht Ph. © S. Chirol - p. 161 bas Ph. © J. Guillard / Scope - p. 162-163 haut Ph. © S. Chirol - p. 162 bas Ph. © M. Bellot / RMN - p. 163 bas Ph. © S. Chirol - p. 164 ht et bas Ph. © S. Chirol - p. 165 ht, bas et reprise p. 129 Ph. © S. Chirol - p. 166 ht Ph. © G. Halary / Archipress - p. 166 bas g Ph. G. Dagli Orti - p. 166 bas d Château de Fontainebleau - Ph. © G. Blot / RMN - p. 167 ht et reprise p. 129 Ph. © S. Chirol - p. 167 bas Ph. © S. Chirol - p. 168 ht g, ht d et bas Ph. © S. Chirol - p. 169 ht et bas Ph. © S. Chirol - p. 170 Ph. © Branger-Viollet - p. 171 ht et reprise p. 129 Ph. © S. Chirol - p. 171 bas Ph. © S. Chirol - p. 172 ht et bas Ph. © S. Chirol - p. 173 bas Ph. © Maisonneuve / Sipa - p. 173 ht d Ph. © S. Chirol - p. 174 ht et reprise p. 129 Ph. © S. Chirol - p. 174 bas Ph. © S. Chirol - p. 175 Ph. © Ph. Guignard / URBA / AIR Images p. 179 Ph. © C. Jean / RMN - p. 182 bas g Ph. © M. Gotin / Scope - p. 182 bas d Ph. © S. Chirol - p. 183 ht et reprise p. 180 Ph. © Giraudon - p. 183 bas Ph. © S. Chirol- p. 184 ht et bas Ph. © S. Chirol - p. 185 ht et reprise p. 180 Ph. © S. Chirol - p. 185 bas Ph. © S. Chirol - p. 186 Ph. © S. Chirol - p. 187 ht et reprise p. 180 Ph. © S. Chirol - p. 187 bas Ph. © Coll. Archives Larbor - p. 188 bas g et bas d Ph. © S. Chirol - p. 189 ht g Ph. Luc Joubert © Archives Larbor - p. 189 ht d Ph. Hubert Josse © Archives Larbor - p. 189 bas Ph. © S. Chirol - p. 190 Ph. © S. Chirol - p. 191 ht, bas et reprise p. 180 Ph. © S. Chirol - p. 192 ht d, bas g et bas d Ph. © S. Chirol - p. 193 ht d et bas Ph. © S. Chirol - p. 194 ht Ph. © S. Chirol - p. 194 bas Ph. © Coll. Archives Larbor - p. 195 ht Ph. © Institut de France / Académie des Beaux-Arts - p. 195 bas Ph. © J. Guillard / Scope - p. 196 ht et reprise p. 180 Ph. © Arnaudet / RMN - p. 196 bas Ph. © S. Chirol - p. 197 Ph. © Ph. Guignard / URBA / AIR Images - p. 198 ht et bas Ph. © S. Chirol - p. 199 ht Ph. © S. Chirol - p. 199 bas Ph. © P. Lemaitre / Archipress - p. 200 Ph. © Archives Nathan - p. 201 ht, bas g et bas d Ph. © S. Chirol - p. 202 Ph. © Collection Viollet - p. 203 ht, m et bas g Ph. © S. Chirol - p. 204 ht Ph. Lemaitre / Archipress - p. 204 bas Ph. © B. Galeron / Scope - p. 205 ht et reprise p. 180 Ph. © M. Ducros / Archipress - p. 205 bas Ph. © P. Lemaitre / Archipress - p. 206 ht Ph. Coll. Archives Larbor - p. 206 bas Ph. © P. Lemaitre / Archipress - p. 207 bas Ph. © P. Lemaitre / Archipress - p. 207 bas Ph. © J. Guillard / Scope - p. 208 bas g Ph. © S. Chirol - p. 208 bas d Ph. © J. Guillard / Scope - p. 209 ht et reprise p. 181 Ph. © J. Guillard / Scope - p. 209 bas Ph. © Archipress - p. 210 ht Ph. © ND-Viollet - p. 210 bas Ph. © N. Hautemanière / Scope - p. 211 ht et reprise p. 181 Ph. © N. Hautemanière /Scope - p. 211 bas Ph. © S. Chirol - p. 212 ht Ph. © RMN - p. 212 bas Ph. © Archipress - p. 213 ht Ph. © M. Denance / Archipress - p. 213 bas Ph. © S. Chirol - p. 214 ht Ph. © F. Eustache / Archipress - p. 214 bas Ph. © J. Martin / AKG Paris - p. 215 ht et reprise p. 181 © Archives Larbor - p. 215 bas Ph. © J.L. Barde / Scope - p. 216 ht Ph. © P. Lemaitre / Archipress - p. 216 bas Ph. © P. Lemaitre / Archipress - p. 217 ht Ph. © P. Lemaitre / Archipress - p. 217 bas Ph. © Jean-Schormans / RMN - p. 218 ht Ph. Coll. Archives Larbor - p. 218 bas Ph. © BNF - p. 219 ht Ph. Luc Joubert © Archives Larbor - p. 219 bas Ph. © M. Guillard / Scope - p. 220 et reprise p. 181 Ph. © CRDP, Besançon - p. 221 ht Ph. © M. Loiseau / Archipress - p. 221 bas Ph. © Pillement / Viollet - p. 222 ht Ph. © Roger-Viollet - p. 222 bas Ph. Coll. Archives Larbor - p. 223 ht Ph. © S. Chirol - p. 223 bas Ph. © M. Loiseau / Archipress - p. 224 ht Ph. © S. Chirol - p. 224 bas Ph. © Bulloz / RMN - p. 225 ht et reprise p. 181 Ph. © J. Guillard / Scope - p. 225 bas Ph. © P. Lemaitre / Archipress - p. 226 ht Ph. © S. Chirol - p. 226 bas Ph. © Laurence Toussaint - p. 227 ht et reprise p. 181 Ph. © L. Juvigny / Scope - p. 227 bas Ph. © Laurence Toussaint - p. 230 Ph. © G. Blot / RMN - p. 231 © Archives Larbor - p. 232 Ph. © Keystone - p. 233 Ph. © L. Boegly / Archipress - p. 236 ht et reprise p. 234 Ph. © L. Boegly / Archipress - p. 236 bas Ph. © F. Eustache / Archipress - p. 237 ht Ph. Ph. Guignard / URBA / AIR IMAGES - p. 237 bas Ph. © F. Eustache / Archipress - p. 238 ht Musée Carnavalet - Ph. © Photos12. Com - p. 238 bas Ph. © M. Ducros / Archipress - p. 239 ht Ph. J. Guillard / Scope - p. 239 bas Ph. © Bertrand Rivière - p. 240 Ph. © L. Boegly / Archipress - p. 241 ht et reprise p. 234 Ph. © F. Eustache / Archipress - p. 241 bas Ph. © L. Boegly / Archipress - p. 242 ht Ph. Coll. Archives Larbor - p. 242 bas Ph. © Photos12.com-ARJ - p. 243 ht Ph. © F. Eustache / Archipress - p. 243 bas Ph. Coll. Archives Larbor - p. 244 ht Ph. © Goldner / Sipa - p. 244 bas Ph. © Goldner / Sipa - p. 245 et reprise p. 234 Ph. © Namur-Lalance / Sipa - p. 246 ht Ph. © F. Eustache / Archipress - p. 246 bas Ph. © F. Eustache / Archipress - p. 247 ht et bas Ph. Coll. Archives Larbor - p. 248 ht Ph. © L. Boegly / Archipress - © ADAGP, Paris 2003 - p. 248 bas Puvis de Chavannes, *Pro Patria Ludus*, 1865 © Ph. Bulloz / RMN / T - p. 249 ht façade du Musée de Picardie, Amiens - Ph. E. Revault - p. 249 bas Ph. © R.G. Ojeda / RMN - p. 250 ht et reprise p. 234 Ph. © G. Fessy / Archipress - p. 250 bas Ph. © M. Loiseau / Archipress - p. 251 ht Ph. © G. Fessy / Archipress p. 251 bas Ph. © Archives / Archipress - p. 252 ht © Archives Larbor - p. 252 bas Ph. © P. X. Bouchart / Archipress - p. 253 ht et reprise p. 234 Ph. © CAP-Viollet - p. 253 bas Ph. © Dagli Orti, Paris - p. 254 ht Ph. © M. Denance / Archipress - p. 254 bas Ph. © J. Guillard / Scope - p. 255 ht Ph. © LL-Viollet - p. 255 bas Ph. © J. Guillard / Scope - p. 256 ht Ph. © Archives / Archipress - p. 256 bas Ph. © ND / Roger-Viollet - p. 257 ht et bas Ph. © L. Boegly / Archipress - p. 258 ht Ph. © ND / Roger-Viollet - p. 258 bas Ph. © J. Guillard / Scope - p. 259 ht et reprise p. 234 Ph. © Roger-Viollet - p. 259 bas Ph. © J.L. Barde / Scope - p. 260 bas g Ph. © CAP / Roger-Viollet - p. 260 bas d Ph. © CAP / Roger-Viollet - p. 261 Ph. © D. Rousselot / Archipress - p. 261 bas Ph. © Collection Roger-Viollet - p. 262 ht Ph. © LL / Roger-Viollet - p. 262 bas Ph. © L. Boegly / Archipress - p. 263 ht Ph. © L. Boegly / Archipress - p. 263 bas Ph. © Roger-Viollet - p. 264 ht et bas Ph. G. Fessy / Archipress - p. 265 ht et bas Ph. © G. Fessy / Archipress - p. 266 ht Ph. © S. Bersout / Archipress - p. 266 bas Ph. © O. Martin-Gambier / Archipress - p. 267 ht Ph. © M. Denance / Archipress - p. 267 bas Ph. © G. Fessy / Archipress - p. 268 ht Ph. © E. Lessing / AKG - p. 268 bas Ph. © J. Guillard / Scope - p. 269 et reprise p. 235 Ph. © Coll. Roger-Viollet - p. 270 ht Ph. © F. Delangle / Archipress - p. 270 bas Ph. © Ph. Blondel / Scope - p. 271 bas g Ph. © J. Guillard / Scope - p. 271 bas d Ph. © J. Guillard / Scope - p. 272 Ph. © N. Hautemanière / Scope - p. 273-274 et reprise p. 235 Ph. © Ph. Guignard / URBA / AIR IMAGES - p. 273 bas Ph. © O. Martin Gambier / Archipress - p. 274 ht Ph. © R. Viollet - p. 274 bas Ph. © LL-Viollet - p. 275 Ph. © Coll. Archives Larbor - p. 276 ht Ph. © M. Loiseau / Archipress - p. 276 bas Ph. © L. Boegly / Archipress - p. 277 ht Ph. © L. Boegly / Archipress - p. 277 bas Ph. © CAP-Viollet - p. 278 ht Ph. CAP-Roger-Viollet © « Monument aux morts de Plozevet (Finistère) » © ADAGP, Paris, 2003 - p. 278 bas Ph. © M. St Maur Sheil / Corbis - p. 279 bas g Ph. © Collection Roger-Viollet - p. 279 bas d et reprise p. 235 Ph. © J. Guillard / Scope - p. 280 ht Ph. Collection particulière - p. 280 bas Ph. © M. Castro / Urba Images / DR - p. 281 ht Ph. © R. Cesar / Archipress - p. 281 bas Ph. © Beauzée / Urba Images - p. 282 ht Ph. F. Eustache / Archipress - © F.L.C. / ADAGP, Paris 2003 - p. 282 bas Ph. P. Cook / Archipress - © F.L.C. / ADAGP, Paris 2003 - p. 283 ht et reprise p. 235 Ph. R. Cesar / Archipress - © F.L.C. / ADAGP, Paris 2003 - p. 283 bas Ph. P. Cook / Archipress - © F.L.C. / ADAGP, Paris 2003 - p. 284 ht Ph. © F. Eustache / Archipress / D.R. - p. 284 bas et reprise p. 235 Ph. © Manez / Favret / Archipress / D.R. - p. 285 ht Ph. © Manez-Favret / Archipress / D.R. - p. 285 bas Ph. © S. Bersout / Archipress / D.R. - p. 286 ht Ph. F. Eustache / Archipress - © F.L.C. / ADAGP, Paris 2003 - p. 286 bas Ph. M. Loiseau / Archipress - © F.L.C. / ADAGP, Paris 2003 - p. 287 ht Ph. Eustache / Archipress - © F.L.C. / ADAGP, Paris 2003 - p. 287 bas Ph. Archipress © Mario BOTTA - p. 288 Ph. © L. Boegly / Archipress / D.R. - p. 289 ht et reprise p. 235 Ph. © F. Eustache / Archipress / D.R. - p. 289 bas Ph. © F. Eustache / Archipress / D.R. - p. 290 ht PH. © J. Guillard / Scope - p. 290 bas Ph. © N. Hautemanière / Scope - p. 291 bas g Ph. © S. Bersout / Archipress / D.R. - p. 291 bas d Ph. F. Eustache / Archipress © Johan Otto Von Spreckelsen - p. 292 ht et reprise p. 235 Ph. © F. Eustache / Archipress / D.R. - p. 292 bas Ph. © P. Cook / Archipress / DR - p. 293 ht Ph. © M. Denance / Archipress / D.R. - p. 293 bas Ph. © M. Moch / Archipress / DR - p. 294 Ph. Archipress - © Cité de la musique, Ch. De Portzamparc / ADAGP, Paris 2003 - p. 295 ht Ph. Archives Archipress - © Cité de la musique, Ch. De Portzamparc / ADAGP, Paris 2003 - p. 295 bas Ph. © F. Eustache / Archipress / D.R. - p. 296 ht © Pei - Ph. Archipress - p. 296 bas Ph. Archives Archipress - © Architectes : Jean Nouvel / Pierre Soria / Gilbert Lézènes-© ADAGP, Paris 2003 - p. 297 Ph. Archipress - © Architectes : Jean Nouvel et Architecture Studio © ADAGP, Paris 2003 - p. 298 ht Ph. © M. Loiseau / Archipress / D.R. - p. 298 bas Ph. R. Cesar / Archipress - © Bibliothèque nationale de France, Dominique Perrault, Architecte / ADAGP, Paris, 2003 - p. 299 ht Ph. M. Denance / Archipress - © Bibliothèque nationale de France, Dominique Perrault, Architecte / ADAGP, Paris 2003 - p. 299 bas Ph. F. Eustache / Archipress - © Bibliothèque nationale de France, Dominique Perrault, Architecte / ADAGP, Paris 2003

Ouvertures des chapitres et sommaire

Pages 14-15 et reprise p. 5h : alignements de Kermario à Carnac - Ph. © J.L. Barde / Scope
Pages 38-39 et reprise p. 5 : détail du chevet de Saint-Austremioine d'Issoire - Ph. © S. Chirol
Pages 72-73 et reprise p. 6 : voûte de la basilique Saint-Denis - Ph. © S. Chirol
Pages 124-125 et reprise p. 6 : détail du tombeau de Philippe le Hardi, musée des Beaux-Arts de Dijon - Ph. © S. Chirol
Pages 176-177 et reprise p. 7 : jardins de Versailles - Ph. © B. Ross / Corbis
Pages 228-229 et reprise p. 8 : pont de Normandie - Ph. © O. Cadouin / URBA IMAGES

Achevé d'imprimer : mai 2005
Impression et reliure : Partenaires, Malesherbes
Dépôt légal en France : juin 2005

Imprimé en France
Printed in France